普通高等教育经管类系列教材

企业文化学

第 2 版

主　编　李亚民

副主编　王宇洋　徐　衍　王达琪

参　编　王　杰　杨　辉　陈　颖

机械工业出版社

本书较为全面、系统地阐述了企业文化及企业形象识别理论，并在深刻揭示其内在联系的基础上将二者有机结合，且比较深入地介绍了企业文化建设及企业形象识别策划的主要原则、基本方法和技巧。本书全面地论述了现代企业文化的基本原理以及企业文化与企业目标、企业价值观、企业精神、企业道德、企业制度、企业形象等之间的相互关系，揭示了现代企业文化形成和发展的客观规律。本书还明确指出了企业管理模式的三个阶段及其发展的趋势，对在企业文化理论指导下的企业形象设计、中国企业文化特色、名牌战略等有关内容做了介绍。本书凝结了编者在从事企业管理和企业文化理论研究、教学及大量指导企业实践中所获得的主要成果，契合了时代精神，体现了民族文化和文化自信心，因此本书既具有理论性，又具有实践性。

本书可作为高等院校工商管理类、财经类专业的教材和企业的培训教材，还可供自学管理课程的读者学习和参考。

图书在版编目（CIP）数据

企业文化学／李亚民主编. -- 2版. -- 北京：机械工业出版社，2024.10. --（普通高等教育经管类系列教材）. -- ISBN 978-7-111-76648-3

Ⅰ. F272-05

中国国家版本馆 CIP 数据核字第 20242MJ868 号

机械工业出版社（北京市百万庄大街22号　邮政编码100037）

策划编辑：曹俊玲　　　　　　　责任编辑：曹俊玲
责任校对：郑　婕　李　杉　　　封面设计：张　静
责任印制：李　昂

北京新华印刷有限公司印刷

2024年12月第2版第1次印刷

184mm×260mm · 18.25 印张 · 452 千字

标准书号：ISBN 978-7-111-76648-3

定价：59.00 元

电话服务　　　　　　　　　　网络服务

客服电话：010-88361066　　　机　工　官　网：www.cmpbook.com

　　　　　010-88379833　　　机　工　官　博：weibo.com/cmp1952

　　　　　010-68326294　　　金　书　网：www.golden-book.com

封底无防伪标均为盗版　机工教育服务网：www.cmpedu.com

前　言

当前，世界已经进入到了数字经济时代，企业文化建设对于当代企业的发展以及转型起到了尤为重要的作用。随着数字化科技革命的兴起，一方面诞生了以信息、互联网产业为代表的高新技术产业，另一方面通过增强劳动者的文化意识以及信息获取和分析能力来提升劳动者的素质，促进新型劳动者的出现与快速增加，这已经成为不可逆转的历史潮流。因此企业管理的重点就必须转移到进行"自我控制"的轨道上来。这就是说，要注重满足员工自我实现需要的内在激励，要更充分地尊重员工，发挥员工的敬业精神和创新精神，并且在价值观方面取得共识，而培育共同价值观正是企业文化建设的核心内容。数字经济时代正在向人类走来，这是社会进步的大趋势。在不久的将来，创造数智化知识产品的劳动将成为社会劳动的主要形式，这预示着这种以企业文化建设为主导的柔性管理在企业发展中发挥着越来越重要的作用。因此，企业文化建设无疑将成为今后企业管理的关键环节、企业竞争的重要方面。

本书的目的就是将最有价值的企业文化理论和总结的实践经验贡献给读者。全书共包括十二章内容：第一章是企业文化的产生与发展；第二章是企业文化的基本原理；第三章是企业文化的演变规律；第四章是企业文化的学科体系；第五、六、七章是企业文化的核心内容，包括企业文化精神层的设计、企业文化制度层的设计、企业文化物质层的设计；第八章是企业文化建设的核心工程；第九章是企业文化建设的主体；第十章是企业文化建设的延伸；第十一章是企业文化的国际比较与跨文化管理；第十二章是互联网时代的企业文化。每一章都从阐述基本理论和概念开始，再结合案例强化理论的应用，并通过参考文献来拓展读者的视野，同时考虑到企业文化管理移植与应用的情境性特征。本书案例以中国本土案例为主，这有助于读者阅读和理解，也增强了读者对本民族文化的自信心。

编者以党的二十大精神为指引，着眼于大变局中中国企业的转型与发展，着眼于数字化时代互联网孕育的价值共生机遇，着眼于中国企业全球化的挑战，结合习近平总书记提出的文化自信，在内容、案例等方面对本书进行了创新性设计与修订。根据商业发展环境与形态、企业文化理论与实践的变化，本书在企业文化的历史与发展、机遇与挑战、理论与实务、结构与运行、传统与当代等方面吸收新思想、新成果、新素材，对第1版进行优化，并在章末增加了"典案链接"模块。在内容体系优化的基础上，本书在增强教学相长、开拓企业文化视野方面进行了微创新，延续了本书的"理实结合、与时俱进、案例典型、知行合一"的理念与特色。

编　者

目 录

第一章

企业文化的产生与发展

 学习提示

　　重点掌握：企业文化的概念、企业文化形成与发展的时代背景以及企业文化的主要理论。

　　掌　　握：企业文化理论和实践在我国发展的主要阶段。

　　企业文化学说形成于 20 世纪 80 年代，对现代企业管理产生了深远影响。理解企业文化的内涵，应该首先了解"文化"的概念，进而再来具体分析企业文化的含义，然后进一步了解企业文化形成与发展的背景。

第一节　企业文化的内涵

一、什么是文化

　　"文化"（Culture）一词来源于拉丁文，原意有耕作、培养、教育、发展、尊重的意思，就是指通过人工劳作，将自然界的野生动物加以驯化，植物加以培养，使之成为符合人类需要的品种。后来，文化还包括个人的技能、人格、品德和心灵的"修炼"功夫，人际关系和友谊的培养，对诸神的关注、照顾、供养和膜拜，以及艺术、科学等。这就是说，文化的含义从原来的人对自然本身的照顾、驯化，逐渐引申为对人身本能状态的教化、培养和"修身"的功夫与活动，以及对人与人之间的关系的培养和照料活动。

　　在中国古代，文化是指"文治教化"。不过这里的文化一词与现代意义上文化的含义不同。自从英国文化学家 E. B. 泰勒对文化下了一个具有划时代意义的定义以后，至今 100 多年中，具有影响的关于文化的定义已超过 160 种。自从 19 世纪后期现代文化学诞生（"文化"一词最早出现在中国西汉时期刘向所撰的《说苑·指武》中，原文为："圣人之治天下也，先文德而后武力。凡武之兴为不服也。文化不改，然后加诛。"这里的"文"是指文德，即现在所理解的社会伦理道德；"化"是指教化，即经教育而使人转化。因此，"文化"是指文德和教化，通俗地说，就是以伦理道德教导世人，使人们成为在思想、观念、言行和举止上合乎特定礼仪规范的人。晋朝束广微说的"文化内辑，武功外悠"也是这个意思。所以，中国古代所说的"文化"多指德治教化、典章文物、书籍文字等），人们对文化才从学科的角度有了全新的解释。但是由于流派众多，对文化概念的

1

界定仍然见仁见智。现代文化学的奠基人 E. B. 泰勒在《原始文化》（1871 年首版）一书中说："文化是一个复杂的总体，包括知识、信仰、艺术、道德、法律、风俗以及人类在社会里所取得的一切能力与习惯。""文化或者文明就是由作为社会成员的人所获得的，包括知识、信念、艺术、道德法则、法律、风俗以及其他能力和习惯的复杂整体。就对其可以作一般原理的研究的意义上说，在不同社会中的文化条件是一个适于对人类思想和活动法则进行研究的主题。"

《韦氏大词典》（第三版）认为，文化的适用范围首先是"指人类行为及其具体化于思想、言论、行动和制品方面的产物的总体模式，它的形成与存在依赖于人类通过使用工具、语言和抽象思维体系而进行学习和传授知识的能力"；其次是"指在某一种族、宗教或社会组织中，其传统的独特结构所含有的惯常信仰、社会礼仪和生活特性的总体"；再次是"指特有于一定的群体、职业或专业、性别、年龄阶层或社会等级的典型行为或标准化社会特征的综合"。

《苏联大百科全书》（1973）对文化作了广义与狭义的区分。广义的文化"是社会和人在历史上一定的发展水平，它表现为人们进行生活和活动的种种类型和形式，以及人们所创造的物质和精神财富"；而狭义的文化"仅指人们的精神生活领域"。

《大英百科全书》（1973—1974）将文化分为两类，一类是"一般性"的定义，是指"总体的人类社会遗产"；另一类是"多元的相对"的定义；它包括一个集团的"语言、传统、习惯和制度"，"包括有激励作用的思想、信仰和价值，以及它们在物质工具和制造工具中的体现"。

《柯林斯英语词典》对"文化"的定义有两条，一是"指相传的思想、信念、价值、知识的总体，它构成为社会活动的共同基础"；二是"指具有共同传统的某一类人的活动与思想的总体，其传统在成员间传播并得到加强"。

中国《辞海》对文化的释义是："从广义来说，指人类社会历史实践过程中所创造的物质财富和精神财富的总和；从狭义来说，指社会的意识形态以及与之相适应的制度和组织结构。"

不过，在现代汉语中，"文化"较偏重于人们的精神活动和精神产品，因而在一般中国人的观念中，农业耕种、种植、驯化动物、植花养草等并不像西方人那样被视为"文化"的构成。

从以上内容可以看出，文化是一个内涵深邃、外延宽广的概念，既有广义与狭义之分，也有宏观与微观之别。从广义去理解，自人类有历史以来，凡是与人的思想、行为及人工制品相联系的都是文化；从狭义去理解，文化特指精神产品及行为方式。从宏观上看，文化可以指民族的、宗教的、社会的；从微观上看，它又可以指社会中的某一特定群体。所以，从不同的角度看都有各自的道理。

二、什么是企业文化

准确地界定企业文化，应该以上述哪一种理解为基础呢？很显然，界定企业文化不可能从宏观的角度去界定，因为企业只是一个社会的细胞，企业文化只能是一种微观的文化现象。但是，企业文化到底以广义的文化为基础还是以狭义的文化为基础，就值得研究了。既然文化有广义和狭义之分，那么严格地讲，企业文化作为一种微观文化现象，依据全息理论，无疑也应该有广义企业文化和狭义企业文化之别。尽管企业文化热已经在全球范围内产生了深刻的影响，但究竟什么是企业文化？企业文化有什么内涵和特点？对此，许多人并不十分了解，即便是企业界和学术界也还没有形成完全一致的看法。

（一）国外学者关于企业文化的表述

1）威廉·大内认为，一个公司的文化由其传统和风气所构成。此外，文化还包含一个公司的价值观，如进取性、守势、灵活性，即确定活动、意见和行动模式的价值观。经理们从雇员们的事例中提炼出这种模式，并把它传达给后代的工人。

2）特雷斯·E. 迪尔和阿伦·A. 肯尼迪认为，企业文化是由价值观、英雄人物、习俗仪式、文化网络和企业环境构成的，因此，理解企业文化的重要性，就是重视"运用价值观形成、塑造英雄人物，明确规定习俗和仪式并了解文化网络来培养其职工行为的一致性"。

3）托马斯·J. 彼得斯和小罗伯特·H. 沃特曼在《成功之路——美国最佳管理企业的经验》中写道，企业文化是指一个企业的共同价值观与指导观念，是一种能使企业各个部分互相协调一致的传统，是给企业员工提供崇高的意义和大展宏图机会的活动，是进行道德性的领导等。

4）理查德·帕斯卡尔和安东尼·阿索斯认为，企业管理不仅是一门学科，而且还应是一种文化，即有它自己的价值观、信仰、工具和语言的一种文化。

5）约翰·P. 科特和詹姆斯·L. 赫斯克特认为，企业文化"是指一个企业中各个部门，至少是企业最高层管理者们所共同拥有的那些企业价值观念和经营实践……是指企业中一个分部的各个职能部门或地处不同地理环境的部门所拥有的那种共通的文化现象"。

6）彼德斯·沃特曼指出，员工做出不同凡响的贡献，从而也就产生有高度价值的目标感，这种目标感来自对生产、产品的热爱，提高质量、服务的愿望和鼓励革新，以及对每个人的贡献给予承认和荣誉，这就是企业文化。

7）IBM 公司原董事华生认为，企业文化就是企业哲学，最重要的是对每个人的尊重。

8）霍恩斯认为，企业文化是在工作团队中逐步形成的规范。

简言之，国外学者对企业文化的理解，有以下两个相同点：

1）企业文化是以人为中心的企业管理方式，强调要把企业建成一种人人都具有社会使命感和责任感的命运共同体。

2）企业文化的核心是共有的价值观，价值观是企业兴旺发达的原动力。

（二）国内学者对企业文化的理解

国内学者有很多对企业文化的观点，其中有代表性的观点有以下几个：

（1）"价值理念说" 提出这种观点的学者认为，企业文化是企业信奉并付诸实践的价值理念。从形式上来看，它属于人的思想范畴的概念；从内容上来看，它属于反映企业行为的价值理念；从性质上来看，它属于付诸实践的价值理念；从属性上来看，它属于企业性质的价值理念；从作用上来看，它属于规范企业行为的价值理念。

（2）"精神现象说" 提出这种观点的学者认为，企业文化是企业活动过程中的精神现象，即企业以价值观念为核心的思维方式和行为方式。

（3）"总和说" 提出这种观点的学者认为，企业文化是企业中物质文化和精神文化的总和。物质文化是指厂房设施、原材料、产品等；精神文化是指以人的精神世界为依托的各种文化现象，以及企业制度、行为方式等。

（4）"广义狭义特色说"　提出这种观点的学者认为，广义的企业文化是指企业在经营过程中所创造的具有本企业特色的物质财富和精神财富的总和；狭义的企业文化是指企业在发展过程中形成的具有企业特色的思想意识、价值观和行为习惯，其核心是企业的价值观。

（5）"精神、制度、形象三层次说"　提出这种观点的学者认为，企业文化可以分为三个层次：企业精神（包括共同理念、经营哲学、群体意识、道德观念和行为规范等）、企业制度（包括企业战略、经营机制、管理模式、组织机构、法制手段和营销体质等）和企业形象（包括企业的品牌、信誉、风俗、厂容、厂貌、技术和设施等）。

（6）"总和与核心说"　提出这种观点的学者认为，广义的企业文化是指企业的物质文化、行为文化、制度文化、精神文化的总和；狭义的企业文化是指以企业价值观为核心的企业意识形态，包括在企业中形成的文化观念、历史传统、共同价值观念、道德规范、行为准则。

（7）"音像、楷模、仪式、价值四层次说"　提出这种观点的学者认为，企业文化是指企业员工所特有的集体精神面貌，大体上包括音像（如企业内部的活动、企业标志、制服等）、楷模（如企业创始人和关键技术发明人等）、仪式（如纪念会、庆功会、表彰会等）和价值四个层次。人们对文化概念、范围的认识，经历了一个从精神文化向社会文化、物质文化、经济文化、法律文化逐步发展的过程。当然，这个扩展过程是相互交叉的，并不是完全分开的。把经济活动和企业文化作为文化现象来研究，是当代文化学最新发展的标志。

综合以上国内外的研究，大家对企业文化大致有两种看法。

第一种看法是狭义的，这种看法认为，企业文化属于意识范畴，仅仅包括企业的思想、意识、习惯、感情等领域。例如，《企业文化》（*Corporate Culture*）的两位作者——美国学者特雷斯·E. 迪尔和阿伦·A. 肯尼迪认为，企业文化应该有别于企业制度，企业文化有自己的一套要素、结构和运行方式。他们认为，企业文化包括四个要素，即价值观、英雄人物、典礼及仪式、文化网络。这四个要素的地位及作用分别是：价值观是企业文化的核心；英雄人物是企业文化的具体体现者；典礼及仪式是传输和强化企业文化的重要形式；文化网络是传播企业文化的通道。

第二种看法是广义的，这种看法认为，企业文化是指企业在创业和发展过程中所形成的物质文明和精神文明的总和，包括企业管理中的硬件与软件、外显文化与内隐文化（或表层文化与深层文化）两部分。由于企业文化是同企业的物质生产过程和物质成果联系在一起的，所以企业文化既包括非物质文化，又包括物质文化。该看法认为，企业人员的构成状况、企业生产资料的状况、企业的物质生产过程和物质成果特色、工厂的厂容厂貌等都是企业文化的重要内容。从广义上来说，企业文化既包括一个企业的物质文化，即有形的"显文化"或"硬文化"，也包括一个企业的精神文化，即无形的"隐文化"或"软文化"，如生产经营的环境、设备和产品，企业的组织结构和各种规章制度，企业的经营管理哲学、经营风格，群体内部相互沟通的方式、相互制约的规范，企业员工的共同价值观念、历史传统、生活习惯、办事准则等。也正因为对企业文化涉及范围、制度文化理解上的差异，企业文化学界出现了不同的流派。有人认为企业文化应包括物质文化、制度文化和精神文化三个层次；有人把企业文化细分为生产文化、技术文化、经营文化、管理文化、服务文化、福利文化、文娱活动文化、环境文化等若干分支；也有人把企业文化定位在精神和行为方式的层面。中国文化学家庞朴认为，企业文化即"企业人化"。

本书认为，企业文化作为管理范畴的一个概念，不可能面面俱到，只能以企业的精神和物质两方面文化为研究对象，如果定义范围过宽，不利于问题研究的深入。从企业文化的理论奠基者和倡导者的有关论述看，尽管他们对企业文化（公司文化）的表述不尽一致，但基本上是从狭义的角度界定企业文化的内涵的。

可见，企业文化作为特定的管理概念应专指以价值观念为核心的企业价值体系，及由此决定的行为方式和物质表现。这些价值体系和行为方式渗透并体现在企业的一切经营管理活动中，构成企业的精神支柱，形成企业的惯例、传统。它虽然决定于物质文化，但它不像产品、设备那样以实物形态呈现在人们面前，独立于人体之外，看得见，摸得着，容易改变。相反，企业文化以一种无形的力量蕴藏于员工的思想和行动之中，又作为一种氛围笼罩着整个企业。它虽不以实物形态存在，却不易改变，企业无时无刻不感受到它的存在。

鉴于上述理解，本书对企业文化做出如下表述：企业文化是指在一定的社会大文化环境影响下，经过企业领导者的长期倡导和全体员工的积极认同、实践与创新，所形成的整体价值观念、信仰追求、道德规范、行为准则、经营特色、管理风格传统和习惯，以及与此相关的行为规范、物质表现的总和。

在企业文化中，企业价值观、企业使命和企业精神是三个经常被互用和误用的概念。一般说来，美国企业喜欢用"使命"，欧洲企业喜欢用"价值观"，而中国企业经常使用"企业精神"一词。中国企业经常使用"企业精神"一词来表达企业的目标价值观。

企业文化形成的标志是 1981 年与 1982 年美国管理学界出现的著作：《Z 理论——美国企业界怎样迎接日本的挑战》《日本企业管理艺术》《企业文化——现代企业的精神支柱》《成功之路——美国最佳管理企业的经验》。这四部著作又被人们称为 20 世纪 80 年代企业文化的"新潮四重奏"。

美国加利福尼亚大学的美籍日裔教授威廉·大内，从 1973 年开始着手研究日本企业的经营管理。他从与美国、日本企业界人士广泛的交往中得到有益的启发，在深入调查美国、日本两国的企业管理现状的基础上，以日本企业文化为参照系，写下了《Z 理论——美国企业界怎样迎接日本的挑战》一书，这本书写作的目的按作者的原意是"如何把对于日本企业管理的理解运用到美国环境的实践性"，亦即试图回答"日本的企业管理方法能否在美国获得成功"这个美国公众关心的问题。

在书中，大内首先提出美国为什么要向日本学习的问题。他认为，日本企业成功的秘诀是重视人的因素，美国企业应当吸取充满于日本企业的信任、微妙性的亲密度。他着重考察了日本、美国经营方式的独特之处，并做了比较，见表 1-1。

表 1-1　日本、美国经营方式的独特之处

日本企业（J 型组织）	美国企业（A 型组织）
终身雇佣制、缓慢地评价和升级（考核和提升周期长）、非专业化的经历道路（强调个人多方面能力）、含蓄地控制（内部控制不明显）、集体的决策过程、集体负责、从各方面关心雇员生活	短期雇佣制、迅速地评价和升级（考核和提升周期短）、专业化的经历道路（强调个人的专业能力）、明确地控制（内部控制严密）、个人的决策过程、个人负责、只注意雇员的工作情况

大内在详尽地剖析美国盛行的"A型组织"和日本赖以成功的"J型组织"之后，提出了"Z型组织"理论模式。"Z理论"的"Z"，就是主张日本和美国的成功经验应当相互融合，同时也主张在麦格雷戈区分"X理论"和"Y理论"的基础上再来一次重大的理论突破。大内的"Z理论"是参照麦格雷戈"X理论"和"Y理论"而定名的。日本的企业模式是基于"Y理论"假设，它不仅注意生产事务，而且重视人的作用；美国的企业模式则更趋近于"X理论"假设，其注意力更多地放在工艺技术上，而对人的管理是机械的。"Z理论"的重点是要求美国企业根据美国的具体情况，利用日本企业管理的经验进行管理，要求企业建立密切的人际关系，建立人与人之间的信任关系，使管理者与员工取得一致，取得统一。

大内认为，这种"Z理论"型的企业组织形式具有以下特点：①实行长期或终身雇佣制，从而使雇员在职业有充分保障的前提下，更加关心企业的长期利益；②对员工实行长期考核和逐步提升的制度；③培养能适应各种工作环境的多专、多能的全方位人才；④企业在管理过程中既要有各种严格且科学的控制手段，又要注重对人的经验和潜能进行细致有效的总结、启发和诱导；⑤采取集体研究与个人负责相结合的"统一思想式"决策方式；⑥树立员工平等的观念，在企业整体利益指导下，每个人都可对事物做出分析判断，独立工作，以自我管理、自我控制代替等级指挥，上下级之间建立融洽的关系。

《日本企业管理艺术》的作者理查德·帕斯卡尔和安东尼·阿索斯分别是美国斯坦福大学和哈佛大学的管理学教授。他们用了六年时间考察日本和美国的30多家大企业，对这些企业的经营管理方式进行了详尽的研究，得出了这样的结论：任何企业的成功，都必须牢牢抓住战略、结构、制度、人员、作风、技能和崇高目标这七个变量，并且把它们看成是相互关联而绝不是孤立的。这七个变量英文名称的第一个字母都是S，故称"7S模型"。此模型经美国著名的企业管理咨询机构——麦肯锡咨询公司的专家们加以完善并广泛推广，故又称"麦肯锡7S框架"。对"7S模型"具体解释如下：

1）战略（Strategy）。它是指企业的资源分配和获取资源的计划及其行动。

2）结构（Structure）。它是指职能的使用和权力的行使等问题。

3）制度（System）。它是指程序化的报告和会议形式等，包括各种信息在企业内部的传递方式。

4）人员（Staff）。它是指企业内重要人员类型"履历方面"的描述，如企业家、工程师以及工商管理硕士等。

5）作风（Style）。它是指企业高层主管和主要责任人的行为方式，也包括企业的传统精神风貌。

6）技能（Skill）。它是指企业主要负责人和整个企业所表现出来的特殊才干和各种能力。

7）崇高目标（Superordinate Goal）。它是指企业借以统领和凝聚全体员工的指导思想或价值目标。

帕斯卡尔和阿索斯认为，美国企业管理者在管理过程中过分注重战略、结构、制度这三个"硬性的S"，而日本企业在不否认三个"硬性的S"的前提下，较好地兼顾了人员、作风、技能和崇高目标这四个"软性的S"，从而显示出日本企业的企业文化。他们从日本松下公司和美国国际电话电报公司具有代表性企业的兴衰历史，以及美国联合航空公司的成功事例，得出了这样的结论：企业管理中的这七个变量是相互关联的整体，"软性的 S"和"硬性的 S"都很重要，不可以片面地强调某一方面，而应该将这两方面很好地结合起来，只有这样，企业内部组织才会更加一体化，企业才能在激烈的国际竞争中得以生存和发展。

《企业文化——现代企业的精神支柱》是专门研究组织文化的美国哈佛大学教授特雷斯·E. 迪尔和闻名遐迩的麦肯锡咨询公司资深管理顾问阿伦·A. 肯尼迪联手合著的。该书是他们花费了六个多月时间对近 80 家企业进行了详细的调查，并从理论上加以总结、提炼而写成的。该书分为两大部分，即企业文化的要素和如何将企业文化付诸实施。在书中，他们提出了"杰出而成功的公司大都有强有力的企业文化"这一论断。

他们提出了五点自己的看法：① "企业文化的五因素说"，即企业文化是由企业环境、价值观、英雄人物、典礼及仪式和文化网络组成的。② "企业文化的类别"，即企业文化可分为硬汉文化、努力工作和及时享乐文化、长期赌注文化和过程文化。③ "企业诊断"的方法。具体地说，它有六个步骤：一是研究实物设施；二是听取公司的自我介绍；三是体会公司是如何接待陌生客人的；四是和公司的员工交谈；五是观察人们是如何运用时间的；六是比较人们"说的"和"做的"。④ "象征性经理人"（Symbolic Manager）。这是一种新型的管理者，其职责在于设计企业的文化，并引导广大员工参与塑造文化，通过全体员工的自觉努力来达到企业的目标。这一管理者既是"剧本作者"，也是"导演"，也是一流的演员和主角。从某种意义上说，"象征性经理人"是一种具有超常规的思想和思维方式、超凡的勇气和非凡的胆略的"超人"。松下幸之助就是这种类型的企业家，中国儒家所主张的"三不朽"（即立德、立功、立言）在他身上得到了淋漓尽致的体现。如果把企业比喻为一座金字塔，那么这个企业的最高领导人就是塔尖上的那块石头。表面上，它比石塔中的任何一块石头都小，似乎可有可无，而实际上，没有它，金字塔就会失去平衡和重心，就会立即动摇、倒塌。虽然松下幸之助晚年退出领导岗位，担任公司的最高顾问，但是他所编导和铸造的松下精神并没有褪去和消失。⑤未来的企业组织形式是一种"原子式组织"。这种组织形式是相对于庞大的巨型企业组织而言的。经营环境的改变和科技的惊人进步，正在日益拆解着传统式大型企业组织，并产生了高度分权化的组织形态，因此，公司内的工作要由自治的小规模单位来执行。这种新的"原子式组织"将会变得更有效能。

《成功之路——美国最佳管理企业的经验》的作者是托马斯·J. 彼得斯和小罗伯特·H. 沃特曼，他们从 1997 年开始，先后访问了美国历史悠久、业绩卓越的 62 家大公司，并从中挑选了 43 家杰出模范公司进行了深入研究，从而归纳出优秀公司经营管理的八项原则：贵在行动、紧靠顾客、鼓励革新和容忍失败、以人促产、深入现场并以价值观为动力、不离本行、精兵简政、辩证处理矛盾。彼得斯和沃特曼在书中再三强调"软就是硬"的道理，他们认为，企业主管不仅要关心如何赚钱，而且更应该注重效果和价值观念，鼓励员工同心协力、努力工作，且使他们个个都有成就感。这在前面已经详细论述过了。

由以上内容可以看出，企业文化确实是管理理论发展的最新综合。企业文化着重于企业精神的培育，但也不排斥一定条件下的精确定量分析；着重于依靠员工为企业发展做贡献的热情，但也不完全否认规章制度的作用；着重于形成上下级之间融洽和谐的合作气氛，但也不主张取消上级和下级的划分；着重于关心社会与顾客的利益，但同样也关心企业与员工的利益；提倡待人宽容的企业管理，但对违反企业价值观的行为往往也严加追究；特别关心产品的质量，但也关注产量和成本；提倡员工自主自发研究，但是也注重统一开发；特别看重质的提高，因而总是倡导革新、创新，但是也不完全放弃量的扩大，也提倡规模经济；在许多问题上粗略笼统，但有些问题也讲究不差分毫；企业内部既有重复竞争，也有整齐划一的地方。总之，不是抓住矛盾的一方面而片面地否认另一方面，而是根据具体条件灵活地把握双方的统一。

企业文化是现代管理科学发展的新阶段，其主要贡献在于实现组织目标与个人目标的统一、工作与生活的统一、管理与被管理的统一、约束与自由的统一、物质奖励与精神鼓励的统一等。特别是，企业文化正在把对人与对物的管理，以及被西方历史传统分割开来的人的物质生活和人的精神生活，努力统一于企业管理之中。

（三）正确理解企业文化

那么究竟应如何理解企业文化呢？我们认为，企业文化是社会文化的一个子系统。企业通过自身生产经营的产品及服务，不仅反映出企业的生产经营、组织和管理的特色，更反映出企业在生产经营活动中的战略目标、群体意识、价值观念和行为规范，它既是了解社会文明程度的一个窗口，又是社会当代文化的生长点。因此，在国内外学者提出观点的基础上，我们做如下定义：

企业文化是指在一定的社会大文化环境影响下，经过企业领导者的长期倡导和全体员工的共同认可、实践与创新，所形成的具有本企业特色的整体价值观念、道德规范、经营哲学、企业制度、行为准则、管理风格以及历史传统的综合。

理解企业文化需要注意以下几个方面：

第一，企业文化具有时段性。文化总是相对于一定时间段而言的，我们所指的企业文化通常是现阶段的文化，而不是指企业过去的历史文化，也不是指将来企业可能形成的新文化。

第二，企业文化具有共识性。只有达成共识的要素才能被称为企业文化，企业新提出的东西，如果目前没有达成共识，就不能被称为企业文化，只能说是将来的共识。当然，企业文化只是相对的共识，即多数人的共识。

第三，企业文化具有范围性。文化总是相对于一定范围而言的，我们所指的企业文化通常是企业员工所普遍认同的部分。依据认同的范围不同，企业中的文化可以分为领导文化、中层管理者文化、基层管理者文化，或部门文化、分公司文化、子公司文化等。

第四，企业文化具有内化性。企业所倡导的理念和行为方式一旦得到普遍的认同，成为企业的文化，就必将得到广大员工的自觉遵循。

第二节　企业文化形成与发展的背景

"企业文化"的提出和成功实践，是 20 世纪下半叶一次重大的企业管理革命，涉及全球，影响深远。它改变着企业的信念、价值准则、管理模式、行为方式和个性特征，推动着企业向人本化和市场化和谐互动的方向发展。只有了解了这场管理革命的时代背景，才能正确理解企业文化的真谛。

一、企业文化的产生

第二次世界大战结束后，企业管理实践发生了许多新的变化。随着科学技术的迅猛发展，企业生产条件得到极大改善，脑力劳动比例扩大且逐渐成为决定生产率的主导力量，劳动者的主体意识也日益觉醒。同时，由于市场范围的不断扩大，以及市场竞争的日益激烈，传统的基于"经济人"假设、强调严密控制为主的管理方式受到越来越多的挑战。正如美国管理大师彼得·德鲁克曾呼吁的："现在商学院所传授的、教科书里所描绘的、总经理们所认同的管理学已经过时了。"而强调企业中"软"因素的作用，以"人"为中心的新的管理模式逐渐成形。尤其是日本经济奇迹的启示，更使得这种管理模式受到全世界的瞩目。

（一）日本经济奇迹的启示

日本是第二次世界大战的战败国，但在第二次世界大战以后，日本经济却在短短30年左右的时间里迅速崛起，成为当时的世界第二大经济体。贴着"日本制造"的工业品在20世纪七八十年代以迅猛之势影响着几乎所有的市场，改变了世界经济竞争的大格局。比如，当时日本在汽车生产方面胜过了美国和德国；在摩托车方面令英国黯然失色；在手表、照相机和光学仪器生产方面超过了德国和瑞士；在钢铁生产、造船、电子产品方面结束了美国的统治地位。日本经济崛起的秘密何在？

从宏观的角度看，日本经济的成功无疑与日本政府强有力的工业政策、重视技术引进和产品出口、重视教育投入有直接关系。但从微观角度分析，日本经济增长源于企业的活力和竞争力，这种活力和竞争力依赖于独特的管理模式。美国的一些经济学家和管理学家在深入考察后发现，在日本企业获得成功的多种因素中，排在第一位的既不是企业的规章制度、组织形式，也不是资金、设备和科学技术，而是独特的"组织风土"，即企业文化。日本企业界普遍认为，管理的关键是企业通过对员工的教育和领导者的身体力行，树立起大家共同遵循的信念、目标和价值观，培育出全体员工同心协力共赴目标的"企业精神"。由于这种"企业精神"是管理中的"软"因素，与社会文化有着密切的联系，但又不是整个社会文化，而仅仅是一个企业传统风貌的"亚文化"或"微观文化"，因此被称为"企业文化"。在日本企业的影响下，世界范围内掀起了第一次企业文化热潮。

（二）美国经验的总结和实践的发展

美国受到来自日本经济成功的启示后，对自身的管理模式进行了反省与经验总结。20世纪70年代后的美国，虽然仍然是世界经济中心之一，但是相对实力下降。日本人的成就，使美国人震惊，他们开始认真研究和学习日本的企业管理经验，并反思美国企业的成败得失。企业文化研究领域的四本早期经典著作：威廉·大内的《Z理论——美国企业界如何迎接日本的挑战》、理查德·帕斯卡尔和安东尼·阿索斯的《日本企业管理艺术》、特雷斯·E.迪尔和阿伦·A.肯尼迪的《企业文化——现代企业的精神支柱》和托马斯·J.彼得斯和小罗伯特·H.沃特曼的《成功之路——美国最佳管理企业的经验》都是在这个时期出版的。美国人通过对日本管理经验的研究，得出了以下几条重要的结论：

第一，美国的生产率和经济发展缓慢，其重要的原因在于：美国的管理不重视人的作用，没有做好企业文化。相反，日本的生产率和经济发展速度之所以能在资本主义世界中排名第一，在于日本的管理重视人的作用，企业文化做得好。

第二，企业价值观是企业文化的核心内容之一，日本的集体主义价值观比美国的个人主义价值观更优越。这是因为，生活中的一切重要的事情都是由于同心协力或集体力量做出的。因此，企图把成果归之于个人的功劳或过失都是毫无根据的。

第三，企业文化建设的经验具有普遍意义，日本的管理方法虽然不能照搬照抄，但可以移植于美国，值得美国学习。比如美国通用汽车公司别克汽车装配厂的实践就是一个有力的证明。该厂原是全公司生产效率最低和产品质量最差的工厂之一，后来以近似日本的管理方式重新设计了管理体制，结果不到两年，该工厂的生产效率和产品质量就在全公司范围内上升为第一位。

在借鉴经验的基础上，美国的很多企业改变了原有的管理方式，通过不断实践创新，使得文化管理这种新的模式逐渐走向成熟。其中的经典代表就是通用电气公司（GE）的文化管理。

杰克·韦尔奇曾在GE担任董事长兼首席执行官长达20年，他用自己的管理实践为人们诠释了一种全新的企业管理和领导艺术——文化管理。韦尔奇在1981年上任时，GE的股票在此前的10年间贬值了50%。他首先实施了"三环"计划（将公司业务集中于核心、技术和服务三方面的战略），对企业进行了一系列的"外科手术"式的变革，卖掉难以在行业内居领先地位的200多个企业，买进了包括美国广播公司在内的约70个企业，将GE从一个日益老化的工业制造企业改变为经营多样化的全球性生产巨头。1985年，GE明确提出了5条价值观，并印刷成可以随身携带的价值观卡片发给每一名员工。随着时间的推移，GE价值观的表述也不断发生变化。韦尔奇关于价值观的主要经验有以下几点："价值观是塑造组织的一个驱动力量""在录用、辞退以及晋升中以价值观为指引""确保每一个员工知道公司的价值观""每隔几年就要对价值观进行修订以反映在价值观以及知识上的进步""绝不要低估价值观的价值"。为了使他倡导的价值观深入人心，韦尔奇花了大量的精力和时间来培训员工，特别是各级管理人员，18年中他亲自在公司、学校讲授250多次课程。在韦尔奇的领导下，GE内部形成与知识化和信息化的社会相适应的团队组织和参与式、学习式的新型文化。GE连续多年被美国《财富》杂志、《金融时报》分别评为"全美最受推崇的公司"和"全球最受尊敬的公司"。韦尔奇本人也被誉为20世纪最杰出的企业家和最成功的首席执行官。韦尔奇的管理方式又被一些美国学者称为"基于价值观的领导。"

当韦尔奇在GE推动文化管理模式时，美国的很多企业也都先后进行着管理模式的变革。在美国企业界，特别是优秀企业家在实践中对企业管理内在本质规律比过去有了更为深刻的认识：强调领导（即对人的管理，而不是对物的管理），重视目标和价值观的作用。这实际上就是基于价值观的领导，即文化管理的观点。

可以说，第二次世界大战后"以人为中心"的管理思想的发展和实践探索，促成了企业文化的兴起，加之随后出现的全球经济文化一体化和知识经济兴起的趋势，更使企业文化的实践得以迅速发展。

（三）文化管理的蓬勃发展

管理大师克雷格·R.希克曼指出："21世纪是文化管理的世纪，是文化制胜的世纪，每一个追求卓越的企业家，都必须学习文化管理。"我国著名管理学家、曾任国家自然科学基金委员会管理科学部主任成思危也认为："如果说20世纪是由经验管理进化为科学管理的世纪，则可以说21世纪是由科学管理进化为文化管理的世纪。"在面临更加激烈的市场竞争环境时，科学技术可以学习，制度可以模仿，但是像包括企业全体员工内在追求这样的一种企业文化层面上的东西却是很难移植、很难模仿的。从这个意义上说，21世纪企业的竞争也是企业文化的竞争。

企业文化的兴起，是20世纪下半叶的产物。进入21世纪，公司经营的国际化、世界经济文化的一体化以及知识经济的兴起，这三大趋势孕育着"文化制胜"时代的来临。

1. 公司经营的国际化趋势

随着知识和经济之间相互渗透、相互作用、相互交融的趋势越来越强劲，公司经营国际化的趋势越来越明显，资源配置冲破国别限制，产品纷纷销往国外市场，资本也在国际市场上寻找更好的机会。在这种经营环境下，竞争已不再局限于一个国家或地区，企业纷纷实施全球化战略，子公司或分支机构遍布各国。在这种跨国公司中，越来越多的具有不同国籍、不同信仰、不同文化背景的人为同一家公司工作，同时也使得管理面临着新的问题，如来自不同民族、国家与文化背景的员工之间的文化冲突，这种由文化的差异所导致的文化障碍很容易造成员工集体意识缺乏、职责分工不清、信息不能充分交流与共享，从而引起企业运转低效、反应迟钝，不利于全球化战略的执行。如何构建企业共同的经营观，使每一位员工能够把自己的思想与行为同企业的经营目标与宗旨结合起来，促进不同文化背景的员工之间的沟通与理解，仍然离不开以人为本的企业文化的管理。

2. 世界经济文化一体化的趋势

由于现代交通运输工具和通信设备的出现，世界各国、各民族相对缩短了地理上的距离，文化得以迅速而广泛地传播与交流，出现了趋同的倾向。这种世界各国文化的趋同现象，对各国的传统文化结构产生了深远的影响，尤其是发达国家的文化对比较落后国家的文化冲击越来越大。人们的价值观、道德观、风俗习惯发生了巨大的改变，视野更加开阔，思想更加开放，而生活水平和文化教育水平的提高更是促成人们渴望拥有尊重和自我实现等更高需要层次的满足，人们在不断追求新颖、时尚、高品质生活方式的同时，工作的自主性和独立性也越来越强，民主意识日渐高涨。以人为本的企业文化管理日益凸显出其重要性。

经济全球化带动文化趋同化，文化趋同化又促进经济全球化的发展。经济全球化促进了不同国家间企业管理经验与文化的交流，向跨国公司提出了如何把本企业文化应用于国外，如何调动不同文化背景下的员工的积极性问题；文化趋同化也促成了各国生活方式和消费习惯的趋同，为企业文化的传播和推广提供肥沃的土壤，这也是企业文化得以迅速发展的重要原因。

3. 知识经济的兴起

知识经济的兴起给人类的思维方式、工作方式和生活方式带来了一场深刻的革命——做任何事情几乎都离不开计算机与网络。在强调知识作用的宏观环境下，组织形式呈现出多样化的趋势，人们的需求也日益复杂化，这都使得企业文化在企业管理中的作用更显重要。

（1）企业联盟带来的企业文化的挑战 "协作竞争、结盟取胜、双赢模式"是美国著名的麦肯锡咨询公司提出的21世纪企业发展的新战略。自20世纪80年代以来，这种新战略从形式到内容，都发生了巨大的变化，结盟、兼并、接管的事例层出不穷。

全球企业联盟的日益增多，给企业文化发展提出了新的要求，即企业重组后企业文化怎样融合的问题。因为在企业联合、兼并的过程中，不能只从经济和财力方面考虑问题，更重要的是要注重文化方面的差异。一般来说，各个企业都有各自的文化特征、创业历史、发展目标、经营理念、所处环境、队伍素质等各有不同，所形成的企业文化也必然各具特色、互有差异。如果没有企业文化的融合，就会出现"貌合神离、形连心不连"的现象。所以，只有做到取长补短、扬长避短、达成共识，形成"结盟取胜、双赢模式"型的企业文化，企业才更具生命力、凝聚力和竞争力。要做到这一点，必须注意以下两个方面：一方面，要遵循从实际出发的原则，根据联合兼并企业的不同情况区别对待；另一方面，双方都应注意克服排斥对方的自大心理，加强相互了解与交流，吸收对方文化的精华，发展成为经过融合后更为优秀的企业文化。

（2）知识工作者的增加提出了文化管理的新需求　德鲁克在1999年撰写的《21世纪的管理挑战》一书中指出，怎样提高知识工作者的生产力，怎样对知识工作者进行管理，是企业在21世纪面对的最大挑战。知识工作的特点是看不见、摸不着，其劳动强度和质量在更大程度上取决于人的自觉性和责任感。在无形的知识工作面前，泰勒的时间和动作研究已经无用武之地。对于知识工作者，应该充分调动他们的工作积极性，引导和利用他们自我实现的需要，以内在激励为主，以自我控制为辅。在知识经济时代，更加应该采用文化管理的办法，而不是以往的理性管理。

（3）虚拟企业的运作需要企业文化的支撑　伴随着互联网的普及，世界上出现了一种新型的企业组织——虚拟企业。虚拟企业是一种区别于传统企业组织形式的以信息技术为支撑的人机一体化组织。其特征以现代通信技术、信息存储技术、机器智能产品为依托，实现传统组织结构、职能及目标。在形式上，没有固定的地理空间，各个公司、部门、员工可能分散在各处，工作时间也没有统一的要求。那么，如何管理虚拟企业？在分散化、虚拟化的组织中，几乎互不见面的员工认同的是企业的共同目标、共同愿景，维系他们的是群体价值观，组织成员通过高度自律和高度的价值取向实现组织的共同目标；在快速的内外环境变化中，学习与创新成为企业的活力，企业精神、企业风气对于创新的促进作用必然减少了制度化、标准化的制约；面对越来越多的个性化需要，企业宗旨、企业道德更有利于引导企业尽最大的努力满足顾客。文化管理对于虚拟企业而言，可谓恰到好处。

二、企业文化理论的发展

伴随着企业文化实践的发展，企业文化的理论研究孕育而生并不断发展。企业文化理论的产生是现代企业管理科学逻辑发展的必然结果。在知识经济时代，又兴起了知识管理，给企业文化理论注入了新的活力。

（一）现代管理科学理论的演进

企业文化是一种以人为中心的管理理论。既然如此，追根溯源，要了解企业文化的产生与发展，首先应该了解现代企业管理理论的产生与发展。

1. 古典管理理论

现代管理科学理论发展的第一阶段就是所谓的"古典管理理论"阶段（20世纪初—30年代）。古典管理理论主要包括三部分：美国的泰勒创立的"科学管理理论"；法国的法约尔创立的"管理要素或管理职能理论"；德国的韦伯创立的"古典组织理论"。

（1）科学管理理论　1911年，泰勒的著作《科学管理原理》问世。该书提出的科学管理理论被认为在历史上第一次使管理从经验上升为科学，成为现代管理理论形成的一个重要标志。泰勒本人也因此被誉为"科学管理之父"。

按照科学管理的方法，企业家不再靠个人经验和直觉来指挥下属，而是开始用调查研究、数学模型、数学工具等社会科学和自然科学的方法来代替个人经验；"时间和动作研究"提供了精确的计算定额的方法，使企业家不必再为生产定额而争吵；生产工具、操作工艺、作业环境、原材料的标准化，为生产率的提高开辟了广阔前景；"工作挑选工人"的原则和系统的培训，为各种生产岗位提供了一流的工人；"计划与执行相分离"的原则，大大加强了企业的管理职能，使依法治厂成为可能。

（2）管理要素或管理职能理论 管理要素或管理职能理论的代表作是法约尔1916年发表的《工业管理和一般管理》。法约尔提出了经营六职能、管理五因素和十四条管理原则。

法约尔指出，任何企业的经营包括六种职能活动，管理只是其中之一。这六种职能活动是：技术活动、商业活动、财务活动、安全活动、会计活动和管理活动。它们是企业组织中各级人员都要进行的活动，只不过由于职务高低和企业大小的不同而各有侧重。

法约尔所说的管理五因素，就是计划、组织、指挥、协调和控制，并对此进行了详细的分析。他指出，"计划就是探索未来和制订行动方案；组织就是建立企业的物质和社会双重结构；指挥就是使其人员发挥作用；协调就是连接、联合、调和所有的活动和力量；控制就是注意一切是否按已制定的规章和下达的命令进行"。

法约尔提出了十四条管理原则，它们是：分工原则、权力与责任原则、纪律原则、统一指挥原则、统一领导原则、个人利益服从集体利益原则、合理的报酬原则、适当的集权和分权原则、跳板原则、秩序原则、公平原则、保持人员稳定原则、首创精神原则、集体精神原则。法约尔还特别强调管理教育的重要性，主张普及管理教育，认为可以通过教育使人们学会进行管理并提高管理水平。

（3）古典组织理论 古典组织理论的代表作是韦伯的《社会组织与经济组织理论》。韦伯认为，理想的行政组织体系是所谓"官僚制"（又称"科层制"）。这种组织的基本特征是：①实现劳动分工，明确规定每一个成员的权力与责任，并作为正式职责使之合法化。②各种公职或职位按权力等级严密组织起来，形成指挥体系。③通过正式考试的成绩或在培训中取得的技术资格来挑选组织的所有成员。④实行任命制，只有个别职位才实行选举制。⑤公职人员都必须是专职的，并有固定薪金保证。⑥职务活动被认为是私人事务以外的事情，受规则和制度制约，而且是毫无例外地适于各种情况。

韦伯认为，这种理想的行政组织体系能提高工作效率，在精确性、稳定性、纪律性和可靠性等方面优于其他组织体系。但是同时韦伯也提出，由于这种管理体制排斥感情的作用，导致了整个社会感情的匮乏，扼杀了个人的积极性和创造性。

古典管理理论有四个最明显的特征：①它是世界历史上首创的管理理论。②古典管理理论的创造者们，是以国家官僚机构和军队组织为榜样来要求企业的，希望把企业组织得像军队一样，严守纪律，步伐整齐。③古典管理理论不重视人的感情，采取的是非人情味的管理措施，重点考虑的是工作效率。④古典管理理论把机械学原理引入管理，力求把管理科学建设得如同机械力学那样精确。应当肯定的是，古典管理理论总结了历史上古老组织（国家和军队）高效率运转的经验，满足了当时条件下的企业发展的需要，取得了很大的成功。但是对人性的探索仅仅停留在"经济人"的范畴之内，没有把人作为管理的中心，没有把对人的管理和对其他事物的管理完全区别开来。

2. 行为科学管理理论

现代管理科学理论发展的第二个阶段是行为科学管理理论阶段（20世纪30年代—60年代）。从古典管理理论阶段向本阶段发展的转机，是霍桑试验的结果。这一阶段的主要工作就是把心理学的研究成果引入企业管理，建立了管理心理学；同时，社会学的研究成果也被应用于企业管理，建立了管理社会学。这个阶段产生了两个管理学派：一个是人际关系学派；另一个是社会系统学派。

（1）人际关系学派 人际关系学派主要研究工人在生产中的行为，分析这些行为产生的原因，以便通过调节企业中的人际关系来优化人的行为，以提高生产效率，"行为科学"的名称即由此而来。人际关系学派的主要理论有：梅奥和罗特利斯伯格的有效管理理论，马斯洛的需求层次论，赫兹伯格的双因素理论，麦格雷戈的"Y理论"，阿吉里斯的成熟与不成熟理论，卢因的"群体动力论""场论"与"守门人"理论。

行为科学的基本观点有：

1）要重视人的因素，做好对人的管理就是做好管理的核心，主张建立以人为中心的管理制度。

2）动机决定行为，需要引起动机；需要是有层次的，它因人、因时、因地而异，要把满足个人需要与实际组织目标结合起来。

3）影响人们动机的因素有激励因素和保健因素，既要重视外在激励，又要重视内在激励。

4）只有当个人目标、团体目标与组织目标一致时，组织才能获得最高的生产效率。

5）领导者的影响力分为强制性影响力和自然性影响力，前者来自领导者的地位和权力，后者来自领导者的品德、知识和才能。要实现有效的领导，需要强制性影响力，更要靠自然性影响力。

行为科学理论的基本特征是：①行为科学克服了古典管理理论中把人视为机器的缺点，把心理学的研究成果和研究方法引进到企业管理中来，主要从人的心理来解释人的行为。②行为科学是"以人为中心"的管理理论。但是行为科学所研究的人，主要是单个的人，或是组成群体的各个成员，而不是群体的整体性。③行为科学家们并不关心顾客、竞争、市场以及企业以外的任何其他事情，他们把企业看作一个"封闭系统"。

（2）社会系统学派 社会系统学派的代表人物之一是美国著名的管理学家巴纳德。1938年，他发表了《经理的职能》一书，在这本著作中，他对组织和管理理论的一系列基本问题都提出了与传统组织和管理理论完全不同的观点。他认为组织是一个复杂的社会系统，应从社会学的观点来分析和研究管理的问题。由于他把各类组织都作为协作的社会系统来研究，所以后人把由他开创的管理理论体系称作社会系统学派。巴纳德的学说可概括地表述为以下四种理论：①组织互补论。组织有正式组织和非正式组织之分，两者是互补的，是互相为对方创造条件的。②协作系统论。组织作为一个协作系统包含三个基本要素：能够互相进行信息交流的人们；这些人们愿意做出贡献；实现一个共同目标。③管理"艺术"论。管理是一种把握全局、认识整体的艺术。管理的过程，就是要把组织作为一个整体来理解，要理解与组织有关的全部形势。④经理职能论。在管理科学史上，巴纳德第一个指出，总经理的首要职责就是要塑造和管理好组织的共同价值观，杰出经理与一般经理的根本区别就是是否能够塑造良好的价值观。除此之外，经理的基本职能为：提供信息交流系统；促使人们做出巨大的努力；拟订目标，使之能为一切同心协力做出贡献的人们所接受。

社会系统学派的另一位代表人物是塞尔兹尼克。他在1948年写了《领导与管理》一书，进一步发展了巴纳德关于价值观的理论，主要内容包括：①价值观决定一个企业的特色，是企业的生命。②价值观通常并不是靠正规书面程序来传播的，更常见的是靠一些比较含蓄、艺术的手段，比如故事、神话、传奇和比喻来传播。③灌输企业价值观的关键之一在于创造出一个理念和谐一致的领导班子。

社会系统学派把组织看作一个协作系统，把管理看作一种艺术，强调把握整体，并首次指出了企业价值观的重要性。遗憾的是，社会系统学派创始人的著作，在 20 世纪 60 年代末期之前很少有人读过，更没有人加以推崇，直到 20 世纪 80 年代企业文化兴起，才引起人们的广泛注意。

3. 管理理论丛林

现代管理科学理论发展的第三个阶段是"管理丛林"阶段（20 世纪 60 年代—80 年代）。在这个阶段，多个管理学派并存，管理科学理论日趋成熟。一方面，第二次世界大战后迅速发展起来的系统论、控制论、信息论和计算机科学等最新研究成果，被大量应用到企业管理中来。数理分析在管理学中的成功运用，正是管理科学成熟的标志。另一方面，这个阶段的管理理论学家们，明确地把企业看成一个"开放系统"，比较清醒地考虑到了各种外部力量对组织内部活动的影响，着力解决企业在多变环境中求得生存和发展的问题。这一阶段的主要代表人物是西蒙、约翰逊、德鲁克、卢由斯、伯法等。

西蒙是 1978 年诺贝尔经济学奖获得者，他是决策理论学派的代表人物。他认为管理就是决策，而决策是由许多阶段、步骤组成的系统，这个系统中的每一个步骤，都是建立在能够搜集到足够丰富的信息资料的基础上，并且通过信息反馈来加以调节和控制。其重点是要解决决策本身的科学性问题，它告诉决策者怎么处理信息（数学模型、可行性分析），怎样根据计算结果做出选择等。

德鲁克提出了"目标管理理论"。德鲁克认为，并不是有了工作才有目标，相反，有了目标才能确定每个人的工作。所以"企业的使命和任务，必须转化为目标"，如果一个领域没有目标，这个领域的工作必然被忽视。因此管理者应该通过目标对下级进行管理，当组织最高层管理者确定了组织目标后，必须对其进行有效分解，转变成各个部门以及各个人的分目标，管理者根据分目标的完成情况对下级进行考核、评价和奖惩。

其他学者也提出了不同的管理理论。总体而言，在这一阶段的管理理论中仍然主要以理性管理为主，认为只有数字资料和数学模型才是可信的，只有正式组织和严格的规章制度才是符合效率原则的。在这种管理理论中出现了若干需要解决的问题，主要表现在：①重视吸收自然科学的研究成果，忽视吸收社会科学的研究成果。②重视物的因素，忽视人的因素。③过分强调理性因素，忽略感性因素；褒扬逻辑与推理，贬低直觉和感情的作用。④过分依赖解析的、定量的方法，片面地以为只有数据才是过硬的和可信的。

正是上述这些需要克服的问题引起了人们的注意，人们发现很多管理问题仅仅依靠数据分析和严格的外部监督是无法解决的，还必须依靠在长期生产经营活动中形成的一种共同价值观、一种心理环境、一种良好的传统和风气，这就导致了下一阶段即企业文化理论的出现。

（二）企业文化理论的发展历程

20 世纪 80 年代初，日本企业的生产率大大超过美国，并夺走了大量原属于美国企业占领的市场。日本在第二次世界大战后仅仅用了不到 30 年的时间，就成为当时的世界第二大经济体。日本企业的实践，既给美国政府和企业界以极大的震撼，也对管理丛林阶段的管理科学理论给予沉重的打击。美国的一些管理学家在总结日本企业的实践之后得出结论：必须克服管理科学三个发展阶段上的某些错误倾向，保留其科学的精华部分，重新创立新的管理理论。这就是企业文化理论产生的背景。

虽然企业文化的实践始于日本，日本运用企业文化之道指导企业经营管理，取得了许多成功经验，但企业文化理论的诞生却是美国学者在对美国、日本、欧洲的企业文化实践进行调查和研究，再进行总结和概括后才上升到理论高度的。在这期间有四本最具代表性的经典著作，分别为：威廉·大内的《Z理论——美国企业界怎样迎接日本的挑战》、理查德·帕斯卡尔和安东尼·阿索斯的《日本企业管理艺术》、特雷斯·E. 迪尔和阿伦·A. 肯尼迪的《企业文化——现代企业的精神支柱》、托马斯·彼得斯和小罗伯特·沃特曼的《成功之路——美国最佳管理企业的经验》。

企业文化理论把对人与对物的管理以及被西方历史传统分割开来的人的物质生活和人的精神生活，努力统一于企业管理之中。与之前三个阶段的管理理论相比，更加注重企业宗旨、企业价值观等因素的作用。企业文化理论既控制了人们对问题做出反应的方式，又使两者之间达成了协调，是现代管理科学发展的新阶段。

进入20世纪90年代，在信息网络化和经济全球化进程中，经济的竞争性、创新性、动态性、快速增长趋势大大加快，引发了企业管理的深刻变革，呼唤着与知识经济相适应的新的管理观念、管理理论和管理模式。知识管理的兴起带来了企业管理模式的创新和革命，企业知识管理与企业文化的交叉研究，大大拓展了企业文化的研究领域，使企业文化理论更加成熟丰满。这一时期与企业文化关系比较密切的代表理论是学习型组织理论和知识管理理论。

1. 学习型组织理论

美国麻省理工学院的一群学者和一些企业家合作研究后提出了学习型组织理论。他们研究成果的结晶，体现在彼得·圣吉的《第五项修炼》一书中。圣吉认为真正出色的企业，是能够设法使各阶层人员全心投入，并有能力不断学习的组织。建立学习型组织的关键是汇聚五项修炼或技能：①自我超越（Personal Mastery）。组织中的每个成员都要终身学习，超越自身。②改善心智模式（Improving Mental Models）。培育一种开放学习效果的、兼顾质疑与表达的交谈能力。③建立共同愿景（Building Shared Vision）。领导者要有将个人目标转化为能够鼓舞整个组织的共同目标的观念并实际行动的能力。④团队学习（Team Learning）。学会进行"深度会谈"（Dialogue），具有进入真正一起思考的能力。⑤系统思考（Systems Thinking）。运用系统论的完备知识体系和实用工具养成对系统整体加以深入思考的习惯。

在《第五项修炼》之后，很多学者相继对学习型组织理论进行了深入研究，提出了许多不同的观点，但是学者们在学习型组织建设中的一个共同观点就是企业文化是组织学习成败的关键，企业管理者的重要责任之一就是努力营造出一种学习型的企业文化氛围。

2. 知识管理理论

对企业而言，其知识构成大致可以分为四种存在形式：①物化在机器设备上的知识；②体现在书本、资料、说明书、报告中的编码后的知识；③存在于个人头脑里的意会知识；④固化在组织制度、管理形式、企业文化中的知识。知识管理是对一个企业集体的知识或技能的捕获，然后将这些知识与技能分布到能够帮助企业实现最大产出的任何地方的过程。

知识管理要对企业的知识资源进行全面和充分的开发以及有效的利用，这是知识管理区别于其他管理的一个主要方面。知识管理将通过创造和建立一个有利于知识资源能动地发挥作用的环境，使知识不断地得以交流和共享，新的知识不断地产生，企业的知识资源不断地得到积累和扩张，且得到充分开发和有效利用，所有这些都将大大增强企业的创新能力。因此，知识管理是整个企业管理中一个极其重要的组成部分。

在强调知识管理的企业中，企业文化的特征主要表现为：①管理目标不受传统资源概念的约束，强调可持续发展和目标的可延伸性；②强调信息、知识、人才、企业理念、企业内驱力、企业环境等软件要素的主导作用；③管理系统和组织系统明显打破了传统的企业边界和等级制结构，系统界限趋于模糊，组织结构趋于网络化；④柔性管理、模糊控制、管理创新、机制创新将成为新时期企业文化的实质内容。知识管理理论的兴起，为企业文化理论注入了新的血液，赋予了其更强的生命力。

三、企业文化理论在我国的传播与发展

企业文化兴起后，在20世纪80年代中期传入我国，迅速得到我国管理学界和企业界的认同和响应。在改革开放后，为顺应国际企业文化兴起的时势，我国企业吸收了国外一些企业文化建设的先进经验，根据自身的具体实际情况，开展了各具特色的企业文化理论研究与建设实践工作，形成了我国企业文化发展的潮流。

企业文化理论在我国备受推崇、得以迅速传播与发展，最主要的动力来自：经济体制改革以及企业制度的创新、学术界的推动、企业界的实践探索；同时也与政界的充分肯定和新闻界的积极倡导分不开。

四、经济体制改革的推动

企业文化理论在我国的传播与发展是与经济体制改革的不断深化分不开的。改革开放以来，我国宏观经济环境发生了巨大变化，经济体制由计划经济向市场经济转变；微观的企业改革已经发展到纵深的层次，企业基本上实现了市场化运作和企业组织形式的创新。

（一）从我国市场变化的角度来分析

由于社会主义市场经济体制的确立，我国经济实现了前所未有的持续高速增长，市场供求出现了巨大变化，各类商品普遍供过于求或供求平衡，长期困扰我国经济的商品短缺时代已经结束，随之而来的是商品供应丰富，市场活跃。

20世纪80年代以来，随着科学技术的进步，人们的生活条件不断改善，消费者的价值观念变化很快，市场需求的差异性显著增加，从而引起产品的寿命周期相应缩短。为了适应这种市场需求多变的环境，一度被当作20世纪六七十年代特征的小品种大批量生产方式转变为多品种小批量生产或多样化生产方式，即主要按客户订货量进行生产。随着城乡居民收入水平的大幅度提高以及人们消费观念的变化，买方市场已经到来，那些质量好、功能全、有文化特色的产品成为人们消费的首要选择。特别是国外大量产品涌入我国市场，进一步加剧了我国市场的竞争。因此，认真研究消费者的需求变化趋势，加强研发和产品创新，提高产品的质量，增强产品的差异性，增加产品的附加值，赢得继产品竞争后的第二次竞争——服务竞争的优势，成为我国企业管理的首要任务。

同时，随着市场的快速变化，市场交易关系越来越复杂，所有市场领域的经营者必须严守合同、恪守信用，一切交易关系均按照法律、市场规则和双方协议办理；否则，违约失信，就会丢掉客户、失去市场。因此，市场对企业的诚信管理提出了更高的要求，即要求企业坚持客户至上的经营理念和合作共赢的竞争理念，视信誉为生命，经营中遵纪守法，重视

道德自律，树立良好的市场形象，提高企业的知名度、美誉度和客户忠诚度，靠诚信文化取得市场优势地位。

（二）从企业改革的角度来分析

我国企业经过多年改革探索，所有制结构及组织形式发生了巨大的变化，已经形成了多种所有制并存、股份制改革加速进行的局面，越来越多的大型国有企业已经开始公开发行股票筹集资金，以此带动全国范围内的公司化进程。按照相关法律要求，我国规范的股份制企业改革主要有股份有限公司和有限责任公司两种形式。除此之外，我国还开展了形式多样的转换企业资产结构的试点：①设立国有独资公司，赋予其法人财产权，实行资本经营机制；②对国有中小型企业推行股份合作制、承包制，并利用市场机制完善各种租赁、托管等资产经营形式，盘活国有存量资产或者整体出售，使市场机制在优化资产结构方面发挥基础性作用。企业组织形式的变化要求企业管理必须彻底摆脱过去的行政性领导方式，严格按照现代企业制度的要求，以市场为导向建立起科学的内部运行机制和新型的企业领导制度，实行董事会领导下的总经理负责制，确保企业在市场中的主体地位。

同时，为与企业组织形式的改革相适应，多数企业实现了全员劳动合同制以及用工制度、人事制度和分配制度的改革。这一系列改革，使企业传统的劳动用工及分配观念、劳动者传统的劳动就业及报酬观念受到很大冲击，企业和劳动者之间形成了一种新型的劳动关系——以市场经济原则为基础的契约关系。因此，企业必须转变管理方式，既要加强科学管理，运用新的激励、控制手段挖掘劳动者的工作潜能，提高劳动效率，同时也要帮助劳动者进行职业生涯设计，为他们个人价值的实现和全面发展创造更好的条件；企业还要探索新的劳动关系条件下的民主管理形式，确保劳动者在企业生产经营中的主体地位。

经济体制的改革以及由此带来的市场环境的变化，给传统的计划经济体制和单一国有企业组织形式下形成的企业管理方式和企业文化带来了巨大的冲击，所以迫切要求企业创新管理方式，尤其是创新文化。也就是说，环境的转变、企业制度的转型必然要求文化的转变。在这种情况下，企业如何保持对外以顾客为中心、扩大市场、树立良好诚信形象、提高竞争力，对内以员工为本、激发员工积极性、主动性和创造性，提高企业的凝聚力等问题显得尤其重要。所以说，企业文化理论传入我国以后，学术界、企业界高度重视，并且在理论和实践上进行积极探索是必然的，也就是说，企业文化理论在我国的传播与发展，与经济体制改革的推动是分不开的。

五、理论研究方兴未艾

早在20世纪80年代初，我国管理学界在研究现代西方管理思想的发展时，就敏锐地观察到企业文化理论的出现，并在及时翻译介绍国外相关著作和论文的同时，在国内有所提倡、有所讨论、有所研究，但一直未形成管理理论研究的主流，对企业界的影响也不大，仅有的影响主要限于东南沿海地区。1987年年底，时任中央纪委书记、中央顾问委员会委员的韩天石同志多次赴广州、深圳等地考察，从南方等地刚刚兴起的企业文化热中觉察到这是一种新兴的理论，必将对走上改革开放之路的中国企业乃至经济和社会发展产生巨大的影响。随后，他和一批理论界、企业界的有识之士共同倡议，于1988年成立了中国企业文化研究会。研究会成立以后，举办了各种类型的学术研讨活动，对于什么是企业文化，要不要推行企业文化，如何建设有中国特色的社会主义企业文化等问题逐步取得了共识。通过举办讲习班，培养了一批企业文化建设的积极分子，推动了全国各地企业文化的研究和实践。已有数十个地区性和行业性企业文化社团组织活跃在全国各地和各行业系统，这些社团组织进行了卓有成效的组织研究工作，取得了丰硕的研究成果和丰富的实践经验，出版和撰写了许多专著和论文，总结出了大量典型经验，对于企业文化理论的深入研究和企业文化知识的普及，对于促进企业物质文明与精神文明的协调发展以及企业思想政治工作的创新，都起到了积极促进作用。

（一）我国企业文化理论的引进与发展

在我国，企业文化的理论研究主要经历了以下三个阶段。

1. 我国企业文化理论的引进（20世纪80年代中期到20世纪90年代初期）

1978年，党的十一届三中全会的召开，吹响了中国大地解放思想、改革开放的号角。1984年，党的十二届三中全会制定了关于中国经济体制改革的决定，第一次在党的正式文件中提出了"有计划的商品经济"的概念。从此，对外开放不断扩大，私营企业、商品经济迅速发展。企业文化理论正是在这样的大背景下传入我国的。

国内学术界最早介绍企业文化的是《世界经济》杂志1982年第10期刊登的杨斌关于《Z理论——美国企业界怎样迎接日本的挑战》和《日本企业管理艺术》两部企业文化著作的评述文章，但是其中并没有出现"企业文化"的字样。"企业文化"一词，从1984年开始陆续见诸我国报纸杂志，其中多数文章把企业文化作为一种新的管理方法进行极其简单的介绍。1986年，中国理论界翻译了一批国外学者所著的企业文化的经典论著，如《Z理论——美国企业界怎样迎接日本的挑战》《日本企业管理艺术》《成功之路——美国最佳管理企业的经验》《日本的成功与美国的复兴》等，明确了企业文化的概念。

到1987年，企业文化热潮已经成为出现在我国的若干热潮之一。1987年9月，由中国企业管理协会、国务院发展研究中心、中国社会科学院工业经济研究所以及一些企业共同发起，在北京召开了第一次全国性的企业文化研讨会。1988年9月和11月，又分别在成都和杭州召开了两次全国性的企业文化研讨会。1988年年末，由一批长期从事经济和文化建设工作的老同志和企业家、专家学者发起成立了中国企业文化研究会，研究会编辑出版了《企业文化》杂志，陆续组织出版了《中国企业文化大辞典》和几十部有关企业文化的著作。

据不完全统计，1988年—1991年3年时间，国内报纸杂志上刊载的有关企业文化的文章达250余篇；翻译和编著的有关企业文化著作达20余种；省市级以上单位举办的有关企业文化的研讨会15场；举办企业文化为主题的讲习班和讲座40余期（场）。而且，中央和部分省市的政府部门相继设置了企业文化理论和应用研究的课题。

2. 我国企业文化理论的发展（20世纪90年代初期—21世纪初期）

20世纪90年代初期，"企业文化"一词开始出现在官方文件中。1992年，党的十四大报告中明确提出，"我国经济体制改革的目标是建立社会主义市场经济体制""搞好社区文化、村镇文化、企业文化、校园文化的建设"。1993年，党的十四届三中全会通过了《中共中央关于建立社会主义市场经济体制的若干问题的决定》，在关于建立现代企业制度一节中明确提出："加强企业文化建设，培育优良的职业道德，树立敬业爱厂、遵法守信、开拓创新的精神。"1997年，党的十五大报告提出了"有中国特色社会主义文化建设"这一概念，使之同建设有中国特色社会主义的经济、政治一起，构成党在社会主义初级阶段的基本纲领，为企业文化的发展再次注入了强大动力，企业文化的理论研究也进入了繁荣发展时期。

在这一时期中，国内研究机构、大学以及一大批专家、学者对企业文化建设的研究逐步深入，中国企业文化建设的理论探讨风气越来越浓，形成了一批具有中国特色的研究成果。如王进主编的《中国社会主义企业文化概论》（1991），张德、刘冀生著的《中国企业文化——现在与未来》（1991），范国兰编著的《走出困境的选择——论中国特色的现代企业文化》（1999），魏民洲编著的《中国企业文化小辞库》（1999）等。

中国企业文化促进会（由中国文学艺术界联合会主管）1994年成立，先后举办了中国企业文化节、中国企业文化调研、企业文化高层研讨会等活动，2002年创办《中国企业文化》杂志。

随着国外资本的大量引进，世界500强企业大量落户我国，由它们带来的国外先进企业文化理论与我国本土企业文化理论相融合，又进一步推动了我国企业文化建设的理论发展。

3. 我国企业文化理论的日趋成熟（21世纪初至今）

这一时期，国内相关的企业文化著作、刊物和文章日渐丰富。企业文化学的课程体系日益成熟与完善，企业文化学教材不断推陈出新。2005年北京交通大学首开全日制企业文化硕士班，开高校之先河。不少院校工商管理和财经类专业陆续开设了企业文化学课程。与此同时，顺应企业的需要，中国企业文化研究会、中国企业联合会、中国企业文化促进会等学术及社会团体，在高校学者和企业专家的配合下，总结优秀企业文化制胜的经验，建立企业文化示范基地，出版了各种企业文化的案例集，如刘光明编著的《中外企业文化案例》（2001），李笑天编著的《中国企业文化建设优秀案例丛书》（2002），中国企业文化促进会推出的《中国特色企业文化建设案例》（2005），祝慧烨编著的《把握企业文化新脉动》（2005）、罗长海等编著的《企业文化建设个案评析》（2006），石磊编著的《企业文化案例精选评析》（2010）、陈春花等编著的《企业文化》（2018）、2022年王吉鹏著的《企业文化建设》等系列著作，总结、概括了过去企业文化建设的经验教训，并对未来企业文化建设的前进方向做出展望，可以说国内的企业文化研究与国际发展进程已基本接轨。

（二）我国企业文化实践上的成功探索

企业文化理论传入我国之后，在引起理论界关注的同时也迅速引起了企业界的高度重视与推崇。1984年，海尔公司的张瑞敏在企业亏损147万元的情况下，首先提出文化先行、企业理念先行，为中国企业界进行企业文化建设注入了强心针。1985年，广东梅山实业总公司在《职工教育（规划）》中明确提出企业文化建设，1986年，又制定了《企业文化发展战略》。1988年7月15日，公司经理陈煊给著名经济学家于光远写了封信，邀请他参加广州市委组织召开的"企业文化现场研讨会"，于光远于7月30日回了一封信。他们的通信在1988年8月10日的《经济日报》发表，对各地开展企业文化工作产生了积极影响。1988年《中共中央关于加强和改进企业思想政治工作的通知》中提出，要"大力培育富有特色的企业精神"。这个通知，在企业文化热的社会背景下，使得"把塑造企业精神作为企业文化抓手"的观念，变成了中国所有企业的共识。许多企业把培育企业精神列入议事日程。如当时山东省邹县发电厂提出"拼搏"精神，常州自行车总厂提出"敢于攀登、质量求新、工艺创新、服务文化"的"金狮"精神，白云山制药厂提出的"爱厂、兴利、求实、进取"精神等。但是，总体而言，这个时候的中国企业文化实践还是初步的、不成熟的、不完善的和不成体系的。

进入 20 世纪 90 年代中期，以企业形象建设为重点，涌现出了一批形成了先进企业文化模式的企业，如海尔、联想、首钢、小天鹅、西安杨森、长安汽车、华为、白云山制药、同仁堂、全聚德等。其中海尔的创新文化、国际化联想的核心价值观、华为的"基本法"等成为企业文化实践探索的优秀代表。这些企业的优秀文化以及它们企业文化建设的经验传向了社会，对其他企业也产生了积极的示范作用，同时也为研究者提供了较好的研究示范，"海尔文化激活休克鱼"的实践甚至被收入哈佛研究院的案例库。但是，在这个时期，也有一些企业仍然将企业文化定位在企业的文化活动和企业的一些思想政治工作方面，对企业文化的认识和理解尚未完全清晰、全面和科学，出现了一些盲目克隆、形式主义的现象。

21 世纪，是"文化管理"的时代，也是"文化制胜"的时代。企业文化实践成为企业提高管理水平、提升核心竞争力的自觉行为，企业对相关培训的要求及学习优秀企业经验的愿望越来越强烈。2004 年 7 月，国务院国有资产监督管理委员会在大庆召开了首次"中央企业企业文化建设研讨交流会"，这次会议紧密结合中央企业的实际，总结交流了中央企业企业文化建设工作的经验，现场参观学习了中国石油天然气集团公司在大庆的企业开展企业文化建设的做法，研究探讨了企业文化建设工作的有关问题。越来越多的中国企业家开始重视企业文化建设，让企业文化建设落地的呼声越来越高。在 2005 年，国务院国有资产监督管理委员会下发《关于加强中央企业企业文化建设的指导意见》，强调通过企业文化的创新和建设，实现企业文化与企业发展战略的和谐统一，企业发展与员工发展的和谐统一，企业文化优势与竞争优势的和谐统一。2012 年，习近平总书记提出"中国梦"的概念，随即成为企业界的热议话题。许多国有企业将"可持续发展"和"为社会做出贡献"等理念注入企业文化价值观。如在华润的文化中，"感恩回报"就是重要的组成部分之一，它将履行企业社会责任视作"超越利润之上的追求"，通过实际行动回报社会，实现"中国梦"。2013年，习近平总书记提出"一带一路"国际合作倡议，更多的中国企业走出国门进行国际化经营，也将面临更多企业文化融合挑战。2015 年，第十二届全国人大将"互联网＋"上升至国家战略高度，移动互联网、云计算、大数据、物联网等关键技术迎来上升发展的黄金时期，为企业提供多渠道全方位加强文化建设、扩展文化传播渠道的机会，企业文化建设进入全媒体、融媒体时代。百度、腾讯、阿里巴巴、小米等企业都开设线上员工论坛和企业论坛，通过"互联网＋"模式使企业文化快速传播。2016 年—2019 年，"工匠精神"一词连续四年出现在政府工作报告中，体现国家对"大国工匠"的重视，也指出企业文化建设的方向，即朝着精益化、专业化的方向发展。东风汽车就将"精益文化"引入企业管理的方方面面，成为国内汽车制造行业的佼佼者。2022 年，党的二十大报告提出，要"完善中国特色现代企业制度，弘扬企业家精神，加快建设世界一流企业"。企业文化越来越得到企业界与理论界的普遍关注和高度重视。展望未来，中国企业文化将持续推进、不断深化。

思 考 题

1. 阐述企业文化的内涵。
2. 为什么说日本经济和企业管理的成功为企业文化理论的诞生奠定了重要的实践依据？
3. 知识管理与企业文化的关系是什么？
4. 企业文化的理论研究在我国主要经历了哪些阶段？

典 案 链 接

与当地文化特性相符的沃尔玛的幽默文化

沃尔玛是由山姆·沃尔顿创立的。1945年，山姆在美国小镇维尔顿开设了第一家杂货店，1962年正式启用"沃尔玛公司"的企业名称。经过多年艰苦奋斗，山姆以其独特的发展战略以及出色的组织、激励机制，终于建立起全球最大的零售业企业。它以物美价廉、对顾客的优质服务著称。在沃尔玛内部有一种独特的幽默文化氛围，它体现了一种团队精神，一种努力工作、友善待人的精神——沃尔玛人辛勤工作，同时在工作之余自娱自乐。这种文化是员工努力工作的动力之源，也是沃尔玛获得成功的最独特的秘密武器。而这种文化是沃尔玛创始人山姆创立的。其幽默文化有以下几方面的特点：

一、以幽默鼓舞员工

沃尔玛董事长山姆在工作上非常严厉，但在工作之余却非常喜欢寻找乐趣。著名的"沃尔玛式欢呼"就是山姆的一大杰作。1977年，山姆赴日本、韩国参观旅行，对韩国工厂里人群呼口号的做法很感兴趣，回到沃尔玛后马上试行。这就是后来的"沃尔玛式欢呼"。在每周六早上7：30，公司工作会议开始前，山姆总会亲自带领参会的几百位高级主管、商店经理们一起欢呼口号和做阿肯色大学的拉拉操。另外，在每年的股东大会、新店开幕式或其他活动中，沃尔玛也常常集体欢呼口号。

企业文化的表现有各种各样的形式，在心理上表现的可以称为精神文化，而以口号表达出来的既可以是精神的，也可以是情绪的。没有多少大公司以集体呼口号、做操等来表达企业精神，大部分的企业家也不会参与其中，而且还乐此不疲，但山姆以其企业家的感染力和对此的由衷喜爱感染到了员工，而且他认为这正是沃尔玛独特文化的一部分，它有助于鼓舞员工的士气，增强公司内部的凝聚力，促进员工更好地工作。

二、以幽默赢得顾客

沃尔玛是从小镇上发展起来的，这样独特的背景让山姆认为需要自己想些办法制造热闹的气氛。山姆对于能增添乐趣的事总是不断尝试。例如沃尔玛经常组织各种各样的游戏娱乐顾客，包括诗歌朗诵等轻松、愉快的促销方式，获得了顾客的欢迎。这样做不仅提升了公司在顾客心目中的形象，增加了公司的销售额，而且也让顾客感受到沃尔玛幽默的企业文化。

三、以幽默激发创造力

沃尔玛非常重视为员工创造一个宽松的工作环境，在这样的环境中员工可以充分发挥自己的聪明才智。其中，一年一度规模盛大的圆月馅饼竞吃大赛就是一位员工在情急之下的幽默创作。1985年，沃尔玛亚拉巴马州分店的助理经理订货时出了差错，一下子多订了四五倍的馅饼，但这类产品无法长时间存放，于是他想出了吃馅饼比赛的主意以救急，结果出乎意料地成功。后来，圆月馅饼竞吃大赛已成为每年秋季的大事，因为此项活动给公司带来的销售额高达数百万美元。这是由于沃尔玛平时幽默的文化给员工带来的创造力。试想，如果山姆是一个古板的人，他怎么能同意员工这样做呢？的确，心情愉快时，人的创造力更强，因此不应该忽视为员工创造幽默、愉快的工作环境。

四、自上而下的幽默

如果企业家表现出幽默并鼓励员工工作时享受乐趣，员工就会对工作持有更积极的态度。沃尔玛在这方面做得很成功。山姆和他的助手们都非常懂得幽默，只要是能令大家开心的事，他们都会很高兴地去做。例如1984年，山姆与当时的高级主管格拉斯打赌说当年税前利润不会超过营业额的8%，但最后超过了，为此，山姆穿着奇装异服在华尔街上跳呼啦舞，并被记者刊登在报纸上，还特别注明他是沃尔玛的董事长。山姆认为幽默是企业文化的一部分，它使公司上下级更为贴近，沟通变得更加容易。

五、以幽默缓解压力

沃尔玛的经营哲学是：以轻松创效益。轻松愉快的工作环境缓解了员工的工作压力，增加了员工的工作兴趣，提高了员工的工作效率。即使是性质严肃的会议，沃尔玛也是在轻松中度过的。如沃尔玛星期六早上的晨会，并不都是严肃的话题，有时还会邀请一些店外人士做特别来宾，这里有著名的商业巨子，如通用电气公司总裁，也有与公司有业务关系的小企业的老板，有时也可能是体育明星。沃尔玛这种独特的会议风格，并不影响会议的进程，相反，它还会更有利于与会者畅所欲言，从而达到有效沟通信息的目的。

尽管沃尔玛的企业文化体系内容繁杂，但主要包括日落原则、十步服务原则、薄利多销原则等。但必须说，幽默的企业文化个性对于企业的团队协作精神、客户中心策略、对员工公平对待、激励和创新的实现是别的企业所没有的。

（资料来源：林凡，詹向明．企业文化创新［M］．广州：中山大学出版社，2002．）

提示点评：

1. 沃尔玛通过幽默文化传递了"勤恳、节俭、活跃、创新、合作"的沃尔玛精神。

2. 幽默文化让每个沃尔玛员工有一家人的亲切感，便于统一事业目标。

3. 幽默文化加强了沃尔玛层级和部门间的内部合作，使得核心能力得到互补。

思考训练：

1. 假如你是一名商店经理，如何赢得顾客？

2. 沃尔玛的幽默文化对你有什么启示？

3. 当今企业需要怎样的合作精神？

第二章

企业文化的基本原理

 学习提示

重点掌握：企业文化的特征、企业文化理论的核心、企业文化的结构、企业文化的影响因素。

掌　　握：企业文化的功能和价值、企业文化的理论基础。

一般了解：企业文化从现象到理论的发展过程、企业文化的分类和模式。

企业文化是一种微观文化现象，也是一种管理方式，还是一种管理理论。弄清企业文化的三重身份及相互关系，进而论述企业文化的特征、分类、模式以及功能和价值，追溯企业文化的理论渊源，是本章的主要任务。

第一节　企业文化的特征和结构

一、企业文化的特征

企业文化是个多元的体系，从不同的层面或角度观察，可以概括出企业文化的本质特征和从属特征。

（一）企业文化的本质特征

1. 个异性（差异性）

处于不同社会、不同民族、不同地区的不同企业，其文化风格各有不同，即使两个企业在环境、设施设备、管理组织、制度体系上可能十分相近甚至一致，在文化上也可能会呈现出不同的特色和魅力。这是由企业所处的社会、地理、经济等因素，以及企业所处行业的特殊性、自身经营管理的特点、企业家的个人风范和员工的整体素质等内在条件决定的。当然，由于企业作为市场经济和文明社会的产物，其文化中体现着市场经济的一般规律，渗透着人类文明的共同意识。

除去企业文化的个性特点，不同企业的文化也具有很多共同性。就其内容来讲，不仅一个地区、一个行业的企业文化具有相同的地方，而且一个国家内的企业文化，由于受各自社会经济发展状况和民族文化的共同影响，也呈现出共同性，存在着共有的企业文化模式，如美国企业文化、日本企业文化、中国企业文化等，甚至世界各国的企业由于相互比较、交流、借鉴、遵从共同的经济规律和人类行为规律，各自的企业文化也含有相同的因素。在企

业文化的研究和实践中，大力倡导共性文化是重要的，由于社会大文化环境的作用，共性文化的培育和传播相对容易；而体现着一定共性的个性文化的培育和传播相对较难，个性文化一旦形成就会产生巨大的感召力、凝聚力和对外的辐射力，是企业文化的魅力和生命力之所在。

2. 共识性

企业文化无疑是共同的价值判断和价值取向，即多数员工的"共识"。优秀的企业文化特别强调集团和群体思想，追求"一体化"和"共同愿景"，反对用"个识"强加于企业全体员工身上，反对用个别人的意识取代整体意识。当然，"共识"是由"个识"抽象而成的，"共识"是相对而言的，"一体化"也是企业文化追求的目标，在现实生活中，一家企业的几百名、几千名甚至上万名员工，不可能只有一种思想、一种判断。人的素质参差不齐，人的需要、追求各不相同，人的观念更是复杂多样，因此企业文化只能追求相对的"共识"，即多数人的"共识"。这种"共识"在开始往往比较集中地体现在企业少数代表人物身上（如企业的英雄、模范、标兵等）。因为任何一种积极的企业文化的形成，总是以少数人具有的先进思想意识（如王进喜的"铁人"精神、张秉贵的"一团火"精神等）为起点向外发散，通过领导者的积极倡导和身体力行，使之渗透在企业每一位员工的行为中、每一件产品的制造过程中、经营管理的每一个环节中，进而逐渐成为多数人的"共识"。尤其是当企业全员的"共识"在某些方面总体处于消极落后的状态时，更要善于从中发现积极的因子——"个识"，通过精心培植，使之成长壮大，形成"共识"，进而带动整体企业文化的进步与创新。应该说，这是企业文化理论和实践探索的重点。优秀的企业文化是由"个识"发展到"共识"的，这是规律。

3. 非强制性（软性约束）

这是针对企业文化的作用而言的。企业文化不是强制人们遵守各种硬性的规章制度和纪律，而是强调文化上的"认同"，强调人的自主意识和主动性，通过启发人的自觉意识达到自控和自律的目的。当然，非强制中也包含某种"强制"，即软性约束。对于少数人来讲，一种主流文化一旦发挥作用，即使他们并未产生认同或共识，也同样受这种主流文化的氛围、风俗、习惯等非正式规则的约束。违背这种主流文化的言行是要受到舆论谴责或制度惩罚的。所以威廉·大内说，这种文化可以部分地代替发布命令和对工人进行严密监督的专门方法，从而既能提高劳动生产率，又能发展工作中的支持关系。"非强制性"是针对认同企业文化的人员而言的；"强制性"是针对不认同企业文化的人员而言的。可见，企业文化与传统管理对人的调节方式不同，传统管理主要是外在的、硬性的制度调节；企业文化主要是内在的文化自律与软性的文化引导。

4. 相对稳定性

文化的生成呈现出长期性特点，文化的作用具有延绵性。一种积极的企业文化，尤其是居于核心地位的价值观念的形成往往需要很长时间，需要先进人物的楷模作用，需要一些引发事件，需要领导者的耐心倡导和培育等。根据全息理论，企业文化作为"亚文化"同样具有文化的一般属性，一旦形成，它就会成为企业发展的灵魂，不会朝令夕改，不会因为企业产品的更新、组织机构的调整和领导人的更换而发生根本性的变化，它会长期在企业中发挥作用。当然，稳定性是相对的，根据企业内外经济条件和社会文化的发展变化，企业文化也应不断得到调整、完善和升华。尤其是当整个社会处于大变革和大发展、企业制度和内部经营管理发生剧烈变动的时期，企业文化必须也必然通过新旧观念的冲突而发生大的变革，从而适应新的环境、条件和组织目标。"适者生存，优胜劣汰"，企业文化是在不断适应新的环境中进步并充满生机和活力的。

（二）企业文化的从属特征

用辩证的观点分析企业文化，企业文化具有以下从属特征：

1. 无形性与有形性相统一

企业文化的内核中包含了各种价值因素、信念因素、道德因素、心理因素等，是作为一种文化心态和一种氛围存在于特定的人群之中的，因此，它具有无形性，是看不见、摸不着的。然而，任何无形的事物都是寓于有形事物之中的，企业文化也不例外。无形的价值因素、信念因素、道德因素、心理因素等通过各种有形的载体，如人的行为方式、企业的各种规章制度、经营政策、生产经营的过程、商品的运动等体现出来。人们往往通过有形的事物观察、分析、研究和培植企业的内在文化。无形性是指内容，有形性是指形式和载体。因此，企业文化是内容与形式、载体的统一。

2. 抽象性与具体性相统一

企业文化所追求的基本经营理念和管理哲学往往是概念性的。优秀的企业文化往往引导人们追求卓越、追求成效、追求创新，但其内涵清晰而目标模糊，它不像企业的计划、产品标准、规章制度、管理规范那样明确具体，它只给人们提供一种指导思想，一种行为规则，不会告诉人们每个问题应该用什么具体方式和方法去处理，它只会告诉人们应该根据什么样的指导思想去处理每个具体问题，因此它是一种抽象性的概念。但是，企业文化又是具体的，它是由各种具体的观念、习俗、习惯、传统等浓缩、凝结、升华而成的。企业员工的一言一行都从不同的角度体现着企业文化；同时员工也感受到企业文化的导向、激励和制约作用，尽管这种作用是微妙的、暗示性的，但在多数情况下它决定人们的行为方式，为人们提供行为动力。

3. 理念性与实践性相统一

企业文化在形态上表现为一种理念、一种认识、一种群体意识。但是，马克思认为，观念的东西不外乎是移入人的头脑并在人的头脑中改造过的物质而已。这说明，人的认识是客观世界在人们头脑中的反映，任何认识都以客观的具体事物为其实在内容。客观世界是人们认识的对象，但它只有在实践中才可能被人们所充分认识，认识来源于实践。无疑，企业文化的核心内容——价值观念作为一种认识也离不开企业的生产、经营实践活动，它既来源于实践，同时又指导实践，为实践服务。因此，用马克思主义认识论的观点看待企业文化，它是观念性和实践性的统一。了解企业文化的这一特点，有利于企业文化的理论研究更加贴近实际，具有针对性，对于克服企业文化建设中脱离实际、拔苗助长，或束之高阁、只做表面文章的倾向也具有重要意义。

4. 超前性与滞后性相统一

生产力是推动社会发展的根本力量，是最活跃的要素。企业是生产力的直接组织者，在生产经营活动中产生的企业文化相对于社会文化是超前的，往往最先反映时代的新观念、新思想、新气息。企业文化的"超前性"决定了它的社会价值。但企业文化相对于科学技术的飞速发展，相对于企业设备的快速更新和组织的急剧变革等，往往显得变化缓慢，具有一定的滞后性。解决企业文化的滞后性，即随着科学技术的发展、设备的更新、组织的变革等及时推动企业文化的变革与进步，是企业文化理论和实践需要解决的突出问题。

5. 吸收性与排他性相统一

一种优秀的企业文化形成以后，对于外来的优秀文化仍具有很强的吸收学习能力，能够把社会变革中的积极因素和其他企业在实践中形成的好的思想和经验融入自身的文化之中，丰富和发展自身的文化；同时，对于与本企业文化主流相悖的其他思想意识也有相应的抵御能力。一般来讲，一种消极的企业文化往往不具备这一特点。这个特点也是区分或衡量企业文化优劣的标志之一。

6. 经济性与社会性相统一

企业文化具有经济属性，是一种经济文化，它反映了企业的经济伦理、经营价值观与目标要求，以及实现目标要求的行为准则和传统、习惯等。企业文化的经济属性是由企业作为一个独立的经济组织的性质决定的。同时，人们还必须看到，企业不仅作为独立的经济组织而存在，而且作为社会的一个细胞而存在。从其功能来讲，它不仅具有推动创造物质财富的功能，而且也具有社会功能。在我国，企业文化体现了社会主义生产关系的要求，具有为思想政治工作创造条件，培育有理想、有道德、有文化、有纪律的员工队伍，促进社会主义精神文明建设等重要作用。因此，企业文化也具有社会属性或一定的政治属性。况且，企业从事经济活动，也不是在封闭的系统中进行的，企业员工无时无刻不受到社会大文化的感染和熏陶。所以，企业文化既有经济属性，也有社会属性，是二者的统一。

二、企业文化的结构

企业文化的结构划分有多种观点。一种是将其分为两个层次，有多种表达，如有形文化和无形文化、外显文化与内隐文化、物质形式和观念形式、"硬" S 与 "软" S 等；另一种是分为四个层次，即物质文化、行为文化、制度文化和精神文化。这些不同的结构划分都有其各自的合理性，使用不同的结构划分对认识企业文化并无大碍。为科学、准确，可把企业文化划分为三个层次，即精神层、制度层和物质层。

（一）精神层

精神层主要是指企业的领导和员工共同信守的基本信念、价值标准、职业道德及精神风貌。精神层是企业文化的核心和灵魂，是形成物质层和制度层的基础与原因。企业文化中有无精神层是衡量一个企业是否形成了自己的企业文化的标识和标准。企业文化的精神层包括以下六个方面：

（1）企业最高目标 它是企业全体员工的共同追求，有了明确的最高目标就可以充分发动企业的各级组织和干部员工，增强他们的积极性、主动性和创造性，使广大员工将自己的岗位工作与实现企业奋斗目标联系起来，把企业的生产经营发展转化为每一位员工的具体责任。因此，企业最高目标是企业全体员工凝聚力的焦点，是企业共同价值观的集中表现，也是企业对员工进行考核和实施奖惩的主要依据。企业最高目标也反映了企业领导者和员工的追求层次与理想抱负，是企业文化建设的出发点和归宿。长期目标的设置是防止短期行为、促使企业健康发展的有效保证。

（2）企业哲学 它在有些企业中又被称为企业经营哲学，是企业领导者为实现企业目标而在整个生产经营管理活动中的基本信念，是企业领导者对企业长远发展目标、生产经营方针、发展战略和策略的哲学思考。企业哲学是处理企业生产经营过程中发生的一切问题的基本指导思想和依据，只有以正确的企业哲学为先导，企业的资金、人员、设备、信息等资源才能真正发挥效力。企业哲学的形成首先是由企业所处的社会制度及周围环境等客观因素决定的，同时也受企业领导者思想方法、政策水平、科学素质、实践经验、工作作风以及性格等主观因素的影响。企业哲学是企业在长期的生产经营活动中自觉形成的，并为全体员工所认可和接受，具有相对稳定性。

（3）企业精神　它是企业有意识地提倡、培养员工群体的优良精神风貌，是对企业现有的观念意识、传统习惯、行为方式中的积极因素进行总结、提炼及倡导的结果，是全体员工有意识地实践所体现出来的。因此，企业文化是企业精神的源泉，企业精神是企业文化发展到一定阶段的产物。

（4）企业风气　它是指企业及其员工在生产经营活动中逐步形成的一种带有普遍性的、重复出现且相对稳定的行为心理状态，是影响整个企业生活的重要因素。企业风气是企业文化的直观表现，企业文化是企业风气的本质内涵，人们总是通过企业全体员工的言行举止感受企业风气的存在，并透过它体会出企业全体员工所共同遵守的价值观念，从而深刻地感受到该企业的企业文化。企业风气一般包括两层含义：①许多企业共有的良好风气，如团结友爱之风、开拓进取之风、艰苦创业之风等；②一家企业区别于其他企业的独特风气，即在一个企业的诸多风气中最具特色、最突出和最典型的某些作风，它体现在企业活动的方方面面，形成全体员工特有的活动方式，构成该企业的个性特点。

企业风气是约定俗成的行为规范，是企业文化在员工的思想作风、传统习惯、工作方式、生活方式等方面的综合反映。企业风气一旦形成就会在企业中造成一定的气氛，并形成企业员工群体的心理定势，导致多数员工一致的态度和共同的行为方式，因而成为影响全体员工的无形巨大力量。企业风气所形成的文化氛围对一切外来的信息具有筛选作用，良好的社会风气在具有良好风气的企业里将引起共鸣、产生共振，不良的社会风气则会在企业里遭到抵触、抵制。同样，不良社会思潮在企业文化贫乏、企业风气不良的企业中很容易造成员工劳动积极性下降、人际关系紧张、凝聚力减弱、离心力加大等后果，而在企业文化完善、企业风气健康的企业，比较容易促使全体员工与企业同呼吸、共命运、同舟共济、战胜困难、共渡难关。在实行社会主义市场经济体制的今天，优秀的企业文化、良好的企业风气可以起到物质刺激所起不到的作用，所以已经引起许多具有战略眼光的企业家的高度重视。

（5）企业道德　道德是指人们共同生活及其行为的准则和规范。企业道德是指企业内部调整人与人、部门与部门、个人与集体、个人与社会、企业与社会之间关系的行为准则。

道德与制度虽然都是行为准则和规范，但制度具有强制性，而道德却是非强制性的。一般来讲，制度解决是否合法的问题，道德解决是否合理的问题。道德的内容包括道德意识、道德关系和道德行为三部分。道德意识是道德体系的基础和前提，它包括道德观念（人们的善与恶、荣与辱、得与失、苦与乐等观念）、道德情感（人们基于一定的道德观念，在处理人际关系和评价某种行为时所产生的惩恶扬善的感情）、道德意志（人们在道德观念和道德感情的驱使下形成的实现一定道德理想的道德责任感和克服困难的精神力量）和道德信念（人们在道德观念、情感、意志基础上形成的对一定道德理想、目标的坚定信仰）。道德关系是人们在道德意识支配下形成的一种特殊的社会关系，而道德行为则是人们在道德实践中处理矛盾冲突时所选择的某种行为。

企业道德就其内容结构来看，主要包含调节员工与员工、员工与企业、企业与社会三方面关系的行为准则和规范。作为微观的意识形态，它是企业文化的重要组成部分。

（6）企业宗旨　它是指企业存在的价值及其作为经济单位对社会的承诺。作为从事生产、流通、服务活动的经济单位，企业对内、对外都承担着义务：对内，企业要保证自身的生存和发展，使员工得到基本的生活保障，并不断改善他们的生活福利待遇，帮助员工实现人生价值；对外，企业要生产出合格的产品、提供优质的服务，满足消费者的需要，从而为社会的物质文明和精神文明进步做出贡献。

（二）制度层

制度层是企业文化的中间层次，主要是指对企业组织和企业员工的行为产生规范性、约束性影响的部分，它集中体现了企业文化的物质层和精神层对员工和企业组织行为的要求。企业制度文化是指企业中的各项"正式制度"，是企业精神文化的具体化。企业精神文化必须转化为具有可操作性的正式制度与规范，才能被广大员工接受。如果企业的制度与规范违背企业精神文化，那么企业就会陷入"知行不一"的病态文化之中，阳奉阴违、溜须拍马将成为员工的"理性"选择。企业的行为规范大体上可以分为两大部分：对内行为规范与对外行为规范。对内行为规范使企业的价值观理念得到员工的认同，以创造一个和谐的、有凝聚力的内部经营环境；对外行为规范通过一系列对外的行为，使企业的形象得到社会公众的认同，以创造一个理想的外部经营环境。企业行为规范不同于企业规章制度的地方在于：前者是对员工的"应然要求"，只是希望员工"应当如此"，目的在于唤醒员工的主体自觉性；后者是对员工的"必然要求"，强制员工"必须如此"。可见，企业制度文化已深深影响了企业行为文化。

企业文化的制度层规定了企业成员在共同的生产经营活动中应当遵守的行为准则，它主要包括以下三个方面：

（1）一般制度　它是指企业中存在的一些带有普遍意义的工作制度和管理制度，以及各种责任制度。这些成文的制度与约定及不成文的企业规范和习惯，对企业员工的行为具有约束作用，保证整个企业能够分工协作、井然有序、高效地运转，如计划制度、劳资人事制度、生产管理制度、服务管理制度、技术工作及技术管理制度、设备管理制度、劳动管理制度、物资供应管理制度、产品销售管理制度、财务管理制度、生活福利工作管理制度、奖励惩罚制度、岗位责任制度等。

（2）特殊制度　它主要是指企业的非程序化制度，如员工评议干部制度、总结表彰会制度、干部员工平等对话制度、干部"五必访"制度（员工生日、结婚、生病、退休、死亡时，干部要访问员工家庭）、企业成立周年庆典制度等。与工作制度、管理制度及责任制度等一般制度相比，特殊制度更能够反映一个企业的管理特点和文化特色。有良好企业文化的企业，必然有多种多样的特殊制度；企业文化贫乏的企业，则往往忽视特殊制度的建设。

（3）企业风俗　它是指企业长期相沿、约定俗成的典礼及仪式、行为习惯、节日、活动等，如歌咏比赛、体育比赛、集体婚礼等。企业风俗与一般制度、特殊制度不同，它不是表现为准确的文字条目形式，也不需要强制执行，完全依靠习惯、偏好的势力维持。企业风俗由精神层所主导，又反作用于精神层。企业风俗可以自然形成，又可以人为开发，一种活动、一种习俗，一旦被全体员工所共同接受并沿袭下来，就会成为企业风俗中的一种。

（三）物质层

物质层是企业文化的表层部分，是企业创造的物质文化，是形成企业文化精神层和制度层的条件。从物质层中往往能折射出企业的经营思想、管理哲学、工作作风和审美意识。物质文化是企业员工创造的产品和各种物质设施等构成的器物文化，是一种以物质形态为主要研究对象的表层企业文化。企业生产的产品和提供的服务，是企业生产经营的成果，是物质文化的主要内容；此外，企业创造的生产环境、建筑、广告、产品包装与设计等也都是企业物质文化的主要内容。

企业文化的物质层主要包括以下几个方面：

1）企业名称、标志、标准字、标准色。这是企业文化最集中的外在体现。

2）企业外貌、自然环境、建筑风格、办公室和车间的设计与布置方式、绿化美化情况、污染的治理等是人们对企业的第一印象，这些无一不是企业的文化反映。

3）产品的特色、式样、外观和包装。产品的这些要素是企业文化的具体反映。

4）技术工艺设备特性。

5）厂徽、厂旗、厂歌、厂服、厂花。这些因素中包含了很强烈的企业物质文化内容，是企业文化的一个较为形象化的反映。

6）企业的文化、体育、生活设施。

7）企业建筑造型和纪念性建筑。它包括厂区雕塑、纪念碑、纪念墙、纪念林、英模塑像等。

8）企业纪念品。

9）企业的文化传播网络。它包括企业自办的报纸、刊物、有线广播、闭路电视、计算机网络、宣传栏（宣传册）、广告牌、招贴画等。

综上所述，企业文化的三个层次是紧密联系的。物质层是企业文化的外在表现和载体，是制度层和精神层的物质基础；制度层则约束和规范着物质层及精神层的建设，没有严格的规章制度，企业文化建设就无从谈起；精神层是形成物质层和制度层的思想基础，也是企业文化的核心和灵魂。

三、企业文化体系

企业文化作为一个完整的体系，其内容包括企业整体价值观念、企业精神、企业伦理道德、企业形象、物质表现等。

1）企业整体价值观念主要是指企业的基本信仰、追求和经营管理的基本理念，主要解决办企业是为了什么，企业追求什么样的目标，企业提倡什么、反对什么，企业以什么样的指导思想进行经营管理等方面的问题。

2）企业精神与企业整体价值观念是紧密相连的，是企业规范化和信念化了的意识的表现，反映企业经营管理中积极的主导意识。企业整体价值观念及企业精神是员工团结一心、努力工作的精神源泉，也是企业赖以生存和发展的精神支柱，对企业的成败兴衰起决定作用。

3）企业伦理道德是企业中人与人之间关系的行为规范的总和。它根源于企业员工的群体意识，表明人们对善良与邪恶、正义与非正义、公正与偏私、诚实与虚伪、美与丑等问题的基本看法，并以此为标准评价员工的行为，调整企业与员工以及员工与员工之间的关系。

4）企业的伦理道德以公众舆论、规章制度等形式表现出来，对规范员工的个体行为，协调大家的行动，保证个人目标同企业目标的一致性起到教育、引导和制约作用。

5）企业形象是企业从事生产经营活动和管理活动所表现出来的外部行为特征、视觉特征以及企业风格、风气等，表现为企业在社会上的知名度、美誉度、忠诚度的大小和企业内部精神面貌的好坏。企业形象决定于企业的整体价值观念和伦理道德。一家企业是否具有良好的形象，对企业员工的工作追求、工作干劲、凝聚力、创造力及企业整体竞争力都有直接影响。

上述几部分在企业文化整体结构中处于不同地位。其中，物质表现、企业形象处于企业文化结构的表层，企业伦理道德处于企业文化结构的中层，企业整体价值观念及企业精神处于企业文化结构的深层。三个层次是依次递进、相互影响的关系。其中，深层文化是企业文化的核心，决定整个企业文化的方向、本质、层次；中层文化直接把深层文化转换成一种成文或不成文的规则，对组织成员的言行起引导和制约作用；表层文化体现了企业文化的整体风格和品位，也以一种特有的氛围对组织成员起到影响、感染、教化和引导作用。当然，表层文化和中层文化是由深层文化决定的。

企业文化体系中的不同层次均受到社会政治、经济、人文及地域、民族传统等多种因素的影响，在一个国家、一个民族、一定区域内具有很多共同特征。企业文化的内容源于实践，具有客观性和多元性，它是在经营实践中形成的理念、传统、风格、习俗的沉积，但又是可以在实践的基础上经过主观培植得到升华和提高的。一般经过培植和升华的企业文化，其主流具有积极作用，并以"企业哲学""企业宗旨""企业精神"等形式，用富有哲理，具有象征性和感召力的语言进行高度概括。经过高度概括的企业文化，表面上看来像是一些宣传口号，其实不然，它是深深扎根于企业员工中的"群体意识"。企业文化更多地不是靠强制、鼓励实现个人目标同企业目标的结合，而是在整体感受的基础上，靠文化的力量把员工的行为潜移默化地导向一个共同的目标。由此可见，企业文化作为一种新的管理思想，从重视组织结构、战略、制度等开始转为重视企业的价值观，体现了组织行为的整体性和高层次，强调了民族文化和社会文化的影响与制约作用。

第二节 企业文化的分类和模式

一、企业文化的分类

企业文化是一个由价值观、精神追求、伦理道德规范、形象风貌、传统习俗与习惯、物质表现等若干要素所构成，并通过生产经营、管理、对外交往活动以及文化典礼、仪式等载体反映其特征的复杂的开放系统。不同的内外环境会造就不同的企业文化。严格地说，每家企业的成长环境都有差异，因此每家企业的文化特质都不尽相同，正如自然界没有两片完全相同的树叶一样，有多少家企业就有多少种企业文化。从这个意义上讲，对企业文化进行科学分类是一件困难的事。

不过，当对不同的企业文化的构成要素和影响要素进行必要的抽象时，可以发现很多相近或相同的文化特质，依据不同的文化特质组合，就可以对千差万别的企业文化进行大致的分类。

（一）按发育状态分类
按发育状态，企业文化可以划分为成长型文化、成熟型文化和衰退型文化。

1. 成长型文化

成长型文化是一种年轻的、充满活力的企业文化类型。企业文化的发育状态一般是和企业的发展状态相适应的。在企业初创时期、企业经营迅速发展时期，企业中各种文化相互抗衡，表现出新文化不断上升的态势，在内外经营环境的作用下，企业被注入了很多新的观念、新的意识和新的精神，如勇于创新、竞争和积极开拓进取等。此时企业的盈利状况呈现出一种日益上升的趋势，前景看好，所以新文化对员工表现出很大的吸引力和感召力。但是，由于成长型文化所面对的外部市场环境急剧变化，企业内部人员、结构、制度以及经营模式尚未定型，因此这种文化类型是不稳定的，如果不善于引导和培育也会出现偏差。

2. 成熟型文化

成熟型文化是一种个性突出且相对稳定的企业文化类型。一般来讲，企业发展进入成熟期，经营规模稳定，人员流动率降低，内部管理运行状态良好，企业与社会公众的关系也调试到了正常状态，与之相适应的企业文化也进入稳定阶段，并且经过企业成长期文化的冲突与整合，个性特征也越来越鲜明，企业的主导文化已经深入人心，形成了诸多非正式规则和强烈的文化氛围，此时企业的规章制度也顺理成章地设立，政令畅通无阻，企业文化的发展进入了黄金时期。但是，成熟型文化具有某种惯性和惰性，往往会阻碍企业文化的进步。

3. 衰退型文化

衰退型文化是一种不合时宜、阻碍企业进步的企业文化类型。企业文化从成长到成熟、再到衰退是必然的，衰退型文化意味着已经不适应企业进一步发展的需要，急需全面变革和更新。企业发展到一定阶段，当市场发生渐变或突变时，传统的经营方式和管理方式面临着巨大挑战，而与传统的市场及经营管理方式相适应的企业文化也就成了衰退型文化。衰退型文化如果不能随着企业环境的变化积极地进行创新，就可能成为企业发展的最大障碍，或是导致企业走下坡路直至被市场淘汰的根本原因。

（二）按企业的性质分类

按企业的性质，企业文化可以划分为国有企业文化、合资企业文化、乡镇企业文化、民营企业文化等。

1. 国有企业文化

国有企业文化在我国是一种典型的企业文化类型。长期以来，我国国有企业在整个国民经济中一直占主导地位，国有企业文化呈现出政治责任感和社会责任感较强，政策性、计划性、全局意识和奉献精神较强的特征。

2. 合资企业文化

合资企业文化在我国是一种相对较新型的企业文化类型。改革开放以来，我国内地大量引进国外和我国港澳台地区的资本和技术，形成了庞大的合资企业群体。合资企业文化的形成受合资双方文化背景和经营管理方式的影响，是双方文化优势的嫁接，因此具有综合性和优化性的特点，这种文化中渗透着比较浓重的科学、理性以及创新和追求卓越的意识。但合资企业文化也容易出现文化冲突、貌合神离等问题，这也是导致合资失败的主要原因之一。

3. 乡镇企业文化

乡镇企业文化在我国是一种特殊的企业文化类型。伴随着我国进入市场经济轨道，乡镇企业异军突起，成为我国经济发展的一支生力军。乡镇企业文化因受农耕文化和传统家族文化影响较深，带有明显的农村社区文化和泛家族文化的特征；又由于乡镇企业在创业一开始缺少依靠，因此使其养成了强烈的自主意识、市场竞争意识和创业意识。但是随着乡镇企业自身的发展、科技的进步、市场空间的扩大，同时不断受到城市现代文明的辐射影响，有些乡镇企业文化，尤其是处于开放前沿地带的乡镇企业文化，已经脱胎换骨，成为先进企业文化的代表。

4. 民营企业文化

民营企业文化在我国是一种具有较强活力的企业文化类型。我国的民营企业大多经历了艰苦的创业历程，民营企业家在企业成长中起到了关键作用；有些民营企业发展的起点比较高，在科技上、人才上又占据优势，因此民营企业文化中不乏创新精神、冒险精神和强烈的争夺市场的意识，更有现代企业的科技意识和人才观，特别是其中较多地体现了创业者——企业家个人的品格，所以企业家精神成为企业文化的主导力量。

(三) 按内容特质分类

按内容特质，企业文化可以划分为目标型文化、竞争型文化、创新型文化、务实型文化、团队型文化和传统型文化等。

1. 目标型文化

目标型文化是以企业的最高目标为核心理念的企业文化类型。具有这类企业文化的企业，在产品开发、市场营销、内部管理上都追求效率最高、竞争力最强、效果最佳，力争卓越、创建一流企业是其基本经营宗旨。

2. 竞争型文化

竞争型文化是以竞争为核心理念的企业文化类型。处于竞争异常激烈行业中的企业，往往注重外部市场环境对企业的影响，经常与竞争对手进行比较，在改进产品和服务上殚精竭虑，拓宽市场范围，延长经营半径，提高市场占有率。这些企业把增强企业的竞争意识和竞争能力作为建设企业文化的重点，从企业精神的表述到企业经营管理的方式方法等，到处都渗透着竞争精神，体现着企业追求卓越、赢得优势的价值追求。

3. 创新型文化

创新型文化是以创新为核心理念的企业文化类型。在这种类型的企业文化中蕴含着强烈的创新意识、变革意识和风险意识，一切从未来着眼、求新求变。一般在高科技企业中具有比较明显的创新型文化特征。

4. 务实型文化

务实型文化是以求真务实为核心理念的企业文化类型。在务实成为文化主流的企业中，表现出浓厚的说实话、办实事、重实效，一切唯实、不拘形式、反对浮夸和虚假作风的特征，把工作实绩作为考核一个人的唯一尺度，把企业工作效率和经济效益高低作为衡量各项工作的唯一标准，企业内部从领导到员工都有一种鲜明的诚实性格和脚踏实地的工作作风。

5. 团队型文化

团队型文化是以团队精神为核心理念的企业文化类型。它强调以人为中心，倡导集体主义精神和团结协作精神。其企业行为特征是，一般采用集体决策方式，在工作中强调个人目标与集体目标的一致性，鼓励员工爱厂如家，把精诚团结、形成一个团队作为取得经营优势和谋求企业发展的根本。

6. 传统型文化

传统型文化是突出民族优良传统、党的优良传统以及企业历史传统特征的企业文化类型。一般在历史悠久的老字号企业、以战争年代公营企业为基础发展起来的企业、20 世纪五六十年代创办的国有企业中较容易找到这种类型的企业文化。具有这种文化的企业，具有强烈的社会责任感和自力更生、艰苦奋斗、勇于奉献、积极敬业、严细认真、对人民高度负责的精神。

（四）按市场角度分类

这是特雷斯·E. 迪尔和阿伦·A. 肯尼迪在他们的著作中对企业文化划分的类型。这种划分，取决于市场的两种因素：企业经营活动的风险程度、企业及其员工工作绩效的反馈速度。

按市场角度，企业文化可以划分为强人文化、拼搏与娱乐文化、赌博文化和过程文化。

1. 强人文化（强悍型文化）

强人文化是一种高风险、快反馈的文化类型。这类企业包括处于建筑业、风险投资业及娱乐业等投资风险较大行业的企业，它们具有孤注一掷的特性，总是试图赢得巨大的成功、最优的竞争，追求最优、最大、最高的价值。员工工作紧张、压力大，工作绩效反馈及时。强人文化是趋于年轻人的文化，虽有活力但缺乏持久力，这是所有企业文化中极度紧张的一种。拥有强人文化的企业恪守的信条是要么一举成功，要么一无所获。因此，员工们敢于冒险，都想成就大事业。而且对于员工所采取的行动是正确还是错误，都能迅速地获得反馈。

2. 拼搏与娱乐文化（工作和娱乐并重型文化）

拼搏与娱乐文化是一种低风险、快反馈的文化类型。这种文化赖以生存的土壤往往是生机勃勃、运转灵活的销售组织和服务行业。在这类企业中，员工们拼命干、尽情玩，工作风险极小，而工作绩效的反馈极快，这种文化造就了良好的工作环境，使工作与娱乐实现较好的结合。这种企业文化奉行拼命地干、痛快地玩的信念。员工很少承担风险，所有一切行动均可迅速获得反馈。

3. 赌博文化（赌注型文化）

赌博文化是一种高风险、慢反馈的文化类型。具有这种文化的企业往往是一些拥有实力的大公司，它容纳着许多重大决策，即使几年过去，员工可能也不知道决策是否获得了成功，工作绩效也可能得不到及时反馈。在赌博文化氛围中，人们重视理想、重视未来，具有极强的风险意识，可能带来高质量产品的开发和高科技的发明，但效率较低，发展较慢。这种企业文化适用于风险高、反馈慢的环境，企业所做决策承担的风险很大，但却要在几年之后才能看到结果。拥有赌博文化的企业，其信念是注重未来、崇尚试验，相信好的构想一定要给予机会去尝试和发展。

4. 过程文化（按部就班型文化）

过程文化是一种低风险、慢反馈的文化类型。这类文化一般是在金融保险业和公共事业中产生的。这种文化的核心价值是用完善的技术、科学的方法解决所意识到的风险，即做到过程和具体细节绝对正确无误。具有这种文化的企业，员工循规蹈矩，严格按程序办事，缺乏创造性。因为收入尚好，员工流失率较低，企业效率较低但具有相当的稳定性。这类企业文化常存在于风险低、资金回收慢的组织中，由于员工很难衡量他们工作的价值，因此员工关心的只是"怎样做"，人人都在追求技术上的完美，工作上的有条不紊，极易产生官僚主义作风。

（五）按组织状态分类

荷兰学者冯·特洛比纳兹依据企业的不同组织状态，把企业文化分为四种类型，即家庭式文化、埃菲尔铁塔式文化、导弹式文化和孵化器式文化。

1. 家庭式文化

家庭式文化是指既有人情味又有层次等级意识的文化。这种文化具有权力导向性，"人治"色彩浓厚，"重人轻事"的倾向十分明显。这种企业文化更关心是谁在做，而不是在做什么；激励的方式主要是表扬，感谢通常多过实际资金奖励。

2. 埃菲尔铁塔式文化

埃菲尔铁塔式文化是指完全依职能和角色预先确定按部就班的劳动分工，一切都依据层次等级办事的等级制文化。在这种文化氛围中，每个角色均严格按要求工作，每项任务按计划完成，一级管一级，职权分明。管理层的形象很多时候是公事公办，且具有权威性，但仅限于工作范围。

3. 导弹式文化

导弹式文化是指以任务为重，不附带个人情感的文化。这种文化的特点是讲究平等，这与家庭式或埃菲尔铁塔式文化都不一样。但从重任务这一点看，导弹式文化与埃菲尔铁塔式文化很像，特别是在执行任务时更像。导弹式文化十分重视目的，一切行为举止都围绕着战略目标。

4. 孵化器式文化

孵化器式文化是指把组织作为个人理想完美实现的孵化器，是为自我表现和自我实现服务的文化。这种文化既讲个人感情，又主张平等。在这种文化中，企业似乎不该有组织结构，即便有，也只是为个人工作方便而设立。

（六）埃伯斯的分类

埃伯斯（Ebbers）把企业文化类型分为合法型文化、有效型文化、传统型文化、实用主义型文化（见表2-1）。

表 2-1　埃伯斯企业文化分类表

类型特征	合法型文化	有效型文化	传统型文化	实用主义型文化
组织内容	环境的规范和价值观	对绩效的需求	成员的价值观、信仰和传统	成员的（自我）利益
效度基础	信念	适当的绩效	亲和性	心理和法律的契约
焦点	外部支持、合法性	产出；专业知识；计划；控制	信用传统；长期的承诺	成就；奖励和贡献的公平分配
个人服从的基础	识别；以致产生信念的压力	社会的和管理的指令	内部化	结果的计算
行动的协调	名义调整	共同的目的	表演的和联络的行为	内部既定利益和战略行动
特征集合	公共机构环境；绩效难以知道	结构化地相互依赖的肌体；被监督；绩效容易知道	有稳定成员关系、长期历史和密集交流的集体	通常是为了共同利益或目的而将个人集结起来的小型混合团体

（七）康妮和芭芭拉的分类

美国康妮·格莱泽与芭芭拉·斯坦伯格·斯马雷把企业文化分为鲨鱼型文化、夏裨鱼型文化、海豚型文化。其中，海豚型文化最符合人性，是人们心中所向往的管理哲学。它把男性的优势和女性的优势有机地结合起来，用脑和心来领导，以自信、宽容来运作。海豚型文化完全摆脱了旧式过于性别化的管理方式，创立了无性别之分、刚柔结合、有血有肉的灵活形象。需要说明的是，并非所有女性都像戛裈鱼般优柔寡断，所有男性都像鲨鱼般冷酷无情，喜好操纵。康妮·格莱泽与芭芭拉·斯坦伯格·斯马雷对于企业文化的分类见表2-2。

表2-2 康妮·格莱泽与芭芭拉·斯坦伯格·斯马雷对于企业文化的分类

鲨鱼型文化	戛裈鱼型文化	海豚型文化
缺乏同情心、傲慢、严厉	社会工作者型	尊重下属，宽容、仁慈
君主式领导	不讲等级	蛛网式管理
疏远，与下属保持距离	与下属打成一片	与下属保持密切关系
任务、成果至上	友谊、人情至上	成果与人并重
分析型	表达型	分析、表达型
极少授权	过度授权	必要时授权
强调竞争	回避竞争	强调合作
对新见解不感兴趣	缺乏主见	鼓励创新
培养员工依赖性	融入员工之中	培养员工独立性
只关心业绩	过度在意下属感受	业绩、下属感受并重
理性	直觉	理性加直觉
严肃、不幽默	幽默	适度严肃，适度幽默
追求权力，甚至滥用	不喜欢权力，甚至误解	适度用权，适度放权
压抑下属的技能	过于依赖下属的技能	调度、善用下属的技能
强调服从	重人缘	寻求尊敬
个人主义	寻求共识、缺乏独立性	重视共识，必要时有独立性
过于苛刻	多赞美、少批评	坦率、公平
独享工作计划和目标	缺乏明确的计划和目标	共享计划和目标
情绪化、反复无常	过于乐观	沉稳
过于自信	缺乏自信	自信
冷漠	热心	客观、敏感、关心
无视下属的要求	过于纵容下属的要求	慎重对待下属的要求
只罚不赏	负面批评较少	赏罚分明
高度控制、操作	缺乏果断	公开、坦诚
用脑决策、理性	用心决策、感性	脑心并用；理性、感性并重
固执、心胸狭窄	听从下属的意见	心胸宽广，听取下属意见
不接受批评	太关注批评	坦诚，勇于面对批评
令人畏惧	讨好人	鼓舞员工
强调忠诚	渴望忠诚	努力赢得忠诚
盛气凌人	被动	有主见
居高临下	朋友身份	领导身份

（八）基于管理方格理论的企业文化分类

布莱克和莫顿二人发展了领导风格的二维观点，在"关心人"和"关心生产"的基础上提出了管理方格理论（Managerial Grid Theory）。

管理方格理论共有81种不同的领导类型。但是，管理方格理论主要强调的并不是产生的结果，而是领导者为了达到这些结果应考虑的主要因素。在管理方格理论中存在81种类型，布莱克和莫顿主要阐述了五种具有代表性的类型，如图2-1所示，对应五种类型不难发现，不同的管理风格表现出不同的企业文化特征，见表2-3。

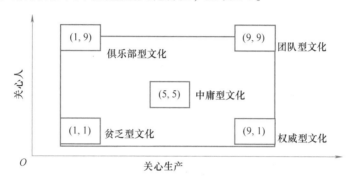

图2-1 管理方格理论

表2-3 五种不同管理风格的企业文化特征

权威型文化	团队型文化	俱乐部型文化	贫乏型文化	中庸型文化
工作导向	团队合作导向	关系导向	导向不清	稳定导向
以严为主	宽严相济	以宽为主	不负责任	注重平衡
效率第一	效率、公平并重	公平第一	得过且过	循序渐进
追求效益	在和谐的基础上追求卓越	放任自流	没有追求	在和谐的基础上力争上游
很少授权	适当授权、兼顾民主	充分民主	放弃权力	适当授权
性恶论	性善论	性善论	人性假设不清	性善论

1）贫乏型文化：领导者付出最小的努力完成工作。

2）权威型文化：领导者只重视任务效果而不重视下属的发展和下属的士气。

3）俱乐部型文化：领导者只注重支持和关怀下属而不关心任务效率。

4）中庸型文化：领导者维持足够的任务效率和令人满意的士气。

5）团队型文化：领导者通过协调和综合相关活动提高任务效率与工作。这种类型的文化是理想的企业文化，由于充分地关心人，形成了良好的人际关系，上下级所有人同心同德，组成了亲密、团结合作的团队，反过来也有力地促进了生产经营活动。

（九）梅泽正和上野征洋对企业文化的分类

日本的梅泽正和上野征洋把企业文化类型分为自我革新型文化、重视分析型文化、重视同感型文化、重视管理型文化。他们以行动基本方向与对待环境的态度为横纵坐标，把四种类型分别放入四个象限，如图2-2所示。

1）自我革新型文化：适应市场变化，重视竞争与挑战，不断自我变革。

2）重视分析型文化：重视企业发展的各种因素，生产效率、管理效率被立为大政方针。

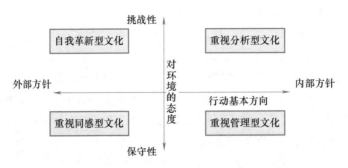

图 2-2　梅泽正和上野征洋对企业文化的分类图

3）重视同感型文化：重视市场地位的稳定和客户满意度，回避风险，重视安稳。

4）重视管理型文化：注重企业内部规范以及与竞争对手之间的关系协调，重视风险回避和安稳地位。

二、企业文化的模式

所谓模式，无非是指某种事物的标准形式。文化模式是一种文化的成员所普遍接受且长期存在的一种文化结构，包括生活方式、劳动习惯以及政治和经济结构等。文化模式最早由克鲁伯所提出，后为本尼迪克特于1934年详尽阐发。

企业文化模式被界定为一类企业在发展过程中所形成的不同文化特质（要素）的构成方式及其稳定特征，反映了一类企业的整体文化面貌和一般精神状态。如果说对企业文化进行分类主要是侧重于从主要文化特质上着眼，对不同企业文化模式的划分则侧重于不同文化特质（要素）的构成方式。因为一家企业的文化具有多种不同的特质，有主要的特质，也有若干从属的特质。企业文化特质（要素）的构成方式千差万别，但主要的具有稳定特征的企业文化模式是可以区分的。

（一）按时间的继承性划分

按时间的继承性可以把企业文化模式划分为传统模式和现代模式。传统模式中的企业文化特质基本上固守着本国、本民族传统文化精神和本企业初创时期形成的基本理念，与此相适应的企业行为方式和习俗、习惯等也保持原有的结构、态势，很少接受新文化，趋向于稳定、保守和封闭状态。现代模式则不同，它顺应社会发展、合乎潮流，能够广泛吸收现代社会文化的精华，并能不断创新和升华自身的文化，在文化特质和构成方式上都能体现时代精神，具有时代特色。这种文化开放、灵活、适应性较强。

（二）按空间分布特性划分

按空间分布特性可以把企业文化模式划分为东方模式和西方模式以及不同民族模式、不同国家模式等。东方模式和西方模式的差别，仅以中西方企业文化来对比就有明显的不同，我国企业文化深受中华文化（尤其是儒家思想）影响，其文化理念和行为方式具有显著的集体观念、奉献精神、和谐思想，以及重感情、重关系等特征，管理中的非理性色彩比较强；而西方企业文化则更加突出个人价值、个人能力，重制度、重合同、重法制，管理中的理性色彩比较强。

（三）按现实性与预见性划分

按现实性与预见性可以把企业文化模式划分为现实模式和目标模式。毫无疑问，现实模式即企业现实存在并实际发挥作用的文化特质及构成方式；目标模式即对企业文化未来发展模式所做的规划和设计，反映企业所向往和追求的具有自身特色的基本价值观体系的整体特征。企业文化目标模式不是凭空设想的，它是以现实模式为基础，又超越现实模式的，是经过增加新的文化特质可以实现的企业文化模式。

（四）按共性与个性划分

按共性与个性可以把企业文化模式划分为一般模式和特殊模式。一般模式即为企业文化的普遍模式，是一种高度抽象化的、具有普适性的文化模式，如国别模式、地区模式等；特殊模式针对一般模式而言，是具有特定适应范围、领域或对象的企业文化模式，如某类企业或某个具体企业的文化模式。

（五）按行业特性划分

按行业特性可以把企业文化模式划分为各个不同行业模式。企业所处的行业不同，其经营的内容、方式以及由此决定的管理方式都不一样，文化特质及构成方式自然各具特色。例如，从核心理念来看，工业企业文化模式最突出质量、成本与创新意识；流通企业文化模式更强调顾客与服务观念；金融企业文化模式则把信用与信誉视为生命，并体现着强烈的社会责任感；交通运输企业文化模式中的遵章守纪、安全正点的内容则占有重要的地位。

第三节　企业文化的影响因素

对企业文化的上述静态分析，虽然使人们对企业文化的构造从整体上有一个较为清晰的认识，但还不能提供改造旧企业文化、塑造新企业文化的线索。因此，这里要对企业文化的形成和演变进行动态的系统分析，寻求影响企业文化的主要因素。概括地讲，影响企业文化的因素主要有下列八种：

一、民族文化因素

现代企业管理的核心是对人的管理。作为企业文化主体的企业全体员工，同时又是作为社会成员而存在的，在他们创办或进入企业之前，已经长期受到社会民族文化的熏陶，并在这种文化氛围中成长。广大员工在进入企业以后，不仅会把自身所受到的民族文化影响带到企业中来，而且由于其作为社会成员的性质并未改变，他们将继续承受社会民族文化的影响。因此，要把企业管理好，绝不能忽视民族文化对企业文化的影响。建设有本民族特色的企业文化，不仅是个理论问题，更是企业管理所面临的实际问题。

处于亚文化地位的企业文化植根于民族文化土壤中，这使得企业的价值观念、行为准则、道德规范等无不打上民族文化的深刻烙印。民族文化传统是企业经营宏观环境的重要因素，民族文化对企业的经营思想、经营方针、经营战略及策略等也会产生深刻的影响。

不仅如此，企业为了经营的成功和今后的进一步发展，还要努力去适应民族文化环境，去迎合在一定民族文化环境下所形成的社会心理状态，否则企业将无法生存，经营陷入困境和危机。需要注意的是，企业文化对民族文化养分的汲取，必须有所区别，不能良莠不分。

从另一方面来看，企业文化作为民族文化的微观组成部分，在随着企业生产经营发展的过程中，也在不断地发展变化，优良的企业文化也会对民族文化的发展起到积极的推动作用。

二、制度文化因素

影响企业文化的另一个重要因素是制度文化，包括政治制度和经济制度。中华人民共和国是工人阶级领导的、以工农联盟为基础的人民民主专政的社会主义国家。社会主义制度是中华人民共和国的根本制度。社会主义市场经济体制是我国的基本经济制度。我国这样的政治制度和经济制度决定了我国区别于其他国家，要建立具有中国特色的企业文化，同时也为我国企业文化的发展提供了广阔的生存和成长空间。

企业文化的核心问题是要形成具有强大内聚力的群体意识和群体行为规范。我国企业，充分保证了工人阶级的主人翁地位，使广大企业员工当家做主，形成了强大的内聚力。中国和日本虽然同为亚洲国家，但由于社会制度的差别，使得两国企业文化有许多不同特点。日本的资本主义制度决定了企业的领导者和广大员工既对立又统一的关系。虽然日本的"家族主义"优于美国的个人主义，但在被视为大家庭的企业内部，领导者与员工并非平等的关系。因此，尽管日本实行企业工会制度，但每年春天日本工人阶级毫无例外地都在坚持"春季斗争"，向资方争取自己的合法权益。

而我国实行的是社会主义制度，广大员工是企业的主人，工人阶级的主人翁地位不容动摇，员工的主人翁意识不仅是企业文化必不可少的部分，而且是其中的主导和核心部分。

改革开放以来，我国企业中坚持发挥党组织的政治核心作用，不断完善厂长（经理）负责制，全心全意依靠工人阶级的领导体制，普遍实行职工代表大会制度。所有企业都必须重视且充分发挥社会主义制度的优势，建立具有中国特色的企业文化。

三、外来文化因素

严格地说，从其他国家、其他民族、其他地区、其他行业、其他企业引进的文化，对于特定企业而言都是外来文化，这些外来文化都会对本企业文化产生一定的影响。

随着世界市场的融合和全球经济的一体化，各国间经济关系日益密切，不同国家之间在文化上的交流和渗透日益频繁。第二次世界大战后的日本，不仅从美国引进了先进的技术和设备，也接受了美国的现代经营管理思想、价值标准、市场意识、竞争观念、时间观念等，特别是美国的个人主义观念对日本的年轻一代产生了非常大的影响，连日本企业长期以来行之有效的"年功序列工资制"也因此受到了严峻的挑战。可以这样认为，日本的企业文化既受到中国文化的影响，又受到美国文化的影响。

我国实行改革开放以来，从西方发达国家引进了大量的技术和设备，在引进、消化、吸收外国先进技术的同时，也引入了国外的文化。引入的国外文化形态中可以分为三个层次，即民族层次的文化、企业层次的文化及个体的个人文化，它们都对我国企业文化产生了不同程度的影响。过去我国在引进中较多地注意到技术、管理、人才等因素，而忽视文化因素对我国企业的影响和作用。首先，这是因为文化因素的作用是通过某种技术或设备间接产生的；其次，文化因素的重要作用在技术和设备引进的初期并不明显，而是在高层次深入的技术引进中才能得以充分体现；最后，由于国外文化因素的作用是错综复杂的，必须进行综合、深入的研究后才能够探讨清楚文化因素的影响。应该看到，我国从国外引进先进技术的同时，也引入了许多先进的管理思想，增强了企业的创新精神、竞争意识、效率观念、质量观念、效益观念、民主观念、环保意识等，成为我国企业文化中的新鲜血液，但同时企业也受到拜金主义、享乐主义、个人主义、唯利是图等腐朽落后思想的冲击。西方资本主义企业文化中的糟粕对我国企业文化建设有相当大的破坏作用，应当引起警惕。

从国内其他民族、地区、行业或企业进行技术转移的过程中，也会对一家企业的企业文化产生影响。例如，军工企业在转向民用产品生产的技术转移过程中，军工企业的严肃、严格、严密、高质量、高水平、高效率、团结、自强、艰苦创业等优良的企业文化因素，必然对民用企业的企业文化建设产生十分积极的影响。又如，新兴的信息技术产业重视技术、重视创新、重视人才等许多积极的观念已经对其他行业的企业文化产生了很大的影响。当然，即使同行业内企业与企业之间由于地区、环境及其他原因也会有相当大的差距，因此地区之间、行业之间、企业之间的技术转移是非常必要的，在这种转移中自然会伴随企业文化的渗透和转移。

总之，在经受外来文化影响的过程中，必须根据本企业的具体环境条件，有选择地加以吸收和消化外来文化中有利于本企业的文化因素，警惕、拒绝或抵制对本企业不利的文化因素。

四、企业传统因素

应该说，企业文化的形成过程也就是企业传统的发育过程，企业文化的发展过程在很大程度上就是企业传统去粗取精、扬善抑恶的过程。因此，企业传统是形成企业文化的重要因素。

从宏观来看，我国工业企业自开办以来虽仅有百余年的历史，但却给我国创造了宝贵而丰富的企业文化财富。概括起来，我国企业文化的优良传统主要来自四部分：

第一，新中国成立前，我国民族资本家受到各种阻挠，在这种条件下创办了一批私营企业，并逐渐形成我国民族资本主义企业。其中相当一部分企业开创了以勤劳节俭、善于经营、实业救国为特色的企业精神。

第二，新中国成立前，革命根据地的一些军工企业及工业企业也产生和形成了艰苦奋斗、勤俭节约、无私奉献、顽强拼搏的企业精神和传统。

第三，新中国成立以后，在我国一些老企业中仍保留了许多由于历史传统而形成的文化特色，成为现今我国企业文化特色的重要因素，如爱厂如家、艰苦创业的"孟泰精神"，三老四严、拼搏奉献的"铁人精神"等。

第四，改革开放以来，在一些新兴的高新技术企业和发展得比较好的工业企业中，经过多年的发展历程，开始孕育、产生和形成了不少好的现代文化观念，如重视技术和人才、重视效益、重视管理以及市场观念、竞争意识、服务意识等，对我国企业文化的影响是非常巨大的。

以上四部分企业文化的优良传统和经验，对形成、更新和发展我国当前的企业文化、影响和塑造明天的优秀企业文化都是十分重要的。

从微观来看，每个企业都应当根据自身的外部环境和内部条件，从本企业所追求的经营目标、发展战略及经营策略中总结出自己的优良历史传统和经营特色，形成自身的经营哲学、价值观念，并创造出本企业独具特色的企业文化风格。形成具有个性的企业文化是十分必要的，而上述过程是一个必由之路。

五、个人文化因素

个人文化因素是指企业领导者和员工的思想素质、文化素质和技术素质。由于企业文化是企业全体员工在长期的生产经营活动中培育形成并共同遵守的最高目标、价值标准、基本信念及行为规范，因此企业员工队伍的思想素质、文化素质和技术素质直接影响和制约着企业文化的层次和水平。一家村办企业的企业文化与一家高新技术公司的企业文化差异之大是显而易见的，因为前者员工的文化程度相对较低，其主导需要停留在生存和安全的层次上，所以其企业文化更多地集中在安全第一、艰苦奋斗的实干精神上；而后者大部分员工文化程度相对较高，他们的主导需要基本上处于自尊和自我实现的层次上。

员工中的英雄模范人物是员工群体的杰出代表，也是企业文化人格化的体现，"铁人"王进喜对大庆精神、张秉贵对一团火精神、李双良对太钢精神都发挥了这种作用。向英雄模范人物学习的过程，就是企业文化的培育过程。

个人文化因素中，企业领导者的思想素质、政策水平、思想方法、价值观念、经营思想、经营哲学、科学知识、实际经验、工作作风等因素对企业文化的影响是非常显著的，甚至其人格特征也会对企业文化有一定的影响。这是因为，企业的最高目标和宗旨、企业价值观、企业作风和传统习惯、行为规范和规章制度在某种意义上都是企业领导者价值观的反映。因此，要建设好企业文化，选择一个好的企业领导者是至关重要的。无疑，当企业主要领导者更换时也会对企业文化的稳定性产生一定的影响。

六、行业文化因素

不同行业的企业文化特点是不一样的。从大的方面来说，可以分为工业、农业、建筑业和服务业，每个行业还可以进一步细分，如工业可以分为电子工业、化工工业、机械制造业等。由于各个行业在管理模式和要求上存在很大差异，所以企业文化也必然有差异。

例如，处于服务业的麦当劳，其成功的主要原因是其独具一格的企业文化，使它在世界各地提供的食品和服务完全一致。麦当劳崇尚"Q+S+C+V"，即品质上乘、服务周到、环境清洁、超值享受，且企业宗旨是"提供更有价值的高品质食品给顾客"。这些独特的企业文化，既带有企业特色，又反映出行业特点。再如某高科技企业，提出"以人为本"的管理模式，该公司认为创新是企业发展的关键，应当把创新放在企业文化的核心位置。这一点也充分说明，不同行业实际情况的巨大差异是企业文化建设不可回避的问题。

七、企业发展阶段因素

企业处于不同的发展阶段，决定了它的不同特点，进而影响到企业文化。企业从导入期、成长期，发展到成熟期，再到衰退期，便完成了一个循环过程。在这个过程中，企业会积累一些优秀的文化传统，也会不断摒弃一些不良风气。处于导入期的企业往往关注企业生存和市场情况，还顾及不到内部规范管理，可能会产生一切以"挣钱"为导向的文化氛围，这时的企业家要特别注意对短期行为的及时纠正。我国有句古话叫"以义取利"，这是关系企业存亡的大事。进入成长期的企业，随着自身各项工作的顺利开展，企业文化渐渐成形，这时是企业文化建设的关键时期，企业家要抓住这一时机，考虑长远发展，塑造可以永久传承的优秀文化。企业一旦进入成熟期，企业文化就基本成形了，这时的企业家要特别小心惜性习惯的产生，以防企业文化缺乏生命力。在这个阶段，许多企业家采取了变革文化的办法，在原有优秀文化的基础上，剔除糟粕，不断发展，用企业文化阻止企业走上衰退之路。

八、地域文化因素

地域性文化的差异是客观存在的，无论是不同的国家，还是同一国家的不同地区之间，都存在着很大差异。正是由于不同地域有着不同的地理、历史、政治、经济和人文环境，所以必然产生文化差异，例如，即使是同处美国的纽约和加利福尼亚，文化也存在着很大的差异；德国的东西部由于经济和历史原因，价值观有所不同；在法国，不同地方的人们都保留着自己的特点，包括语言、生活习惯和思维方式。文化差异即使在城市和郊区之间，都会有所体现。例如，丰田汽车把自己的总部从大城市中移出来，让自己更贴近乡村风格，因为企业热衷于英国和美国的乡村俱乐部式的风格。世界上最大的轮胎制造商 Michelin（米其林）公司，把其总部设在家乡，而不是巴黎，因为公司领导要摒弃"浮于表面和趋于时尚"的巴黎文化，企业更喜欢以谦逊、简朴和实用著称的郊区。

正是由于这种地域差异产生的文化差异，使企业家在设厂时不得不考虑地域因素。日本汽车在进入美国时，日产汽车公司等大公司纷纷进驻田纳西州，因为他们认为，这里有着强烈的工作道德、和睦相处的氛围，这些对于日本企业来说至关重要。同时，田纳西州与东京同在一个纬度上，与东京气候相似，这可能是进驻的又一个原因。

第四节　企业文化的基本功能和价值

一、企业文化的基本功能

企业文化作为一种新的管理方式，不仅强化了传统管理方式的一些功能，而且还具有很多传统管理方式不能完全替代的功能。这些功能主要包括：

（一）凝聚功能

由于企业文化体现着强烈的"群体意识"，可以改变原来那种从个人角度建立价值观念的、一盘散沙的状态，体现了世界上流行管理方式的要求。当一种企业文化的价值观被企业成员认同之后，它会成为一种黏合剂，从各方面把企业成员团结起来，形成很强的向心力和凝聚力，通过企业来实现个人追求。在世界上一度流行的三种管理方式——和拢式管理、走动式管理和抽屉式管理中，和拢式管理是最重要的。企业文化像一根纽带，把员工个人的追求和企业的追求紧紧联系在一起，也像磁石一般，将分散的员工个体力量聚合成团队的整体力量。这是实现和拢式管理最重要的途径。企业文化比企业外在的硬性管理方法具有一种内在凝聚力和感召力，使每位员工产生浓厚的归属感、荣誉感和目标服从感。企业文化的这种凝聚功能尤其在企业危难之际和创业之时更能显示出巨大的力量。

通过企业文化的这种凝聚作用，员工就把个人的思想感情和命运与企业的兴衰紧密联系起来，产生对企业强烈的"归属感"，跟企业"同呼吸、共命运"。"上下同欲"即指思想、信念的一致，它是深层凝聚力的主要来源。

（二）导向功能

企业文化的导向功能主要表现在企业价值观对企业主体行为，即企业领导者和广大员工行为的引导上。由于企业价值观是企业多数人的"共识"，因此这种导向功能对多数人来说是建立在自觉的基础之上的。他们能够自觉地把自己的一言一行经常对照企业价值观进行检查，纠正偏差、发扬优点、改正缺点，力求使自己的行为符合企业目标的要求。对少数未达成"共识"的人来说，这种导向功能就带有某种"强制"的性质，企业的目标、规章制度、传统、风气等迫使他们按照企业整体价值取向行事。企业文化的导向功能是十分明显的，如在美国、日本企业的价值观中都把顾客看得很重要，都有强烈的创新意识，这种价值观就引导员工为顾客提供一流的产品和服务，引导员工在工作中不怕风险和失败，勇于打破旧框架，实现产品和技术的革新。我国企业的价值观中也有如集体意识、创业意识和勤俭意识等，这些意识对我国企业员工的行为起到相应的引导作用。

（三）激励功能

管理的核心是人，管理的目的是要把蕴藏在人肌体内的智慧和才能充分挖掘出来。积极的企业文化强调尊重每一个人，相信每一个人，凡事都以员工的共同价值观念为标尺，而不是单纯以领导者个人的意识为标尺，员工在企业中受到重视，愿望能够得到充分满足。因此，企业文化能够最大限度地激发员工的积极性和首创精神，使他们以主人翁的姿态关心企业的发展，贡献自己的聪明才智。实际上，在企业文化的激励下，员工积极工作，将自己的劳动融入集体事业中去，共同创造，分享企业的荣誉和成果，本身又会得到自我实现及其他高层次精神需要的满足，从中受到激励。所以，一种积极的企业文化具有良好的激励功能，能使企业成员从内心产生一种高昂的情绪、奋发进取的信心，能够使员工士气步入良性循环的轨道，并长期处于最佳状态。日本人提出的"车厢理论"，即强调在一个目标轨道上，每节车厢（个人）都有动力，这样的列车动力强劲，速度就快，这种理论比单纯强调"火车头"的作用更科学。

（四）约束功能

企业文化对员工行为具有无形的约束力。它虽然不是明文规定的硬性要求，但它以潜移默化的方式，形成一种群体道德规范和行为准则（即非正式规则体系）以后，某种违背企业文化的言行一经出现，就会受到群体舆论和感情压力的无形约束，同时使员工产生自控意识，达到内在的自我约束的目的。企业文化把以尊重个人感情为基础的无形的外部控制和以群体目标为己任的内在自我控制有机融合在一起，实现外部约束和自我约束的统一。

企业文化的约束功能是指文化力对企业每个成员的思想和行为具有约束和规范作用。文化力的约束功能，与传统的管理理论单纯强调制度的硬约束不同，它虽然也有成文的硬制度约束，但更强调的是不成文的软约束。作为一个组织，规章制度对企业来说是必要的，但是，即使有了千万条规章制度，也很难规范每位员工的一举一动。企业文化力能使信念在员工的心里深层形成一种定式，构造出一种响应机制，只要外部诱导信号发生，即可得到积极的响应，并迅速转化为预期的行为。这种约束机制可以减弱硬约束对员工心理的冲撞，缓解自治心理与被治现实形成的冲突，削弱由其引起的心理抵抗力，从而产生更强大、更深刻、更持久的约束效果。这种约束作用更直观地表现在企业风气和企业道德对员工的规范作用上。

（五）协调功能

企业文化的形成使得企业员工有了共同的价值观念，对众多问题的认识趋于一致，增加了相互间的共同语言和信任，使大家在较好的文化氛围中相互交流和沟通，减少各种摩擦和矛盾，使企业全体人员的关系更为密切、和谐，举办各种活动更加协调，个人工作时也会心情舒畅，企业文化充当着企业"协调者"的角色。

（六）维系功能

企业文化像一根无形的"纽带"，维系着一家企业的正常运行。应该说，维系一家企业正常运行有三根"纽带"，即资本纽带、权力纽带和文化纽带。在这三根"纽带"中，文化纽带是韧性最强、最能突出企业个性的纽带，同时也是维系企业内部力量统一，维系企业与社会良好关系，保持企业持久繁荣的最重要的精神力量。

（七）教化功能

人的素质是企业素质的核心，人的素质能否提高，很大程度上取决于他所处的环境和条件。优秀的企业文化体现了卓越、高效和创新意识。具有优秀文化的集体是一所"学校"，为人们积极进取创造良好的学习、实践环境和条件。企业文化具有提高员工素质的教化功能，它可以使员工树立崇高理想，培养员工的高尚道德，锻炼员工的意志，净化员工的心灵，使员工学到为人处世的艺术，学到进行生产经营及管理的知识、经验，提高个人的能力，有助于个人的全面发展。

（八）优化功能

优秀的企业文化一旦形成，就会产生一种无形的力量，对企业经营管理的方方面面起到优化作用。例如，当企业目标、决策偏离企业价值观轨道时，它可以自动地加以纠正；当企业组织机构不合理或运转失灵时，它可以自动调节；当领导者的行为和员工的行为有悖于企业道德规范时，它可以自动加以监督和矫正。实际上，企业文化的优化功能，不仅体现在"过程"之后，即对错误结果进行修正，而且也体现在"过程"之前和"过程"之中，对组织活动和个人行为起到必要的预防、警示和监督作用。

（九）辐射功能

企业文化比较集中地体现了企业的基本宗旨、经营哲学和行为准则。优秀的企业文化通过企业与外界的每一次接触，包括业务洽谈、经济往来、新闻发布、参加各种社会活动和公关活动，甚至通过企业制造的每一件产品、企业员工在社会上的每一次言行，都在向社会大众展示着本企业成功的管理风格、良好的经营状态和积极的精神风貌，从而为企业塑造良好的整体形象，树立信誉，扩大影响。企业文化是企业巨大的无形资产，为企业带来高美誉度和高生产力。

文化力的辐射功能与其渗透性是一致的，即文化力不只在企业内起作用，它也通过各种渠道对社会产生影响。文化力向社会辐射的渠道有很多，主要包括传播媒体、公共关系活动等。在企业越来越重视广告传播、形象和声誉的今天，企业文化力对社会的辐射功能越来越强：电视节目、广播里的广告越来越多，许多广告语成了人们的口头语，色彩纷呈的广告画面、广告牌更是铺天盖地。作为一种亚文化，企业文化在社会文化中扮演的角色越来越重要，这正是文化力的辐射功能所导致的。

（十）陶冶功能

优秀企业通过高尚而先进的理念培养人、教育人，这样的企业文化无疑可以陶冶员工的情操。美国 HP 公司树立了七个目标：利润、客户、感兴趣的领域、增长、育人、管理、好公民。对员工的教育和培养成为企业的一个主要目标，自然也就形成了尊重人、培养人、关爱人的文化。再如，具有几百年历史的北京同仁堂，它的堂训是"同修仁德，亲和敬业；

共献仁术，济世养生"。这一理念不仅影响员工的行为，更重要的是陶冶了员工的情操，培养了员工优秀的品质，发扬了中华民族的优良传统。

（十一）创新功能

企业文化可以激发员工的创新精神，鼓舞员工开拓进取。最典型的例子就是3M公司，他们提出"3M就是创新"的理念，鼓励员工大胆尝试，成为以创新闻名的公司，保持了企业的活力和竞争力。日本的卡西欧公司提出"开发就是经营"的企业哲学，对激发员工的创新精神起到了积极的作用。可见，优秀的企业文化不是一成不变的，是需要创新的，在变化莫测的网络时代，只有不断创新，企业才能生存，这种思想在优秀企业的企业文化中多有体现。

（十二）阻抑功能

企业文化一旦成为传统，就有可能形成阻抑作用。即使优秀的企业文化传统，也可能因其文化先进的相对性，当其发展到一定阶段时，也会变得僵化和保守，进而对企业发展形成了一定的阻抑作用。当然，不良的乃至落后的企业文化也会产生阻抑作用。

例如，在企业决策文化上，日本企业既具有决策后的行动果断、迅速和一致，决策过程中的尽量避免意见对立和冲突，决策前的情报收集和资料占有等有利的一面，也具有决策漫长、拖拉的一面。与此不同，欧美国家的企业讲究节奏，当机立断。

再如，"斤斤计较、精明过人"是日本企业的文化传统，这对具体的经营、生产、积累固然大有益处，对一般交易中的即时、短期利益保障也有好处，但在对外经济关系中，在久远的合作关系中，却有着极大的弊病，这往往会限制和束缚决策当事人的手脚，造成经济合作中的狭隘、小气，缺乏大家风范，给对方造成不快，给未来和长久合作带来不良影响。

所以，任何优秀的企业文化传统都是相对的，都可能有其不足的一面。

二、企业文化的基本价值

（一）企业文化的经济价值

优秀的企业文化作为企业的精神财富，会产生一种神秘的力量——文化力。日本本田汽车公司创始人本田宗一郎说，思想比金钱更能主宰世界，好的思想可以产生金钱，当代人的格言应该是：思想比金钱更厉害。这说明好的思想是一种力量。文化力的表现形态虽然是价值观念、信仰、态度、行为准则、道德规范及传统、习惯等精神产品，但却有非常重要的经济价值，对企业物质财富的增长起着极大的促进作用。即文化力可以转换为经济力。当然，一种落后的企业文化也会成为企业的一种无形包袱，对企业物质财富的增长起着抑制作用。

优秀的企业文化主要是通过以下四个方面实现其经济价值的：

1）企业是市场经济发展的产物，企业文化的形成受到市场经济发展的制约；市场经济的客观规律和法则往往通过企业文化作用于企业的各项经济活动。因此，优秀的企业文化能够引导企业按照市场经济规律办事，保证企业在市场经济的舞台上稳扎稳打，避免受到经济规律的惩罚。

2）优秀的企业文化体现了企业成功的经营管理特色，体现了企业对顾客的"诚""信"之道。这种特色和经营之道通过各种传播媒介向社会扩散，逐渐形成企业的商誉。企业的商誉高，长期得到消费者和社会各界的信赖与支持，就会兴旺发达；企业的商誉低，失去消费者和社会各界的信赖与支持，就会衰落、萎缩。商誉是企业文化社会效应的体现。优秀的企业文化能够带来良好的商誉，良好的商誉是一种竞争力量，能够提高企业的增值力，给企业带来高于一般水平的利润。

3）优秀的企业文化体现了以人为中心的根本思想，体现了员工心理及行为的一般要求，体现了多数员工的"共识"，因此能够对广大员工起到凝聚、引导、激励和约束作用，使广大员工发挥聪明才智和劳动积极性，并积极参与管理，提出合理化建议，提高劳动效率，最终给企业带来较高的经济效益。

4）优秀的企业文化往往能够促使企业进一步深化改革，完善组织结构和经营机制，促使企业采用新的经营方式和科学的管理方法，从而带来组织效率的大幅度提高，为企业提高经济效益创造良好条件。

（二）企业文化的社会价值

企业文化的价值，远远超越企业的界限。企业服务于社会，其具有社会价值。这种价值不仅仅表现在企业文化能够促进企业经济效益的提高，进而带来整个社会物质财富的增长上，而且它还表现出对社会文化的继承和发展的重大意义。具有远见卓识的企业家不仅看到了企业文化的这种价值，而且把企业文化的发展自觉地同人类文明的发展联系在一起。日本的企业经营之神松下幸之助就曾提出"为社会经营""为社会生活的改善以及世界文化的进步做贡献"的经营哲学。我国长虹集团公司也把振兴民族工业作为自身崇高的价值追求。

企业文化的社会价值主要通过以下两个方面体现出来：

（1）企业文化是优秀传统文化的体现和弘扬 企业文化在成长发育过程中必然要吸收和借鉴传统文化的精华。日本的企业文化中就体现了日本传统文化的家族主义和集体精神，美国的企业文化中体现了美国文化的个人主义和创新精神。日本、美国企业文化的成功说明了本民族文化的生命力，也是它们的企业对弘扬本民族文化精华的贡献。中国拥有灿烂的民族传统文化，也已经在当代社会的各种活动中表现出来。企业是现代社会的一个基本经济细胞和社会细胞，通过培育企业文化，对中华民族传统文化自觉地加以弘扬，吸收其中的精华，把传统文化与现代经济伦理有机结合起来，不仅能够使企业发挥本民族文化的优势，创造自身的文化特色，而且能够使中华民族优秀的文化遗产得以继承和弘扬，这是企业文化的一种重要社会价值。

（2）企业文化是新的社会文化的"生长点" 企业是现代生产力的集结点，而生产力在社会的发展中是最活跃的因素。这就决定了企业往往创造新的价值观念和行为方式，从而在社会文化的缓慢发展中走在前列，源源不断地为社会文化的发展输送新的营养。企业文化的这种超前性决定了它能成为新的社会文化的"生长点"。企业文化的这种社会价值是通过对人的培养，使人得到全面发展而形成的。同时，企业通过产品的制造、销售以及与外界的信息交流，把本企业先进的价值观念、追求、道德风尚等传播给社会，通过建设进步的企业精神文明为整个社会的精神文明做出贡献。当前，在市场经济和知识经济快速发展的条件下，中国企业文化的这种社会的价值已经非常突出地显现出来了，强烈的竞争观念、创新观念、效益观念、服务观念以及尊重科学、尊重人才的意识等已经给传统企业文化带来了巨大的改变，使社会文化出现了很多新的"生长点"。可以预料，这些与市场经济发育和社会进步相适应的新的文化因素将成为社会文化的重要组成部分，从而推动社会文化不断发展。

第五节　企业文化内容的创新与发展

文化具有延伸性，未来企业文化是今天企业文化的延续。当然，这种延续不是简单地传承，而是创新和发展。在这个过程中，有些先进文化可能被继承下来，有些落后文化可能被淘汰，有些文化经过演绎会发生转型，同时新环境也会造就出一些全新的文化。可以预见，未来企业文化的内容将更加丰富多彩，下面介绍的主流文化将更加突出。

一、创新与变革文化

经济全球化、信息化和知识化的加速对企业创新提出了挑战。1997年，世界管理年会把创新作为未来管理十大趋势的第一大趋势。"不创新即倒退、不创新即死亡"已经成为企业经营的第一定律。创新与变革文化是企业危机意识、生存意识和发展意识的集中体现。创新与变革包括丰富的内涵，既包括技术、产品、市场及经营、服务方式的创新与变革，也包括组织、制度、手段和方法的创新与变革。在创新与变革文化的导向下，企业至少表现出以下几个方面的文化风格：

1）敢于挑战自我，志在追求更高的目标，善于打破现有的平衡，创造新的平衡，使企业永远处于动态的发展中。

2）不怕冒风险，善于在风险中寻找更好的经营机会。

3）宽容失败，即为了鼓励人们创新与变革，能够宽容在创新中出现的失误。

4）善于行动，凡事勇于尝试，千方百计把好的想法变成现实。

二、人本与能本文化

人本价值观仍然是未来企业文化的主旨和主旋律。但是，在知识经济时代，人本价值观的内涵和侧重点会有一定的变化，不仅强调充分重视人、尊重人，吸收员工参与决策、参与管理，更重要的是关注"人的能力"，重视"人的能力"培养、开发和利用，即由人本逐渐扩展为"人的能力本位"，简称"能本"。

"能本"价值观包括丰富的内涵，一方面旨在使每个人把能力最大限度地发挥作为价值追求的主导目标，既充分发挥现有的能力，又充分发挥人本身潜在的能力，同时要通过学习与提高，增强能力，具备专长，力求成为解决某一方面问题的专家；另一方面，对企业来说，要把合理使用能力、开发潜能、科学配置能力、积极培养能力作为工作的重心，最大限度地发挥个人的价值，并把它与企业价值统一起来。

在人本价值观基础上形成的"能本"价值观是对传统"权力本位""金钱本位""关系本位"价值观的超越，倡导这种新的文化价值观，有助于增强企业的整体创造力，提高整体效率与效益，并形成竞争优势。

三、差别与差距文化

差别与差距文化是与能本文化相适应的。众所周知，人与人之间的能力差别是客观存在的，这是由人们的天赋不同、受教育的程度不同、经历与经验不同、成长的环境不同等造成的，进而每个人的知识结构、思维能力和行为能力等都有差别。在企业中，因为员工的能力有差别，所以员工的分工就有差别，不同能力的人就会做不同性质、不同专业、不同能级的工作，也就有不同的收入方式，如企业高级管理人员拿年薪和股票期权，一般员工拿工资。因为收入方式不同，收入水平就有很大的差别，例如，在美国企业中，首席执行官（Chief Executive Officer，CEO）的收入已经是普通员工收入的数百倍，在亚洲国家的企业中也扩大到上百倍。过去的多年，CEO 的年薪增长也远超普通员工年薪的增长。近年来，一个不争的事实是，一般劳动收入增长缓慢，而知识劳动收入增长迅速；资本的回报没有太大变化，而企业家的风险收入则大大提高。

差距与差别文化代表了企业文化创新的一个重要方向，只有不断培植这种文化，才能真正适应市场经济的需要，更好地体现以人为本、尊重知识、尊重人才的理念，在企业中使高能级、贡献大的人受到充分激励，使低能级、贡献小的人受到鞭策，从而激发员工的竞争精神、卓越精神和学习精神。

四、学习与超越文化

未来成功的企业将是学习型组织。按照彼得·圣吉的观点，学习型组织具有五种技能或修炼：自我超越（Personal Mastery）、改善心智模式（Improving Mental Models）、建立共同愿景（Building Shared Vision）、团队学习（Team Learning）和系统思考（Systems Thinking）。这里的修炼并非靠强制力量或威逼利诱，而是必须精通整套理论、技巧，并付诸实行。

（1）自我超越 自我超越要求：

1）每个组织成员要不断而深入地弄清自己真正的最高愿望，即弄清自己的内心深处最想实现的究竟是什么。

2）为了实现这个最高愿望，每个成员都要集中精力、全心投入、正视现实、终身学习、不断创造、超越自身。

（2）改善心智模式 它又被称为思想模式或思维模式。心智模式，特别是共有的心智模式，无论是对个人还是对组织，都具有深远而又广泛的影响。改变心智模式要求：

1）要学会发掘自己的心智模式，使它浮上表面，因为人们通常不易觉察自己的心智模式，也不太清楚它对自身行为所产生的重大影响。

2）要严加审视自己的心智模式，抛弃其中不合时宜的成分。

3）要培养一种有学习效果的、兼顾回复质疑与顺利表达的交谈能力，以便有效地表达自己的想法。

4）学会以开放的心态容纳别人的想法。

（3）建立共同愿景 共同愿景是指共同的目标、理想，共享价值观。建立共同愿景要求：

1）领导者要有将个人的目标转化为能够鼓舞整个组织的共同目标的观念，并付诸行动。

2）一个共同的危机，较容易激发一个组织形成一个共同的目标，这时不应只满足于暂时解决危机，而应该追求更高的目标，这往往是大多数人所愿意选择的。

3）将个人目标整合为共同目标，应该遵循引导学习的原则，努力培养公司成员主动而真诚地奉献和投入的意识与行为，而不应该简单地制定各项制度让每一个成员被动地遵守，一味试图用领导者的主观意图来主导共同目标。

（4）团队学习 团队学习理论认为，在现代组织中学习的基本单位是团队而不是个人。

当团队真正在学习的时候，不仅团队整体会产生出色的成果，个别成员成长的速度也比采用其他的学习方式快。团队学习要求：

1）学会进行"深度会谈"，这是一个团队的所有成员都提出心中的假设并进入真正一起思考的能力，而不同于一般的"讨论"或"对话"。

2）找出妨碍学习的互动模式，改变或放弃，增进学习的速度。

（5）系统思考　系统思考要求：

1）养成对系统整体，而不是对它的任何一个单独的部分深入地加以思考的习惯。

2）理解系统论的完备知识体系，掌握其实用工具，以认清整个变化形势，开创新的局面。

由此可见，学习型组织在共同的意愿下，有着崇高的信念与使命，具有实现理想的共同力量，并且人们勇于挑战过去的成功模式及力量极限，充分发挥生命潜能，创造超乎寻常的成果，每个人从学习中体验工作的意义，追求心灵的成长和自我价值的实现。

与这种学习型组织相适应的是学习与超越文化。在这种文化导向下，人们追求通过学习提高素质，开发能力与智慧。尤其是团队通过共同学习，提高整体的适应能力和创新能力，从而超越自我，超越平庸。显然，这里的学习不是通常意义上的学习。通常意义上的学习是指吸收知识或获得信息；而这里的学习，涉及人之所以为人这个意义的核心。通过学习，个人重新创造自我；通过学习，人们能够做从未做过的事情，重新认知这个世界及与人们的关系，扩展创造未来的能力。这里所说的学习主体是包括个人在内的整个组织。一个组织的真正学习，不能满足于为了适应与生存，还应当着眼于开创美好的未来，使每个成员在这个组织内工作，能感到自己属于一个比自我强大的团队，能实现人生的价值。

五、虚拟与借力文化

虚拟经营是经济全球化时代中企业无形资产增值和品牌效应放大的产物，其本质是借用外力，在较大的市场范围内利用高新信息技术进行经营资源的组合与配置，企业只保留对市场变化的高度敏感性和设计开发能力，其他环节均通过国际分工体系来完成，以扬其所长，避其所短，从而突破企业自身的能力极限，实现快速增长。与虚拟经营相适应的虚拟与借力文化的出现，大大改变了企业的经营理念。它使企业在经营中更注重培育品牌，开发无形资产价值，在实践中树立大市场观和大资源观，利用自身的商誉优势，在全球视野范围内捕捉市场机会，组合资源，寻找合作伙伴，提高灵活、柔性、合作、共享、快速反应、高效输出的素质和能力。未来的企业是没有市场边界、没有资源限制的企业，只有培育虚拟与借力的文化，才能实现经营创新和市场创新，最终获得超乎寻常的发展。

六、速度与效率文化

在西方经济学家眼中，企业的本质就是能够创造比其他形式更快的速度、更高的效率。科斯（R. Coase）及其追随者认为，企业替代市场，仅仅是因为它能节省交易费用。阿尔钦（A. Alchain）等人认为，企业作为一种团队生产方式，其意义就在于多项投入在一起合作生产得出的产出要大于各项投入分别生产的产出之和。可见，速度与效率文化是内生于企业这种组织形式的。没有速度与效率，交易成本过高，投入产出的比例不合理，企业也就没有存在的必要。未来的企业之所以更重视速度与效率，主要是由全球性市场竞争导致的。只有讲速度与效率，企业才能捕捉到更好的经营机会，才能以最低的成本、最优惠的价格、最便捷的方式，把产品和服务提供给顾客，赢得市场，赢得顾客的信赖与忠诚，最终赢得竞争。速度与效率文化是推动企业革新与进步的加速器。在速度与效率文化导向下，企业要通过组织创新，创造精干高效的组织运行机制；通过业务流程再造，实现产品质量、服务质量、顾客满意度和效益的全面提高；通过人力资源开发与科学的管理，促使人们学习现代科学文化知识，掌握先进的工作技能与方法，加快工作节奏，提高工作效能。

七、协作与共享文化

企业是由众多人组成的协作体，企业对外开展经营活动也是在与他人协作之中进行的。市场经济无疑要倡导竞争，但不能忽视协作。竞争与协作本身就是一体两面，仅有竞争会把企业引导到负面的发展方式中去。因此，未来企业文化中协作是主旋律。这就是说，在企业内部，通过协作创造整合力量和放大效应，实现企业与员工价值共享；在企业经营中通过协作创造最大的效益，实现企业与社会价值共享。也就是说，一家企业的生存目的不仅是获得自身的价值增长，好的企业大大超越传统经济学有关利益是唯一驱动力的理论，追求企业与员工价值共享，追求企业与社会价值共享。在考虑社会价值时，企业除维护顾客的利益、维护社会公共利益外，尤其应关注自然生态价值，通过保护并合理使用自然资源，通过开发绿色技术、绿色产品，推行绿色营销、绿色包装、绿色服务等，促进社会经济的可持续发展。此外，也应关注社会文化价值，努力通过自身的经营行为和公益活动，向社会传播先进的价值观和生活方式。协作与共享文化真正使企业面向社会，在谋求自身和谐的基础上与投资者、竞争者、供应商、经销商、顾客、金融机构以及其他社会成员取得和谐，与自然环境取得和谐，在和谐中实现价值的共同增长。

八、信用与信誉文化

市场经济是信用经济。没有信用，不讲信誉，缺少必要的市场规则，市场经济就不会有良好的秩序，也不会产生比其他经济体制更高的效率。信用机制的构成有三个层次：①建立在人格和特殊感情关系基础上的特殊主义的信用机制，依靠道德约束；②建立在法律和契约基础上的普遍主义的信用机制，依靠法律约束；③建立在价值观基础上的体现终极价值理论和信仰的神圣信用机制，依靠文化约束。

在信用文化建设上，企业面临着双重任务：一方面要修补法律意识和契约理念，以弥补信用缺失；另一方面还要加强信用积累，提高信誉，在与社会信用文化建设的互动中，不断提高信用管理水平。

九、知识管理

企业的竞争优势将主要取决于企业的技术优势和管理优势，而不是传统的资源优势和资金优势。因此，知识经济时代企业间的竞争是企业创新能力的竞争，而创新能力的竞争归根到底又是企业在知识的生产、占有和有效利用方面的竞争。要提高竞争力，企业就必须提高获取知识和有效应用知识的能力，而学习、研究与开发正是获取这种能力的基本途径。所以，企业正逐渐将学习、研究与开发活动当作企业的核心活动，借助于信息技术与网络进行信息的收集与综合，并与企业的智力资源相结合进行提炼、开发与创新，以形成自己的独特优势。这就是说，对知识的开发和管理逐渐上升为企业管理的重要组成部分。知识管理已成为企业管理的重要内容和主要形式。

这一时期企业文化理论的代表性人物及著作有彼得·德鲁克的《知识管理》、彼得·圣吉的《第五项修炼》、安妮·布鲁金的《第三资源——智力资本及其管理》、托马斯·H.达文波特和劳伦斯·普鲁萨克的《营运知识——工商企业的知识管理》等。

安妮·布鲁金创建了美国技术交易公司，并创建和领导了欧洲第一个工业人工智能研究与咨询组织——英国的"知识系统中心"。她提出了"第三资本——智力资本"理论，认为企业的价值已不仅局限于拥有多少厂房、设备甚至产品，而在于客户的信赖程度、与商业伙伴合作的能力、知识产权、电信基础结构以及雇员的创造潜力和技能。企业的最大资产，就是继资本、劳动之后脱颖而出的资本——智力资本。智力资本决定企业的创新能力，智力资本与其他资本一样必须进行准确评估和有效管理。

美国奥斯汀得克萨斯州立大学工商管理学院教授托马斯·H.达文波特和波士顿IBM咨询团执行团长劳伦斯·普鲁萨克在关于知识管理的权威性著作《营运知识——工商企业的知识管理》中，认为知识是结构性经验、价值观念、关联信息及专家见识的流动组合，要不断识别和获取，就必须消除知识市场中因"囤积居奇"而形成的知识交易壁垒，知识的重要环节在于知识运用，他们明确了影响知识传递的原因和解决办法，指出有效的知识传递的办法是"雇用聪明的人，并让他们相互交谈"。

知识管理的主要领域包括知识运营、知识创新、知识资源管理、知识共享机制、快速学习型组织等。根据美国知识管理工作者的认识，知识管理涉及如下十个重要领域：①对知识和最佳业务经验的共享；②知识共享责任的宣传；③积累和利用过去的经验；④将知识融入产品、服务和生产过程；⑤将知识作为产品进行生产；⑥驱动以创新为目的的知识生产；⑦建立专家网络；⑧建立和挖掘客户的知识库；⑨理解和计量知识的价值；⑩利用知识资产。

知识管理系统是一个复杂系统，涵盖了知识创新过程和知识创新成果等方面，涉及管理机制、人、信息技术和知识资源组织等方面的要素，其核心要素是人。在利用信息技术搭建的平台上，应考虑如何把人力资源和信息资源整合起来，形成知识资源的快速流动和共享，形成隐性知识（人力资源）和显形资源（信息资源）的相互转化，并推动知识创新，尽可能缩短知识创新的周期，降低知识创新的成本，使机构的知识资源能够不断地创造新的价值。

特别对企业而言，其知识构成大致可以分为四种存在形式：①物化在机器设备上的知识；②体现在书本、资料、说明书、报告中的编码后的知识；③存在于个人头脑里的意会知识；④固化在组织制度、管理形式、企业文化中的知识。所以，企业知识管理除了应对企业的信息资源和信息系统管理外，还应包括对企业技术创新的管理、企业文化的管理、企业员工知识的管理、企业组织和制度的管理、企业固化知识的管理等。

国内外学者对知识管理的研究，大致可归纳为三个学派：①技术学派。该学派认为知识管理就是对信息的管理，注重对信息管理系统、人工智能、重组和群体等的设计、构建过程。该学派认为知识等于对象，并可以在信息系统中被标志和处理。②行为学派。该学派认为知识管理就是对人的管理，侧重对人类个体的技能或行为的评估、改进或改变的过程。该学派认为知识等于过程，是一个对不断改变着的技能等知识的一系列复杂的、动态的安排。

③综合学派。该学派认为知识管理不但要对信息和人进行管理，还要将信息和人连接起来进行管理；知识管理要将信息处理能力和人的创新能力相互结合，增强组织对环境的适应能力。该学派认为技术学派和行为学派应该互相交流、互相学习，进而融合为综合学派。

由于知识资源本身是由人所创造的，知识资源只有依靠人的有效开发和利用，才有可能转化为企业的竞争优势和相应的财富，并且，知识资源中最具活力的一部分即智力资源是蕴藏于人脑之中的，所以在知识经济时代，一方面，知识日渐成为企业经营活动中最重要的资源，人对知识的掌握和驾驭以及由此而带来的企业创新使得人在经济活动中的地位和作用比以往任何时候都更加突出和重要；另一方面，人的思维方式、价值管理也发生了巨大的变化，人的自主性、个性化、自我价值实现的愿望等都将得到充分的尊重和鼓励。这些都促使企业在管理中把对人的关注、人的个性和能力的释放、人的积极性的调动推到了中心地位，"以人为本"的管理得到了空前的强化。

这就是说，"以人为本"的管理的立足点与核心将是人的知识、能力的提高和创造力的培养。它要求企业管理者应当建立起让每一位员工都有机会施展才能的激励机制，努力营造尊重、和谐、愉快、进取的氛围，激发员工的工作热情、想象力、个性、潜能和创造力的释放，从而有利于人的全面发展，促进企业知识生产力的提高。这就必然要求要注重企业文化的建设和员工合作精神的培养，使管理方式更加多元化和人性化。所以，企业的知识管理策略需要解决企业文化问题，使企业具有知识经济时代所要求的组织学习能力并建立知识共享机制。企业的知识管理要处理文化、策略、过程以及技术等问题，重要的是要向人们提供适当的激励及工具来共享知识。

在知识管理兴起和发展的形势下，自20世纪90年代以来，一些处于行业发展前列的企业如美国的通用电气公司、可口可乐公司等，在首席执行官和首席信息官之间设立了首席知识官（CKO）。CKO大多地位仅次于CEO，其职责是获取、创造、使用、保存和转让知识。具体地说，就是收集、筛选和分析有关的信息，将企业的智力资本、无形资产和各种有关信息与公司的经营战略统一和协调起来，通过它们之间的有机结合和互动运行，达到技术创新与管理创新，以实现企业的经营目标。这种由领先企业率先倡导和实行的企业知识管理，在产生的良好效果示范下，其他企业也随之纷纷效仿。

思　考　题

1. 20世纪80年代，美国掀起的企业文化运动缘由何在？
2. 怎样理解"企业文化理论的提出是企业管理思想发展的新阶段"？
3. 学习和研究企业文化有什么意义？

典　案　链　接

百年老字号瑞蚨祥的文化生命线

中华老字号北京瑞蚨祥的店门口左右至今竖立着两块牌子，一写"货真价实"，一写"童叟无欺"。这八个大字即是瑞蚨祥的经营方针，也是全体员工的座右铭。

北京瑞蚨祥绸布店开业于清朝光绪十九年（1893 年），为北京"八大祥"之首，其资东是山东章丘旧军镇孟家矜恕堂的孟雒川之母高氏。孟家先在济南院西大街路南购买地皮，建起了有五间门面的楼房，开始了绸布的经营。后又向外埠拓展，先后在北京、天津、青岛等地开设了多家绸布店。至 20 世纪 30 年代初，瑞蚨祥共有 16 家企业，所占房产达 3000 余间，房产总值 800 余万元，孟家也成为南北闻名的巨商富贾。说到瑞蚨祥当年的成功，是与其独特的经营文化离不开的。

一、货真价实，质优价高

"生财有大道，生之者众，食之者寡，为之者急，用之者舒，则财恒足矣。"在经营中讲究"忠恕"之道，"己所不欲，勿施于人"，坚持"货真价实"。瑞蚨祥首先在经营中采取许多有效措施，确保货真价实，不管是自染色布还是订织货，都严把质量关，坚持严格验收，绝不以次充优、以伪充真。对高质量的追求，使得瑞蚨祥逐渐形成自己的经营商誉，在商品销售上采取高价策略、优质高价，普遍得到顾客的认同，从而为瑞蚨祥的持久发展打下了坚实的基础。

二、童叟无欺，服务专业

瑞蚨祥对顾客不分老幼均以礼相待，门市销售讲究文明礼貌。为招徕顾客，顾客进店后，前柜人员首先起立打招呼，售货员随之迎上来。顾客选购时，售货员殷勤招待、百挑不厌、百问不烦，做到语言温柔，态度和蔼。顾客选好商品，售货员先检查一下货物有无残损，如有，则立刻剔出。按数计好后，向顾客说明无误。收款时将收找数目，一一说清。凡找回的钱都要整理整齐，放在柜台上，让顾客自取，以示礼貌。对儿童、老人、残障人士前来购货也多加照顾。对官府、衙门、豪绅、大宅实行送货上门。通过这种专业的服务，瑞蚨祥创造了良好的商店口碑，树立了良好的形象，从而在竞争中形成了别人无法模仿的优势。

三、特色经营，信誉取胜

首先是发挥资金丰厚的优势，寻找珍稀货品独占市场。其次是采取大库存办法，取得较高利润并有较强竞争力。最后是信誉取胜。瑞蚨祥一向以货真价实著称，一般不采取大减价、大甩卖、大赠送等方式，更不主张登广告。其做法是注重对顾客的热诚接待和卖货放尺方面，使顾客进店处处感到方便，并得到实惠。顾客代为宣传，作用更大。通过独具特色的经营方式，瑞蚨祥获得了超额的经营利润，为其发展打下了坚实的基础。

四、统一铺规，店基之石

瑞蚨祥的铺规，是在全盘继承其祖辈——老瑞生祥、庆祥铺规遗产的基础上，又逐渐增加了一些新的内容。北京、天津、济南等地各店的铺规基本相同，只在个别内容上略有出入。

瑞蚨祥对铺规极为重视，强调店中人员必须严格遵守。该铺规是用宣纸打上朱红格，再用毛笔正楷书写，镶进镜框挂在饭厅的正面墙上。主要内容如下：

盖闻生意之道，铺规为先，章程不定，无所遵循。今奉东谕，议定章程列后，望各遵议奉行，以图长久。如有违反，被辞出号，贻误终身，悔之无及矣。

1. 柜上同仁不得携带眷属。

2. 因私事出门，必须向掌柜请假，说明事由及去址，不得指东往西。出门时必须到账房写请假条，挂出门牌。假时不得过长，如因事不能按时回柜时，必须在上门前向号中声明。

3. 亲友来访，只能在指定处所谈话，时间不得超过一小时，不准亲友在柜上食宿。

4. 早六时（冬季七时）下门，晚十时上门，上锁后非有要事，一律不准出门。

5. 不得长支短欠，顶名跨借；不得代客作保。

6. 同仁住家打行李，须经指定人员检查后，始得包裹。

7. 同仁住家须按次序，经经理批准，至期即回。如因事不能按时回柜者，须来信续假。多住五天，下期即压班一个月；如因店中业务繁忙，到期不能回家者，压班一个月，补假五天。

8. 春节放假，值勤人员，照常接待顾客。

9. 摇铃开饭，不得抢前争先。饭菜由厨房规定，不得随意挑别。

10. 同仁洗澡，下门去，早饭前回柜，不得借机游逛或下饭馆。

11. 同仁在柜吃饭或出外应酬，均不得饮酒过量，醉后发狂。

12. 同仁用货，必须由号中指定人员过付，不得私自找人或代买。

13. 柜上同仁不准吸烟，以防发生火灾。

14. 不得代存衣物。

15. 同仁之间，不能吵嘴打架；如有违反，双方同时出号。

16. 营业时间，不得擅离职守，不得交头接耳，妨碍营业，影响观瞻。

17. 严禁嫖赌和吸鸦片，违者立即出号。

18. 对待顾客态度要谦和、忍耐，不得与顾客争吵打架。

19. 同仁必须注意仪表，无论冬夏，一律穿长服；不得吃葱蒜，不得在顾客面前打扇，不得把回找零钱直接交到买主手中，应放在柜台上。说话要文雅，不得讥笑顾客。

20. 不得挪用柜上银款、货物；如有贪污、盗窃行为，立即出号。

21. 不得以号章为他人作保，此事关系至巨，任何人不得违反。

22. 柜上同仁不得在瑞蚨祥所在地区开设同类企业。

23. 在同仁中挑拨是非致伙友不和者立即出号。

24. 结伙营私，要挟柜方者立即出号。

25. 凡被辞出号，不得以任何借口或凭借他种权势逗留不去。

26. 凡调拨工作不立即前往者出号。

以上规定，俱系省、京诸店应有之定章。凡我同仁概不准违犯。有股份者更宜谨遵履行，方能为同仁之表率。如因循自私，则章程为虚设，店务必日渐废弛，问心亦当有愧。号务綦繁，非一、二人所能周及，务必群策群力，严格执行，方免贻误。国家论功行赏，铺事亦大同小异，凡我同仁，慎之勉之。

这样一家百年老字号，虽有过短时间的没落，但其积淀而成的经营理念，仍具有十分强大的生命力，在20世纪80年代之后，瑞蚨祥逐渐焕发了新的生机。

现在，瑞蚨祥人积极挖掘自身潜力，开拓新领域，在学习现代经营管理技术基础上，一方面坚持"至诚至上、货真价实、言不二价、童叟无欺"的经营宗旨，继承百年老字号销售面料和帮助顾客加工服装相结合的优良传统；另一方面积极采纳符合时代发展方向的连锁经营模式，不断改善购物环境，以诚信、优质取信于民，在加工展示东方女性和中国丝绸特有风韵美的旗袍上成绩斐然，多品种的民族传统服饰已批量生产，投放市场反映良好。

近年来，瑞蚨祥还成功申报注册了自己的标识：与匾牌相同的汉字为金色，象征百年锻造的金字招牌；形似蝉而稍大的母子蚨既富于神话色彩，同时，母子蚨息息相通的亲情又寓意企业和员工荣辱与共、精诚合作；饰带由绸带演化而来，显示了瑞蚨祥的经营特色；绿色象征企业的希望和活力。

今天的瑞蚨祥以泱泱民族风格，屹立在京华的前门外大栅栏街、王府井大街、天津的沽衣街等地。目前，全店员工正在"名店、名货、名牌、名服"新的经营大道上迈进，决心重整旗鼓，让瑞蚨祥这颗明珠大放异彩，再造辉煌。

（资料来源：山东省政协文史资料委员会，济南市政协文史资料委员会.济南老字号［M］.济南：济南出版社，1990.）

提示点评：

1. 瑞蚨祥成为百年老店，关键在于"货真价实，童叟无欺"的经营理念和长久的坚持，在于树立的诚信品牌。它靠信誉紧紧抓住了客户，客户的忠诚也成就了瑞蚨祥。企业应以诚信为本，以产品质量为保证，以满意的服务感动客户，巩固客户群，使基业长盛不衰。

2. 瑞蚨祥能成为百年老店，还在于它的与时俱进，随着新时代的步伐及时地导入企业文化系统，让百年老店重新焕发了生机。

思考训练：

1. 回顾瑞蚨祥的发展史，说说它的"变"和"不变"各是什么？

2. 过去的瑞蚨祥有企业文化吗？它的企业文化是怎样演变的？

3. "货真价实"和"童叟无欺"是瑞蚨祥的什么理念？

第三章

企业文化的演变规律

 学习提示

　　重点掌握：企业文化积累的含义和方向、企业文化传播的规律、企业文化整合的规律、企业文化变革的规律。

　　掌　　握：企业文化演变的全过程以及每个阶段的相互关系。

　　企业文化的演变具有规律性。企业文化的演变过程，是在一定的时空条件下企业文化积累、传播、冲突、选择、整合、变革的过程。这个过程是循环往复、周而复始的，在企业经营管理实践活动的推动和外部环境的影响下，不断地由低级向高级的方向发展。弄清企业文化的发展过程和演变规律，有助于人们在把握企业文化变化趋势的基础上，将企业文化管理建立在更加自觉与科学的基础之上。

第一节　企业文化的起源、积累与传播

一、企业文化的起源

　　企业文化是与企业相伴而生、共同成长的。自从企业创立的那一天起，企业文化就开始了孕育和生长。一家新企业包含了具有各种文化背景的人物，有些人物的文化背景是相同的，有些是相斥的。企业文化是在各色人物不同文化背景相互融合的过程中逐渐发展成形的。

　　1）企业文化的起源，首先与企业创始人的创业意识、经营思想、工作作风、管理风格，以及意志、胆量、魄力、品格等有着直接的关系。企业创始人的行为方式和风格，往往通过他们的决策规划、领导指挥、组织协调以及待人接物等活动表现出来，容易被员工感知、感受、体会和效仿，从而形成一种无形的导向和一种潜在的推动力。企业创始人的所作所为潜移默化地影响着企业中的每一个人，无形中向员工昭示：企业提倡什么、反对什么、推动什么。在工作实践中，员工会自觉地认同、顺从、模仿企业创业者的某种行事风格，会在自己的行为中把这种风格延续下来。有个性的企业文化，总是在开始时受企业创始人的自觉提倡或推动，是由他们埋下的种子生发出来的。

　　以英国塞恩斯伯里公司为例，这家企业的创始人是约翰·姆斯·塞恩斯伯里，他工作作风严谨，讲究有条不紊、一丝不苟，并很有主见，同时又信奉刻苦工作、节俭和自我约束的

工作理念。1869 年，约翰开始经营奶制品，并形成了一套坚定不移的信念，因为他相信，高质量的东西也可以做到低价，而且每一位顾客都应有机会尽可能买到最优质的食品。其次，他相信，如果人们有条件，总是想要清洁和新鲜的食品。时至今日，低价和卫生仍然是塞恩斯伯里公司的首要准则，领导者们在亲口品尝每一样新产品后，才允许产品上架出售。为给顾客提供优质的食品，塞恩斯伯里公司坚持要求供应商提供详细而确切的有关质量管理和交货速度的信息，并不断地将有关顾客偏好的信息反馈给供应商。久而久之，这变成了企业传统的重要组成部分，新上任的领导者总是自觉地照此办事。为保持企业卫生清洁的特色，塞恩斯伯里公司建起宽敞而通气的商店，约翰始终要求保持店堂灯火通明，这一传统保持至今。正如他的继任者所讲的"现在，家族企业的影响小了，但创办人的影响仍然那样强大"。

2）企业文化起源于员工的共同理解，如共同的忧患意识、共同的情绪反应、共同的行为方式等。这些共同理解除了受到创始人的思想和行为的影响以外，往往与企业经营中发生的重大事件和关键事件有关。企业文化的形成是悄然无声的，但是，企业文化是怎样被企业成员感受到的？企业的基础价值观是如何被揭示的？企业成员的相互理解是怎样产生的？企业的共同行为规范又是如何形成的？只要认真考察几家企业的发展历史，就会发现这些问题的解决都与企业历史上的几次重大事件或关键事件有关，这些事件就成为企业文化起源的标志。这类事件在企业成员中反应强烈，并有持续性，一旦被提及就能抓住员工的心。企业管理者或员工常常将它作为解决目前问题的规范，用它来教育新的加入者。全体员工正是通过几次或多次这样的事件取得了共同的理解，找到了共识。

如海尔集团企业文化的形成，其中就有不少特殊事件在其中起了"定格"的作用。发展刚刚起步的海尔集团，产品质量并不尽如人意。后来，管理者亲自带领员工销毁了一批不合格产品，这在员工中产生了巨大的震撼作用。这件事唤醒了海尔全体员工的质量意识，也为品牌文化打下了基础。学习理论证实，企业文化中的共识是通过学习得到的。其中有两种学习的机制：对经验的总结与模仿；对错误的总结与规避。人们通过正面的事件学到了经验，从负面的事件学到了教训，在学习中取得了共同的理解，找到了共同的价值判断和行为标准。

当然，一种企业文化的形成，与企业制度创新和管理思潮的变化有着密切的关系。一种新的企业制度和管理思潮形成后，便以极大的制约力和渗透力，对那些在这一时代诞生的企业文化产生重大影响。一种企业制度、组织形式和管理风格一经形成，犹如某种定式、某种范式一样，会引导着企业文化的发展方向，决定着企业文化的主要特征。

二、企业文化的积累

任何一种企业文化从雏形到成形都有一个发育、健全、完善的积累过程。尽管企业文化成长过程的各个阶段的积累倾向与偏好、积累速率与积累的结果均有所不同，但只要企业在成长，企业文化积累就必定在进行。

（一）企业文化积累的含义

1）企业文化积累是指企业文化特质的保存以及企业文化新特质的不断增长的过程。企业文化不是某一时刻突然产生的，而是企业在长期的经营管理实践中连续传播、不断积累的产物。企业文化同人类其他文化一样，在传播过程中总是存在着文化遗失的现象。有的遗失是自然选择的结果，即不再适合竞争的需要而自然消亡；有的遗失则是由于种种人为因素所致。但在企业文化发展过程中，积累下来的总比遗失的多，这是积累的大趋势。原有的企业文化特质经过积累不断沉淀下来，凝聚成适合企业发展的文化传统，内容越来越丰富，特色越来越鲜明。

2）企业文化新特质的不断增加过程也就是企业文化不断积累的过程。企业文化新特质包括企业发展过程中形成的新文化，也包括通过文化交流吸收的异质文化中适合企业自身发展需要的成分。企业文化新特质的创造是在原有特质积累的基础上进行的，这是一种更高层次的积累。这种积累往往是与去除企业文化中的负面内容同时进行的，即"破旧立新"，使企业文化不断与时代要求和企业发展需要相适应。

企业文化积累是企业文化发展的基础。企业文化的进步、创新都离不开企业文化积累。随着企业文化积累在量上的增加，积累的形式日趋多样，企业文化日趋成熟，体系也逐渐形成。

3）企业文化积累量及速度是与企业发展成正比的，企业发展越快，企业文化的积累量越大，积累速度也就越快。当人们没有意识到企业文化积累的重要性和没有自觉进行企业文化积累的时候，企业文化积累在自然地、缓慢地、无序地进行。当人们既认识到企业文化积累的重要性，又能自觉进行企业文化积累的时候，企业文化积累的速度将会加快。但企业文化积累毕竟与物质财富的积累不同，违背企业文化积累的规律性，不顾主观、客观条件，拔苗助长，制造很多"泡沫文化"，是不利于企业健康成长和发展的。一种高品位的企业文化积累往往不是由一代企业家和企业群体完成的，需要几代人的共同努力。也可以说，企业文化积累是无止境的，只要企业存在，就需要进行企业文化的积累。

（二）企业文化积累的方向

从企业文化积累的方向看，它是在两个方向上进行的，即企业文化正向积累和企业文化反向积累。企业文化正向积累是健全的、优良的企业文化是自我完善的过程；企业文化反向积累是病态的企业文化不断恶化、衰亡的过程。一般研究企业文化的积累问题，均是着眼于研究正向积累的规律。

一般来说，正向企业文化的积累出现在以下几种情况：

1. 家族企业继承人对原有文化的继承和发展

虽然经济学上有所谓布洛赫定律，即家族第一代由于生活环境艰苦，金钱的边际收益很高，因而有着很强的积累财富的欲望；家族第二代由于自幼在奢华生活环境中长大，金钱的边际收益递减，寻求声誉的动机强烈，因而转向追求权力和地位；家族第三代由于金钱和政治地位已经满足，他们追求精神生活的动机强烈，这驱使他们注重慈善、关注艺术，因此可能出现一个家族只能维持三代的辉煌。根据这一定律，家族企业的继承人进行思想文化的继承是不可能的。但是，正如著名管理学者沃尔特·戈德史密斯和戴维·克拉特巴克在《制胜之道》一书中论证的那样，许多优秀的企业文化延续，均得益于家族企业继承人对企业文化传统的一脉相承和不断积累。像美国的福特、洛克菲勒等家族企业文化的不断丰富和发展，无疑得益于几代家族企业家的共同创建。事实上，由于市场逐渐成熟和竞争加剧，家族企业成员的竞争和危机意识也在不断增强，这有助于他们好好学习新的知识，谨慎经营企业，从而在一定程度上改变着"富不过三代"的规律。但家族成员由于环境的优越而不思进取的危险仍然存在，这是家族企业仍然需要铭记的。

2. 具有新文化背景的企业继任者对企业原文化的创新与发展

作为企业文化的主要发端者，企业创始人依据其认识、视野、经验、知识与思想境界等，靠着他们的洞察力、想象力、创造力和崇高的威望，不断地推进企业文化的积累，使企业文化体系不断丰富，个性也越来越突出。但这种积累在时间和内容上都有局限性。有继任者或具有新文化背景的人加盟企业后，创新和发展文化，使企业文化积累继续下去。例如我国的乡镇企业，最初靠很少几个人完成了原始资本积累和文化积累，进入 20 世纪 90 年代后，随着市场竞争的日趋激烈，一些乡镇企业明显感到光靠一股艰苦创业、不怕吃苦的精神是不行的，因此开始大量招聘高级技术人才和专业管理人才，并使他们进入企业决策层，开发高新技术产品，提高企业管理水平，因而使这些企业在竞争中站稳了脚跟，并推动这些企业的文化积累向知识化、制度化、规范化的方向发展。欧美国家的一些有着悠久历史的企业大多经历了这样一个过程。例如美国的惠普公司，创始人休利特和帕卡德在 20 世纪 30 年代靠在汽车车库里发明生产一种音频振荡器起家，成为美国硅谷的一家著名企业。后来企业迫于市场环境的压力转向了高新技术产业，企业决策者根据新兴产业知识密集的特点，修正了企业创业时某些过时的文化形态，适时发展了一套适用于现代员工劳动管理和高科技企业经营的企业文化。惠普公司为了彻底打破建立在大规模工业生产基础上的等级文化，使企业形成民主、平等的文化，使企业文化环境成为最宜于激发人的主动性、创造性的思想环境，他们抛弃了以办公大厦和办公室来分级、分阶层的等级办公组织文化，而是使用隔板间隔开员工，使大家感受到平等和公平的企业办公方式。这就是一种新文化的积累，这种积累促使老牌企业重新充满生机和活力。

3. 子公司对母公司企业文化的丰富和发展

伴随着大公司业务的拓展和规模的扩大，导致了跨地域甚至跨国的分公司和子公司大量出现。在母公司文化发展过程中，子公司的文化开始出现。子公司创始人完成的子公司文化积累开始并不直接参与母公司企业文化积累，而是形成一种脱离旧有文化积累轨道的新的企业文化积累。但这种积累是受母公司文化影响的，时间长了，其文化积累中积极的文化因子也会影响母公司的企业文化，进而逐渐加入到母公司企业文化积累的过程中。目前，跨国公司在市场全球化过程中，一方面在世界各地的企业中积极推行母公司的企业文化和管理方式，另一方面也在推行公司本土化。各子公司有本土化特色的企业文化的积累，也会直接或间接影响母公司文化，从而逐渐加入到母公司企业文化的总积累之中。如青岛双星集团在坚持总公司企业文化基本特征的前提下，大量吸收子公司所在地文化中符合公司发展的因子，剔除其不符合公司发展的方面，建立了与总公司企业文化既有联系又有区别的子公司企业文化，有效地推动了子公司文化的发展，反过来又丰富和发展了母公司企业文化的内涵，使母公司更具文化活力。

4. 企业文化在成长过程中合理吸纳与改造外来文化，从而完全融合成自己独特的文化传统

企业是一个开放的系统，每时每刻都与其周围的环境，即企业生存的大系统交换信息、交换能量。企业文化积累不是在真空中，而是在与社会文化的互动中完成的，因此企业文化积累的很多内容来自社会，是企业不断学习、吸收和借鉴的结果。这种学习型的积累是一个缓慢的过程。不过其中某些重要的学习活动，会帮助某种文化迅速被企业所接受，并融入企业文化体系之中，会加速这种企业文化的积累过程。例如日本企业，吸收了西方质量管理文化，并将其发展成全面质量管理文化，就属于这种企业文化积累；再如 20 世纪 80 年代，海尔集团在引进国外先进技术的同时大量吸收欧美、日本企业先进的管理经验，并将其和自身的具体实践相结合，发展出一套适应我国国情的企业管理理念和管理方法，这也属于这种企业文化的积累。

三、企业文化的传播

（一）企业文化传播的含义和要素

1. 企业文化传播的含义

文化具有交流、传播属性，作为社会亚文化的企业文化自然也不例外。企业文化传播是指企业文化特质从一个群体或个体传递、扩散到另一个群体或个体的过程。企业文化特质广泛而持续地传播、扩散和流动，就能为企业全体成员共同认可并享有。企业文化特质的传播只有通过企业全体成员的交往活动才能实现。企业中的各种关系是动态的交往关系，在交往中，以各种形式和媒介沟通信息，交流观念和情感体验，这一活动过程是双向传播、相互作用的。企业成员正是在文化传播中使群体的行为得到协调，因而产生出共同的信念与目标。尽管新员工进入企业后会带来与企业主流文化不同的异质文化，但通过企业内的文化传播，多数新员工自己的文化会与企业主流文化相融合，他们也成了企业的真正一员，同时企业主流文化也在不断吸纳新员工带来的异质文化中的先进因子，使企业文化得以丰富和发展。

2. 企业文化传播的要素

企业文化传播包括传播的共享性、传播关系、传播媒介及方式等要素。

传播的共享性是指企业成员对企业文化的认同和理解，必须借助于共同识别的文化象征意义的符号，如企业的标志，企业内某一群体成员之间彼此能心领神会的语言、手势、姿态等。一个具有优秀传统的企业都具有本企业员工所理解的代表特殊意义的符号，非企业员工和新员工必须通过"解读、诠释"的过程才能完全理解。

传播关系是指企业文化传播中发生在传播主体和传播客体之间的相互关系。传播关系是企业文化传播中最本质的要素，由传播关系形成社会关系网络，上下左右，纵横交错，共同对企业文化传播产生影响。

传播媒介及方式是指通过一定的传播渠道连接传播主体与传播客体的物质与方式。人既是企业文化传播的主体与客体，又是企业文化传播中最活跃、最本质的媒介要素，企业内部各类组织也是企业文化的传播媒介。人们通过各种正式组织关系或非正式组织关系产生直接接触，在开会、聚会、交流中，利用口头语言、体态语言等形式相互传递具有本企业文化特质的信息。除此之外，企业文化传播媒介及方式还有书信、电话、广播、报刊及影视等，这些传播媒介及方式可以超越时空的限制，进行广泛、反复的传播。

（二）企业文化传播的种类

企业文化传播可以分为文化共同体内的传播和文化共同体间的传播两种。前者可称为企业文化内传播，后者可称为企业文化外传播。其中，企业文化外传播既包括国内企业之间的文化传播，也包括国际企业之间的文化传播。

1. 企业文化内传播

企业文化内传播具有辅助企业文化形成和确立的功能，又兼有使企业文化传统得以继承、发扬，从而激励员工意志的功能。事实上，企业文化的形成、发展、积累都与企业文内传播有着密切的关系。

一般来说，企业文化内传播的信道有：

1）关于企业的故事、企业英雄的奇闻轶事等，往往成为企业文化内传播的无形信道，这一信道在企业文化传统的继承过程中发挥着极为重要的作用。按照格式塔完形心理学的见解，人们内心都有将所见不完美、不完善的事物趋向于完美、完善的倾向，例如人们见到有缺口的圆，或对称破缺的东西，就会在内心世界凭想象将其闭合，将其对称。推而广之，人们对所崇拜的英雄、尊敬的先哲、热爱的人物，在内心世界里都有将其进行无保留地想象加工的倾向。企业借助企业英雄的感召力和企业员工崇拜企业英雄的特殊心理，在企业中传播企业创业者或企业英雄的故事或轶事，达到企业文化内传播或内扩散的目的。

2）将企业文化传统用语录、标语、口号、标记、雕塑等形式表达出来，成为企业文化内传播的有形信道。企业文化博大精深，包含了许多内容，诸如各种深层的信仰和价值理念等，其真正的含义和主旨不是所有企业文化共同体的人都能看透并把握准的，也并非总是可以让他们立刻、全部接受的。从这个意义上说，企业文化被员工理解、接受的过程，就是企业文化内传播的过程，这个过程渗透到企业文化成长过程的始终。企业把抽象的文化以标语、口号、标记、雕塑等形式表达出来，可以在企业中营造一种氛围，使企业成员耳濡目染，强化并加深他们对企业主流文化的记忆与理解。

3）企业家及管理者对下属的要求及个人行为、作风等，构成企业文化内传播的主要信道。在一个成熟的企业文化体系中，企业家，尤其是企业创立者，往往经过企业有意或无意的"加工"而成为英雄人物，因此，一些企业家在企业文化内传播过程中往往兼具双重角色，既以企业英雄的形象出现，又以企业文化的示范者、传播者的形象出现，他的每一个言行举止都在传递着一种文化信息，明示或暗示着企业成员应该怎么做。同时，由于企业各层管理者在管理中的地位和他们所承担的职责，在继承和传播企业文化传统、传播企业新文化方面也发挥着重要作用。

4）企业培训、选拔、考核、激励制度的制定与实施，是企业文化内传播的重要信道。职业培训与再教育、师傅带徒弟等，除了传授技术、训练技能外，主要是传播企业文化；企业公开招聘选拔什么样的人，对员工实行考核采用什么样的标准，奖励或惩罚什么样的行为，实际上都是直接或间接传播着企业所奉行的文化。

5）企业具有的一系列仪式、传统、习惯、习俗等，是企业文化内传播不可缺少的形式和信道。这些形式和信道既可以传播企业文化，也可以固化企业文化。例如，美国大多数企业的鸡尾酒会，日本企业的忘年会、早训以及节假日野餐会，中国企业的厂庆、团拜会、联欢会以及集体旅游等，都是企业文化内传播的重要信道。

6）企业内部非正式群体通过自己的组织体系进行的文化传播，是企业文化内传播不可忽视的信道。这种传播多限于非正式组织内部传播，传播力极强，其传播内容既有企业主流文化，也有企业亚文化，即公司主流文化以外的小团体文化。企业管理者只有善于利用、引导和适当控制这些文化传播信道，才能使企业主流文化传播得以顺利进行。

2. 企业文化外传播

企业文化外传播具有树立企业形象、提高品牌忠诚度和竞争力的功能，兼有推动社会精神文明建设、促进社会文化进步的作用。事实上，企业文化的外传播不是单向的文化输出，而是一种文化交流。因此，企业文化外传播的过程，也是企业文化与外部文化相互推动、不断成长的过程。

企业文化外传播主要有以下信道：

（1）成熟、成形企业文化的主动输出式传播 这或是因某种企业文化的发端者、缔造者欲宣扬其制度、规范和经验的特殊心态所促成，或是由于接受过某种企业文化传播的人的广泛流动所致。其中因人才流动所造成的企业文化外传播和外扩散的影响是很大的，许多优秀企业往往成为培养经营管理人才的摇篮，也成为先进企业文化的输出者。例如，时任美国国际电话电报公司的总裁哈罗德·吉宁训练了一批得力的经理人物，其中许多人后来离开了这家公司，参加或主持别的公司的事务，所以有人给国际电话电报公司起了一个外号，叫作"吉宁大学"——由于他们这些人的广泛影响，吉宁所倡导的企业文化和管理方法远远超出了对国际电话电报公司本身的影响，而对西方发达国家的管理革命产生了深刻而持久的影响。

（2）成熟、成形企业文化的示范传播 优秀的企业文化总是具有很强的示范效用，成为其他企业进行文化建设模仿和借鉴的对象。有些企业有一种错觉，以为企业出于商业竞争的需要，对其文化主旨应是秘而不宣或控制传播的。其实不然，企业值得保密并严格控制扩散的大多是商业机密和那些可以与技巧、诀窍相比拟的经营绝招。至于抽象状态的企业文化，成熟的企业对其传播不但是放开的，而且是采取支持态度的。

（3）企业文化行为主体的攀比、模仿 在现实生活中，之所以会出现企业文化行为主体的攀比、模仿现象，主要是因为人追求利益最大化的动机在起作用。当然不是所有的攀比、模仿都是值得追求的企业间文化传播的信道。因为攀比、模仿作为人们自发的一种横向比较的倾向，既存在着向积极方面看齐、学习的倾向，也存在着向消极方面攀比、模仿的倾向，如在利益方面向有利方面攀比，在工作方面向轻松方面攀比等。因此，要对这一信道进行合理引导和控制，才能发挥积极有效的作用。

（4）企业文化行为主体之间的国际交流与合作 在全球经济一体化的今天，企业文化的国际传播渠道也越来越发达。企业在开发国际市场、建立国际联盟、开展国际经营技术合作的过程中都伴随着企业文化的外传播；在管理与文化交流中，如中外双方相互进行的商业考察、访问，相互委派经理人员和技术人员等也是企业文化国际传播的信道。另外，国际性的企业管理培训、研讨，新闻媒体的报道等，在企业文化的国际传播中也是不可忽视的重要因素。

（三）企业文化传播的规律

一般而言，企业文化传播有以下规律：

1. 同构易播规律

同构易播规律是指相同或相近企业结构的企业文化共同体，企业文化在其间的传播速度快、影响大、易于奏效。不论是整体同构还是部分同构，这条规律均适用。例如，第二次世界大战以后，美国的企业管理文化在日本、西欧各国很快风行起来，其原因就在于这些国家的企业面对相同或相近的社会制度、经济体制，具有相同或相近的企业制度文化。推而广之，在相同或相近的企业文化环境中，如相同或相近的社会制度、经济体制、法律、宗教和民族文化传统，也有利于企业文化的传播。例如，欧洲各国在大的文化背景上具有同一性，在市场上又有着千丝万缕的联系，其企业间的文化互动现象频频发生。

2. 异体或异构抗播规律

异体或异构抗播规律是指相异或者全然不同的企业文化体，企业文化在其间的传播速度慢，影响小，不易奏效。企业作为一个生命体，在其自身精神调理及维系过程中，存在着一种自发的排斥异己功能。企业文化体不论是局部的还是整体上的异构，这一规律都是适用的。例如，西方市场经济条件下率先兴起的与现代企业制度相适应的企业文化在非市场经济国家，就遇到了体制和观念上的一些阻力。要解决文化抗播问题，不能寄希望于改变规律，或是绕道而行，只有尽力设法改变企业文化共同体结构，才能促进企业文化的传播与交流。

3. 优胜劣汰规律

企业文化传播的过程，也是企业文化交流、互动和竞争的过程。这一过程是有规律可循的，传播的方向通常是由高到低、由强到弱。同时，在文化传播中也存在着互动和竞争现象，文化交流包含着对流、逆流，得到流传、扩散的未必是在各个接受方看来是相对发达、先进的企业文化特质，有时劣质的文化也会得到流传和扩散。但最终竞争的结果，必定是优胜劣汰，即先进文化同化和改造落后文化。

4. 整合增值规律

在企业文化传播过程中不仅有同质文化的传播，也存在着异质文化的传播。具有不同文化特质的企业、群体或员工在文化传播中相互接触、彼此理解，结果就使得不同特质的文化得到同化和整合，产生增值。例如，在企业文化内传播过程中，具有不同文化背景的企业成员学习到具有本企业特点的工作方法、生活方式和行为准则，以及进行人际交往的态度和方式，从而抛弃自身不适应本企业的观念、习俗，将适应或有利于企业的观念、习俗融入企业文化之中。同时，根据自身的经验和价值观念，重新认识、评价企业文化中的传统成分和特质，从而使企业文化产生增值。

第二节　企业文化的冲突与选择

一、企业文化的冲突

(一) 企业文化冲突的含义

企业文化冲突是企业文化发展过程中不同特质的文化在相互接触、交流时产生的撞击、对抗和竞争。企业文化冲突的产生主要是由不同文化体所持有的基本价值观之间的过分悬殊造成的。企业文化在传播过程中，冲突是不可避免的，而且正是由于企业文化冲突的存在，才推动了企业文化的进步；如果企业内部没有文化冲突，企业文化可能已进入衰退期，这样的企业文化是没有生机的，迟早要被淘汰。企业文化冲突的结果，或是融合不同特质的文化，使企业文化得到丰富和发展，或是改变企业文化特质，使原有的企业文化完全为一种新文化所取代。企业文化冲突包含不同类型、不同模式、不同行业、不同国家和地区、不同历史阶段的企业文化体之间的跨文化冲突，也包含企业文化体内部的文化冲突。以下主要分析企业文化体内部的文化冲突。

(二) 企业文化冲突的表现形式

企业文化冲突的主要表现形式有两种：主文化与亚文化的冲突；整体文化与个体文化的冲突。

1. 主文化与亚文化的冲突

主文化与亚文化的冲突是指企业居于核心地位的、正统的文化与处于非核心地位的、非正统的文化，以及企业整体文化与小群体文化之间的冲突。这种文化冲突有两种性质或两种可能：价值观引起的正统与异端、新与旧之间的冲突和对立；整体和局部因利益、观念或其他原因所引起的文化摩擦。

关于企业内部正统与异端、新与旧之间的文化冲突和对立，大致有以下几种情况：

1）企业主文化已变成病态文化。它或者是由于以往企业的主要领导者的固执己见、刚愎自用，或者是由于企业文化环境发生巨变造成的。在这种情况下，企业主文化就必然与企业自发出现或存在的代表健康、向上的亚文化发生冲突。企业主文化往往拼命地压制亚文化，阻止亚文化对企业主文化的可能的替代。对于这种企业文化冲突，解决的办法似乎很难依赖正常的文化沟通和说明，只能靠以下几种方法：①像美国福特公司的第三代亨利·福特二世对其祖父亨利·福特这位意志、信念都十分坚强的创始人突施"宫廷政变"那样，通过迫其"退位"，重建、重组企业文化，使企业亚文化转换为企业主文化；②像日本三菱企业第二代继承人对极富个性的创始人岩崎弥太郎那样，首先允诺遵守他的有关由家族领袖掌握公司全权的规定，在他去世后，则全面调整企业文化，重新确立企业主文化；③像德国西门子公司那样，在企业主要创始人去世后或企业陷入某种危机后，靠来自银行或外界其他方面的压力，来完成企业主文化和亚文化的转换；④像中国某些企业那样，通过引进资本或吸收其他资本，改变企业股权结构的办法，达到企业主文化和亚文化转换的目的。

2）企业主文化已发展到健全、高度成熟的阶段，具有较强的稳定性和排他性。不过，面对环境变化，这种文化正慢慢地失去优势。与此同时，有可能代表企业未来价值观、未来文化范式的企业亚文化却在一步步地发展、壮大。这种新的企业亚文化的生长，不可避免地会受到仍旧具有强大统治力的企业主文化的压制、阻挠。这种文化上的冲突会通过主文化和亚文化代言人及其阶层的语言、思想、行为上的交锋而表现出来。这种冲突的具体解决方式，除采取上述第一种冲突的四种解决方式外，也可以采取并不那么剧烈的方式。例如，通过领导层的和平调整，利用一些重大事件进行观念更新，采用各种形式的研讨沟通等方式，促使企业主文化让位于企业亚文化。不少成功的企业在其成长的关键时期，都发生过或多次发生过这种调整，从而适时地变革了企业主文化，使企业主文化一直保持着先进状态。

3）企业主文化已演变成为过时的、陈旧的、衰败的文化，企业亚文化在企业陷入危机的情况下仍旧没有适当的机会击败企业主文化，因为企业整个大权仍旧掌握在旧有企业文化信奉者的手中。这种情况下的企业文化冲突往往直接通过企业的低效和衰败的加速而表现出来。解决冲突的办法往往是通过决策者的更迭和组织的变革，加速旧文化的解体和新文化的培植来实现。像当年美国克莱斯勒⊖汽车公司，作为美国排名第三的汽车大公司，曾有过值得骄傲的光荣历史，尤其在生产与设计新车方面，有着走在市场前列的文化传统。但在雅科卡接管这家企业前，它不但丢掉了以往那些优良传统，而且出现了全面衰败以至崩溃的迹象，造成了几乎置企业于死地的重大危机。雅科卡上任后，经过大力整顿和一系列组织变革、管理创新，为企业灌输新的理念，开发新的产品，才推动企业文化的冲突向好的方向转

⊖ 2014年12月16日，克莱斯勒改名为FCA美国，2021年1月16日，FCA与PSA集团的合并交易正式完成，双方从而合并成为一家全新的集团——Stellantis。

化，从而挽救了濒于倒闭的企业。

2. 整体文化与个体文化的冲突

优秀的或健康的企业文化是一种使企业整体意识与个体意识、整体道德与个体道德、整体行为与个体行为大体上保持和谐的文化。但这不等于优秀的企业文化体从未有过企业整体文化与个体文化（指企业成员的文化信仰与行为方式）的冲突，也不等于它们总是能够轻而易举地解决整体文化与个体文化间的冲突。事实上，无论是基于个人主义基础的西方企业文化，还是基于家族主义基础的东方企业文化，均不可避免地存在着整体文化与个体文化之间的冲突。

为什么会出现整体文化与个体文化之间的冲突呢？因为企业整体行为不是个体行为的简单集合，企业整体意识不是个体意识的简单集合，因此在个体文化被企业整体文化整合的过程中，个体文化既存在着向整体文化趋近，放弃固有的不符合整体规范的习惯的倾向，同时又有保持旧有习惯、继续发展个性文化的倾向。发达的企业文化就像高度发达的社会文明一样，理应追求使这两者在尽可能高的层次上和谐与统一。但在任何情况下，两者之间都会有距离。因此，企业整体与个体之间的文化冲突是不可避免的。

企业整体文化与个体文化之间的冲突有以下两种情况：

1）由于企业和企业成员的文化背景不同或观念更新的速度不同所造成的整体文化与个体文化的冲突。东方社会由于长期受农业文明传统的影响，所形成的文化体系的基点是强调个体的依附性，忽视个体的创造性；强调整体的"内聚"，忽视个体的"发散"；强调整体的至高无上，忽视个体的特殊价值；强调整体的权利，忽视个体的权利。这种文化传统使得企业主管早已习惯采用以牺牲个人价值为代价以换取企业价值最大化的方法。然而随着社会的进步，人的主体意识觉醒，企业仍然坚守着传统的文化准则，个体文化与群体文化间潜存着的一些矛盾就会爆发出来。如果企业成员有与企业完全不同的文化背景或过多地接受另一种文化的熏陶，这种冲突会更加激烈。伴随着市场全球化、经济文化一体化以及劳动力在全球流动速度的加快，东方社会的企业文化正在面临挑战，企业主管们不得不思考通过变革企业文化和行为方式，适应个体价值实现和充分自由发展的需要，从而找到企业整体文化和个体文化新的结合点。

西方企业文化是在个人主义基础上形成的，随着时代的进步，它们也面临着另一种企业整体文化与个体文化的冲突。在这种情况下，个人主义的价值观不得不向强调社会责任感的东方集体主义价值观靠拢。对它们来说，企业文化变革的方向，是要放大整体价值，适度限制个体欲望的膨胀，在个体与群体之间找到一个适当的连接点和平衡点。

2）由于诸多其他原因造成的企业群体文化和个体文化的冲突。除了上述原因造成的那些重大的、全面的企业整体与个体文化矛盾与冲突之外，还存在着诸多其他原因导致的整体文化与个体文化的冲突。

① 企业新员工在尚未熟悉企业整体文化、尚未被企业文化共同体认同时的文化冲突。一般说来，这种文化冲突只表现为对新员工心理上造成的冲击和失衡，通常的解决办法是个体对整体的趋近和适应。但在下述情况下，冲突性质与解决方式是不同的：假若新员工代表更健康、更先进的文化，其个体文化与企业整体文化的冲突实际上是健康、先进的文化与病态、落后文化的冲突，而且这个个体若是强有力并被授予足够的权力，其完全可以从根本上彻底改造旧有的企业整体文化，如海尔集团张瑞敏最初对青岛电冰箱厂的改

造即是如此。

②　在同一个企业文化共同体内，冲突并非由于企业主导意识和观念所致，而是由于利益要求造成的个体文化与整体文化的冲突。这种文化冲突可能是由于整体文化规范过于忽视个体利益所致，也可能是由于个体自我意识过度膨胀所致。若是前者，企业理应调整其整体文化规范，给个体的发展和创造以足够大的余地，赋予他们足够的权利；若是后者，企业或是可以通过党、团、工会或其他正式组织和非正式组织积极沟通，通过有效的文化传播来解决这种冲突，或者干脆由个体重新选择（退职、流动），甚至采取必要的惩罚措施，借以强化企业的整体文化规范。

③　在同一个企业文化共同体内，并非由于利害关系和利益矛盾，而是由于思想观念和认识原因造成的个体文化与整体文化的冲突。每一个企业成员都有自己的认识角度和认识能力，他们的知识储备、知识结构、信息来源、信息处理与变换能力与企业整体不可能完全一致。由于这一认识上的差距，就可能导致两种文化之间的冲突。例如，企业在做重大经营决策或管理变革时，往往谨慎小心，这从个体文化角度看，往往显得保守，缺乏大刀阔斧、大胆开拓的创新精神。这种文化冲突应当通过尽可能多的信息共享，增加企业决策透明度，或通过民主讨论等方式加以解决。

④　企业整体文化落后、保守、陈旧，远远不能适应活跃的、先进的企业个体文化的需要，因而造成整体文化与个体文化的冲突。一般在社会剧烈变革、经济迅速上升阶段，企业会出现这种文化冲突。例如，我国不少企业曾经经历过这种冲突状态：一方面，企业个体文化因社会前所未有的变革和迅猛发展而处于高度活跃状态，员工思想解放，观念超前；另一方面，企业整体文化因某些原因处于相对落后、保守的状态。因此，员工不满、对立到处存在。解决这种文化冲突的基本办法是重新构筑和确立企业整体文化规范，以适应迅速变化的个体文化发展的需要。例如，废除终身制、加强职业选择与流动性、改组企业组织结构、推广弹性作业时间、改革企业分配制度等，都是改变整体文化较好的措施。

⑤　企业成员完全基于个人意愿、偏好，无视企业整体利益、他人利益，从而形成个体文化与企业整体文化的对立与冲突。一般来说，自发的攀比和自发的文化吸收总是倾向于最有助于个人利益、最适合个人发展的方面，其结果必定是使得个体文化易于受到西方某些个人主义、无政府主义等文化思潮的影响，从而导致企业整体文化与个体文化的摩擦与对立。解决这种冲突的主要方法是对盲目的、错误的个体文化进行矫正和引导。

⑥　企业成员因对企业整体的代表人物或企业整体象征的不满和反感，引起对企业整体文化的反感和不满，导致个体文化与整体文化的冲突。这是一种地道的由情感思维和直觉意识引发的文化冲突，冲突的背后不存在逻辑的、理性的力量。解决这种文化冲突的办法有：一是强化企业整体文化代表人物树立自身良好形象的意识，改善行为，当好文化表率；二是强化企业个体的理性意识，帮助他们转变观念，学会正确看待事物的方法；三是撤换有不良形象的领导者，把那些从各个方面确实能体现企业文化风范的人物推选到企业领导岗位上；四是提高企业领导艺术，加强企业管理层与员工的感情交流和各个方面的信息沟通；五是全面地推进和强化企业主文化，允许那些无碍大局的文化冲突存在，让它们自生自灭。这五种办法可以视文化冲突的具体情况，独立使用或配套使用。

二、企业文化的选择

1. 企业文化选择的含义

在企业文化的积累、传播过程中，积累原有的文化、创造新的文化、吸收异质文化，都需要选择。

企业文化选择是企业文化运动的客观功能，它总是对同质文化中历史成分和现实成分进行筛选，有选择地积累和储存适合企业发展需要的部分，摒弃不再适合的。

企业文化在发展中又对不同特质的文化加以选择，这种选择不是简单机械地拿来，而是经过文化判断、文化分析、文化评价等活动择其精华加以吸收。

企业文化的选择过程实质上就是企业文化的冲突过程。在新旧文化之间、不同特质文化之间冲突的结果是，优秀文化得到继承、弘扬或吸收，平庸文化遭到淘汰或舍弃。因此，企业文化的选择往往通过冲突来实现。需要指出的是，企业文化冲突和选择虽然是客观的，但当人们认识了企业文化发展的规律以后，是可以通过分析企业文化冲突的起因、性质、程度，从实际出发，从主观上明确企业文化的选择标准，从而有目的地、自觉地选择同特质文化中的优秀部分及异质文化中具有适应性的文化部分，并且通过各种手段倡导、强化这些企业文化，进而缓解冲突，达成共识，并把企业倡导的价值观内化到群体意识中去。

2. 企业文化选择的客观标准

企业文化选择的客观标准就是企业的基本价值观。企业基本价值观是企业的灵魂和宗旨，是企业文化个性的深层特质。这种特质不易改变，因此符合企业价值观要求的文化特质就会很容易地被接受、积累和传播，而与企业基本价值观相悖的文化特质就会遭到抵制、拒绝，最后被淘汰、舍弃。企业文化选择的总趋势是择善择优。当企业的基本价值观已严重阻碍企业顺利发展时，企业文化的选择标准就随之发生变化，逐渐把代表企业文化发展方向的企业价值观作为新的选择标准。

三、企业文化创新

当新旧文化之间、不同特质的文化之间发生冲突时，如何使优秀的企业文化得到继承、弘扬或吸收，必须从是否有利于企业创新的角度考虑企业文化的选择。因为在激烈竞争的市场环境中，只有坚持创新，企业才有前途，才能立于不败之地。

企业创新源于企业文化创新。首先，任何创新行为都从观念创新开始，如新技术的发明、新产品的开发、新工艺的设计、新体制的构造、新制度的确立等。因此，企业创新的原始推动和初始设计，都与企业文化所提供和创造的精神环境有关。

其次，创新行为通常在起步阶段就表现出非常规性，意味着对正统、主流的背离，独辟蹊径，别出心裁。因此，创新行为不可避免地要遭到习惯行为、定式化规则的反对，遭到种种非难和不解。企业创新行为的成功，完全依赖于企业新文化的激励和支持。

最后，创新意味着一定的风险，意味着从直接行为者到企业决策者要共担风险，这就要求企业摆脱保守僵化的文化，树立正确的"风险-收益观"，营造对失败宽容的文化氛围。

当企业创新不能受到企业文化的激励、支持（如病态、不良甚至恶劣的企业文化，非但不能激励和促进企业创新，反而处处干扰、阻挠、破坏、延迟企业创新行为）的时候，企业文化共同体摆脱此种境地的唯一选择，只能是抛弃现有的企业文化传统，以新的企业文化规范取代。在这种情况下，那些病态、不良企业文化的代表者就必须更换掉。因此，对原有企业文化传统的抛弃，同时也往往意味着企业文化共同体对那些"顽固不化"的人物的抛弃，而不是对他的改造和转变。

除了不良的、病态的企业文化及其传统以外，常态的、优良的企业文化及其传统也并非总是有助于企业创新，总是给创新以巨大推动和支持。因为企业文化一经积淀为传统性质，在确立了其权威地位和更广泛、更深刻、更持久地对企业文化共同体产生影响的同时，也在失去其创新属性，变得保守，从而对企业创新不再具有那种巨大的推进作用，有时甚至会造成一定的阻碍。之所以会产生这种情况，是因为创新的本质永远是不断进步、试图冲破一切程序的，在较长的时期内是与传统相对立的。尤其是对那些在一定时期形成了较有影响的先进的、优良的企业文化传统的企业而言，其文化传统有时会成为企业前进的阻力。这些企业有可能在维护和继承这些文化传统的同时，缓慢地葬送掉企业的创新活力，葬送掉企业的前途。

需要特别强调的是，企业创新依赖于企业文化创新，但这绝不意味着企业文化共同体只一味地去进行无穷尽的创新，全然不顾及企业文化传统的形成以及企业文化传统的继承和发扬。例如，美国南卡罗来纳州有一个纺织厂，总裁曼逊先生在管理企业时，形成了与员工亲近的感情文化，他同工人相处和谐而默契，劳资关系完全建立在一种相互信任的基础上。曼逊就像个家长一样，员工的工作、生活，事无巨细都挂在心上，工厂的管理具有明显的家族特征。后来，曼逊的儿子小曼逊接管了工厂，一改父辈的管理文化，他衡量工作的业绩，同工人相处完全以财务数据为宗旨，生产的指标、成本和机器是他关心的主要问题。工厂的文化完全变成了财务目标和企业家个人雄心所驱使的文化，亲近感荡然无存，人与人之间漠不关心，工人也不再关心企业，因而人心离散，生产率下降。小曼逊面对这种局面，只感到同工人之间关系的格格不入，但不知问题出在哪里。应该说，小曼逊较之其父的管理，更加科学化，他想打破旧有管理方式，更加依靠程序、形式和技术来经营工厂，这也同现代企业发展方向合拍。之所以事与愿违，乃是他在做管理的技术转型时，忽视或没有充分考虑文化的转型，结果失败就在所难免了。

企业文化具有相对稳定性，企业文化最深刻的冲突可能来自企业整个文化体系与其进一步创新行为的矛盾，当二者冲突非常尖锐时，就要求企业对原有文化进行重新选择，并适时地吸纳新的文化因子，实现企业文化的全面调整和创新。

第三节　企业文化的整合与变革

一、企业文化的整合

（一）企业文化整合的含义

企业文化在发展中不仅具有排异性，而且具有整合性。企业文化整合是指企业内部或来源于企业外部具有不同特质的文化，通过相互接触、交流进而相互吸收、渗透融为一体的过程。当不同特质的企业文化共处于某一时空环境中，经过传播、冲突、选择的过程，必然会发生内容、形式上的变化，以原有的企业文化特质为基础，吸收异质文化，构成新的体系。

企业文化整合实际上就是不同文化的重新组合与融合。

企业文化传播是企业文化整合的前提条件，企业文化冲突与选择是企业文化整合的直接条件。没有异质文化之间的传播和相互冲突以及选择，就谈不上企业文化的整合。企业文化整合不仅受到企业内部不同特质文化本身的因素影响，还受到社会环境如政治、经济、科技、文化等若干因素的影响。

企业文化整合的过程是不同文化彼此协调、相互适应的过程，也就是企业内部及来自企业外部的异质文化经过一定时期的接触、交流、传播而不断调整，修正原来的性质、内容和模式的过程。这个过程是双向运动的。经过整合，占主导地位的文化既失去了一些特质，又从某些异质文化中吸收了一些新的特质，从而融合为一种新的企业文化体系。这种经过整合以后的新文化体系在价值追求、传统、惯例、行为规范等方面都会表现出一些新的特征。一个企业文化体系融合的异质文化越多，其内容越丰富、体系越完善，也就越具有适应性和生命力。

（二）企业文化整合的层次

一般来说，企业文化整合是分层次进行的，或者说，企业文化整合事实上是在不同层次上展开和完成的。概括起来，企业文化整合可以分为以下五个层次：

1）企业文化对某一种企业文化共同体内新生或外来的企业文化特质拟同化。例如，海尔集团通过对美国科学管理、日本团队精神的研究，根据社会化大生产的规律，成功地剔除外国管理学说中不适应中国企业实际发展的一面，吸收其有益的一面，创立了体现海尔文化特点、适合海尔生产需要的 OEC（Overall Every Control and Clear）管理法。

2）在企业文化共同体内，对内生的或引进的一组企业文化特质进行重组、再造，形成企业某一方面文化的综合。例如，日本在第二次世界大战后解散财团，分割大企业，引进了西方的市场自由竞争文化。但日本企业在引进这种竞争文化时，并不是完全复制，而是进行了适于自身发展的改造，融进了家族精神与"和"的文化，因而形成了自身的特色。

3）企业文化共同体对外来的一种趋于成熟的企业文化风格与规范，结合自身文化优势进行再加工，使之得到进一步完善。例如，企业质量管理文化通过在美国企业的发源，迅速传入日本，经过日本企业的整合达到新的境界，然后，便犹如某种伟大的艺术风格——哥特建筑文化、意大利咏叹调、踢踏舞等一样开始流行。

4）企业文化共同体伴随着企业管理革命，对企业文化特质进行较为彻底的吐故纳新、多方位的整治和新的融合。例如，19 世纪 40 年代，美国由于铁路企业在不懂技术的老板管理下发生了列车对撞事故，从而引发了企业所有权和经营权分离的企业管理革命，导致了经理体制的确立。从此，便开始了企业组织文化、决策文化、动力文化及管理文化的一系列新的文化整合。

5）伴随着在企业文化共同体内发生剧烈的文化冲突，酿成企业文化危机，促使企业根据新的背景、新的起点和格局进行企业文化整合。例如，洛克菲勒在其合伙的石油企业正欲乘势扩大规模之时，原最高决策层的"三驾马车"之间出现了巨大的分歧，最后只好约定把企业卖给出价最高的人。老洛克菲勒与另一位合伙人买下了企业后按其经营意向和宗旨对企业进行了改造，从而使企业的经营哲学发生了变化。

（三）企业文化整合的规律性

企业文化整合既有具体的、个别的体现在企业各个层次上的文化整合，也有抽象的、一般的伴随着社会进步而发生的企业文化整合。前者表现出来的多是一种积极的、能动的、富有主观选择性的文化整合，后者本质上则更像一种无意识的社会自然历史过程。显然，无论是主动的还是被动的企业文化整合，都遵循择优趋善的规律和原则在进行，整合的总趋势是积极的、进步的，结果多半具有明显的进步色彩。但这绝不意味着任何时期、任何层次、任何一次企业文化的整合都具有进步意义。正像先进民族征服落后民族时，所发生的民族文化的同化和整合总是包容一些落后的文化一样，先进企业文化与落后企业文化共处，在整合时也时常发生先进文化特质同落后文化特质拉平的现象。在主动进行企业文化整合时，必须遵循择优趋善的规律和原则，避免拉平式整合现象的发生。

企业文化建设不只是表现在企业文化特质的创造上，更为重要的是通过有效途径，对各种异质的、不同形态的企业文化进行整合，达到合意的、理想的文化状态。随着社会经济的发展，人们的劳动观、价值观发生了深刻变化，一些传统的企业文化特质不再具有新特质文化特点，企业文化的整合就越加困难。福特汽车公司在亨利·福特时代，企业文化还普遍停留在粗放型管理员工的方式上，当时公司吸收了流水线作业规范这一具有先进性的企业技术与管理新质文化，对自身文化进行整合并不困难。但到了 20 世纪 80 年代末，企业文化背景、员工文化心态已发生变化。这时企业生产流水线作业建立在现代半自动化、自动化柔性生产体系和充满人情味、人性化的作业环境的基础之上。因此，福特公司这时进行企业文化整合就不那么顺利，企业成员提出了更高的要求，迫使企业在文化整合时吸收更为先进的文化特质。

企业文化整合的结果就是形成各个层次、各种类型的企业文化构型。如果把企业文化特质比作企业文化的原料、元素，那么企业文化整合的结果就是企业文化的成品、半成品，即企业文化的组合件、系统件，甚至就是文化体系本身。然而由于受到各种各样条件的限制，绝大多数企业文化整合的结果却达不到上述理想状态，仅仅具有局部的意义。因此，企业文化的整合就像企业文化特质的创造一样，需要遵循客观规律和正确的原则，需要智慧和技巧。同任何管理一样，企业文化整合既是科学又是艺术。

二、企业文化的变革

（一）企业文化变革的含义

企业文化变革是指由企业文化特质改变所引起的企业文化整体结构的变化。它是企业文化运动的必然趋势和企业生存发展的必然要求。企业文化变革的根源在于企业生存、发展的客观条件发生了根本性的变化，它是社会文化变革在企业内的反映。当企业经营环境发生了改变，原有文化体系难以适应企业发展需要而陷入困境时，就必然要通过文化变革创建新的企业文化。因此，企业文化变革是企业文化产生飞跃的重要契机。在一般情况下，企业文化变革对企业文化发展有促进作用，而在某些特定条件下，企业文化变革也有可能引起企业文化的逆转。

企业文化变革有渐进性变革和突发性变革之分。

1. 渐进性变革

渐进性变革是一种潜在的、缓慢的变革，是企业文化内容在不知不觉之中发生量变的积蓄过程。新的企业文化特质在缓慢的文化变革进程中取代旧有的企业文化特质，这种变革潜移默化地渗透在企业及其成员的常规行为之中。有时渐变到一定程度便难以控制，产生了意外的结果，从而改变了企业文化的整体结构。在这种企业文化的变革中，企业成员感受不到文化革新带来的强烈冲击。

2. 突发性变革

突发性变革是企业文化非常态的文化特质的突然改变和飞跃，它常常在较短的时间内改变企业文化原有结构、风格和模式。突发性变革是在企业文化渐变的基础上出现的，当企业文化渐变积蓄到一定程度时，便会产生巨大突破，从而引起企业文化全局的变化。这种变化必然是企业文化深层结构的变化，即构成企业文化核心部分的价值观体系的改变，而不仅仅是人们生活方式、习惯及工作作风的表层变化。企业文化的突发性变革常常对企业成员的思想感情产生强烈的震撼和深刻的影响，迫使成员进行选择。

(二) 企业文化变革的规律

企业文化变革是客观的，是有规律的。

首先，企业文化变革的过程相当复杂，一般是由浅入深，从企业表层行为方式的改变开始，直到企业深层基本价值观念、思维习惯的改变，其变革过程对企业成员的心理和内部各种物质利益关系的冲击较大。因此，企业文化变革尤其是其中的突发性变革，会遭到原有文化的代表者和认同者的普遍阻挠，以致产生一些对抗举动。如果企业文化变革的主要倡导者缺乏思想准备，往往会给企业经营秩序带来混乱。

其次，要看到企业文化变革总是由无序状态过渡到有序状态，企业文化变革破坏了旧的文化体系，而新的文化体系尚未建立或是正在建立，企业成员对新的企业文化不适应、不接受时必然会呈现一种分散、无序的状态，但分散和无序经过一段时间必然走向有序。

最后，还需要指出，企业文化变革总是由量变到质变的。由一种文化到另一种文化的转变往往需要较长的时间，即使是企业外部环境发生巨大变化，使企业文化出现突发性变革，也是建立在量变积累基础之上的。

企业文化变革是企业文化发展的必然阶段。正确认识企业文化变革的本质特征和规律，对于促进企业文化的进步具有重要意义。企业应通过对自身文化现状进行深刻剖析，有计划地推动变革，广泛地吸取异质文化的精华，并且根据客观形势的变化不失时机地推动企业文化的变革与发展。

(三) 企业文化变革与企业危机挽救

以福特汽车公司和通用汽车公司为例，说明企业文化变革在挽救企业危机中的重要作用。

美国汽车大王亨利·福特以及他所创立的汽车帝国——福特汽车公司，在其孙子手中得以复兴的事例无疑是这方面最经典的例证。亨利·福特在1905年白手起家，15年后建立起了世界上最大、盈利最多的汽车制造企业——福特汽车公司，这家公司在20世纪初叶的美国汽车市场上占据了统治地位，并几乎垄断了整个市场，且在世界其他绝大多数主要汽车市场上也占据了统治地位，但到了1927年，这个汽车王国已经摇摇欲坠。直到1944年，企业创始人的孙子亨利·福特二世，当时只有26岁，在没有受过任何训练也没经验的情况下接管了这家企业，他引进了一套全新的管理班子拯救了企业。福特汽车公司这次深刻的危机及其剧烈的文化冲突，引发了一次深刻的企业价值变革，企业文化完成了一次重大的突变。管理学家德鲁克说："福特一世之所以失败，是由于他坚信一个企业无须管理人员和管理。他认为，所需要的只是所有主兼企业家，以及他的一些助手。福特与他同时代的美国和国外企业界绝大多数人的不同之处在于，正如他所做的每一件事那样，他毫不妥协地坚持其信念。他实现其信念的方式是，他的任何一个'助手'，如果敢于像一个'管理人员'那样行事、做决定或没有福特的命令而采取行动，那么无论这个人多么能干，他都要把这个人开除。"由亨利·福特二世引发的企业文化变革，使福特汽车公司彻底革除和抛弃了以企业创始人为代表和象征的独裁式的企业文化传统，并重新恢复了企业的竞争力。

福特汽车公司是由企业内部危机引发的一场深刻的文化变革，文化变革的主要对象是企业创始人的信念体系和文化传统。比较而言，通用汽车公司则是同时承受着来自内部和外部的压力，文化变革所需革除的是来自部门、中间层的分散和无序。

小艾尔弗雷德·斯隆在接任通用汽车公司总经理时，通用汽车公司只能勉强地维持在第二的位置。它是由一些小型汽车企业拼凑起来的，没有一种能胜过对手的汽车，没有经销商组织，财政上没有实力。面对内忧外患的局面，斯隆对企业进行了大胆的改革。他为新的"大企业"提出了一种组织原则——分权原则，提出了企业目标、企业战略、战略规划的系统方法。因为斯隆推动的文化变革，使通用汽车公司进入了一个健康发展的轨道，五年后通用汽车公司成了美国汽车工业中的领先者，并一直保持至今。

由此可见，企业文化变革与企业危机紧密相连，企业重大危机的挽救往往离不开企业文化的深刻变革。凡企业陷入重大危机之中，除极个别的不可抗力或偶然的重大决策失误等原因以外，多半有着深刻根源。一般来说，其中都包含极为深刻的企业文化冲突，这是由过时的、僵化的企业文化传统所造成的，企业危机无非是将企业文化冲突的最终结果暴露出来。企业危机使得企业文化共同体处于最危险的境地，或者是解体、倒闭、完全失败，或者是设法起死回生，两者必居其一。企业危机的严重局面使得企业文化行为主体的心灵受到震撼，危机把文化冲突的直接、可怕和灾难性结果呈现在他们面前，使他们深深地懂得，作为一个企业文化的行为主体，选择什么样的企业文化既不是无足轻重的，也不是事不关己的，它涉及企业群体和企业个体的命运和前途，从而为企业新文化传统的形成提供了心理训练的准备。企业危机中文化对峙、冲突的结果，有时虽然新兴、进步的力量暂时失败了，且旧有企业文化传统未被打破，但旧有传统的全部弊端以及只能招致企业惨败的迹象却暴露无遗。这就为企业文化行为主体抛弃旧有企业文化传统，选择新的企业文化模式提供了思想和舆论准备。所以，挽救企业危机最好的方法就是对组织的重大改组和文化的彻底变革。

（四）企业文化的深层变革——企业价值革命

企业价值革命是企业最深层的文化变革。它可能是局部的也可能是整体的。企业价值革命一般由企业上层人物发动，他们多半已经或正在成为企业的核心领导人。企业价值革命通常涉及以下几个方面：

1. 企业价值观的变革

企业价值观的变革既涉及对企业整体文化的深层把握，也涉及对企业环境变化的重新认识。例如，20世纪80年代不少美国企业开始深刻意识到美国企业价值观和美国企业管理方式已经落后于日本企业价值观和日本企业管理方式。阿纳齐教授对日本汽车企业取得巨大成功的原因进行了分析，得出了结论：日本似乎拥有庞大的成本优势，这种优势并不在于自动化，而在于他们开辟了一条生产汽车的"群体"路线。他们拥有一个干劲冲天、乐于工作、乐于制造汽车的工作团队；把人当作天赋的资源，而不是当作金钱财富，不是当作一台台机器，也不是当作一个个机器管理员，这也许是一切问题的关键所在。这种对企业主体和核心资源的不同的价值判定，已经给两国企业业绩带来了巨大的差别。因此，美国企业开始认识到自身潜在的危机，并接受新的企业价值观。到了 20 世纪 90 年代，美国经济增长势头强劲，美国企业员工的创新精神所创造的劳动效率远远超过了日本企业员工敬业精神所创造的劳动效率，因此又使得日本人重新审视自己的价值观，接受来自美国企业价值观的挑战。

2. 管理哲学与管理思想变革

管理表层（如管理方式、方法、手段和工作作风等）的改变，从局部看似乎并不难，但整体的、系统的变革就涉及管理哲学与管理思想的根本改变，这是一场企业的价值革命，是很困难的事。在企业家主导型的企业文化体系和管理体系中，管理哲学与管理思想的变革往往是企业家灵魂深处的变革，人类社会的历史反复证明，要想使杰出的人物放弃他毕生的信念，修改他们的理想和观点，几乎是不可能的。解决方法只能是或者依靠自然法则的力量，或者更换领导人，改变原有的文化体系。

3. 经营理念的变革

企业经营的变更每天都在发生，对经营规模、经营范围、经营对象、经营手段、经营方式等的经常性调整不足为奇。但经营理念的改变，如涉及企业使命的调整、经营目的的改变、顾客利益与企业利益关系的处理、竞争模式和营销模式的选择等却是深层次的、不容易的。这种价值变革有些是在某一企业里因某些重大经营决策和事件的触发逐步展开的，有些则是因外部环境的急剧变化同时在一批企业内发生，然后迅速形成一股新的思潮。在当今世界，世界经济的全球化，数字化、智能化、绿色化进程不断加快，新技术、新业态、新模式层出不穷，许多经营理念正在经受新的挑战和检验，促使企业改变经营思想，经营方面的价值变革不可避免。

思 考 题

1. 企业文化的正向积累有哪几种情况？
2. 企业文化内传播的信道有哪些？
3. 企业文化外传播的主要信道有哪些？
4. 企业文化冲突的主要表现形式有哪些？
5. 企业文化选择的客观标准是什么？
6. 企业文化整合有哪几个层次？
7. 企业文化整合的规律是什么？
8. 企业文化变革的规律是什么？
9. 企业价值革命涉及哪些方面？
10. 为什么说企业文化与企业相伴而生、共同成长？
11. 如何利用企业文化的传播规律，促进企业文化的快速发展？
12. 当企业群体文化与个体文化发生冲突时，如何解决企业文化的冲突向正确的方向发展？
13. 当一个企业的文化严重不适应形势的发展时，如何通过文化变革重建一个健康的企业文化？

典案链接

美国强生利用传播，在危机中重树诚信文化

1982年9月29日和30日，芝加哥地区发生了有人因服用含氰化物的"泰莱诺尔"药片而中毒死亡的事故。在此之前，该药占有了美国35%的成人止痛药市场，年销售额达45亿美元，占强生公司总利润的15%。起先，仅3人因服用该药片而中毒死亡。可随着消息的扩散，据称美国全国各地有250人因服用该药而得病和死亡，使其变成了全国性的事件。

在企业发展史上还没有一家企业在危机处理问题上像美国强生制药公司那样获得社会公众和舆论的广泛同情，该公司由于妥善处理"泰莱诺尔"中毒事件以及成功的善后工作而受到人们的称赞。

强生公司经过对800万片药剂的检验，发现受污染的药片只源于一批药，总共不超过75片。最终的死亡人数为7人，且全在芝加哥地区。为向社会负责，该公司还是将预警消息通过媒介发向全国。随后的调查表明，全国94%的消费者知道了有关情况。强生公司后来重新向市场投放了这种产品，并有了抗污染的包装。由于强生公司成功处理了这次危机，它获得了美国公关协会当年颁发的银钻奖。事故发生后的5个月内，该公司就夺回了该药原来所占市场的70%。

"泰莱诺尔"案例成功的关键是因为强生公司制定了一个"做最坏打算的危机管理方案"，这个危机管理方案的原则是公司的信条，即"公司首先考虑公众和消费者的利益"，坚持诚信的准则。强生的信条在危机管理中发挥了很好的作用。

为维护其信誉，据说强生公司在很短的时间内就回收了数百万瓶这种药，同时花了50万美元向那些有可能与此有关的内科医生、医院和经销商发出警报。当时的《华尔街日报》报道："公司选择了自己承担巨大损失而使他人免受伤害的做法。如果它当时昧着良心干，将会遇到很大的麻烦。"

强生公司一边从市场上回收"泰莱诺尔"药片，一边表示其对消费者健康的关心，而这正是消费者所希望的。如果它当时竭力掩盖事故真相，将会犯很大的错误。

强生公司由于采取了果断决策，实施了"做最坏打算的危机管理方案"，全部回收了它在芝加哥地区的"泰莱诺尔"药片而获得人们的称赞，也由此夺回了它的市场。当时若不这么做，那么企业会因人们对中毒的负面心理而遭受巨大损失，且这种损失是很难弥补的，因为人们对企业失去了信任。

从强生公司成功地化解了"泰莱诺尔"药片中毒事件的策略核心看，主要是强生公司坚持了诚信的原则，坚持造福社会和为消费者负责的宗旨。如果强生采用欺骗的手法，就极可能失去社会对它的信任。

反观那些违反诚信原则的公司，不但因为不诚信使企业倒闭，还引起了一连串的社会反应，产生了社会的诚信危机，使整个产业都受到了冲击。

（资料来源：岳川博. 新竞争优势 [M]. 杭州：浙江人民出版社，2003.）

提示点评：

1. 强生公司能及时妥善处理危机，与扎实的企业文化建设密切相关，强生公司的信条

在危机管理中发挥了很好的作用，即"公司首先考虑公众和消费者的利益"。

2. 在企业文化理念指导下，强生公司有一套完善的管理系统，包括一个"做最坏打算的危机管理方案"，这是"泰莱诺尔"药片案例成功的关键。

思考训练：

1. 如果强生违反诚信原则，拒不承认错误，会造成什么影响？

2. 如果类似的案例发生在网络传媒发达的今天，在做法上会有什么不同？

第四章

企业文化的学科体系

 学习提示

重点掌握：企业文化学在管理学科中的地位、企业文化学的学科性质和研究对象。

掌　　握：企业文化理论形成的时代背景、企业文化在我国的传播与发展情况。

一般了解：企业文化学的体系结构和研究方法。

企业文化学是一门崭新的学科。本章主要回答企业文化学的产生与发展背景、在我国的传播和发展情况，并且阐明企业文化学的学科性质和地位。

第一节　企业文化理论的形成及学科地位

企业文化理论形成于 20 世纪 80 年代初期。它的诞生，与第二次世界大战后世界各国企业管理出现的新变化以及经济文化一体化的发展趋势紧密相连，与日本在软性管理方式方面的成功探索密不可分。

一、世界各国形成以人为本的企业管理潮流

第二次世界大战结束以后，世界各国尤其是西方国家，随着科学技术的迅猛发展及其在生产领域的广泛应用，工业生产条件得到极大改善，脑力劳动者的比例扩大且逐渐成为决定生产率的主导力量，劳动者的主体意识日益觉醒；同时，由于生产社会化程度提高，市场范围和竞争规模也越来越大。因此，传统的企业管理理论和管理方式受到越来越多的挑战。面对企业管理实践的重大变化，传统的纯理性管理方式已经束手无策，基于"机械人""经济人"看法的经验型管理和靠组织技术严密控制型的管理，逐渐向以人为中心的管理方向发展。可以说，在第二次世界大战后，人本化和人性化管理成为世界各国企业管理的一股潮流。在美国，与重视科学技术、推行科学管理并驾齐驱的，是积极倡导个人能力主义的管理方式，所以不少企业纷纷成立人力资源部，以加强对人力资源的开发。在西欧各国，强调企业员工参与制度和弹性工作制度，让员工有表达意见、参与决策和管理的机会，通过设立众多的员工管理委员会、工作改善委员会、半自治团体等组织形式来保证该目标的实现。在日本，企业对以人为中心的管理进行了更多的探索和实践，取得了明显的成效。日本企业重视家族意识和团队精神的培养，倡导集体决策和全员管理，诸多企业采用的终身雇佣制、年功

序列工资制等,已成为日本管理模式的支柱。在我国,以人为中心的管理思想有很深的文化渊源和充分的体现。在长期的革命实践中,中国共产党一直围绕"人"这个中心进行工作,倡导为人民服务、走群众路线、关心群众生活、注意工作方法等。在发展企业实践中,全心全意依靠工人阶级,创造了"两参一改三结合"(干部参加劳动、工人参加管理,改革不合理的规章制度,干部、工人、技术人员三结合)等民主管理的经验,强化员工的主人翁精神和民主意识;利用思想政治工作的优势,充分调动工人阶级的主动性、积极性和创造性,走出了一条有特色的人本管理之路。

第二次世界大战后,世界各国流行的以人为本的管理方法,改变了以物、以事、以任务为中心的传统管理模式,重视把人的要求、发展愿望和价值实现放在第一位;改变了单纯依靠严格规章制度和严密监督体系进行管理的强制性管理方法,重视对员工心理、行为的深入研究,通过培养人的自主性,实现自主管理和自我控制;改变了金字塔式的科层组织体系和独裁式的管理方式,通过建立大森林式的扁平组织结构和分权式管理方式,鼓励员工参与管理、参与决策;传统的权力纽带和资本纽带作用递减,而文化纽带却在日益发挥着巨大的凝聚作用和导向作用。同时,企业也正在逐渐摆脱"一切以利润为中心"的传统经济伦理的束缚,坚持顾客利益至上,谋求企业利益与社会利益的融合,谋求企业与社会同步发展。

可以说,第二次世界大战后以人为中心的管理思想的发展和实践探索,促进了企业文化学说的诞生;加之这一时期整个行为科学的快速发展、目标管理理论的提出,为企业文化学说的诞生提供了有力的理论支持。

二、世界经济与文化互动发展的趋势日益明显

(一)经济全球化进程加速

伴随着市场经济的蓬勃发展,世界各国公司的经营均出现了国际化趋势,资源配置冲破国别限制,生产的产品纷纷销往国外市场,资本也在国际市场上寻找更好的机会。例如,日本公司对产品的出口及能源和原材料的进口依赖性非常大,多数大公司采用的完全是一种国际贸易主导型的经营模式。

随着生产国际化和资本国际化的发展,以及现代交通运输工具和通信设备的出现,主要西方国家的跨国公司在第二次世界大战后得到迅速发展,并在世界经济中起着举足轻重的作用。同时,大型跨国公司之间出现合作化趋势,通过并购、联合,实现在新产品和新技术的开发、市场的拓展等方面的优势互补。在各国经济越来越相互依存、相互渗透、相互影响的条件下,越来越多的具有不同国籍、不同信仰、不同文化背景的人为同一家公司工作,时代的变化向人们提出了跨越文化障碍和冲突、学会合作的要求。

(二)世界各国文化相互渗透

随着科学技术的飞速发展、经济全球化进程的加速,伴随着产品、资本、技术的流动以及传播媒介的发展,世界各国、各民族之间缩短了相对距离,文化得以广泛传播和交流,这使得人们的视野更加开阔,思想更加开放,在不断追求新颖、现代生活方式的同时,工作的自主性和独立性也越来越强,民主意识也越来越高涨。

经济全球化带动文化的相互渗透,文化的相互渗透反过来又促进经济全球化的发展。例如,经济全球化促进了不同国家间企业管理经验与文化的交流,向跨国公司提出了如何调动不同文化背景下员工积极性的问题;文化的相互渗透也促进了各国生活方式和消费习惯的趋

同化，为全球市场的形成奠定了基础。

（三）经济和文化的结合日益紧密

经济和文化二者相互推动，结合日益紧密。文化力的作用日益明显，科技、教育、体育、影视等都成为推动经济发展和企业进步的巨大而不可替代的推动力。经济与文化的结合突破了国家、地区和民族的界限，是在全球范围内实现的。经济与文化的结合，对企业的技术创新能力以及劳动者文化素质的要求越来越高，促使企业更加重视研发投入和教育投入，重视企业的精神文化财富，尤其是无形资产价值的创造与积累。

可见，世界经济全球化，尤其是经济和文化在全球范围内紧密结合，不仅为企业文化理论的产生和传播准备了肥沃的土壤，而且也是企业文化得以迅速发展的重要原因。

三、日本经济成功的启示

日本在第二次世界大战后，经济发展几乎完全停滞。但到了 20 世纪六七十年代，日本发生了令人惊异的变化，经济突飞猛进，一跃进入发达国家行列。特别是到了 20 世纪 80 年代，日本已经在世界工业技术的许多领域处于领先地位。例如，在摩托车生产方面超过了英国；在汽车生产方面胜过了德国和美国；在手表、照相机和光学仪器的生产方面超过了瑞士和德国，并结束了美国在钢铁、造船等方面的统治地位，这其中的原因何在呢？

从宏观的角度看，日本经济的成功无疑与日本政府强有力的工业政策、重视技术引进和产品出口、重视教育投入有直接关系。但从微观的角度看，日本经济增长源于企业的活力和竞争力，这种活力和竞争力依赖于独特的管理模式。日本的企业管理模式不同于西方国家，西方国家的企业管理讲究科学、注重效率，习惯于"依靠组织机构和正规制度"，推崇独断、富有个人主义色彩的领导方式，并且注重近期效果，是一种分析技术式的、理性的企业管理模式。而日本的企业管理更多地强调软性要素的作用，即推崇信念和情感的力量，着眼于对人的管理。1979 年，美国哈佛大学东亚研究所所长埃兹拉·F. 沃格尔出版了《日本第一，美国要吸取的教训》一书，用大量无可辩驳的事实证明，日本的经济发展和工业成就，源于日本特有的管理模式。西方，尤其是美国的管理模式并不是唯一适用的。他还指出，日本与美国管理模式的不同，源于两个国家不同的文化传统和价值观。1980 年 7 月，美国国家广播公司制作的《日本能，为什么我们不能》的电视专题节目，就明确地把日本的成功归因于日本人对企业的忠诚及其团体意识、企业对员工的关怀和重视等精神文化因素。

在日本企业中，企业把每个成员都作为有思想、有感情的人来对待，尊重每个人，着眼于上下级之间、同事之间情感上的相互沟通，使每个成员对企业都有一种强烈的归属感，对集体都有一种强烈的责任感。这种观念在日本企业的终身雇佣制、晋升制和工作轮换制中得到了最充分的体现。终身雇佣制使员工对企业产生了强烈的归属感，因为员工的生计、前途、福利等一切都与企业的命运联系在一起，所以员工能忠于职业、恪尽职守，在企业有困难的时候也能与企业共命运，为企业分忧。

日本的晋级制度更体现了对人的情感的照顾。在日本，晋升的主要依据是长期的工作表现和资历，日本公司里的正式职衔和实际所承担的责任往往并不一致，经常是资历较深的员工拥有部门经理的头衔，而实际执行领导责任并主持业务的却是无职衔的比较年轻的员工。这种做法主要是为了照顾人的感情。一个对企业曾经有过重大贡献的人，或者一个多年兢兢业业地为企业工作的人，尽管后来能力、精力不如年轻人，但他的职衔和待遇是有保障的，这表明企业不会忽视他，表明企业仍然尊重他，这是对他极大的安慰，也是对他继续工作的鼓励。而这种做法也照顾到了年轻人的情感需要，尽管没有相应的报酬与职衔，年轻人也愿意承担更大的职责，承受更大的压力，因为这表明他的工作能力得到了承认，他受到了上级的赏识和重视，满足了他的荣誉感，并且担任更多重要的职责是晋升的条件之一，每个年轻人都不愿放过这个机会。于是，表面看来消极的、不合理的晋升制度，在日本企业中成为积极的、为各年龄层次不同级别的员工所共同愿意接受的制度。

此外，日本企业比较普遍实行的工作轮换制，也兼顾到了人的情感因素。一个人长期从事一种工作，会感到枯燥乏味，会感到自己只是企业这一运转大机器上的一个部件，而不是一个有创造性的人，工作也仅仅是谋生的手段。而在日本企业里，一名工程师每隔一段时间就可以调换到一个新的工作岗位，一名技工每隔几年也可以被调去照管别的机器或到其他岗位上工作。这样不断地调换工作，会给人带来新鲜感，给人注入新的活力，会使一个人更加心情舒畅，富有创造性地投入工作。

日本企业的管理方式，着眼于人的管理，着眼于人的情感和理智的协调，着眼于人与人之间的微妙关系，它并不完全以理性为标准、以普遍的要求来安置每一个人，而是尽量照顾到人的情感因素，因此它是感性主义的。这种感性主义的管理避免了理性主义带来的普遍划一的僵滞，避免了理性主义带来的情感损伤，并有着理性主义的企业管理所无法产生的凝聚效应，为企业管理和企业发展开拓出一片新的天地。可以说，日本经济的成功和企业管理的成功，为企业文化理论的诞生提供了最直接的实践依据。

第二节　企业文化学的学术地位和学科性质

一、企业文化学是一门年轻的边缘学科

自从 1980 年比尔·安伯纳西在《哈佛商业评论》上发表了《在经济衰退中进行管理》一文，初步奠定了企业文化学说的基础以后，《Z 理论——美国企业界怎样迎接日本的挑战》《日本企业管理艺术》《企业文化——现代企业的精神支柱》《成功之路——美国最佳管理企业的经验》等一批重要著作相继问世，掀起了企业管理领域的一场企业文化革命。至今，西方对这个问题的理论研究与实践探索仍在进行。

在我国，企业文化问题从实践角度讲并不是一个全新的课题。我国企业很早就开始重视企业精神与道德的培养。新中国成立前在民族资本企业中就有"民生精神""东亚铭"；新中国成立后在社会主义企业中有"孟泰精神""铁人精神""一团火精神"以及"两参一改三结合"的管理模式等。在这方面，我国企业积累了很多宝贵经验，创造了很多优秀的企业文化，并引起国外企业界的重视，有些还被国外企业吸收借鉴。但是，我国企业并没有结合企业管理日趋现代化的实际进行总结和探讨它的规律性，使之升华为系统的理论，只是在改革开放以后，国外关于企业文化的研究信息和论著大量传入我国，才触动并引起我国企业界和学者更为广泛的关注和研究。所以，在理论上，企业文化问题对我国来讲又是一个新的课题。

企业文化理论提出至今已有几十年，但还没有形成严密科学的体系。随着经济全球化和知识经济的发展，经济与文化的结合日益明显，各国企业之间不仅市场相连、资本融合、技

术交流，而且文化也相互渗透，这给各国企业文化的理论研究提出了越来越多的新课题。在我国，随着经济的发展，企业文化创新活动异常活跃，关于企业文化理论的探讨也面临百家争鸣、不断深化的局面。因此，无论从国际还是从国内来看，企业文化理论都处在发展过程中，它只是管理学中的一门非常年轻的分支学科。

企业文化学作为一门年轻的学科，在不断发育成长的过程中，以它巨大的魅力，在广阔的研究领域内吸引了来自不同专业的研究者。大家发挥各自的研究专长，分别从哲学、管理学、文化学、经济学、思想政治学等不同角度研究企业文化理论产生、发展的规律性及实践方法，并从人类学、心理学、社会学、政治学、伦理学、领导学、组织行为学、传播学等众多学科中吸收大量营养，使得这一学科领域思想活跃，显示出较高的知识熵，同时也大大丰富了这门学科的内涵和外延，使它呈现出明显的边缘学科的属性。

企业文化学有管理学等若干学科作为理论铺垫，有自身的规律性，无疑是一门理论性较强的学科。但同时，企业文化理论源于实践，其理论正确与否必须得到实践的检验，离开实践，企业文化理论就失去了存在的意义，因此它又具有很强的实践性。可以说，企业文化学是一门集理论性与实践性于一体、将理论与实践完美结合的新兴学科。

二、企业文化学在企业管理学科中的地位

尽管企业文化学还很年轻，但这却丝毫不影响它在管理理论发展中的巨大贡献和在管理实践中的应用价值。

1）企业文化作为一种管理方式，反映了企业管理的高层次追求；重视企业文化建设，凸显企业经营管理个性，体现了成功企业的共同特征。

西方几位企业文化理论的开拓者——托马斯·J. 彼得斯、小罗伯特·H. 沃特曼、威廉·大内、理查德·帕斯卡尔、安东尼·阿索斯、特雷斯·E. 迪尔、阿伦·A. 肯尼迪等人在他们的著作中，引用并分析了如休利特·帕卡德、英特尔、罗克韦尔、IBM、波音、卡特彼勒、德尔塔、埃克森美孚、百事可乐、P&G、3M、松下、索尼、本田、丰田、三菱等知名公司运用企业文化管理方式取得成功的案例，为人们提供了可以直接参照、借鉴的经验，验证了企业文化管理方式的巨大威力。

海尔集团曾创造了一个以无形资产盘活有形资产的著名案例——海尔文化激活休克鱼，该案例已被哈佛大学、欧洲工商管理学院、瑞士洛桑国际管理学院等著名学府的课程引用，联想集团、华为技术有限公司、第二汽车制造厂、同仁堂集团、西安杨森制药有限公司等一大批企业也成为较早运用企业文化管理方式获得成功的典型。这些企业以出色的经营业绩、良好的品牌形象，彰显出企业文化管理方式的巨大实践价值和理论意义。

2）企业文化作为一种理论，是对企业管理理论的丰富和发展，它代表了企业管理理论发展的最新趋势，是企业管理学科的一个新的里程碑。

自从 1911 年美国工程师 F. W. 泰勒出版《科学管理原理》一书开始，多年来，人们围绕重人还是重物、强调理性还是强调非理性等基本问题，一直在努力探求如何管好企业这个复杂的课题，管理学者从不同的角度各抒己见，提出了大量的管理理论，形成了丛林般的管理学派。其中代表性的有：

① 以 F. W. 泰勒、H. 法约尔和 M. 韦伯为代表的组织技术学派。这个学派把人当作"经济人"和活机器看待，强调在组织技术上下功夫，主张对人进行严格管理、严密控制，

同时主张使用科学的方法、手段，如工作定额、工作标准化、刺激性的计件工资制度、科学的管理过程和理想的管理组织等，加大工人的劳动强度，防止工人"故意偷懒"，提高企业的生产效率。

② 以 E. 梅奥、A. 马斯洛、F. 赫茨伯格、R. 布莱克和 J. 穆顿、D. 麦格雷戈、R. 利克特等人为代表的行为科学学派。这个学派从"社会人"和"自我实现人"的基点出发，开始重视对人的需要、动机及行为规律的研究，承认人的社会性、主动性、创造性和进取性，主张用引导、激励的方式调动人的积极性，并通过"参与管理""目标管理""职业生活充实化"等方式实现个人目标同企业目标的结合。

③ 以 C. 巴纳德、H. 西蒙等人为代表的管理科学学派。这个学派吸收现代自然科学和技术科学的最新成果，重视系统论、信息论、控制论、先进的数学方法和电子计算机等在管理中的运用，强调系统分析、定量分析和数学模型的作用，力求使管理活动更加程序化、系统化、科学化。

以上三个学派的理论到底哪种理论对管理实践最有效，最能"放之四海而皆准"，实践并没有做出唯一的选择。这是因为，每个国家都有自己的国情，在社会制度、经济发展水平、民族文化、市场发育状况、企业生产经营特点、历史传统以及管理基础水平等方面存在着很大的差异。

面对复杂的管理实践，上述管理理论虽各具优势，但也都存在着自身不可弥补的局限性。这些局限性表现在：

1）缺乏对人的正确认识。把人始终作为管理的客体、工具看待，人在生产中始终处于被动地位。企业仍然存在着管理者与被管理者两个对立的阵营。管理的核心问题是研究如何控制人。泰勒在晚年曾说过："我为了提高企业工人的劳动生产率竭尽了全力，但是，他们的抵抗决心也是坚固的。如果我当时年纪更大一些，更加世故一些，我就不会硬让他们干他们不愿干的事了。"

2）缺乏对员工整体的研究，只注重研究个体，强调个人的作用和积极性。行为科学学派加强了对人的研究，揭示了人的行为、动机与需求之间的关系，但研究的不是集体的意识和行为，而是孤立的、个人的意识和行为。管理科学学派着眼于管理的系统性，但重点还是放在企业管理的"硬系统"上，对员工整体的"软系统"涉猎得很少。

3）对企业组织行为的研究层次较低，着眼点停留在组织、制度、技术、方法、手段上，没有上升到文化这一更高层次上来。

4）没有找到硬管理和软管理、理性控制和非理性控制的最佳结合点。即没有找到与硬管理和软管理、理性控制和非理性控制相适应的一套"非正式规则"，没有自觉地研究通过文化微妙性的暗示和集体精神的感受对员工起约束作用的价值观念、行为准则和风气、传统等。在这种情况下，管理理论发展的迫切任务是寻找到一种可以弥补上述缺陷的新理论。通过管理学家和企业家的长期探索和实践，以及各国管理方式的比较研究，发现从文化的角度研究企业，创造一种适合企业发展需要的企业文化理论，可弥补上述缺陷，使企业管理更富有整体性、人情味和文化色彩，更能够发挥民族文化的优势，创造管理的个性，创造管理的高效率。可见，作为一种全新的管理理论，企业文化学的出现不是偶然的，它是传统管理理论不断发展、自身缺陷不断得到克服的必然结果。

5）企业文化学在整个企业管理学科体系中处于非常重要的地位，它为探索适合不同国情的现代企业管理方式，即创造具有民族化、个性化的企业管理模式提供了新的视野，开辟了新的道路。

西方学者做过一个比喻：管理就像一座漂浮在大海里的冰山，露出水面的部分占 1/3，大体相当于管理组织、制度、技术、手段和方法等有形管理；隐在水中的部分占 2/3，大体相当于组织成员的价值观念、人际关系、文化传统、风俗习惯等无形管理。这个比喻形象、深刻。企业文化在整个管理系统中不仅所占比重大，而且处于"根基"地位，它决定着有形管理的效率。如果说传统管理理论更多地着眼于占 1/3 比重的有形管理，企业文化理论则着眼于占 2/3 比重的无形管理。传统管理理论（除行为科学外），多数强调的是理性控制，重视科学标准和规范的作用，企业文化理论强调的则是非理性控制，重视内在精神价值的开发和各种非正式规则、群体氛围的作用。传统管理理论可以造就一个结构框架合理、运转程序规范、制度严格的标准化企业；而运用企业文化理论可以赋予这个企业活力，为其提供精神源泉和价值动力，引导其发展方向，并创造经营个性和管理特色。

20 世纪七八十年代日本企业之所以能够成功，经济迅速腾飞，重要原因之一是他们更重视企业管理的软性因素，更重视把先进的科学技术与本民族的文化传统相结合，更重视培植企业自身的"社风""经营理念""价值观"等。威廉·大内认为，讲求"信任""微妙性"和人与人之间的"亲密性"是日本企业管理的精髓。理查德·帕斯卡尔等人则通过对"7S 模式"的比较分析，认为日本企业比美国企业更重视人员、技能、作风和最高目标等软性因素（文化因素），这是日本企业取得成功的关键。著名的管理学者德鲁克凭借多年的管理经验和敏锐的眼光，也几乎得出了与上述研究相同的结论，认为日本的成功在于他们正确地解决了现代企业中的行为准则问题。

与推崇日本管理方式这一热潮并行不悖的是，有一些美国人并不认为美国企业管理落后，他们在认真地总结本国企业成功的经验。例如，彼得斯和沃特曼在总结了美国 43 家优秀公司的成功做法后，发现企业与企业之间的管理风格不同，而决定不同管理风格的恰恰是优秀的公司文化。《创造企业精神》一书的作者也在研究了 18 家杰出企业的创业精神和管理理念后，发现了一个共同信念："人"是企业内最重要的资源，而使人生生不息运作的动力，则是上下一致共同遵循的价值体系——企业精神。

日本企业文化借鉴了中国很多优秀的文化精华，如儒家伦理等。因此，我国企业在学习国外企业文化特别是日本企业文化时，越来越感到自身具有的优良民族文化传统，具有的文化优势和得天独厚的条件，我国企业更应该很好地利用这种优势去构塑具有中国特色的企业文化理论。研究企业文化理论，推进企业文化建设，对我国企业发展具有重大的现实意义和深远意义。它将有助于促进企业制度创新，促进我国企业管理由以物为中心向以人为中心的转变；有助于改进和加强思想政治工作，推动企业的精神文明建设；有助于发挥中华民族文化传统的优势，推广我国优秀的企业管理经验，创造我国企业管理的特色。

第三节　企业文化：从现象到理论

一、企业文化是一种微观文化现象

文化是一种社会现象，它是以物质为基础，伴随着社会物质生产的发展以及生产方式的进步而不断发展的。人类社会发展的各个阶段都有与之相适应的社会文化。自然，在社会文化的大环境下，也存在着与物质生产基本经济单位相适应的群体文化，如原始时代的氏族、部落文化，封建时代的家庭经济和手工作坊文化等。当生产力提高，商品生产发展到一定水平，社会生产的基本经济单位由家庭和手工作坊逐渐演变为现代企业的时候，企业文化也就随之产生了。

企业文化作为一种微观文化现象，具有以下特点：

（一）企业文化具有客观性

企业文化是客观存在的，是不以人们的意志为转移的。自从企业诞生的那一天起，就在企业生产、经营活动中开始孕育并逐渐形成自身的文化。那种认为只有国外发达国家有企业文化而中国没有企业文化，或者只有先进企业有企业文化而一般企业没有企业文化的观点显然是错误的。

（二）企业文化是社会文化的亚文化

企业文化是在社会政治、经济、文化的综合作用下产生并发展的，是社会文化的一种亚文化。在市场经济条件下，企业是个独立的经济实体，但它不是封闭的，它的生产、经营活动是社会经济活动的一部分，每时每刻都与市场有着千丝万缕的联系，通过商品交换，与市场上其他商品生产者及消费者相互依赖而存在；同时，在一定的生产方式下，企业还要受到国家法律法规的约束，接受国家方针、政策和计划的指导以及行政上的管理，受到政治、文化环境的制约和影响，受到社会价值取向、习俗、风气的感染。因此，企业文化现象是整个社会文化现象的一部分。

（三）企业文化具有自身的运动规律

企业文化现象的产生和发展是与企业生产、经营活动相适应的，它有自身的运动规律。就企业文化的本质来讲，企业文化是一种经济管理文化，反映着人们从事企业经济活动的观念和方式；就企业文化的具体内容来讲，它取决于企业发展的历史，所处的社会、地理环境，它的生产、经营特点，企业全员尤其是企业高层管理人员的素质及价值取向等因素，不同的企业具有不同的文化特色。

（四）企业文化良莠不齐

企业文化现象作为一种客观存在，在其发展过程中有积极与消极之分。例如，有些企业积极改革、不断进取，有些企业消极保守、故步自封；有些企业齐心协力、紧密团结，有些企业人心涣散，犹如一盘散沙；有些企业民主空气浓厚，有些企业"家长"说了算；有些企业在经营中把顾客放在第一位，有些企业唯利是图。一般来讲，积极的企业文化使企业朝着团结、创新、卓越、高效的正向方向发展，它对企业生产、经营活动的发展起到巨大的推动作用；消极的企业文化则使企业朝着分散、保守、迟缓、低效的负向方向发展，它对企业的生产、经营活动会起阻滞作用。

二、企业文化是一种新型的管理方式

（一）企业文化是一只"无形之手"

对于企业文化现象，当人们没有意识到它的存在，或者只意识到了它的存在而没有对它进行认真剖析、扬弃的时候，它只是自发地成长、缓慢地发育，并且自发地发挥它的作用。当人们在实践中意识到它的客观存在，并有意识地提倡和培育积极的企业文化的时候，人们就会摒弃和抑制消极落后的企业文化，引导企业文化向健康的方向发展，尤其是把优秀的企业文化渗透到管理当中，并对传统的企业管理方式加以彻底改造，这时企业文化就逐渐演变为一种新型的管理方式。企业文化的产生和发展表现出特有的规律性，遵循它的规律性就能创造有效的管理，违背它的规律性就会给企业的发展带来不利影响，甚至导致企业管理的失败。就如同价值规律一样，当人们没有认识到它的本质时，从事经济活动只能受这只"看不见的手"的自发调节。当人们能够揭示出它的本质和运动规律时，只要自觉地利用这只"看不见的手"对企业的经营思想、经营组织和经营方式等加以改造，就能够促进商品交换的顺利进行。由此看来，企业的运营与管理受到"两只手"的影响和制约：一只是"看不见的手"——价值规律；另一只是"无形之手"——文化规律。

所谓管理之道在于借力，是指高层主管借中层主管的脑力，中层主管借基层主管的脑力和体力，基层主管借现场员工的体力，现场员工借自己的体力即可用的机械力，完成工作。

（二）我国企业对企业文化管理的实践探索

我国企业在发展过程中，对企业文化管理进行过积极的探索，也形成过许多优秀的企业文化。如新中国成立前范旭东、侯德榜创办的久大精盐厂及永利碱厂、民生实业公司、东亚毛呢纺织有限公司等民族资本企业提倡的"实业报国，服务社会"精神，严细精神，人和、亲和精神；新中国成立后我国以大庆、鞍钢、一汽等为代表的社会主义企业在20世纪五六十年代形成的自力更生、艰苦奋斗精神，鼓足干劲、力争上游精神以及爱厂如家、勇于奉献精神；20世纪80年代形成的改革、创新和开拓精神等。

新中国成立后至20世纪80年代初，尽管我国许多企业在生产经营实践中已经意识到企业文化对企业发展的促进作用，并通过领导带头、积极宣传、树立典型、行为强化等办法，培育企业文化，但是从总体上讲，在20世纪80年代之前，对企业文化现象的认识还没有理性化，没有对它的产生机制、特征、内容、地位和作用等进行系统的分析，尤其是还没有深刻地认识、揭示它的规律性，并自觉地用它来改造传统的管理方式。换句话说，不少企业注意到了企业文化的作用，也积累了不少经验，但还没有升华为一种稳定的管理方式。

（三）日本企业对企业文化管理方式的综合和完善

应当承认，企业文化成为一种稳定的管理方式是在日本企业中实现的。日本企业把从欧美国家学到的科学精神、先进的管理技术与方法，从我国学到的优秀文化及"两参一改三结合"等管理思想，与其民族本身的传统融合在一起，创造并完善了企业文化管理方式。这种管理方式坚持以人为中心，注重家族主义经营意识和团队精神的培养，实行终身雇佣制，采用集体决策、集体负责、含蓄控制的方式，强调非专业化的经历及缓慢的晋升制度等。理查德·帕斯卡尔、安东尼·阿索斯认为，日本企业的这种管理方式使他们在软性管理上占据了优势；威廉·大内则认为，日本的管理方式更接近他所设想的理想企业——Z型组织。可以说，日本的企业文化管理实践是企业文化理论产生的摇篮。

三、企业文化是一种最新的管理理论

（一）企业文化理论——企业管理理论的第四个里程碑

企业文化理论的产生是人们自觉地研究企业文化现象和企业文化管理方式的本质、特征以及运行规律的结果。一旦人们对企业文化现象和企业文化管理方式的本质、特征以及运行规律的认识上升到理性认识阶段，企业文化将实现由自发到自觉、由实践到理论的飞跃。这

种飞跃是美国学者迫于日本管理的挑战，在比较日美管理风格、总结日本管理经验的基础上完成的。企业文化由自发的现象到自觉的实践、再到理论，标志着管理上的一场革命。以研究企业文化的产生、发展规律为对象的企业文化理论不仅是企业管理理论的重要组成部分，也是企业管理理论一座新的里程碑，标志着当今企业管理理论发展的最高层次。

企业文化理论的核心就是坚持以人为中心，尊重人、信任人，把人放在企业管理的主体地位上，强调文化认同和群体意识的作用，反对单纯的强制管理，注重在汲取传统文化精华和先进管理思想的基础上，为企业建立明确的价值体系和行为规范，以此实现企业目标和个人目标的有机结合，实现企业与社会以及企业内部物质、制度、精神的最佳组合和动态平衡。就目前的研究现状而言，企业文化理论还不够完善，更谈不到已经形成一种"经典"，可以说，企业文化理论还处于一种"潜科学"状态，用这种理论指导企业实践也不可能完全替代其他管理理论和方法。尽管如此，企业文化理论的提出，毕竟适应了生产力不断发展、人的素质普遍提高、人-机关系不断调整的需要，揭示了企业管理理论的发展趋势，是对其他管理理论和方法的一个重要补充和升华。

（二）国外关于企业文化理论的主要著作及主要观点

美籍日裔学者威廉·大内在《Z 理论——美国企业界怎样迎接日本的挑战》一书中分析了企业管理与文化的关系，不仅证明以无形的信任、情感的微妙性和集体价值观为特征的日本管理方式更适应现代生产，能带来更高的生产率，而且进一步揭示了形成日美管理模式差别的文化原因，指出日本管理模式根源于日本民族长期的"文化均质"，而美国是一个"异质性"的国家。他指出：一个公司的文化由其传统和风气所构成。此外，文化还包含着一个公司的价值观，如进取性、守势、灵活性，即确定活动、意见和行动模式的价值观，经理们从雇员们的事例中提炼出这种模式，并把它传达给后代的工人。这种公司文化包括一整套象征、仪式和神话，给那些原本就稀少而又抽象的概念添加上"血肉"，赋予它们生命力。在该书中，作者把典型的美国企业管理模式称为 A 型，把典型的日本企业管理模式称为 J 型，主张美国应向日本学习，在两国成功经验结合的基础上建立 Z 型模式。威廉·大内认为，Z 型模式的核心就是信任、微妙性和人与人之间的亲密性，这是企业提高劳动效率的关键。

美国著名管理学家理查德·帕斯卡尔和安东尼·阿索斯在《日本企业管理艺术》一书中指出，企业管理现代化，不仅要注意管理"硬件"的现代化，更要重视管理"软件"的现代化。他们认为，企业管理不仅是一门科学，还应是一种文化，即有它的价值观、信仰、工具和语言的一种文化。在此书中作者认为，日本和美国的企业管理最基本的差异是企业价值观和对人的看法。日本重视集体主义价值观，美国信奉个人主义价值观；日本企业管理人员认为人既是供使用的客体，也是应该给予尊重的主体，美国管理人员则只把员工看作被动受制的工具，是"可以互换的生产零部件"。正是这种差别导致了两种不同的市场增长率，日本的管理代表了企业管理的发展方向。

美国哈佛大学教授特雷斯·E. 迪尔和麦肯锡咨询公司顾问阿伦·A. 肯尼迪合著的《企业文化——现代企业的精神支柱》一书，通过对美国近 80 家公司的调查得出了一个重要的结论："一个强大的文化几乎一直是美国企业持续成功的幕后驱动力。"因此，企业领导人应当区别和诊断自己的企业文化，把主要时间用来思考企业的价值观，并将协调不同价值观的冲突作为自己的主要职责。对企业的管理，首先是对企业文化的管理，企业领导者只有全力以赴地强调企业文化建设，才能取得成功。正如两位作者指出的："一个总经理的最终成功，在很大程度上取决于正确理解本公司的文化，以及对文化进行精雕细刻，并使它具有适应市场不断变化所需要的能力。"

美国最负盛名的麦肯锡咨询公司的两位学者——彼得斯和沃特曼在《成功之路——美国最佳管理企业的经验》一书中把企业文化定义为：汲取传统文化的精华，结合当代先进的管理和策略，为企业员工构造一套明确的价值观念和行为规范，创造一个优良的环境、气氛，以帮助企业整体地、静悄悄地进行经营管理活动。作者通过查阅近 25 年的各种报刊、出版物，通过与公司人员进行广泛的交谈，选定 43 家优秀的革新公司进行研究，以大量的实例生动地概括了这些优秀公司经营管理的八项原则，即贵在行动，自主和企业家精神，紧靠顾客或用户，以人促产，深入现场，扬长避短，精兵简政，宽严相济、张弛结合。这八项原则虽然语不惊人，但都是优秀公司走向成功的经验。

彼得斯和奥斯汀在合著的《赢得优势：领导艺术的较量》一书中进一步指出，企业管理的基本原则是尊重员工，相信员工，发挥员工的积极性；要以人为中心，只有尊重每一个人，尊重每一个人的价值与贡献，才能充分发挥大家的积极性；企业要为员工提供创造性劳动和发展、提高自己的机会与条件；企业对员工承担的责任不仅仅是发放工资以维持他们的生存，而是要培育其"主人翁精神"，让员工感到他们掌握着工作的主动权，掌握着自己的命运。

对这种观点有所发展的是美国管理学家戴维·布雷德福和艾伦·科恩，在他们合著的《追求卓越的管理》一书中提到了，从管理者的领导原则和风格出发，提出如何激励、团结员工，使他们愿意成为全心全意工作，以达到企业目标而努力的团队。作者认为，现代管理者应该从"英雄型"转向"育才型"，并提出卓越的企业部门的特征应该包括：员工精神振奋、全体成员是紧密结合的团队、迅速地解决问题、朝气蓬勃的积极竞争、信任下属的能力和见解。

美国管理学家劳伦斯·米勒在《美国企业精神——未来企业经营的八大原则》一书中指出，美国企业界正在出现一种新的文化，这种新文化的产生并非只是建立在物质需求的基础之上，而是由于有了全新的价值观和新的精神。因此，作者提出了未来企业经营的若干原则，即目标原则、共识原则、一体原则、卓越原则、绩效原则、实证原则、亲密原则、正直原则等。米勒强调每一家企业都必须检讨其文化，这不仅是为了提高本身的竞争地位，还因为国家未来的财富要由企业的文化来决定。在未来的全球竞争时代，企业唯有培育出一种能激励员工竞争的企业文化，才能立于不败之地。

综上所述，不难发现，国外学者们对企业文化的理解尽管有一定的差别，但他们都认为企业文化是一种重视人、以人为中心的企业管理方式，代表着企业管理理论发展的新阶段；企业文化决定着企业的生产效率，决定着企业的生命力；强调要通过文化的力量把企业建成一种人人都有责任感和使命感的命运共同体。

思 考 题

1. 怎样理解日本的终身雇佣制晋升制和工作轮换制？其意义何在？
2. 我国企业文化的理论研究主要经历了哪几个阶段？

3. 企业文化学在企业管理学科中的地位如何？

4. 为什么说企业文化是一门年轻的管理理论？

5. 为什么说企业文化是一门崭新的管理理论？其主要观点有哪些？

典 案 链 接

海尔的企业文化与企业战略

张瑞敏

企业文化与企业战略之间的关系是先有战略后有文化。之前40多万人参观海尔，想要了解海尔的企业文化和企业战略方面的全套资料，其实没有必要。我认为每个企业都有自己的战略目标，战略的不同，其需要的企业文化也不一样。所谓企业战略，我认为有两点，第一是定位，第二是差异化。定位是什么？对于一个国际化的企业，比如说做一个小螺丝钉也做到最专业。每个企业都应该有自己的定位，如果企业的定位不清晰，就犹如一个人自身的发展方向没有定下来，位置没有决定好，不知道怎么做。同样的道理，如果有了战略，目标非常明确，就会明白自己下一步该怎么去做。但是如果只有战略而没有企业文化，那么这个战略也不可能落实。有战略没有企业文化的企业，就好比是无源之水、无本之木。所以，企业战略与企业文化两者之间相辅相成，非常重要。

海尔的定位，在不同的阶段有不同的定位。1998年的定位是国际化企业，成为一个世界名牌。在某种意义上说是"内圣外王"。所谓"内圣"，就是企业内部一定要有非常优秀的企业文化；所谓"外王"，就是外面市场一定要有成为世界名牌的决心。也就是说，为了这个世界名牌而建立一个满足世界名牌要求的企业文化和一支队伍。其实要国际化，首先是人的国际化，没有人的国际化，人的素质就不会有提高，也就没有品牌的国际化。优秀的企业文化支持企业战略的实施，优秀的企业战略也必须有优秀的企业文化来支持，没有优秀的企业文化，企业的战略也不可能落实。

我们所认识的企业文化，意味着每个人每天都在不断地战胜自己，每天都在挑战自我，这个企业文化是正常的。因为不管自己怎么做，企业文化不是做给别人看的，也不是做出来多么好看的一个形式上的东西，而是认准一个目标努力。在明确这个目标之后，每个人怎样努力达到这个目标？把企业大的目标，分解到每个人身上，分解到每一天，这就是要达到的，这非常重要。但是要把目标分解到位是非常困难的，因为这要求怎么去战胜它、达到它，没有创新就没法解决。

如果一个企业什么都做得很好，什么都不用做了，那么它就没有目标了，就像一个人一样，没有目标就没有灵魂，企业文化就是企业的灵魂。如果企业没有企业文化就会像没有方向的汽车一样，或者说有了目标没有企业文化的支持也不可能持久。创业初期，企业首先得有一个很明确的目标，不管是多少人，首先需要清楚自己的目标是什么，定位是什么，所有人都要达成共识，向着同一个目标去做，共同向一个方向努力，形成一个合力，企业文化是把每个人的力量拧成一股绳。如果把企业文化当成一个装饰性的东西、形式主义的东西，就形成不了真正的企业文化，与真正的企业文化就会离得很远。

企业文化随着企业的发展需要不断地变化、调整、更新。为什么呢？它与企业的发展目标是紧密联系在一起的，或者说一个大的战略目标，分解成能完成的目标，应该天天提高。海尔的工作方式是：日事日毕、日清日高。就是说今天完成的事情应该超过昨天，明天的目标就比今天高，目标不断在提高，所以企业文化也必须一起提高。海尔创业开始就非常注重企业文化。当时我定的目标就要求每个人都要向着这个目标努力，每个人都为它奋斗。通俗一点讲就是自己的目标大家都理解了，都认同了，大家都拧成了一股绳。一个企业，现在的战略完成需要靠企业文化，今后的持续发展还是靠企业文化。企业文化应该成为员工创新的一个基因，只要有了这个基因，不管外界发生了什么变化，企业都会主动去应对，而不是被动应对。如果从效果来看，那么百年老店的企业文化是优秀的企业文化。企业文化是无形的东西，但有形的东西都是由无形的东西决定的，就像老子的"一生二，二生三，三生万物"一样，如果没有无形的东西就不会有有形的东西存在。有些企业有形的东西很多、很热闹，但是没有无形的东西支撑，很快就会垮掉。

（资料来源：张大中，等．中国企业文化年鉴［M］．北京：中国大百科全书出版社，2004.）

提示点评：

1. 企业文化和企业战略是相辅相成的。

2. 每个企业的企业文化内容和形式各不相同。

3. 企业文化随着企业的发展，需要不断地变化、调整、更新。

思考训练：

1. 企业文化和企业战略有关系吗？为什么？

2. 企业文化是可以复制的，这句话对吗？为什么？

3. 好企业的企业文化是永恒不变的，这句话对吗？为什么？

4. 企业永恒不变的是什么？

第五章

企业文化精神层的设计

 **学习提示**

重点掌握：企业文化精神层的设计。

掌　　握：企业文化精神层的深层含义。

一般了解：企业价值观设计、企业精神设计、企业形象设计、企业伦理道德设计。

企业文化精神层是制度层的灵魂，符合企业最高目标、企业精神、企业宗旨、企业作风、企业道德的企业风俗往往是由比较积极的思想观念意识作为软支撑，有助于培养员工积极向上的状态和健康高雅的兴趣。

当代企业价值观的一个最突出的特征就是以人为中心，以关心人、爱护人的人本主义思想为导向。过去，企业文化也把人才培养作为重要的内容，但只限于把人才培养作为手段。西方的一些企业强调在员工技术训练和技能训练上的投资，以此作为企业提高效率、获得更多利润的途径。这种做法，实际上是把人作为工具来看待的，所谓的培养人才，不过是为了改进"工具"的性能，提高使用效率罢了。当代企业的发展趋势已经开始把人的发展视为目的，而不仅是手段，这是企业价值观的根本性变化。企业能否为员工提供一个适合发展的良好环境，能否为其发展创造一切可能的条件，这是衡量一个当代企业或优或劣、或先进或落后的根本标志。德国哲学家康德曾指出：在走过充满种种冲突、牺牲、辛勤斗争和曲折复杂的漫长路程之后，历史将指向一个充分发挥人的全部才智的美好社会。随着现代科学技术的发展，21世纪文明的真正财富，将越来越表现为人通过主体本质力量的发挥而实现对客观世界的支配。这就要求充分注意人的全面发展问题，而研究人的全面发展，无论对于企业中的人，还是对全社会，都有着极其重要的意义。

第一节　企业价值观设计

一、企业价值观的内涵与特点

（一）价值、价值观与企业价值观

1. 价值

从最一般和普遍的意义上讲，价值是一种关系范畴，而不是对象性范畴。这就是说，价值涉及主体与客体之间的关系，是主体对客体的兴趣、需要以及客体对主体需要的满足，是主体对客体，包括对自身的评价。

2. 价值观

价值观是指主体关于客体对象的意义的总观点、总看法，全面体现出主体对客体的认识和态度。价值观对人的思想和行为能产生重大的影响，能调节和控制人的心理、情绪、兴趣、意志和态度，能指导人们的活动取向，规范人们的行为。价值观直接对人的世界观和人生观产生重大影响。

3. 企业价值观

企业价值观是企业文化的一个重要组成部分，统摄于企业文化之下，但它又不是泛指企业管理中的各种文化现象，更不是指企业外部环境空泛的社会文化现象。企业价值观是以企业为主体的价值观念，是企业人格化的产物。企业价值观是指企业商品生产、经营中人们所特有的有关自然交换、社会交往的价值，是企业内部群体对生产经营和目标追求以及其他方面价值关系的基本看法。

世界上许多有影响的知名公司都十分注重价值观的塑造，并号召企业员工创造性地进行工作，自觉推崇和尊重自己企业的价值观。以下列举一些公司的价值观：

1）国际商用机器公司（IBM）："IBM 就是服务。"——面向人，重视人的精神。

2）日本电气股份有限公司："让一切都充满活力。"——奋发向上，自强不息的意识。

3）美国电话电报公司："普及服务。"——对潜在顾客提供高品质的标准化服务是它长久以来的方针。

4）美国卡特皮勒公司："在 48 小时之内向全世界任何地方提供零件修配服务。"——这是千方百计满足顾客需要的，具有代表性的承诺。

因此，任何一家企业都应该研究价值观问题，以解决企业该干什么、怎样干，以及干得好坏的评价标准问题。

美国管理学家托马斯·J. 彼得斯和小罗伯特·H. 沃特曼在《成功之路——美国最佳管理企业的经验》一书中指出："我们研究的所有优秀公司都很清楚它们主张什么，并认真地建立和形成了公司的价值准则。事实上，如果一家公司缺乏明确的价值准则或价值观念不正确，我们很怀疑它是否有可能获得经营上的成功。"因此，国内外经营成功的企业的经验表明，企业能否有一个正确的价值观，直接关系到企业的生存和发展。

（二）企业价值观的特点

1. 企业价值观具有普遍性和广泛性

企业价值观渗透在企业的内部活动之中，即渗透于企业的生产经营和管理活动的各个方面，既影响着企业生产经营的目标，企业经营活动的指导思想、管理原则、企业精神和共同信念，又制约着企业的行为、规范和准则，就连企业的劳动产品也毫不例外地带有价值观的痕迹。

2. 企业价值观具有客观实在性

企业价值观虽然从形式上看是主观的，但其内容却是客观的。正确的企业价值观与客观事物及其发展规律是一致的，而且经过了实践的反复检验。价值观的威力根源于它的真理性，失去了客观实际的企业价值观，不仅不能指导企业在市场竞争上开拓前进，而且有可能危及企业的生存。因此，每一个企业在制定本企业价值观时，都要从本企业的实际出发，研究确立正确的价值观，促使企业迅速发展。

3. 企业价值观在生产经营活动中起着中枢作用

企业价值观调节和控制着人们的心理、情绪、兴趣、意志、态度和精神风貌；它指导着人们的活动，规范着人们的行为；它直接影响着企业的经营哲学和企业成员的人生观、世界观。它是企业文化的核心要素，在企业文化中起着主导和支配作用。

4. 企业价值观具有浓厚的感情色彩

企业价值观是员工用来判断、区分事物的好与坏、对与错的标准。因此，在判断过程中，人们自然对那些好的和对的事物表示感情上的支持和赞扬；对那些被认为是坏的和错的事物表示感情上的反对和厌恶。目前，许多企业管理的有识之士认为，对员工的基本认识是企业经营者管理哲学的基础。管理理论从"X 理论"到"Z 理论"，越来越强调以人为中心的管理。我们不能把员工看成简单的劳动力，认为员工与企业的关系只有经济关系。员工不仅有物质需求，还有自尊、自重、为社会做贡献的精神需求。员工不只需要钱，更需要情感交流和企业的尊重。他们愿意以主人翁的姿态，积极地参与企业的管理。这种精神需求的主要内容就是企业全体员工的群体价值观。企业把价值观注入每个员工的心田，使具有不同精神需求、不同价值观、不同心理活动的员工达成共识，产生共鸣，并迸发出高涨的积极性。凡是符合企业价值观的言行都会受到员工的支持与赞扬；反之，相悖于企业价值观的表现，都会受到员工的强烈反对和厌恶。

5. 企业价值观影响着员工判定自身与自然的关系

企业的商品经营过程，既是人与人发生关系的过程，也是人与自然相互作用的过程。企业员工借助一定的流通资料和流通手段作用于流通对象，在实现商品价值转移和实体运动的过程中，每时每刻都存在着对人与自然的关系的判断，进而做出相应的决策。如企业决策者在设计店房时采用什么风格、什么色彩、坐落在什么位置、店房内技术设备如何布置以及选用什么建筑装修材料等，都会受到价值观的影响。

6. 企业价值观对员工行为的约束和规范具有一定的强制性

企业价值观的形成是一个不断一致化的认同过程，也是规范、约束企业全员行为的过程。在企业经营活动的实践中，人们总是从实际出发，逐渐把那些有利于企业整体生存和发展的行为定为好的、正确的或可行的，而把那些不利于企业整体生存和发展的事物定为坏的、错误的或不可行的，从而为员工的正当行为提供充足的理由，鞭挞非正当的行为。

二、企业价值观的作用

企业价值观是企业文化的核心，企业价值观对于企业的生存和发展具有重要作用。

（一）企业价值观的定向作用

企业价值观为企业及其成员提供指南，引导企业及其成员朝着既定的方向前进。企业价值观能将企业奋斗的目标同人类价值观、社会价值观联系起来，使企业的生产经营服务于人类、服务于社会。"尊重个人、竭诚服务、一流主义"是 IBM 公司的价值观。"顾客至上"是松下电器公司的核心理念。我国各企业"全心全意为人民服务"的宗旨，是根本的社会目标。这些企业的社会根本目标，决定了企业价值观的取向。这样，企业价值观就能为企业的总目标定向，为确定企业的各个具体原则和具体目标定向。企业在不断实现具体目标的过程中，就会为达到企业总目标而努力。

（二）企业价值观的决定作用

企业价值观决定了企业的个性和基本特征。在不同的社会，或在一定社会的不同时期，各企业中存在着一种被人们认为是最根本、最重要的价值，并以这种最根本的价值作为判断基础，而其他价值则通过一定标准和方法折算成这种价值，这种价值叫本位价值。基于本位价值的价值观叫本位价值观。各企业都具有自己的本位价值观，企业及其成员在各自的本位价值观支配下进行活动。

企业是社会经济细胞，是企业全体成员的命运共同体，社会各企业必然形成各具特色的本位价值观。本位价值观决定了企业的个性、发展方向、基本特征和与众不同的特色。例如，某企业以创新作为其本位价值观，当创新与企业利润、企业效益发生矛盾时，该企业会自然地选择创新，使利润和效率都服从创新的需要。这种行为，如果对以利润为本位价值观的企业来说，是不可想象的，因为以利润为本位价值观的企业，利润和效益起着决定作用。

（三）企业价值观的支柱作用

企业价值观能为企业成员提供强大的精神支柱，使他们感到在企业中生活充实，工作很有意义。企业成员在企业的生活中，不仅具有物质的、安全等方面的基本需求，而且具有情感、自尊和自我价值实现等方面的基本需求。这两种需求都要在企业活动中得到满足，而精神需求往往是通过以价值观为基础的理想、信念、道德准则等形式表现出来的。当企业成员的个体价值观与企业价值观融合时，企业成员在为企业工作的同时，也就是在为实现自己的理想而奋斗。这种融合的和谐一致，会唤起企业成员强烈的归属感和自豪感，会激励企业成员为实现个人和企业的共同目标而竭尽全力。

（四）企业价值观的规范作用

企业价值观规范着企业成员的行为，协调着企业成员间的各项活动。企业价值观的主要功能之一是它的规范作用。企业价值观正是通过自己的价值观念，告诉企业内的所有成员，什么是应该提倡的，什么是应该反对的。企业价值观的这种规范作用，不是通过权力，不是通过各种规章制度等硬性管理手段来实现的，而是通过企业价值观规范的群体气氛、群体意识的深层诱导来实现的。这种规范是一种"软性"约束机制。在企业里，犯错误是允许的，但绝不允许发生与企业价值观相悖的事。因此，在这个意义上讲，这种"软性"约束是最严厉和最有效的约束。

（五）企业价值观的激励作用

企业价值观的要求与社会目标紧密相连，为企业成员提供了深刻的工作意义。因此，企业价值观具有强烈的激励作用。狭隘的个人目标和企业财务目标，是难以激励起企业成员的"意义感"和"有意义"的激情的。只有企业价值观，才能提供这种"意义感"，才能使企业成员激发出忘我的激情。因为企业价值观是全体企业成员的共同目标和共同信仰，只有这种目标和信仰，才能激发起企业成员的激情和热情。一个有生命力的企业，时刻都在思考激励企业成员激情的"标语""惊语"，使之成为企业成员受到鼓舞和激励的力量源泉。企业全体成员时刻期望着新的远景、新的发展目标。因为企业的新远景、新目标都会激发出企业成员的热情，给予企业成员强大的鼓励和感召力。价值本身就是具有强烈感召力的目标，具有强大的激励作用，促使员工不断地追求卓越，把工作干得更好，取得更大的成就。

（六）企业价值观的培养作用

企业价值观是企业全体成员的共同价值观，每个成员的个体价值观必须服从共同价值观。因为共同价值观具有先进性、进步性和一体性。但是，企业内每个成员的思想、心理和个体价值观是参差不齐的。进步的、先进的企业价值观被企业内大多数成员所拥护、达成共识时，就会在企业内形成一个共同的"心理场"，对其他成员产生感化作用、培养作用、诱导作用和启迪作用，从而对其他成员起到培养共同价值观的作用，这种培养是通过企业的培训教育方式和英雄模范典型示范两方面进行的。

三、企业价值观的构成层次及内容

（一）企业价值观的四个层次

有些企业在确立价值观时思维混乱。例如有些员工认为诚信是他们的价值观，有些员工认为时尚是他们的价值观等。在许多情况下，管理层把其他类型的价值观当作核心价值观，由此产生"大杂烩"，使员工摸不着头脑，使管理不着边际。因此，企业应该对价值观做一些基本的界定，以保证员工明白自己在谈论什么，以及自己想要达到什么目标。所以，将企业价值观分为下面四个层次是大有裨益的，如图5-1所示。

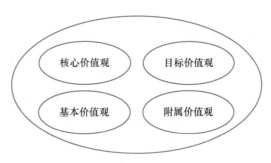

图5-1　企业价值观的四个层次

1. 核心价值观

核心价值观是指导企业所有行动的最根本的原则，是企业的文化基石，也是企业价值观的核心。柯林斯和波拉斯给核心价值观下了一个简洁的定义：核心价值观是固有的、不容亵渎的，是不能为了一时方便或短期利益而让步的。核心价值观常常反映缔造者的价值观，如惠普公司所颂扬的"惠普之道"便是一个例子。核心价值观是一家企业的独特性源泉，因此必须不惜一切代价去恪守。北京仁达方略管理咨询认为，成功的企业应该小心地保存和保护核心价值，但是核心价值的表象却可以改变和演进。

1）在惠普公司的核心价值中，"尊重和关心每个员工"是恒久不变的部分；每天上午10点送水果和甜甜圈给所有员工是可以改变的非核心部分。

2）在沃尔玛的核心价值中，"超出顾客的期望"是恒久不变的部分；在大门口招呼顾客是可以改变的非核心部分。

3）在波音公司的核心价值中，"领导航空工业，永为先驱"是恒久不变的部分；致力制造大型喷气式客机是可以改变的非核心部分。

4）在3M公司的核心价值中，"服务顾客重于一切"是恒久不变的部分；"15%的规定"是可以改变的非核心部分。

5）在诺世全的核心价值中，"杰出的顾客服务，充分发挥员工的自主性"是恒久不变的部分；注重区域性差异、大厅钢琴演奏和超量库存管理是可以改变的非核心部分。

6）在默克的核心价值中，"我们从事保存和改善生命的事业"是恒久不变的部分；致力研究特定的疾病是可以改变的非核心部分。

最重要的是，不要把核心价值观与文化标准、战略、战术、作业、管理政策或其他非核心的做法混为一谈。日久年深之后，文化标准、策略、产品线、目标、权限、管理政策、组织结构和奖励制度必须改变。到最后，企业如果想长久生存并发展下去，唯一不改变的应该是核心价值观。作为员工与企业为之奋斗的最高纲领，核心价值观能够统揽全员的思想和意志，是实现企业可持续发展的必然要求。

2. 目标价值观

目标价值观是指企业要获得成功必须拥有但目前暂不具备的价值观。例如，某家公司需要发展一种新的价值观以支持新的公司战略，或者满足不断变化的市场和行业的需求。

要谨慎处理目标价值观，以保证不会削弱核心价值观。例如，有这样一家公司，该公司极为重视努力工作和奉献的精神，所以员工们常常工作到很晚，周末也常加班。后来，管理层感到有必要把"要工作也要生活"补充为公司的目标价值观。但最后他们决定放弃，因为他们担心这样做会把员工搞糊涂，不清楚什么才是最重要的。因此，目标价值观应作为核心价值观的有益补充，绝不能影响甚至替代核心价值观的核心地位。

3. 基本价值观

基本价值观反映的是任何一名员工所必须具备的行为和社交的最低标准。不同企业的基本价值观差异不大，尤其对同一地区或同一行业的企业来说更是如此。这就意味着不能凭借基本价值观把一家企业与其竞争对手区分开来。

有些企业的高层领导比较容易混淆核心价值观和基本价值观。例如，很多企业将"诚信"作为企业的核心价值观，他们拒绝雇用曾经在履历表上弄虚作假或者对过去工作经历提供不真实信息的人。尽管这些企业宣称的价值观毫无疑问是正确的，而且绝大部分组织都有类似的政策，但除非企业能够采取极其严格的措施，表明自己比别的企业拥有更高的诚信标准，否则"诚信"只能被视为企业的基本价值观，而不是核心价值观。

4. 附属价值观

附属价值观是自然形成的，不是领导者有意培植的，它会随着时间的推移在企业生根。附属价值观通常反映了组织中员工的共同利益或特性。附属价值观对企业起着很好的作用，如可以帮助企业营造一种包容的氛围。但附属价值观也会因为排斥新的机会而起消极作用。管理者不能混淆核心价值观和附属价值观，否则会酿成大祸。

有一家叫SAK的时装公司，最初曾试图区分附属价值观和核心价值观。这家公司位于美国旧金山的苏玛区，早期员工都是单身人士，他们在周日的晚上聚会，穿着黑衣服。为此，这家公司的价值观无意中就浸染了这些员工的价值观——时髦、年轻、酷。但是，随着公司的成长，经理们意识到了两个问题：如果只录用有SAK风格的、赶时髦的年轻人，公司就没办法招聘到合适的员工；此外，还可能在不经意中忽视了那些能够为公司做出重要贡献的、年龄较大的已婚员工。为此，公司努力让员工明白，只招收时髦的员工与SAK的核心价值观——信任（为人诚实可信）、行为（独立作决策）以及主人翁精神（把自己当作公司的主人）没有必然的联系。即使"不时髦"的人也应该被录用，只要他们认可公司的核心价值观。今天，SAK公司已成长为一个真正的多元化大型企业，大大拓展了自己的产品线，占据了更广阔的市场。

（二）企业价值观的内容

企业价值观是多种观念相结合的有机整体，其核心问题是企业与社会的关系问题，对这一问题的态度决定了企业的一系列观念，如道德观念、民主观念、竞争观念、质量观念、效益观念、创新观念等，由此形成了企业的价值观体系。企业价值观按其不同历史时期、不同内容角度、不同要求与作用，可分成不同的价值观。从企业的本质特征和经营原则来看，企业价值观可以包括以下内容：

1. 目标价值观

企业的目标价值观是在工作中实行自我控制，并努力完成工作目标的一种观念或思想。任何一家企业都有自己的奋斗目标，没有奋斗目标的企业，它的存在是没有意义的。一家企业的目标具有两方面的功能和意义：一方面表现出它的社会功能，即为社会提供产品和服务，对社会发展和进步具有重大作用和意义；另一方面，表现出它的内部激励功能，即企业为其成员提供奋斗和追求的意义所在，满足企业成员不断增长的精神需求。

精明的企业对于企业目标，都有明确的概念，都有一套理论，以此作为自己经营决策和经营活动的依据，作为自己奋斗和企业进步的方向。

确定企业目标的形式是多种多样的，无论何种形式，都必须从企业的实际出发科学地确定，取得绝大多数企业成员的共识。可以用以下两条来检验企业的目标价值观：

第一，成员是否了解自己企业的长远目标？是否认为自己的工作具有真正的社会价值？

第二，管理阶层在制定决策时是考虑到了组织的目标，还是只针对眼前的情况而采取权宜之计？

总之，一家卓越的、成功的企业，必须以崇高目标为激励源，才能让全体成员做到为实现崇高目标而牺牲个人利益。

2. 一体价值观

一体价值观的含义是，一个企业群体凝聚成一个整体，无论是经理、企业家、管理人员和员工，都在企业的共同目标、利害一致的情况下融为一体，共同为企业的生存和发展协调一致地奋斗。

在企业发展史上，经理、管理人员、员工之间的等级曾经划分得很森严。在现代化企业里，这种划分只会造成企业员工的不满。因为企业员工素质高了，已能自我管理，如果继续采用过去的管理办法，他们会认为是一种侮辱，会影响和阻挠他们参与管理、自我管理的积极性。人们已经认识到企业里最宝贵的财富是人力资源，人力资源关乎企业的兴衰存亡。为稳定和保持企业内的人力资源，必须推行企业一体化。

一体价值观的意义与企业内的激励机制紧密相连。要实现企业一体化，必须完善企业内的激励机制。激励的意义在于尊重企业员工，因此要在企业内部创造出一体感的环境，使企业员工在企业活动中得到尊重，在实现企业利益过程中实现企业员工的自我价值，从而使企业目标与员工个人目标取得一致。

企业一体化，就是要使每个企业成员有一体感。一体感的实质是拥有心理。在企业的改革过程中，要创造一个正面的激励机制，使企业的目标与企业成员的目标结合起来。关键要做到：①重新设计企业内部的组织机制，把权力放到最基层；②重新设计企业内部的奖励制度，奖励要与企业成员的能力、创造的成效联系起来；③重新设计企业内部的管理机制，要最大限度地提高企业成员的自我管理能力和参与意识；④重新建立企业管理者与企业成员休戚与共的关系，以达到平等互助、互相依赖、团结和谐的一体性。

3. 共识价值观

共识价值观的含义，就是企业做出的决策、决定和行动，具有普遍的意义，能够得到企业成员的共鸣、共识，形成同心协力为之奋斗的精神。

共识，是管理史发展的必然。传统的管理方法是发号施令、指手画脚或独断专行，但是在现代经济条件下，传统管理方法不再适用。客观上，企业内部机制需要共识决策。建立共识，是人与人之间平等互助、共同参与的过程。有了共识，参与者不仅能了解某一决策和行动的意义，而且能给别人解释某一决策和行动的意义，使大家取得共识，一起为之奋斗。因此，共识决策是企业群体的智慧和经验的结晶，是企业群体的共同心理取向。

要实现共识原则，必须注意克服几种倾向：①必须防止征求群众意见走形式、走过场，意见是意见，仍按既定方案、既定想法做决策的倾向；②必须防止企业领导高喊"赞成员工参与"，实质害怕群众提建议、提意见的倾向；③必须防止个人说了算，至高无上，权力至上，脱离群众的倾向。只有克服这些倾向，才能建立真正的共识价值观。

4. 追求卓越价值观

著名管理学家劳伦斯·米勒认为，卓越是一种精神，而非一种成就。卓越作为一种精神，它掌握了一个人或一个企业的灵魂。卓越表现这个人或这个企业有能力永无止境地学习，有能力以积极的方式适应所处的环境，使之不断地进步，并在企业文化中表现出来。

成功的企业都具有追求卓越的精神，这就是不断求新求变、更上一层楼的精神。成功企业的管理人员之所以获得成功，是因为他们从追求卓越的工作伦理出发，不断提倡三件事：建立标准、倡导激励和注意反馈。

（1）建立标准　这种标准不一定是正式的衡量尺度，而必须是有人遵循的标准。这种标准不停留在具体的产值标准上，卓越的实例往往就是员工行为的标准。

（2）倡导激励　所有的管理人员都应注重将真正的奖赏给予当之无愧的人，而且员工成绩杰出时，奖励也应当不寻常。

（3）注意反馈　反馈是一种导航机能，在健全的组织中，管理人员经常给企业提供重要的反馈，同时还鼓励部下给上司提供反馈，这样就能有效地总结经验，决不盲目运作。

世界著名企业家玛丽·凯，是追求卓越的企业家典范。她说："你不能安于现状，因为没有比安于现状更易凋败的了。"因为在日益激烈的竞争大潮中，不前进就是退步，只有永远追求卓越，才能常变常新，以求不败。

5. 成效价值观

行为是结果的函数，这是人类行为的基本法则。只要对某种行为加以奖励，这种行为就会经常出现。

每一个机构都控制着奖励和惩罚，因此，必须对结果负责。许多机构每天都在实施的奖励形式有晋升、加薪、分红、津贴、工作保障、上司和同行的赞美、得到进修培训的机会、获取公司的股份等。这些都是经营成本，但也能得到利益，也就是个人的成效。成本-效益关系是"成效"和"强化"的函数。在一定条件下适当地加重奖励，结果会更理想。

例如，美国俄亥俄州的林肯电力公司从 1934 年开始就按成效付薪酬，员工每年拿到的红利经常等于一年的薪水，该公司也因为实行高红利措施而闻名遐迩。该公司一方面实行红利制度，另一方面也实施保障政策，他们做到了自 1949 年开始，即使在经济不景气时期，也不解雇一名员工。公司为员工做出牺牲，员工也投桃报李，以更大的工作成效来报答公司。

追求成效，人皆有之。成效大小，是需要有目标、有衡量标准的。因此，追求成效的第一步，是建立恰当的衡量尺度。而这个尺度的确定，要从企业的实际情况出发，即要从员工心理和技能素质的实际出发，确定一个恰当的起点。它的焦点是要有激发性、先进性。因为每个人都有好胜心和上进心，每个人都愿意通过衡量产生反馈，反馈产生激励，带来正面强化。因此，企业领导和管理层，应多关注员工的优良表现，及时给予表扬、鼓励，从而形成激励机制，让员工取得巨大的进步和成效。

6. 实证价值观

实证价值观要求有科学态度。无论做决策，还是获得成果，都应该用数字、数据来说明和验证。企业成功的概率、程度的决定因素之一，是能否把基本数字观念运用到企业的决策中，决策是否建立在科学的基础之上。企业的任何决策，都离不开数字，因为决策实践需要得到人力、物力、财力数据的支持，只有通过市场调查、信息系统和数据库取得数据，决策才有可靠的科学依据。例如，美国 IBM 公司的成功，不是来自领导者有条理的部署、高明的营销手段等，而是来自员工的思考力。该公司把"THINK"（思考）一词悬挂在每个办公室的墙上，或厂区最醒目的地方，时刻提醒大家什么是最重要的。这是该公司的价值观和行为模式，它使该公司成为一个成功的企业，一个具有自己文化特色的企业。可见，企业员工勤于动脑，就能充分发挥出创造力，创造出新成就。企业员工素质的高低，直接影响其思考力。高素质的企业员工是企业成功的保障。任何企业要想取得成功，必须重视对员工的培训，培养员工以科学的态度投入工作。

7. 亲密价值观

亲密是存在于企业组织、管理人员和员工之间的一条看不见的线。亲密感是一种非常基本的人性追求。所谓亲密感，是指给予和接受爱的能力。也就是说，一个人与组织内的其他人相处时必须以友善、尊敬、信任和关切他人的方式真诚投入，并使对方给予自己同样的真诚、友善、尊重、信任和关切。当个人与组织之间的关系健全时，亲密感大都能存在。有了亲密感，才能提高信任、牺牲和忠诚的程度。

亲密价值观作为一种企业文化，要求企业在实践中创出更高境界的亲密感。企业有了这样的亲密价值观，就会形成一个有机整体，具有团队精神，从而表现出强大的凝聚力。美国著名心理学家马斯洛提出的需求层次论，使人们知道人都有与别人交往和交流感情的需求，而相互间的亲密感需求，是人性中一项最基本的需求，即需要爱心。因此，企业要十分重视这一点；否则，企业内就会产生满足亲密感的非正式组织，对企业的进步和发展起抗衡作用，也会对企业起副作用，如形成一些"牌友""球友"等。

作为一位有远见的企业家，应坚持亲密价值观要求，在企业内创造良好的环境，使企业员工之间建立起互相尊重、互相信任、互相关怀、亲密无间的感情，创造具有特色的企业文化。企业领导应记住，尊重别人就是尊重自己。

8. 正直价值观

在所有价值观中，正直是绝对不能妥协的一个原则。正直是新企业文化赖以建立的磐石，也是新领导者不可缺少的品质。

正直，就是诚实、言行一致，以负责任的态度采取负责任的行动。具有正直品德的人才是难得的人才。有正直品德的企业家，有正直风格的企业，才能得到企业员工和社会用户的信任，才能树立起企业的高信誉、完美形象，就能取信于人，取信于用户。"诚招天下客"，这是有利于企业的生存和发展的。相反，一个不正直的企业领导，大家都会不太信任他。因为领导本身就是要让别人跟随他，跟随就是一种信任行为。正直，是一种潜在的强大推动力，能鼓舞别人、激励别人、引导别人向正直者确定的任何目标进行创造性的工作。企业领导者与全体员工之间的相互信任、相互尊重，是正直的本质表现。这种相互信任和相互尊重，说明了企业领导者获得了对全体员工的领导。而获得的这种领导，依靠的不是领导者的权力和地位，而是依靠他的人格和品德的力量，即正直的力量。具有正直品德的企业家，最好的做法就是通过自己的言行表现出正直的人格来。单纯追求产值，忽视产品质量和服务质量的行为，是短期行为，是正直价值所不允许的。正直的企业家是深爱着其产品和服务质量的，这是企业提高产品质量和服务质量的保证。不要为小目标、短期目标、眼前利益而牺牲长远利益，去损害自己的人格，而要为长期目标和长远利益去奋斗。这是最值得的，也是正直价值观所要求的。

综上所述，尽管企业的价值观是多种多样的，但每种基本价值观都不能背弃正直，正直是良好的企业文化最基本的价值观，是企业价值观的精髓。

四、现代企业价值观的培育

（一）培育企业价值观的原则

1. 以坚持社会主义方向为前提

邓小平同志曾经说过："我们从旧中国接收下来的是一个烂摊子，工业几乎等于零，粮食也不够吃，通货恶性膨胀，经济十分混乱。我们解决吃饭问题，就业问题，稳定物价和财经统一问题，国民经济很快得到恢复，在这个基础上进行了大规模经济建设。靠的是什么？靠的是马克思主义，是社会主义。人们说，你们搞什么社会主义！我们说，中国搞资本主义不行，必须搞社会主义。如果不搞社会主义，而走资本主义道路，中国的混乱状态就不能结束，贫困落后的状态就不能改变。所以，我们多次重申，要坚持马克思主义，坚持走社会主义道路。"这就是说，国家的腾飞、经济的腾飞，靠的是社会主义，我国的制度就是社会主义制度。因此，我国的企业必须坚持社会主义方向，所要确立的企业价值观是社会主义企业价值观。坚持社会主义方向，是培育社会主义企业价值观的基本前提和根本原则。

2. 坚持为企业两个文明建设服务

所谓两个文明建设，是指物质文明建设和精神文明建设。物质文明是指人类改造自然界的物质成果的总和。它表现为两个方面：①社会物质生产的进步，包括生产力的状况、生产条件（工具和技术设备等）的状况、生产的规模、社会物质财富积累的程度；②人们日常物质生活条件的改善，包括人们的衣、食、住、行等物质生活水平的提高和物质生活方式的进步。物质文明既是以往的物质生产发展的成果在物质领域的凝结，也是现实的物质生产的直接成果。精神文明是指人类在改造客观世界的同时也改造主观世界的精神成果的总和，是人类精神生产的发展水平及其积极成果的体现。它表现为两个方面：①智力、技能方面，包括社会的知识、智慧、经验和技能状况，人们在科学、教育、文学、艺术、卫生、体育等方面的素养和水平以及与此相适应的物质设施、场所、机构的建设；②思想、道德方面，即社会的政治思想、道德风貌、社会风尚，人们的世界观、信念、思想、觉悟、情操以及组织性、纪律性等方面的状况。这方面突出反映了一定社会历史条件下精神文明的性质和水平，具有指导性作用。总之，精神文明既是以往物质生产力在精神领域的凝结，也是以往社会意识进步成果和现实精神生产成果的结晶。

社会主义既要抓物质文明建设，又要抓精神文明建设，二者相辅相成，互为促进。物质文明为精神文明的形成和发展提供了必要的物质前提和条件，一定的物质文明发展是一定的精神文明形成的依据和最初动因。精神文明是物质文明的灵魂，它为物质文明沿着社会发展客观要求的方向提供了保证，是物质文明得以巩固和发展的必要条件。社会主义企业价值观的确立必然要为两个文明建设服务，不是分别而是同时为两个文明建设服务。

企业价值观作为企业文化的一部分，属于精神文明的范畴。因此，培育社会主义企业价值观也就是在部分地建设社会主义精神文明，在为社会主义物质文明服务。为两个文明建设服务是培养社会主义企业价值观的基本原则。

3. 根据不同层次要求区别对待原则

马克思主义哲学指出，任何事物都是共性与个性、普遍性与特殊性的统一。共性即事物普遍的、内在的本质属性，共性与个性辩证关系的原理给了人们方法论的启示，即观察问题、解决问题必须从实际出发，实事求是，具体问题具体分析。每一个事物都具有不同于其他事物的特殊性，而这种特殊性不仅在事物发展的不同时期、不同阶段具有不同的表现形式，而且在事物同外界联系的不同方式、不同对象方面也具有不同的表现形式。认识事物的特殊矛盾及其不同表现形式，是认识事物的"切入点"。

具体问题具体分析的方法应用于企业，就要求企业实际地考虑自己的特殊性。这种特殊性体现在三个层面上：第一，是企业与社会主义企业关系层，即所指企业不仅具有一般企业的共性，不仅是一个从事工业生产的、依法经营的实体，而且还具有"社会主义"这一具体属性，即我国的企业是社会主义企业，它必须坚持社会主义方向。第二，是社会主义企业相互关系层。虽然我国的企业都具有"社会主义"这一属性，但企业之间又各具特殊性。第三，是企业自身的关系层。每个企业自成一体，有自己的本质规定性，这是它自身的共性。但企业内部的每个部门又都具有自己的特殊属性和要求，每个员工对企业、对物质和文化生活的要求也不尽相同。这些不同属性、要求构成了企业自身的个性。因此，培育社会主义的企业价值观，必须具体分析不同层面的共性与个性的关系。因此，企业价值观应是具体的、历史的。每个企业都有自己的企业价值观，并且随着企业的变化、发展而变化、发展。

（二）培育企业价值观的方法

1. 确认企业现有价值观

一般来说，具有一定历史的企业，其企业价值观总是客观存在的。但由于这种观念形态的东西往往不易被人们发现，因此企业价值观在企业发展中的地位和作用也就常常被人们忽略。确认现有的企业价值观是塑造企业价值观的第一步。可以从以下五个方面入手：①以"一个中心，两个基本点"作为企业价值观的根本出发点，明确为人民服务、为经济建设服务、为社会主义服务的根本精神和培养全面发展的社会主义新人的根本原则；②要根据企业的性质、规模、类型、员工素质和经营的特殊性来选择适当的价值标准，从而反映出企业的特色；③要充分反映企业价值理想的现实性，使企业价值观有实在的存在基础和客观依据，与员工的心理承受能力相一致；④企业价值观是一个动态系列，要随着客观环境和企业内在因素的变化不断注入新的内容，使企业充满活力；⑤企业价值观必须具体化为一系列原则，使企业员工可以具体操作、有所遵循。

2. 坚持在继承基础上的创新

西方企业价值观大体经历了三个阶段，即最大利润价值观、委托管理价值观和生活质量价值观。

从企业价值观的演变历程中可以看出，新的价值观的形成既对传统价值观内容有所扬弃，也对传统价值观内容有所继承和发展，是在不断注入时代精神的创新。当前，若要培育创新企业的价值观，就必须在贯彻"一个中心，两个基本点"的前提下，根据社会主义市场经济对企业的客观要求，紧密结合企业的实际情况，牢固树立整体观念、大市场观念、大流通观念、大贸易观念、战略观念、政策观念、法制观念、改革开放观念、创新观念、竞争观念、投入产出观念、智力开发观念、人才观念、信息观念、时间观念、服务观念、效率和效益观念、风险观念、现代经营管理观念等，让企业的优良传统发扬光大，让新的观念根植于员工群体之中，时刻保持企业价值观的勃勃生机。

3. 重视员工个人正确价值观的确立

从员工个体出发，企业价值观是指企业绝大多数员工共同拥有的价值观念。因此，说到底，这种价值观的形成有赖于个体正确价值观的确立。心理学的理论研究表明，人对事物认可的态度具有三种表现形态，即服从、认同、内化。服从是因外部的某种作用而表现出的被动性行为，通常带有一定程度的强制性。认同虽然是自愿的，但主体对认同对象并未真正了解和接受，存在着一定程度的盲目性。只有内化，才是一种观念与观念接受者完全融合的表现。对待企业提倡的价值观，员工的心理接受程度往往处于上述三种情况并存的状态。培育企业的价值观，就是要使那些持服从、认同态度者朝内化的方向转变。

确立员工个人正确价值观，应从以下四个方面入手：

1）进行智力投资，提高员工的思想文化素质。员工的认识水平是与其接受教育的程度密切相关的。因此，多种形式、多层次、多途径地对员工进行科学文化和思想教育，提高他们认识世界和改造世界的能力，是确立个人正确价值观的关键步骤。

2）加强企业思想政治工作，提高员工的思想境界。由于企业员工个体的差异性，决定了他们在价值观方面具有多元化、层次化的特征。就员工个人来说，每个员工都有其特殊的追求，对事物及行为都有自己独特的评价标准，这就必然使个人价值观显得五花八门。内化企业价值观，意味着员工要放弃与企业价值观不相符的价值观，确立与企业价值观相吻合的价值观，这就要求员工具有相当高的政治觉悟和思想水平，企业内各部门都有责任帮助员工提高觉悟，与企业共荣辱，而思想政治工作者的责任最重。

3）强化管理，领导示范。培育企业价值观，促使那些持服从、认同态度的员工向内化方向转化，必须在加强教育的同时强化管理，通过完善管理思想和管理制度来约束员工的行为。同时，企业价值观形成以后，企业领导者和企业各层骨干要率先示范，身体力行，成为企业价值观的化身，用模范行为来感染员工。企业价值观的培育要同职业道德建设紧密地结合起来，使企业价值观具有实在的内容，具体地落实到每个岗位、每个员工的实际行动中。

4）充分认识员工个人价值观与企业价值观的一致性。要让员工懂得企业价值观与个人价值观是统一的，要把自己同企业联系起来，把自己的目标建立在企业的目标之中，把自己的人生价值融合在集体价值之中，从而使自己快速地成长，提高自己的贡献和价值。当然，集体要允许有各种不同的个性存在，使每个人能够感到自己的利益、风格、特征和印记的存在，这样的企业才有吸引力和凝聚力，员工才可能形成共同的价值观念，为共同的目标而奋斗。

4. 抓住典型事例，发现新生事物

通过典型事例来塑造企业价值观，具有不可低估的作用。典型事例就是体现了它所属集体或整体的本质属性的事物，是这种集体或整体的本质属性的缩影和外化。依此，企业内的典型事例就是体现本企业精神和价值观的事物，它具有内涵并能向外展示企业价值观。因此，典型事例代表了企业的精神风貌，具有如下几个方面的作用：①是向员工"灌输"理论的生动教材。企业价值观具有时代性和先进性。普通员工在其日常活动中不易产生先进的理论，而单纯的理论宣传又显得过于枯燥和抽象。通过典型事例能够使员工以简便易行、形象直观的方式理解、接受企业价值观，并内化为自己精神生活的一部分。②是调动员工的积极性，树立员工行为的标准。典型事例的重要作用和重要意义，不仅仅在于其"典型""独特"，更在于其所昭示的行为方式、行为标准能够为大家认同并效仿，把"典型"转变为"普通"。榜样的力量之所以是无穷的，其奥秘就在于此。③向外界展示本企业的特色和形象。典型事例不仅为本企业的员工树立了行为的榜样和标准，还作为企业的希望和现实的一种象征，超出了本企业的范围，渗透到了其他领域，使本企业为社会所认识。如"铁人"王进喜和"铁人精神"，多少年来一直成为并将永远成为大庆油田的象征和特色。

新事物和典型事例既相互联系，又有所区别。部分新生事物可能成为典型事例，部分典型事例就是新生事物。但两者都存在着不能为对方所包含的部分。新生事物不以出现时间先后而论，而是指它代表着事物发展的未来，符合并体现了事物的发展规律。新生事物是人民群众主体性、积极性和创造性的物化。它也具有典型事例所具有的几种作用。因此，企业要善于发掘、扶持、宣传新生事物，使其不断发展壮大。

第二节　企业精神设计

进入 21 世纪后，我国的企业以信息化为主导，是逐步走向科技含量高、经济效益好、资源消耗低、环境污染少、人力资源能够得到充分发挥的企业类型。在现代市场竞争中，一个企业要完成从创业到优秀，从优秀到卓越，而且实现可持续发展，就必须更加重视企业文化建设。企业精神是企业文化的内核，重视企业精神的提升，努力培育现代企业精神，使企业精神体现时代性，把握规律性，富于创造性，有助于企业提升市场竞争力。

一、现代企业精神的基本内涵

现代企业精神是企业员工现代意识与企业个性相结合的一种群体意识。它的基本内涵至少反映了三个方面：①表象意识。每个企业的企业精神，都是根据企业各自特色而概括和提炼的，通常以厂歌、厂训、厂规、厂徽等形式表达出来，具有明显的表象意识。②主导意识。企业精神一旦形成，就将主导企业内部员工的群体心理定式和行为，是企业经营、企业发展的精神基石，具有很强的主导意识。③向心意识。从一定意义上说，好的企业精神犹如一个巨大的磁场，可以将企业各方面的力量都集中到企业的改革、稳定和发展上来，同时又渗透于企业的各个环节之中，给人以鼓励、鞭策和荣誉，也给人以约束。简言之，现代企业精神是现代企业文化建设中最本质的内容，它反映了现代企业的精神风貌、竞争态势、进取意识和创新精神，既是团结企业内部员工的凝聚力，又是对外竞争表现的影响力，是企业之魂、事业之根、精神之柱。

二、现代企业精神的基本特征

从现代企业精神的形成以及企业运行的过程可以发现，现代企业精神应具备以下几个基本特征：

1. 时代性

在计划经济时代，企业精神具有相对的稳定性。但时代在变化，社会在发展，企业精神也要随着企业的发展而不断发展。尤其是在市场经济条件下，企业员工观念的更新、技术的飞跃，乃至企业的重组，都要求企业紧跟时代的步伐，做出与时代相适应的反应，赋予企业精神时代特色，使企业精神不断完善、提升。只有这样，企业精神才能与时俱进，才能使企业员工始终保持蓬勃的朝气、昂扬的锐气和浩然的正气。

2. 竞争性

市场经济的突出特点就是竞争。既然是竞争，就不能墨守成规，就要敢于面对竞争，参与竞争，就要在竞争的浪潮中拿出绝招战胜对手，否则就可能导致失败。在市场经济条件下，提出竞争性的企业精神尤为重要。

3. 人文性

人是发展的目的，人的价值高于一切。现代企业活力的真正源泉，不在于物质而在于人。办企业是为了人，既为了客户，也为了员工。在当今社会，人力资源或是客户资源已经成为企业竞争力的根本来源。因此，现在有许多企业在打造和提炼企业精神上，时时体现以人为本的人文性，并以此来赢得客户、赢得员工的信赖。

三、现代企业精神的培育

现代企业精神并不是一蹴而就的，而是一个长期的、复杂的过程，同时又是一项综合型工程。就企业而言，领导者的形象直接体现出这个企业的精神风貌。此外，还应该做到"三个提升"。

（1）提升员工境界　企业精神最终体现在企业员工的精神风貌上，因此提升企业员工境界，是培育企业精神的根本。在提升员工境界时，首先必须坚持两个结合，即坚持精神文明与物质文明的有机结合，坚持培育社会主义"四有"新人和造就企业人才的有机结合。其次要尊重员工的品德，重视员工的智慧，承认员工的价值，珍惜员工的感情，维护员工的尊严，提高员工的综合素质，从根本上提升员工的境界，使员工的精神风貌充满生机和活力。

（2）提升员工行为　行为是人的思想境界的外在表现，企业精神如何，从企业员工的行为上就可以看出来。因此，提升企业员工的精神境界，同时更要抓员工的行为养成教育，而养成教育除了自觉性外，还必须建立健全各项约束制度，使各个岗位上的员工工作标准和行为得到规范，做到统一标识、统一标志，增强员工对企业的归属感和自豪感。通过行为养成教育，实现组织意识、员工意愿和企业精神的高度融合。

（3）提升员工学习的自觉性和有效性　员工的继续学习是深化企业精神的内在动力，企业不但要营造一种学习的氛围，更要提升员工学习的自觉性和有效性，要通过建立有效的学习机制，提高员工的理论素质和业务技能，创造员工与企业共同成长的环境氛围，把经营哲学、价值观念、学习理念的内涵加以显现，形成企业精神的亮点。同时，要在企业中塑造学习的典范，提升现代企业文化的品位，不断增强员工的群体意识，形成共同的价值取向，确立一致的行为准则。通过学习，进一步激发广大员工为企业的振兴和发展而努力奋斗的信心和决心。

四、企业精神的概括

（一）设计企业精神的指导思想

人活着，就要有一点精神。企业存在和发展、企业员工群体也应该有一种精神——企业精神。企业精神是随着企业的发展而逐步形成并固化下来的，是对企业现有观念意识、传统习惯、行为方式中积极因素的总结、提炼和倡导，是企业文化发展到一定阶段的必然产物。因此，设计企业精神，首先要尊重广大员工在实践中迸发出来的积极的精神状态，要恪守企业共同价值观和最高目标，不背离企业哲学的主要原则，要体现时代精神、体现现代化大生产对员工精神面貌的总体要求。以此为指导思想设计出来的企业精神，方能既来源于生活又高于生活，成为鼓舞全体员工为实现企业最高目标而奋斗的强大精神动力。

（二）企业精神的设计方法

明确了总的设计思路，企业精神的设计就比较容易了。但是从思路的角度来讲，并无固定模式，因此下面介绍的一些具体做法也仅供参考。

（1）**员工调查法**　把可以作为企业精神的若干候选要素罗列出来，在管理人员和普通员工中进行广泛的调查，大家根据自身的体会和感受发表赞同或不赞同的意见，并说明理由，再根据员工群体的意见决定取舍。这种办法一般在更新企业文化时采用，缺点是需要花费较长的时间和较大的人力，观点可能较分散，但由于来自员工、有很好的群众基础而容易被大家接受，能快速深入人心。

（2）**典型分析法**　每一家企业都有自己的企业英雄或先进工作者，这些英雄人物的身上往往能够凝聚和体现企业最需要的精神因素，因此对这些英雄人物的思想和行为进行全面深入的分析和研究，不难确定企业精神。这种方法的工作量较员工调查法小，也容易被员工接受，但在企业英雄不是非常突出时，选取对象比较困难、不易把握。

（3）**领导决定法**　企业领导者由于站在企业发展全局的高度思考问题，加之他们对企业历史、现状的了解比较深入，因此由企业领导者或领导层来决定企业精神也不失为一种方法。此方法最为高效、快捷，但因为受领导者个人素质的影响较大，在推行的时候宣讲工作量较大。

（4）**专家咨询法**　专家咨询法是将企业的历史现状、存在的问题及经营战略等资料提供给对企业文化有深入研究的管理学家或管理顾问公司，由他们根据所掌握的规律原则和建设企业文化的经验，设计出符合企业发展需要的企业精神。这种办法确定的企业精神站得高、看得远，能够反映企业管理最先进的水平，但局限于专家对企业的了解程度，有时不一定能够很快地被员工接受，因而宣讲落实的过程较长。

上述方法各有优缺点，因此在实际进行理念识别策划时常以一种方法为主、辅以其他一两种方法，以弥补其不足。例如，在采用专家咨询法时，可以把专家请到企业来做一些实地考察和调研，并同企业主要领导者进行充分交流和讨论，这样设计出来的企业精神就比较完善。

（三）现代企业精神的共性

现代化的社会大生产的基本特征决定了不同企业的企业精神具有一些时代共性。因此，在设计企业精神时，有部分共性的内容是必然的。以下是对中外一些优秀企业所具备的企业精神要素的初步概括：①实事求是精神；②团结协作精神；③开拓创新精神；④追求卓越精神；⑤勇于竞争精神；⑥牺牲奉献精神；⑦艰苦奋斗精神；⑧爱岗敬业精神；⑨敢冒风险精神；⑩超越自我精神。

第三节　企业伦理道德设计

一、企业伦理的概念

（一）企业伦理的内涵

伦理一词源于希腊语，道德一词源于拉丁语，其本意都是"风尚""习俗"。在原始社会，"风尚""习俗"就是道德。在我国古代，"道"是从首从足，其原意为道路。道路对人的行走来说，具有规定性和走向性。因此"道"引申为一种法则、规范、规定和规律。由此，"道"是指人们的行为规范等一系列外在要求。从字的结构来看，"德"是由"人""心""直"组成的，其原意可表达为人的心求正为"德"。在古汉语中，"德"与"得"可通用。人的心术正就有德（得）。由此，"德"是指对人的行为品质等一系列内在精神修养和境界的要求。将"道"与"德"合为一词，形成于我国的战国中后期。《荀子·劝学》说："故学至乎礼而后止矣。夫是之谓道德之极。"在这里，"道德"不仅是指"礼"，即等级行为规范和关系的总称，而且是指道德的最高精神境界。"伦"即人伦，是指人们之间的关系；"理"即治理、整理，是指条理、原理和规则。由此，"伦理"是指在人与人的关系中所需要的准则、原则和规定。所以，伦理比道德前进了一步，是道德现象的概括，是人与人之间关系的道德规范和行为准则。所以，伦理道德是调整人们之间以及个人与社会的关系所提倡的行为规范的总和。由上述内容可见，伦理与道德几乎没有区别。既然伦理是指道德关系及其相应的道德规范，企业伦理也就是伦理的具体表现之一。

企业伦理是指一家企业中大多数乃至全体员工认同并在实际处理各种关系时体现出来的善恶标准、道德原则和行为规范，特别是用以调整企业与员工、员工与员工、一般员工与管理者以及企业与社会等关系的行为规范的总和。

一方面，企业伦理受习俗、舆论的支持，对员工的约束是自然的而非生硬的，属于企业文化系统中的习俗文化要素；另一方面，企业伦理一般又是员工自觉自愿追求的，是员工行"善"的内在动力之一。

（二）企业伦理的外延

企业道德是以善良、正直、公正、诚实等为标准，来评价、规范企业和员工的行为，进而调整和控制企业与员工、企业与顾客、企业与企业之间的行为规范。

从道德主体来看，企业伦理有两个最基本的层次：①员工道德，其道德主体是单个员工；②企业道德，又称法人道德，其道德主体是整个企业或法人。

从企业内外来看，企业伦理也包含两个层次：①企业处理内部关系时所遵守的道德；②企业处理对外关系时所遵守的道德。具体地说，它包括以下几点：

（1）企业和员工之间的道德规范　合格的企业应该有以下道德规范：①确保员工职业安全，保护员工生命价值。②承认个人利益，尽力满足员工合理的且有实现可能的要求。尊重员工的个性、专长、价值与尊严，为员工得到全面发展创造良好的环境条件。③确保员工在企业中的主体地位、政治地位、人格地位的平等，为员工广泛参与管理创造条件。同时，员工要自觉遵守符合集体主义要求的个人行为规范。这些行为规范包括：爱集体、爱公物、爱岗位、爱劳动；讲责任、讲纪律、讲协调、讲奉献。在现代企业制度下，员工行为规范的理念基础有契约与忠诚、承认差别。承认差别是指承认能力、职务与权力的差别，承认劳动报酬的差别。

（2）管理者和普通员工之间的道德规范 一方面，管理者要树立"以人为本"的管理思想，率先垂范，充分依靠员工；另一方面，普通员工对管理者要给予尊重、理解和支持，并主动参与管理。

（3）员工之间的道德规范 以"平等、团结、友爱、互助"为基本道德规范，使全体员工在集体主义原则和企业共同意愿引导下平等相处、协作互助、共创业绩，共享工作和生活的快乐。

（4）企业与股东之间的道德规范 股东承担着按公司章程规定的提供经营资本的责任，且对自己所提供的经营资本只有转让或出售的权利，但不能随意抽回资金。股东应通过股东会和董事会等形式关心企业经营，支持经营者有效地进行资本运作和企业经营。同时，经营者必须遵纪守法，正确处理好股东、企业和员工的利益关系，处理好企业眼前利益和长远利益的关系。

（5）企业与社会之间的道德规范 正确地处理企业与社会的关系，应遵守"平等、互助、互利"的道德规范。企业在处理自己与社会公众的关系时必须有道义上的自律，遵守一定的道德规范（即职业道德）。

下面简要地讲述一下职业道德和企业信用。

（1）职业道德 职业是人们由于特定的分工而形成的具有专门业务和特定职责的社会活动。为了保证职业活动的正常进行，各行各业形成了一些特殊要求，也就逐渐形成了与职业相关的各种道德规范和准则。职业道德是人们在从事一定的职业范围内的工作所遵守的行为规范的总和。

职业道德通常包括以下几个方面的内容：①忠于职守、热爱本职。忠于职守就是要求职业工作者安心工作，对其工作恪尽职守，诚实劳动。在任何时候、任何情况下都能坚守岗位。热爱本职工作就是职业工作者以正确的态度对待本职的劳动，努力培养热爱自己所从事的工作的幸福感、荣誉感。②热忱服务、文明生产或文明服务。热忱服务是职业工作者要以满腔热情对待工作、对待服务对象，努力为服务对象提供最满意的服务。文明生产是指职业工作者在生产上按岗位规范、操作规程的要求，爱护设备、工具、产品，尽量减少环境污染。文明服务是指职业工作者在服务上做到礼貌待人，热忱服务。③讲究质量、注重信誉。讲究质量是要求企业员工努力提高工作质量和产品质量。信誉是信用和名誉。职业信誉是在每次产品交换中所形成的消费者、社会公众对生产者、经营者相互之间的一种依赖关系，是职业荣誉的集中体现。④遵纪守法、廉洁奉公。遵纪守法是指每个企业员工都要遵守职业岗位纪律和与职业岗位活动相关的法律、法规。廉洁奉公是企业每位员工应有的思想道德品质和行为准则。它要求企业每位员工在职业岗位活动中要坚持原则，不利用职务之便牟取私利。⑤钻研业务、提高技能。这要求企业员工努力学习科学文化知识，钻研业务，不断提高职业技能，以便高质量地做好所从事的工作。⑥积极进取、勇于竞争。这要求企业员工在所从事的职业活动中要树立竞争意识，具有努力向上、敢为人先的精神。⑦锐意改革、开拓创新。这要求企业员工在工作上要勇于解放思想、更新观念、破除各种束缚、敢于创造、不断开拓。⑧团结协作、互助友爱。这是处理企业内部人与人之间、部门之间、岗位之间、层次之间、环节之间关系的道德规范。⑨艰苦奋斗、厉行节约。这是指不畏艰苦、不怕困难、勤俭朴素的工作精神和生活作风。

（2）企业信用　现代企业伦理的基点是企业信用。1998 年，诺贝尔经济学奖获得者阿玛蒂亚·森指出，一个基于个人利益增长、缺乏合作价值观、不惜牺牲经济信用为代价的社会，不仅在文化意义上是没有吸引力的，而且在经济上是缺乏效率的。以各种形式出现的狭隘的个人利益的增进和道德的牺牲，不会给社会的福利带来任何好处。

英籍美国学者查尔斯·汉普顿和阿尔方斯·特龙佩纳对美国、英国、德国、意大利、瑞典、日本、新加坡等 12 个国家的 15001 名企业经理进行了调查，发现绝大多数企业经理都认识到：因为在现代信息社会中，信息传播的速度极快，社会舆论的监督力度不断增强，所以从事"反经济信用行为"的企业成本大大增加了。企业一旦有"反经济信用行为"，就会立即被曝光，其最重要的无形资产——商誉就会受到重创，而现代企业不讲商誉是无法生存的。重视企业商誉，可以赢得更多的合作者，可以得到更多的发展机遇。这就是说，现代企业竞争不仅包括质量竞争、服务竞争，而且包括商誉竞争。商誉竞争的核心是信用和公正，信用度高的企业将获得社会良好的评价。

一家企业只有在不仅能够增加自己的经济利益，而且能够增加全社会的经济利益时，才能达到合乎企业商誉或企业信用的资源最优配置状态；相反，企业如果通过损害他人的利益来实现自己的经济利益，就损害了企业商誉、企业信用，对整个经济体系效率的提升也造成了损害。

为了使企业得到持续发展，就要建立有效的企业信用管理系统和评价体系。企业信用管理系统和评价体系包括企业品格、能力、资本、担保、环境、信用要素、内部要素、外部要素等。企业品格是最核心的要素，即企业在经营活动中形成的企业伦理、企业品德、企业行为和企业作风。企业品格在很大程度上决定着企业信用的好坏。

建立企业信用管理系统，就要形成企业信用理念，完善管理制度，健全组织机构，包括设立企业内部的信用管理部门，确定信用管理权限，编制信用管理的规章制度，核查和评估企业信用实施情况。通用电气把核心价值定位于"诚信"的企业伦理，要求员工保持极大的热情，坚持完美、无边界的工作方式，发挥自身的智力资本，创建信任的环境，永远对顾客有感染力。

为了建立企业信用评价体系，评估者需要通过分析大量的企业要素，将影响信用要素的各种属性量化和具体化。美国在世界上最早建立了企业信用评价系统，并制定了企业信用评价标准表，见表 5-1。

表 5-1　美国企业信用评价标准表

序号	级　别	特　征
1	信用卓越	经营规模庞大，财务结构健全，资本雄厚，业绩极佳，对于市场有较强的适应力，偿还贷款完全没有问题
2	信用良好	获利能力强，有连续获利的能力和记录，市场变化对其虽有影响，但不大
3	信用尚佳	企业经营多年，管理尚佳，其自有资本足以支付其借款，在某一授信制度中，风险一般较小
4	风险较大	经营与管理已呈现不稳定的征兆，活力有所反复，无法按期缴付利息和借款，无法全部偿还本金
5	无法接受	财务状况甚为恶劣，资金周转严重困难，随时可终止营业，变卖资产清偿债务，银行回收贷款机会甚微

二、企业伦理的道德导向

从上面所说的企业价值文化的构成层次和管理发展所经历的企业文化阶段来看，当今企业伦理的道德导向是集体主义，而不是个人主义。由此，在满足个体需要的基础上要鼓励个体多为集体做贡献；在保持差别和竞争的基础上促进人与人之间的凝聚力和协作。

企业道德一方面通过舆论和教育来影响员工的心理和意识，使员工形成爱憎分明、是非明确的善恶观念；另一方面通过制度形式让企业道德在企业中确定下来，成为约束企业和员工行为的原则和规范。因此，企业道德的建设往往就表现在这里。

企业道德建设要处理好以下四个关系：

（1）处理好企业、国家、社会的关系，建立"企业社会道德"的约束机制 就企业和国家的关系来说，税收是国家与企业关系的重要调整手段，交税是每一个人，每一家企业都应尽的义务。就企业和社会的关系来说，企业在力所能及的范围内，应该多做"善"事，资助社会公益事业和社会文化事业。任何一家企业无论如何绝对不能靠损害社会求发展。就企业与企业的关系来说，企业应该提倡公平的文明竞争。

（2）处理好企业与环境的关系，建立"企业生态道德"的约束机制 企业环境大体可以分为"自然环境"与"社会环境"。自然环境是指企业所在地区的地形地貌、地质土壤、河海水系、风云空气、生物植被等所构成的自然生态系统；社会环境是指企业所在地区的人口密度、习俗民情、舆论倾向、道德风尚、产业结构、市场状况、消费水平等构成的社会生态系统。自然环境和社会环境相互影响，相互融合，形成了一个统一的企业环境。

建立企业生态道德，要求企业在发展生产的同时努力预防公害。不仅企业的劳动条件、工具手段、工艺流程等应该人性化，使之符合员工生理和心理特点的需要，而且企业对自然生态系统要特别关心、爱护、优化和美化，使之更适合人类的生存和发展。所以，企业一方面，要根据生产规律采用最先进的环保设备与工艺，以减少污染物的排放；另一方面，要根据生态学规律重新安排厂区的植物群落，以增强自然环境的自净化能力。

企业不仅能够改变自然生态系统中的物质流、能量流和信息流，而且能够改变社会生态系统中的物质流、能量流和信息流。所以，企业选定在某处建厂，既可能恶化该地区的交通和住房的紧张等状况，即恶化社会生态环境，也可能给该地区带来繁荣与兴旺，为地区提供经济腾飞的机会，即优化社会生态环境。这就要求企业所采取的每一项发展计划，都要考虑如何促进社会生态系统的良性循环。

（3）处理好企业与人的关系，建立"企业人际道德"的约束机制 企业不仅要关心人，而且要全面关心人。所谓"全面"，有三层含义：①要全面关心并尽可能满足员工的经济、安全、社交、心理和成就事业等多方面的需求；②要全面关心企业内部从生产一线到生活后勤等从事各种不同工作的人员；③要全面关心全社会的各种各样的人，如顾客、社区居民、原材料供应商等。

（4）处理好企业的本职工作权力和企业的特殊行为责任之间的关系，建立"企业行业道德"的约束机制 每个企业都属于一定的行业，有权力开展与本职工作相关联的各种业务，但同时企业也必须承担与全人类利益紧密相连的各项道德义务。当然，行业不同，道德责任的重点也不同。例如，市政工程公司有权埋设各种管线，但也有义务在施工现场设立显著标志，以保障交通车辆和行人的安全，还有义务在施工完成后将道路复原如初。矿山采掘企业，应以珍惜自然资源、爱护绿化为美德。滥伐森林，乱开矿藏，是不可取的。总之，为了全人类的利益，每个行业都有若干特殊的行为规范，需要着重强调和严格遵守。

三、企业道德的基本内容

企业道德是调整企业之间、员工之间关系的行为规范的总和。企业道德是围绕企业生产及企业的一切生成和发展起来的，它是一种特殊的行为规范，从伦理上起到调节企业与企业之间、企业与员工之间、员工与员工之间相互关系的作用，是企业的法规、制度的必要补充。企业道德的功能和作用，是企业的法规制度、业务规定、技术规程、纪律规则等所不能替代的。

企业道德不同于社会法律，它具有法律、法规、制度所不具有的积极示范效应和强烈的感染力。企业道德的功能和机制是通过两方面来实现的：一方面通过舆论和教育等方式，使企业员工形成善恶观念，形成内心观念；另一方面，企业道德又通过舆论、传统习惯等形式，使之成为约束企业及其员工行为的原则和规范。因此，企业道德，既表现为一种善恶的评价标准，又表现为一种行为标准。

一般来说，企业道德是以善良、正直、公正、诚实等为标准，来评价、规范企业和员工的行为，进而调整和控制企业与员工、企业与顾客、企业与企业之间的行为规范。

我国企业的企业道德体系由下述十方面内容构成，这些都是企业制定道德规范体系时应该参考和借鉴的。

（1）忠诚　忠诚是企业干部、员工首要的道德规范，包括忠于国家、忠于企业、忠于职守。忠于国家是指处理企业与国家的关系时，以国家、社会为重；忠于企业是指处理员工与企业的关系时，以企业为重、以集体为重；忠于职守是指员工对岗位工作的态度，要热爱本职工作，认真敬业。不忠于国家的人很难忠于企业，不忠于企业的人很难忠于职守。忠诚这种高尚的道德对社会上现存的那些为局部、眼前利益而损害国家、企业长远利益的不道德行为，是无情的鞭挞。

（2）无私　无私是指事事出以公心，在个人利益与集体、国家利益发生矛盾时，自觉地以个人利益服从集体、国家的利益。无私是做人、做事最基本的道德规范，许多企业的企业道德、企业精神中所包含的"为公""献身""奉献"等都是对无私道德的倡导。

（3）勤劳　劳动是人类生存和发展的基础，勤劳是人类共同推崇的基本道德。勤劳不仅是指体力的投入，而且包括脑力和感情的投入。如果企业员工丧失了勤劳的美德，整天无所事事，是不利于企业发展的。

（4）节俭　人、财、物是企业的主要生产因素，节俭就是节约人力、物力、财力，决不为讲排场、摆阔气而任意浪费资源。节俭、简朴是中华民族的美德，今天我国还不够发达、我国的企业还需要增强实力，如此又怎么能够放弃前人留下的节俭这一宝贵财富呢？邯钢能够振兴，与其管理思想中"节俭、节约"的道德标准有很大的关系。

（5）团结　"和"是中华文化的一贯传统美德，团结就是注重人际关系的和谐，集体同心同德。团结在企业中的具体体现就是强调"团结""协作""齐心""和谐"。团结就是力量，如果一个企业内部拉帮结派，那么无论多么先进的设备、如何高明的管理方法都将无济于事。

（6）廉洁　廉洁是企业干部、员工的共同职业道德。廉洁的实质是在本质工作中划清公、私的界限，绝不假公济私、徇私舞弊。

（7）自强 自强是企业和全体员工对待困难和挑战的积极态度，是顽强拼搏、开拓进取精神在道德上的投影。要使自强成为企业的道德意识，就必须逐步形成"唯旗是夺、无功即过""自强则生、平庸则亡""进取光荣、退缩可耻"的荣辱观。

（8）礼貌 礼貌是人际关系的行为准则和道德规范。对于现代化的企业而言，无论是对内的人际交往还是对外的公共关系都日益频繁，实现有礼貌的交往，不仅是内求团结的需要，也是对外竞争的需要，是搞好公共关系、树立良好企业形象的需要。中华民族是礼仪之邦，我国的企业也应该成为礼仪之厂、礼仪之店，为社会主义精神文明建设做出积极贡献。

（9）守信 在我国古人倡导的"仁义礼智信"五德中，守信是一个基本的道德规范。现代化的企业实行的是开放式经营，甚至于实行的是跨国界的全球化经营战略，企业与外界建立了许多合同关系，自然使得守信成为企业重要的道德标准。许多企业理念中都有"信誉第一"的内容，但关键是怎么落实。

（10）遵纪 纪律是胜利的保证。厂规厂纪反映了社会化大生产的客观要求，是企业对员工外加的强制性的行为规范，遵守纪律也是道德的重要组成部分。要使遵守纪律成为整个企业的道德规范，关键在于企业的规章制度要健全，要依法治厂、治企。

四、企业道德建设的途径

企业道德建设的原则主要有：坚持道德建设与市场经济相适应；坚持继承优良传统和弘扬时代精神相结合；坚持尊重个人合法权益和承担社会责任相统一；坚持注重效率和维护社会公平相协调；坚持把先进性要求和广泛性需求结合起来；坚持道德教育和社会管理相配合；坚持传授知识和说服教育相结合；坚持情感陶冶和环境促进相结合；坚持榜样和示范相结合；坚持自我教育和互相影响相结合；坚持行为规范和实践培养相结合；坚持常规和突出重点相结合；坚持严格要求和检查督促相结合；坚持道德调节和强制规范相结合等。

与此相对应，企业道德建设有以下几条重要途径：

1）要继承企业优秀伦理道德观念等，需注入符合本企业实际情况和时代要求的新内容，建立完善的道德规范。同时，要深入分析企业员工的不同道德境界和觉悟水平，注意道德的层次性。

2）要把企业道德建设和提高员工素质结合起来。企业在道德建设过程中必须坚持对员工进行思想政治教育、科学文化教育、岗位培训等，使员工能够自觉地意识到企业道德的要求，自觉地对自己的行为负责，不断地提高自身的道德层次和水平。

3）要坚持个人示范和集体影响相结合。个人示范包括：企业领导者以自己的模范道德行为为企业员工做表率；企业中先进人物等典型人物的示范作用。由于集体是由许多个体成员集合而成的，每个成员在工作实践中各有所长，因此通过集体，每个成员相互影响，可以互相促进各自道德水平的提高。

4）企业道德建设和管理制度改革相结合。企业道德建设的目的之一是激发员工的内在潜力，充分调动员工的积极性和创造性。而企业管理制度改革的目的之一也是从满足人的不同层次需求上激发人的积极性等。所以，企业道德建设和管理制度的改革是紧密相连的。例如，改善管理人员与员工的关系，尊重被管理者的人格和主人翁地位，扩大民主管理的范围等，这些既是管理改革的重要内容，又是企业道德的重要内容。

5）企业道德和行政、司法管理相结合。企业道德建设主要诉诸舆论与良心，这是企业所重视的。但同时企业也必须充分运用行政、司法等手段，对那些违法乱纪的人员给予必要的处理，甚至送交国家司法部门惩处。

道德规范是企业所有成员的重要行为准则。道德对行为的软约束与企业制度对行为的硬约束相配合，不但可以弥补硬约束难以面面俱到的局限性，而且能够使企业所有成员的行为自觉地指向企业目标的实现，成为企业不可或缺的道德力量。因此，完整的理念识别策划，少不了对企业道德进行科学合理的设计。

五、企业道德规范体系的设计原则

企业道德是社会道德理念在企业中的具体反映。企业道德所调节的关系的复杂性决定了这种道德理念不是单一的观念和要求，具有多方面、多层次的特点，是由一组道德观念因素组成的道德规范体系。由此，可以确定企业道德的一些设计原则。

（1）体现中华民族的优秀传统道德　企业道德不是无源之水，而是和一个民族的其他道德观念一样，是由民族的传统道德衍生出来的。因此，我国企业的道德就必须符合中华民族的传统道德观念。

（2）符合社会公德及家庭美德　企业员工是社会中的人，他们除了在企业的工作时间外，大部分时候都是在社会和家庭中度过的，因此企业道德必须符合当前的社会公德及家庭美德的基本要求。否则，就会出现由于相悖的道德观念在员工个体的身上难以调和，从而导致企业道德丧失现实基础的情况发生。

（3）突出本行业的职业道德特点　企业道德所调节的主要关系应是在企业生产经营活动过程中发生的员工与员工、领导与员工、员工与顾客、员工与企业、企业与社会等方面的关系，这些无不与职业岗位有最密切的关系，因此企业道德规范要充分反映所在行业的职业道德要求。例如，煤炭企业的企业道德"忠于职守，诚实劳动，保质保量"与商业企业的企业道德"公平交易，诚信无欺，礼貌待客，方便群众，竭诚服务"既有社会公德共性，又有行业不同带来的企业道德个性。在突出本企业员工最需要的道德规范的前提下，再考虑兼顾社会普遍性的道德要求。

六、企业道德确定的步骤和方法

1）确认企业的行业性质、事业范围，了解本行业组织或其他企业制定的有关职业道德的要求，这是设计符合企业特点的道德体制的前提。

2）考察企业的每一类具体工作岗位，分析其工作性质及职责要求，在此基础上分别提出各类岗位最主要的道德规范要求。

3）汇总这些岗位的道德规范，选择出现频度最高的几条作为初步方案。

4）根据已经制定的企业目标、企业哲学、企业宗旨、企业精神，检查初步方案与已有理念是否符合、有无重复，不符合的要改正，重复的则可去掉。

5）在管理层和员工代表中征求意见，看目前的企业道德是否最能反映企业发展对员工道德的要求，在反复推敲后确定。

思 考 题

1. 如何塑造企业价值观?
2. 企业领导者如何灌输、营造企业价值观?
3. 什么样的企业文化有利于促进企业的长期经营业绩?
4. 如何创立有自身特色的企业精神文化?

典 案 链 接

联想的使命、远景和核心价值观

联想的使命、远景和核心价值观构成了联想文化的核心内容。

一、联想的使命

企业的使命告诉人们:企业为什么存在;企业存在的理由或价值是什么;员工在这里工作的意义又是什么。使命宣言是非常有力的工具,能把所有员工聚集到一起,并激发他们向使命前进。从成立之初,联想就有着非常明确的使命感,是个使命驱动型的公司,并且随着联想的发展,联想的使命逐渐得到了提升。

联想的使命可以概括为"四为":为客户、为社会、为股东、为员工。

1) 为客户——提供信息技术、工具和服务,使人们的生活和工作更加简便、高效、丰富多彩。概括来说,就是让科技走近大众,走近每一个人的生活和工作。

2) 为社会——服务社会文明进步。联想将一如既往地严格遵守中国的和其他已开展业务的国家和地区的法律,积极参与科技、教育、环保、赈灾、体育等各种公益事业,提供先进的科技产品,为社会的进步做出自己的贡献。

3) 为股东——回报股东长远利益,联想将努力成为百年老店,为股东创造长远的价值,不为一时短期利益而损害长期发展。

4) 为员工——创造发展空间,提升员工价值,提高工作生活质量。联想的未来就是大家共同的未来,联想的宗旨是与员工共同发展。

二、联想的远景

企业的远景告诉人们:企业是什么;企业将做成什么样子。企业的远景是对企业未来发展的一种期望和描述,只有清晰地描述企业的远景,员工、社会、投资者和合作伙伴才能对企业有更为清晰的认识。一个美好的远景能够激发人们发自内心的感召力量、人们强大的凝聚力和向心力。

未来的联想应该是高科技的联想、服务的联想、国际化的联想。

(一) 高科技的联想

1) 在研究开发的投入上逐年增加。

2) 研发人员在公司人员的比重逐渐提高。

3) 产品中自己创新技术的含量不断提升。

4) 研发领域不断拓宽、加深,尤其是要逐渐从产品技术、应用技术向核心技术领域渗透。

5）技术将不仅仅为公司产品增值，使其更有特色，同时也将成为公司利润的直接来源；成为全球领先的高科技公司之一。

（二）服务的联想

1）服务是DNA：服务成为融入联想每名员工血液的DNA，服务客户的文化根深蒂固。

2）服务是竞争力：服务要成为产品业务的核心竞争力，成为带动营业额、利润增长的重要因素。

3）服务是新业务：服务业务包括服务外包、运营服务、系统集成、管理咨询等，服务业务成为联想业务（尤其利润）的支柱之一。

（三）国际化的联想

1）在未来，联想20%以上的收入来自国际市场，公司具有国际化发展的视野和与之相对应的人才、文化等。

2）公司的管理水准达到国际一流。

三、联想的核心价值观

联想的核心价值观告诉员工：我们应该怎么做；什么对我们是最重要的。联想的核心价值观经历了长期积累和演变，现在已经得到进一步明确和丰富。联想经过系统整理和反复论证，确立了四条联想核心价值观：服务客户、精准求实、诚信共享、创业创新，如图5-2所示。

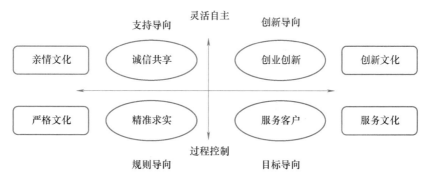

图 5-2 联想核心价值观的模型

（一）服务客户

服务客户是联想的首要价值观，因为联想最重要的使命就是为客户创造价值，联想将要成为一个服务型公司。联想和联想人的价值在于拥有客户，为客户提供全方位的服务，让客户获得超出期望的满意结果。

（二）精准求实

联想能够取得今天的成就，从管理和做事的方法来看，主要得益于联想人能够"以事实为依据，用数据来说话""乐于发现问题，勇于面对现实"。

（三）诚信共享

在股市上，在客户心目中，在合作伙伴的眼里，联想集团是个以诚信著称的公司。"诚实做人，注重信誉；坦诚相待，开诚布公"是联想人最基本的道德准则；"取信于用户，取信于员工，取信于合作伙伴"是联想人的待人之道。

（四）创业创新

曾经，老一代联想创业者创造了"把5%的希望变成100%的现实"的拼搏精神，也把"每一年，每一天，我们都在进步"的进取信念融入了新一代联想人的血液之中。今天，创业精神已经在新一代联想人身上得到了继承和发扬。虽然公司规模扩大了，但是联想人意识到"创业永无止境"，还要"开源节流，创新奋斗"，还要保持危机意识，放下以前的成就，要充满激情和拼劲，要以永不满足，勇于拼搏的精神，不断超越自我。

（资料来源：祝慧烨. 发现企业文化前沿地带 ［M］. 北京：企业管理出版社，2003.）

提示点评：

1. 在联想多年的发展过程中，企业文化的内涵一直随着社会和企业的发展而不断变革，但总是围绕"关注市场和顾客""鼓励革新、容忍失败、人才为本""以价值观为动力"等线索。

2. 联想企业文化的结构和内容要适应当前企业发展和竞争环境，在每一个阶段，联想会形成一种新的、具有稳定结构的企业文化。

3. 联想通过企业文化凝聚所有成员的力量和智慧，是让企业具有竞争力的无形武器。

思考训练：

1. 收集有关信息，看看现在的联想文化与创业之初的联想文化有什么不同？

2. 股份制改革后，联想是如何对企业文化重新定位的？

第六章

企业文化制度层的设计

 学习提示

重点掌握：企业文化制度层的设计。

掌　　握：如何设计一家企业的企业文化制度。

一般了解：企业一般制度的设计、企业组织文化、企业管理文化。

企业文化的制度层又叫企业的制度文化，主要包括企业领导体制、企业组织机构和企业管理制度三个方面。

企业领导体制的产生、发展、变化，是企业生产发展的必然结果，也是文化进步的产物。企业组织机构是企业文化的载体，包括正式组织机构和非正式组织机构。企业管理制度是企业在进行生产经营管理时所制定的、起规范保证作用的各项规定或条例。上述三者构成了企业的制度文化。

第一节　企业一般制度的设计

一、企业制度文化的含义

企业制度文化是一种约束企业和员工行为的规范性文化，主要包括目标企业领导体制、企业组织文化、企业管理制度。其作用在于规范员工的行为，促进企业的发展，实现"以人为本"。

所谓企业制度文化，是企业为实现自身目标对员工的行为给予一定限制的文化，是一种来自员工自身以外的、具有强有力的行为规范的要求。企业工艺操作规程、厂规厂纪、经济责任制、考核奖惩制等都是其内容。虽然如此，但其主要内容仍是企业领导体制、企业组织文化和企业管理制度三个方面。

企业领导体制是企业领导方式、领导结构、领导制度的总称，其中最主要的是领导制度。

企业组织文化是指企业为了实现企业目标而筹划建立的企业内部各组成部分及其关系。

企业管理制度是企业为了求得最大效益，并能保障一定权利的各项规定或条例，在生产管理实践活动中制定的各种带有强制性义务，包括企业的人事制度、生产管理制度、民主管理制度等一切规章制度。它作为员工行为规范的模式，能使员工个人的活动得以合理进行，

同时成为维护员工共同利益的一种强制手段。

在企业制度文化中，企业领导体制影响着企业组织机构的设置，制约着企业管理的各个方面。所以，企业领导体制是企业制度文化的核心内容。卓越的企业家应当善于建立统一、协调、通畅的企业制度文化，特别是统一、协调、通畅的企业领导体制。

二、现代企业制度的比较

现代企业制度是以产权关系为基础和核心的，可以分为独资企业形态、合伙企业形态和公司企业形态，主要是指公司企业形态。

公司制企业管理机构是由股东大会、董事会和经理层组成的。但是，由于资本结构以及文化传统等的不同，欧美公司模式和日本公司模式是有较大区别的。

从股东大会来看，在欧美公司，由于股份的分散性，股东众多，所以股东大会的作用十分强大，特别是对公司经营权影响极大。由于公司决策机构和经营机构的分离，因此公司所有者与经营权的制约关系会得到加强，但往往会带来决策程序过多、效率下降等不利的一面。而在日本公司，法人大股东所持的股份比例很高，其意见往往就是股东大会的意见。由于他们持股的目的是企业的联合和发展，因此他们一般不反对公司的决策意见，法人与股东之间建立了一种相互信任的关系。在日本，决策与经营的相对统一，使公司的运作效率得到了提高。

从董事会来看，欧美模式和日本模式的区别表现在以下几个方面：

1) 在董事会成员构成中，美国公司外部董事多，董事会成员少。而日本公司的董事主要来自公司内部，董事会成员多，高级管理人员是专务董事、常务董事和董事。

2) 在董事会权利结构中，美国公司的董事会负责研究和制定政策，之后由经理层组织实施，两者的权责是分明的。在日本公司中，由于董事并不是所有者的代表，而是一种地位、权力和身份的象征，所以公司的领导权掌握在经营者手中。此外，董事和经理往往又是合一的。

3) 在董事会成员的等级中，美国公司董事会只有董事长和董事两级。而日本公司的董事顺序是：会长——社长——副社长——专务董事——常务董事——董事，这更反映了日本的董事是一种地位、权力和身份的象征。

在现代企业制度的运作中，如果经营者听命于股东，代表股东利益，则势必会形成股东利益与公司利益的矛盾，妨碍公司的长期发展；如果经营者受制于员工，以满足利益最大化为目标，则也会形成员工利益与公司长期利益的矛盾；如果经营者代表公司利益，以公司发展为宗旨，则能够把公司、股东、员工三者的利益统一起来。公司发展了，股东和员工的利益也就得到了相应的满足。在日本模式中，经营者代表公司利益，为公司的发展而努力工作，促进了日本经济的高度发展。

此外，在欧洲发达国家的公司制度模式中，还存在着股东大会下的监事会和董事会的"双重董事会"，以德国最为典型。在这一模式中，监事会主要制定公司政策，决定公司的重要业务活动，监督董事会，行使监事会对公司的管理权。这实际上是行使美国、日本公司制中董事会的职能。而董事会则作为一个专门委员会执行监事会的决议，具体管理公司业务，类似于执行机构。而日本公司中的监事会权力和功能相对较弱，其监督功能在很大程度上由法人股东来行使。

所以，股份制公司运行的最大特点是股东大会、董事会和经理层之间形成的相互独立又相互制约的关系。制衡关系如果设置不科学，则容易形成权力制衡中的阻滞效应，最终会贻误公司的发展。在日本模式中，由于法人持股，进而决定了董事会、监事会和经理层趋于一体化，因此，此模式较好地解决了公司权力制衡中所存在的问题，有着较高的运作效率。实际上，这一模式是日本政治体制的一种反映。在日本政权制度中议员和政府官员是合二为一的。所以，日本公司的这一模式在运行中如果缺乏高超的技巧和协调手段，往往会出现危机。

《中华人民共和国公司法》规定：有限责任公司（国有独资公司有特别规定）其组织机构由股东会、董事会（或执行董事）、经理、监事会和监事组成；股份有限公司（上市公司有特别规定）其组织机构由股东大会、董事会、经理和监事会组成；有限责任公司和股份有限公司都实行董事会领导下的经理负责制。股东会和股东大会是公司的权力机构；监事会是监督机构；董事会作为常设的权力机构和决策机构，实行集体领导；经理对董事会负责，行使相应职权。在新的企业治理机构中，企业党组织除了继续做好自身的建设外，还须依照法定程序，通过担任行政工作发挥政治核心作用；公司员工或通过参加董事会、监事会，或通过参加职工代表大会（国有公司）的形式，参与企业的管理。这种新的企业治理结构，是适应市场经济发展需要的。

三、企业风俗的设计

企业风俗是企业长期相沿、约定俗成的典礼、仪式、习惯行为、节日、活动等。由于企业风俗随企业的不同而有所不同，甚至有很大差异，因而成为区别不同企业的显著标志之一，在企业行为识别系统中占有很重要的地位。

（一）企业风俗的类型、性质与作用

1. 企业风俗的类型

根据不同分类标准，可以将企业风俗划分为不同类型。按照载体和表现形式可以划分为风俗习惯和风俗活动。企业风俗习惯是指企业长期坚持的、带有风俗性质的布置、器物或是约定俗成的做法。例如，有一些企业每逢年节都要在工厂门口挂上灯笼（彩灯）、贴上标语或对联、摆放花坛。风俗活动则是指带有风俗色彩的群众性活动，如一年一度的团拜会、歌咏比赛、运动会、春游等。

按照是否为企业特有可将企业风俗分为一般风俗和特殊风俗。一些企业由于行业、地域等关系而具有相同或相近的企业风俗，这些相同或相近的企业风俗就是一般风俗，如厂庆、歌咏比赛等就是许多企业所共有的。特殊风俗是指企业独有的风俗，如某商场每天早晨在商场门前小广场举行的升旗仪式及各种表演。

按照风俗对企业的影响可以将其分为良好风俗、不良风俗和不相关风俗。良好风俗是指有助于企业生产经营以及员工素质提高、人际关系和谐的企业风俗，本书前面提到的多数企业风俗都是良好风俗。不良风俗是指给企业或员工带来不好影响的企业风俗。不相关风俗则对企业的生产经营和员工没有明显的好或不好的影响。正确区分以上三种类型风俗，对于设计企业风俗是很重要的。

2. 企业风俗的性质

了解企业风俗的性质，对于认识企业风俗的内涵、正确区分企业风俗与其他行为识别系统要素（如企业制度）的异同、进行企业风俗的改造和设计具有很重要的意义。

（1）非强制性 一般来说，企业为维持正常的生产经营管理秩序而按组织程序制定各种成文的规章制度都带有明显的强制性，每名员工都应无条件地遵守和执行，如果违反这些规章制度还会受到相应的处罚。而企业风俗则一般不带有任何强制性，是对应于企业"官方"的规章制度的"民间规则"，是否遵守企业风俗主要取决于员工的个人兴趣和爱好，违反企业风俗也不会受到任何正式的处罚。企业风俗的形成和维持，完全依靠员工群体的习惯和偏好。

（2）偶发性 企业风俗的形成，往往是出于很偶然的因素。例如，东北某企业每年都要进行冬泳比赛，全厂职工以及很多家属都会参加，场面非常壮观，起因是工厂多年前有几位生病职工尝试冬泳来健身祛病，坚持一段时间后认为冬泳对身体健康有好处，于是越来越多的职工参与进来。偶发性的特点使得一些风俗由于时间很长了，其真正的起因往往被淡忘了，从什么时候算真正形成也并无特别的时间年限。

（3）可塑性 可塑性包含两层含义：①可以经过主观策划和设计企业活动并使之付诸实施，通过年复一年的运行逐渐演化成为企业风俗；②对于已经形成的企业风俗，可以按照企业的要求进行内容和程式的改造，使之向着企业期望的方向发展。可塑性是企业风俗的重要特性，正是由于这一个特性，使得企业可以主动地设计和形成某种良好的风俗，改变和消除不良的风俗。

（4）程序性 企业风俗一般都有一些固定的规矩或惯例，如固定的程序、必不可少的仪式、器物的品种和样式、参与者的习惯着装等。这些固定的程式使得企业风俗造就了一种特殊的环境心理定式，使参与者在其中受到感染，在心理上产生认同。

（5）包容性 企业风俗对人的思想观念和言行的影响与作用，主要是通过人们的舆论来实现的。由于不同的人思想认识水平、思维习惯、观念固化程度均不同，这使得他们对待企业风俗的态度和认同程度是存在一定差别的，从而决定了人们的舆论往往并无刚性、明确的尺度，而是有一定"频谱宽度"的舆论方向。因此，维持企业风俗的群体习惯和偏好势力的上述特点，决定了企业风俗的包容性。

3. 企业风俗的作用

良好的企业风俗，有助于企业的发展，有助于企业文化的建设和企业形象的塑造。其具体作用体现如下：

（1）引导作用 良好的企业风俗是企业理念的重要载体。在风俗习惯形成的基础上增加丰富多彩的风俗活动，员工可以加深对企业理念的理解和认同，并自觉地按照企业的预期不断努力。

（2）凝聚作用 企业风俗能够长期形成，必然受到多数员工的认同，是员工群体意识的反映，这种共性的观念意识无疑是企业凝聚力的来源之一。设计和建设企业风俗，对增强员工对企业的归宿感、增强企业的向心力和凝聚力有着非常积极的作用。

（3）约束作用 企业风俗鼓励和强化与其相适应的行为习惯，排斥和抵制与之不相适应的行为习惯，因此企业风俗对员工的意识、言行等起着无形的约束作用。在企业风俗的外在形式背后，深层次的内在力量是员工的群体意识和共同价值观，它们更是对员工的思想、意识、观念具有超越企业风俗外在形式的巨大影响。

（4）辐射作用 企业风俗虽然只是企业内部的行为识别活动，却常常通过各种传播媒介（特别是员工个体的社交活动等）传播出去，其外在形式与作为支撑的内在观念意识必然会给其他企业和社会组织带来或多或少的影响，这种影响就是企业风俗辐射作用的直接反映。

（二）影响企业风俗的诸多因素

企业风俗在萌芽和形成的过程中，会受到来自企业内外部复杂因素的影响。这些因素对不同企业风俗的影响角度不一样，但都不同程度地发挥着各自特有的作用。

1. 民俗因素

民俗因素是指企业所在地民间的风俗、习惯、传统等。它们在当地群众中具有广泛而深刻的影响，许多企业风俗都来自民俗（但常常要经过必要的改造），或是受到民俗的启发而形成的。例如一些北方企业有在新年到来时给办公室、车间贴窗花的风俗，这显然就是来自北方老百姓剪窗花的民俗。民俗有时还能够改变企业风俗，例如企业从一个地方搬迁到另一个地方，就可能改变一些企业风俗以适应新地方的民俗。

2. 个人因素

企业领导者、英雄模范人物、员工非正式团体的"领袖"等人由于在企业生活中具有特殊的地位，他们的个人意识、习惯、爱好、情趣、态度常常对企业风俗有着较大的影响。个人因素中企业领导者的影响尤为显著，领导者的提倡、支持或积极参与可以促进企业风俗的形成和发展，领导者的反对或阻止可能导致企业风俗的消失，领导者的干预则可能使企业风俗得以改变。因此，企业领导者不应忽视企业风俗，而要在企业中倡导良好风俗、改造不良风俗，并努力把企业理念渗透到其中。

3. 组织因素

企业风俗一般局限在一家企业范围内，参与者以本企业员工为主，因此企业或企业上级组织对企业风俗有决定性的影响。组织因素可以促使一个新的企业风俗形成，也可以促使其改变，甚至促使其消亡。新中国成立以来，我国许多企业风俗都是在组织因素的作用下长期坚持而逐渐巩固，并最终形成的。组织因素对企业风俗的影响，主要是企业理念起主导作用，有时也辅以行政力量的调控。例如，政府部门组织下属企业进行的劳动技能比赛，后来就成为不少国有企业的一项企业风俗。

（三）企业风俗的培育和设计

在一般企业里，要么还未形成比较成熟的企业风俗，要么企业风俗并无明显的优劣高下之分。在这样的情况下，企业主动地设计和培育优良风俗就显得特别重要。

1. 优良企业风俗的目标模式

无论何种表现形式，优良的企业风俗都应该具有一些共同的特点，具备这些共同特点是企业风俗目标模式的基本要求。

（1）体现企业文化的精神层内涵　企业文化精神层是制度层的灵魂，符合企业最高目标、企业精神、企业宗旨、企业作风、企业道德的企业风俗往往是由比较积极的思想观念意识作为软支撑的，有助于培养员工积极向上的追求和健康高雅的情趣。例如江苏省有一家以制造文化用品为主的乡镇企业，它把培养高文化品位作为企业目标，于是该企业大力倡导和积极鼓励员工开展各种读书、书法、画画、诗歌欣赏等活动，后来逐渐形成了一年一度的中秋文化之夜的企业风俗，企业员工及家属都踊跃参加活动，如展示自己的书画作品，朗诵自己喜爱或创作的诗词散文。这一企业风俗就很好地反映了企业理念。

（2）与企业文化制度层要素和谐一致　企业风俗是联系企业理念和员工意识观念行为习惯的桥梁，它和企业各种成文的制度一样，对员工起着一定的约束、规范、引导作用。这就要求企业风俗和企业的各项责任制度、工作制度、特殊制度保持和谐一致，且互为补充、互相强化，以更强的合力为塑造良好的企业形象发挥作用。

（3）与企业文化物质层相适应　无论是企业风俗形式还是风俗活动，都必须建立在一定的物质基础之上。而企业文化物质层无疑是企业风俗最基本的物质基础，对企业风俗的形成和发展具有很大的影响。

2. 培育企业风俗的原则

（1）循序渐进原则　在根据精心设计出的目标模式培育企业风俗的过程中，企业通过各种渠道可以对企业风俗的形成产生巨大的外部牵引和推动力，但这种作用必须是在尊重企业风俗形成的内在规律的前提下发挥的。倘若拔苗助长，则必然"欲速则不达"，甚至给企业带来不必要的损失。

（2）方向性原则　企业风俗的形成需要一个较长期的过程，需要时间的积累，而在这个发育形成的过程中，企业风俗不断受到来自企业内外部各种积极和消极因素的影响。这一原则决定了企业应该在企业风俗的形成过程中加强监督和引导，使之沿着企业所预期的目标和方向发展。

（3）间接原则　企业风俗的形成，主要靠人们的习惯、偏好等维持，因此企业管理者和管理部门在培育企业风俗的过程中要积极发挥非正式组织的作用，即宏观调控而非直接干预。

（4）适度原则　企业风俗固然对塑造企业形象和改变员工思想、观念、行为、习惯具有很积极的作用，但并不意味着企业风俗可以代替企业的规范管理和制度建设，更不是越多越好，企业领导者必须紧紧把握好"度"。如果企业风俗过多，反而使员工把注意力集中到企业风俗的外在形式上，忽视和冲淡了企业风俗深层次内涵对自身的影响。因此，培育企业风俗既要做"加法"，也要做"减法"。

（四）对现有企业风俗的改造

1. 改造现有企业风俗的目的和意义

一般而言，当企业领导者和管理部门感受到企业风俗的存在、认识到企业风俗的作用时，企业风俗肯定已经在企业中基本形成，甚至完全形成了。这也是由人类认识过程所决定的。

显然，业已存在的企业风俗往往有优劣之分，同一家企业风俗中也有积极面和消极面之分。这种既对立又统一的认识是非常必要的。对现有企业风俗的改造，旨在彻底改变和消除不良风俗或风俗中的消极因素，保持和强化优良风俗和其中的积极因素。

同时，由于企业风俗是企业在长期发展过程中自发形成的，其中每一种风俗都必有其萌芽和发展形成的主客观条件。由于企业内外环境始终处于动态变化之中，企业风俗也因此会随着企业及其所处环境的变化而使部分或全部内容及形式出现不适应这种变化的地方。从权变观的角度看，是存在一个对现有企业风俗进行改造的问题的。

主动进行改造是基于企业风俗的可塑性，更是企业文化建设与更新的积极措施。

2. 对现有企业风俗的辩证分析

改造企业风俗的首要前提是对企业风俗做出科学、全面的分析。缺乏分析的改造是盲目的，不但难以促使不良风俗向优良风俗转变、企业风俗的消极因素向积极因素转化，而且可能适得其反。对现有企业风俗的分析应坚持三个结合：

（1）结合企业风俗形成的历史　现有企业风俗是企业长期发展过程中各种内外因素综合作用的结果，结合企业风俗的形成历史来考察企业风俗，可以正确地认识其形成背景与主要影响因素，有助于动态而不是静态地分析和认识企业风俗存在的价值与意义，从而正确地把握企业风俗的发展趋势和未来走向。

（2）结合企业发展需要　要看是否有利于企业的生产经营管理实践，是否有利于增强企业的向心力和凝聚力，是否有利于企业最高目标的实现，这些是衡量企业风俗存在价值的重要标准。脱离了企业现在和将来发展需要的企业风俗，对企业而言毫无存在的必要。对企业风俗的分析，不仅要结合企业的现实需要，而且要结合企业的长远需要，这样对企业风俗优劣的判断将站在更高的高度，更能够得出正确的结论。

（3）结合社会环境　企业是社会经济组织，也就决定了企业风俗具有很强的社会性，因而考察、分析现实的企业风俗也必须立足于社会大环境。只有从社会的宏观高度来考察和分析，才能看到企业风俗的社会价值和积极的社会意义。同时，只有用积极的社会思想观念意识来改造和优化企业风俗，才能使之具有强大而持久的生命力，这也是企业存在的社会价值的一个侧面。

3. 改造现有企业风俗的具体方法

改造企业风俗的关键就在于保持和强化优良企业风俗及其积极因素，改造不良风俗及其消极因素，绝不能将优劣企业风俗一起改造。根据企业风俗中积极因素和消极因素构成的不同，具体的方法也有下述四种：

（1）扬长避短法　它是指采取积极的态度影响和引导企业风俗，扬长避短、不断完善，一般用于巩固和发展内外在统一、基本属于优良范围的企业风俗。

（2）立竿见影法　它是指运用企业正式组织的力量对企业风俗进行强制性干预，使之在短期内按照企业所预期的目标转化。这种办法一般用于内在观念积极但外在形式有缺点或不足的企业风俗。

（3）潜移默化法　它是指在企业正式组织的倡导和舆论影响下，通过非正式组织的渠道对企业风俗进行渗透式的作用，经过一段较长的时间逐步达到企业预期的目标。这种办法一般用于外在形式完善、内在观念意识不够积极但尚不致于对企业发展产生明显阻碍或不良作用的企业风俗。

（4）脱胎换骨法　它是指运用企业的正式组织和非正式组织共同的力量，对企业风俗从外在形式到内在观念都进行彻底的改变或使之消除。这是对待给企业发展造成明显阻碍的、封建落后的恶劣风俗所必须采取的办法。

（五）优良企业风俗举例

1）一些公司在中秋节或元旦时举办职工、家属聚会。

2）广东某些公司的生日晚会，即每月最后一个周末，当月过生日的职工与公司领导聚会。

3）美国某公司的奥林匹克运动会——发奖大会。

4）日本、韩国某些企业的朝会，一般是每天早晨全体员工集会、升旗，公司领导讲话等。

第二节　企业组织文化

一、组织的概念和企业组织机构的种类

（一）组织的概念

作为动词的"组织"，是指人类的一种行为，对企业来说，就是为了完成某项任务，而把人、财、物等各种要素进行有效的组合。显然，这里的"组织"是管理的一个基本职能。而作为名词的"组织"，是指一种实体或机构，即为了达到组织的目标而结合在一起的、具有正式关系的一群人。

所以，"组织"对于人类来说，具有重大的意义。一个重要的表现就是通过有效的组织形式和组织行为，可以大幅度地提高效率。

特别值得一提的是，企业也要十分重视非正式组织的建设。企业的非正式组织也是一种有效的文化网络，它不仅能加强人际交流，传递文化信息，而且能弥补企业正式组织的不足，为各层次的员工发挥聪明才智提供广阔的天地。非正式组织的重要特点是员工在其中直接表现自己的价值观。这种价值观虽然是一种自发的企业文化，但也往往是一些企业员工共同的价值观，是一种在企业中占有重要地位的意识。相比较而言，正式组织偏重规章制度和管理程序，非正式组织偏重感情逻辑。正式组织的规章制度和管理程序与非正式组织的感情逻辑纵横交错，形成了企业内部庞大的沟通网络，使企业内部不同价值观的沟通与协调成为可能，这就为企业文化建设提供了更为广阔的基础。所以，企业也非常重视非正式组织及其组建和发展，抓好具有积极文化倾向的非正式组织的建设，重视人的因素，重视人的价值，调动人的积极性。例如，企业可以支持员工自发组织各种研究会，如书法、演讲、体育协会等"小组织"，开展各种各样的"小活动"。

（二）企业组织机构的种类

企业组织机构是指企业为了实现企业目标而筹划建立的企业内部各组成部分及其关系。根据权责关系的不同形式，企业组织机构可以分为直线式、直线职能式、事业部式和矩阵式等。

1）直线式机构是指上下级只存在直线关系，没有横向并列的组织机构。上级主管人员执行各种管理职能，统一指挥，下级只服从一个上级，并只对其负责。直线式机构简单明了，指挥系统单一，职权明确，横向摩擦少，因而效率高。但是，它没有专业化的管理分工，只适用于小规模的企业，或者是经营管理活动内容比较简单的企业。

2）直线职能式机构是以直线式机构为基础，按专业分工设置的管理职能部门作为补充的综合性机构，它既保留了直线式机构集中统一指挥的优点，又吸取了职能式专业分工的长处，因而是一种有助于提高管理效率的较好的组织形式。但是，因为这种形式的职能部门之间的横向联系不紧密，容易产生矛盾。职能部门和直线指挥部门之间目标不一致，职能部门无指挥权，事事要请示报告，使直线指挥人员无暇顾及组织的重大问题。图6-1所示为一张制造公司简化的组织机构图。对于公司经营的重要方向来说，把研究部主任和公关部主任的业务主要看成顾问性质，而财务、生产和销售部门通常被看成直线部门，这是因为这三个部门的活动一般与公司的主要职能有关。

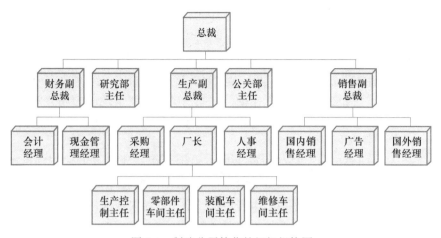

图 6-1　制造公司简化的组织机构图

3）事业部式机构是指在最高领导层下设立若干个有一定自主权的事业部门的组织机构。图 6-2 所示为事业部式机构图。

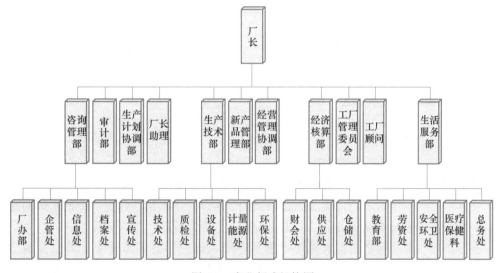

图 6-2　事业部式机构图

由于各事业部自成系统，独立经营核算，所以能充分发挥管理的主动性、灵活性和适应性，同时，权力下放可使领导层摆脱日常繁杂事务，成为强有力的决策部门，因此事业部式机构适用于经营范围广、产品品种多的大规模企业。

4）矩阵式机构是由纵横两种管理系列组成的方形结构。具体地说，一种是职能部门，另一种是为完成某一任务而组成的项目小组，进而纵横系列交叉起来就组成了一个矩阵。矩阵式机构的最大优点是，可在产品之间灵活使用人力。其最大的缺点是，职能部门经理与产品部门经理的权力、责任容易产生矛盾和重叠，常常会消耗过多的时间和精力。

二、组织文化的概念

在国外，组织文化是对整个组织相当一致的认知状态。其主要内容有：①员工的自治权，是指组织中员工自行负责、独立自主以及能够发挥创新构想的程度；②结构，是指规章制度以及直接监督等用来控制员工行为的手段的运用程度；③支持，是指各级主管对部属的关怀与支持的程度；④认同感，是指员工对于整个组织的认同程度，而不仅仅指认同其个人的工作群体或专业技能领域；⑤绩效奖酬，是指在组织中以员工绩效来决定或分配奖赏的程度；⑥冲突容忍度，是指与竞争者及工作群体之间的关系中所呈现出的冲突程度，以及乐于坦诚公开彼此间差异的程度；⑦风险容忍度，是指鼓励员工积极进取、开拓创新以及承担风险的程度。

如果取每一个特性的最高、最低程度来划分组织文化，就可以得到两种极端的组织文化。一种组织文化是员工必须遵守规定和限制，对员工的监督十分频繁。员工遇到任何问题，必须向上级反映，由上级来处理。主管不相信员工有诚实或廉洁的一面，对员工采用完全控制的方式。员工工作时常调换，员工是通才而非专家。公司对员工的评价与奖赏标准在于员工的努力、忠诚、合作以及不犯错误等。另一种组织文化是公司对员工的规定和限制很少，公司认为每位员工都很认真，值得信任，因而对其监督很松。公司鼓励员工自行去解决他们所遇到的问题，如需上级协助，则可随时与上级商量。公司鼓励员工去培养自己的专长和技能。公司认为，人与人之间以及部门之间存在差异是正常的现象。虽然有些员工想法"怪异"，作风习惯超乎传统，但其对组织有极大的贡献，公司也会以职位的晋升或其他有价值的奖励来酬谢他。

三、企业组织文化的发展

（一）组织理论的发展阶段

自从 1910 年马克斯·韦伯创立组织理论以来，组织理论的发展经历了以下三个阶段：

1. 韦伯的古典组织理论

以组织为中心的管理，把对组织的研究放在中心地位。在这方面，最著名的是德国学者马克斯·韦伯提出的组织理论。韦伯提出"官僚组织"（即科层制度）这个术语，并不是用来表示文牍主义的、低效率的含义，而是指组织结构设计中的某些特点。韦伯主张的官僚组织有如下特点：①进行专业化和劳动分工。根据人的能力程度与能否胜任而定。②确定职权等级。在组织中，要明确划分这种职务和权力等级，每一个下级都处于上级的控制监督之下，职务和权力是明文规定的，制度不变但人员可调换。③建立十分明确的规章制度，有章可循。④人际关系非人格化。这就是说，组织不受个人情感因素的影响。⑤工作程度系统化。⑥雇佣、提升能力化。韦伯认为，官僚组织是"已知的对人类进行必要的管理的最合理的方法"，这也奠定了当代组织理论的基础。以组织为中心的管理特色是强调组织的结构、制度等对管理的重要性。

2. 以斯科特为代表的新古典组织理论

新古典组织理论的具体内容包括：①倾向于扁平的组织结构，不主张科层制度。传统的科层模式分为尖三角形和扁三角形结构，前者是一种金字塔式的集权制度，后者是一种分权制度。而现代组织论者公认的是"集权控制、分权管理"这种扁平的组织结构。②在集权与分权的问题上，新古典组织理论主张更多的是分权，认为分权可使更多的人参与决策，有利于调动员工的积极性和提高效率。③部门化程度的建立。所谓部门化，实质上是部门的分工化和专业化。

3. 现代组织理论

现代组织理论以行为科学理论为指导，建立在以下三种组织模式的基础上：①计划个案组织模式。这种模式适用于组织需要大量人力开采某种资源、推销或试销某种新产品。②团体组织模式。这是以各单位的功能为主，再进行细节的划分作业，其关键在于领导者要发挥其协调和沟通联系的作用。③自由形体的模式。这就是说，没有固定的组织及结构，而是以组织的需要和时间来制定其暂时性结构。它是一种能促进高度的参与、自我控制、独立判断、开放沟通的分权模式，既要求成员有高度的素养，又要求领导者有适当的领导才能和高超的领导艺术。

著名的组织理论专家本尼斯将科层制度中的问题归纳为六个方面：整合、社会影响、合作、调整、认同和再生，并与当代组织理论进行了比较，给人以启发。表 6-1 为科层组织结构中的问题比较。

表 6-1 科层组织结构中的问题比较

问　　题	具体体现	解决办法	当代情况
整合	如何整合个人需要与目标	完全忽视这一问题，对个人了解过于肤浅，把人看作受支配的工具，因而产生人格与角色之间的紧张关系	行为科学的发展，人的心理复杂性，人的新愿望和新期待的兴起，人的尊严和民主精神的产生
社会影响	权力的分配和权威的来源	依靠法定和规章的权力，推行强迫措施，要求成员无条件服从	实行两权开分，对古典理论和方法逐渐放弃
合作	对组织冲突的控制方法	各级权力明显，在其限度内尽可能采用协调方式，解决或缓和员工之间的矛盾和冲突	由于专业化和职业化而要求自主和自决，领导者个人已解决不了面临的复杂问题
调整	由环境和情况所产生的反应措施	外部环境趋于安全，工作日常化、规范化，只有在极个别的情况下才需要应急的反应措施	外部环境反复无常，技术方面在不断进步，变革是一种基本信念
认同	成就一致而忠诚于组织的目标	组织的目标明显、简要和安定	由多元社会变为极复杂的团体，个体之间的角色冲突含糊不清
再生	处理组织的发展和衰退	有信心强调组织目标的完成，情况被把握在十足的信心之中	技术和工作方法变化无常，原料、规范、产品的价值也时时变化，故组织必须经常更新

通常认为，传统组织与现代组织的差异见表 6-2。

表 6-2 传统组织与现代组织的差异

项　　目	传统组织	现代组织
目标	单一性	多元性
价值观	以个人为中心、宗教为基础，筹款主义和强制储蓄，刻苦耐劳地工作，肯定个人，鼓励奋斗，希望成为专门人才，服从传统，追求圣洁生活	以团体为中心，鼓励消费，纵情享乐，偏好休闲，寻求安全稳定，喜欢社交，厌恶个别差异，讲求生活质量和开放生活
态度性格	传统向导，拘谨保守	自我向导，自由奔放
团体结构	自上而下的命令系统，遵守工作、团队和社会价值的规定，否则要受到惩罚，成员与组织的关系属家长式	重视非正式沟通，规定较少，以奖赏鼓励工作，按兴趣缘结友谊，组成小团体，成员与组织属朋友式的平等关系

（续）

项　　目	传 统 组 织	现 代 组 织
工作与环境	规模小，工作相对固定，绩效由主观判断，工资福利为家族式的	规模较大，工作变动大，绩效评定有一定的标准，工资福利有明文规定
决策方式	由老板或上司制定	较为民主，讨论决定
沟通程序	自上而下，只注重员工是否了解老板或上司的要求或意图	采取由上而下、由下而上的多形式的双向整体沟通，相互了解和磋商
管理风格	家长式的独断专行	多彩多姿，权宜应变
平衡与冲突	员工自制力较强，冲突较少，以权威方式解决，存在着伦理道德的压力	员工自制力较差，冲突频繁，以磋商方式解决，有社会责任的压力
团队发展变革	无论传统或现代组织，都重视目标的达成和规范的制定、技能的训练、成员及团体的角色和态度的调整、外界环境关系的调整和适应	

（二）企业组织文化的发展过程

1. 企业组织文化产生的原因

企业组织文化的产生并不是突如其来的，而是来源于组织的历史背景以及价值观念。其中，企业的创始人和有突出贡献的员工（或在企业文化中被称为英雄的人），对组织文化有着不可忽视的贡献。例如，亨利·福特对于福特公司、沃森父子对于 IBM 公司、松下幸之助对于松下电器公司的影响都是十分巨大的，特别是他们的个性魅力和处事之道对塑造组织文化有着无法衡量的影响力。虽然沃森已于 1956 年去世，但是他对研究发展、产品创新、员工穿戴以及福利政策的影响至今仍存在于 IBM 组织文化之中。

2. 企业组织文化发展的四个阶段

彼得斯和沃特曼在《成功之路——美国最佳管理企业的经验》一书中指出，企业组织文化的发展经历了四个阶段，如图 6-3 所示。

图 6-3 中，一个维度表示组织由"封闭型"过渡到"开放型"；另一个维度表示组织由"理想型"过渡到"社会型"。

第一阶段的组织文化特征是"封闭系统-理性行为"，从时间上看，大体相当于古典管理阶段。其代表人物是韦伯和泰勒，他们认为图表、数据等在组织运行中起决定性作用，作为组织中的人是有理性的。只要目标确定，借助理性化的科学管理手段，则一切便尽如人意。从管理对象来说，其组织管理是重物轻人的；从管理目的来看，一味强调工作的高效率而忽视员工的需求。

	封闭系统	开放系统
理性行为	第一阶段 1900年—1930年 代表人物： 韦伯 泰勒	第三阶段 1960年—1970年 代表人物： 钱德勒 劳伦斯 洛斯奇
社会行为	第二阶段 1930年—1960年 代表人物： 梅奥 巴纳德 麦格雷戈	第四阶段 1971年至今 代表人物： 维克 马奇

图 6-3　组织文化发展的四个阶段

第二阶段的组织文化特征是"封闭系统-社会行为"，其时间与行为科学管理阶段相吻合。此时，组织开始重视人的社会性，注重人的心理因素的作用，关注和改善企业组织内部人与人之间的关系，以期产生协同力和凝聚力。梅奥在 20 世纪 20 年代就提出了人际关系理论，但这一理论存在某些缺陷，例如过分强调非正式组织的作用，过于突出人的感情等心理因素的作用，忽视了社会状态，经济技术变动，以及政府、工会等企业组织外部因素对组织的影响。社会系统学派创始人巴纳德发展了梅奥的人际关系理论，提出了组织存续理论和权限接受理论，系统地分析了正式组织及非正式组织的性质和作用，且预见性地指出了价值观和目标对于企业运作的重大意义。在巴纳德理论的基础上，塞尔兹尼克认为，组织是完成社会使命的有机体，组织管理必须突破只注重技术和效率的局限，并创造性地提出"组织的特长""组织的性格特征"等概念。

第三阶段的组织文化特征是"开放系统-理性行为"，在时间上属于"管理科学"时期。此时，组织在理论上已认识到组织外部环境对组织内部结构的决定性作用，提出了组织结构和管理方式要服从组织总体战略目标。钱德勒在《战略与结构》一书中指出：杜邦公司、通用汽车公司等美国大型公司的组织结构是由于受到激烈的市场变化这一外部压力，从而形成了自身的特点。20世纪60年代末，劳伦斯和洛斯奇在《组织与环境》一书中指出：在不断变化的经济社会条件下，企业组织文化正在实行更加开放的体系。

第四阶段的组织文化特征是"开放系统-社会行为"，它始于20世纪70年代，其代表人物为维克等。大内在《Z理论——美国企业界怎样迎接日本的挑战》中所剖析的Z型组织和Z型文化，对组织文化理论做出了重大的贡献。这一时期的组织文化突出地表现在：强调组织的生存价值、社会责任和社会作用、性格特征，强调人是企业组织的核心，应充分考虑人的需求及其情感的满足。

通常认为，组织文化理论方面的一场"革命"是权变学派的组织文化观。所以，这里有必要详细论述一下权变学派的组织文化观。权变学派认为，根据组织内外部条件的变化，在组织管理中应采取相应的组织机构和领导方式，根本就不存在一成不变的、普遍适用的管理理论和方法。总体来说，分权制未必优于集权制；官僚制并不完全是一种坏的制度；民主-参与领导方式并不是何时何地都行得通；有时严格的控制是完全必要的；一种适合传统工业的结构一般来说不能适应朝气蓬勃、不断变化的技术工业。这就是说，所有的一切都有赖于对互相联系的内外因素变化的理解。权变理论的基本设想是：组织与环境之间有一致性、各分系统之间有一致性。组织与环境、内部组织之间的和谐将产生高效率、高效能。管理的重要任务之一就是要寻求最大的一致性。所以，要根据不同的条件，采用不同的组织模式。例如，当下列条件得到满足时：①环境已确定且相对稳定；②目标明确且持久；③技术为一贯使用且相当稳定；④按照常规活动且生产率是主要目标；⑤决策可以程序化，协同和控制过程倾向于采用严密的等级系统，此时可采用稳定-机械式的组织模式。再如，当下列条件得到满足时：①环境相对不稳定和不确定；②目标多样化且不断变化；③技术是复杂的和处于动态过程之中的；④有许多非常规活动，并富有创造性和革命性；⑤使用探索式决策过程，通过相互的调整而达到协调和控制，系统等级层次少，有较大的灵活性，此时，可采用适应-有机的组织模式。

四、日本、美国、英国企业组织文化的比较

（一）日本、美国企业组织文化的比较

日本、美国企业组织文化之间的差异最明显地表现在两国企业的组织设计原则方面。

一般说来，日本企业的组织设计原则主要有：

（1）注重实效原则　日本企业认为，衡量企业组织形式是否科学合理，关键在于企业是否有实效、有活力。据此，日本企业对所引进的组织形式进行了必要的改造。例如，日本

企业早期引进西方的股份公司制度，将其改造为日本式的股份公司，即株式会社。第二次世界大战后，对于美国企业中的"战略经营单位""事业部""超事业部"，日本只引进了"事业部"和"超事业部"。

（2）经济原则　日本企业认为，不仅要追求企业管理的高效能，而且要把管理费用支出降低到一个最低的程度。这就必然要求企业组织具有简洁性和高效性。例如，丰田汽车公司有员工5万人，其中管理人员有5600多人，平均每一名管理人员要负担年产汽车550辆的重任。

（3）分工原则　日本企业一方面注重明确职责范围，进行合理的权力分配，提高专业化程度；另一方面注重强化内部的协调机制，防止互相推诿的现象发生，从而提高了管理效率。

（4）集体负责原则　日本企业进行决策不仅是几个高级的经营管理者的事情，而且是全体人员的共同事务。具体来说，最高决策机构首先提出企业的战略方向和目标，将其下达到基层，进行充分的讨论，同时各部门之间要进行横向交流和协商，然后将基层的意见逐级向上反映，最后由最高决策机构批准定案。

（5）柔性原则　柔性原则是指在机构建制和管理体制上具有较大的灵活性，对外部的经营环境有较强的适应能力和应变能力。

一般说来，美国企业的组织设计原则主要有：

（1）专业化原则　只有实行组织成员高度专业化，才能提高管理效率。

（2）标准化原则　企业组织的职务标准化意识较为强烈，在生产、营销、决策等程序和方法上都有一套严格的标准。

（3）统一指挥原则　企业组织实行个人负责制，成员按规定只接受一个上级的命令，同时只对自己的上级负责，避免出现政出多门、多头指挥的现象。

（4）责任绝对原则　责任产生于授权，被授权者接受权力后即对授权者负责。授权者并不由于授权而移除自己的责任，在授权的期限内，授权者要对被授权者行使督查责任。

（5）控制原则　为确保决策和计划的实施，美国企业制定了各种有效的控制途径和手段。

（6）不断变革原则　在企业内外部环境变化极快的今天，为了保持经营活力，美国企业极为注重培养自身的应变能力，根据企业任务和外部条件的变化，不断地进行企业组织重建。

从日本、美国的企业组织设计原则的比较中可以发现日本、美国的组织文化之间的差异。美国企业的规模过大，组织机构较为复杂，且实行集权管理，部门之间的沟通偏少，灵活性相对缺乏。美国企业组织文化属于一种富有刚性的组织文化。而日本企业组织机构较为简单，部门之间的联系较多，各部门在经营上有较大的灵活性。企业可根据需要及时增设或收缩某些业务部门。日本企业组织文化属于一种富有弹性或柔性的组织文化。

（二）英国企业组织文化

1）在领导方式上，领导的观念应包括：领导者平易近人，提出明确的使命，使下属有明确的目标和掌握实现目标的手段。

2）实行自主经营，让各部门经理在一个必须受到限制的明确范围内拥有按自己的方法实施管理的自由。

3）在控制方面，努力在严格控制与灵活性之间寻求一种平衡，以谋求最佳的控制效果。

4）强调全员参与，不仅各个管理层的成员有一种强烈的责任感和参与感，而且通过各种途径（如重视培训、尊重个人、高额奖励等）培养员工的责任感和参与感。

五、组织思维、组织学习与组织革新

（一）组织思维

现代企业组织真正缺乏的不是资金、技术、人员和市场，而是想法和思路，即缺乏创造性思维、超前性思维、逆向思维，以及思维方式的转换等。

纵观现代国际市场，但凡世界一流的企业，无不在于他们发挥自己的"创新"思维。例如，20世纪60年代初，柯达公司在开发胶卷市场之前，先开发出大众化的相机，并宣布其他厂家可以模仿，于是掀起了自动相机热，进而带来了巨大的胶卷市场。柯达公司乘机推出胶卷，从而声名鹊起。

这里提一下CA公司的"零基思维"。华裔企业家王嘉廉在1976年创建的CA公司是当时全球较大的IT管理软件公司之一。人们把他的经营思路称为"零基思维"，其要点是在决定公司的发展方向、需要何种资源的时候，丝毫不用考虑现行的公司结构。这是王嘉廉关于组织结构的新思维，"零基思维"的精要就在于不断变化。按照这种思维，王嘉廉不需要根据其现有的资产来发展CA公司，而是重新对资产进行部署，确定发展方向，确定新的市场和预计竞争对手的策略，且决定先后次序，然后把任务和最重要的资源——人进行配对，一流的人员参加重点项目。在企业重组方面，王嘉廉最初每年要对公司进行四次彻底重组，但现在是一年一次。CA公司通过重塑，聚集人才，把他们放在责任更大的新岗位上，提高效率和创造力。CA公司认为，人才是公司的重要财富。在CA公司，没有工资薪级表，而是根据每个人的价值发放工资。一个20岁出头的工程师年薪可以达到20万美元。在管理结构上，CA公司没有正规的管理结构，它认为，决策的好坏取决于决策者的素质，而不是管理结构。CA公司要求员工不仅考虑"该不该做这个决定？""做什么决定？"而且要考虑"是不是该由我来做这个决定？"虽然CA公司采取了报告形式，但是书面报告几乎没有，只需要面对面的沟通与口头同意，无须各级主管签字。对CA公司来说，在对外签约时，只需一个人，一个人的签字就代表了一个人负全部责任。

（二）组织学习

学习的主体是组织而不仅仅是个人。组织学习，通常又被称为团体现象的学习理论。组织学习的是认知和感情，而不是明确的行为模式。组织学习的方法有两种：一种方法是积极地解决问题，例如一个组织在致力于发展某种新产品时，就会发现有某种因素在起作用，然后这种因素得到强化，就会在以后出现相同的问题时得到处理的办法；另一种方法是回避学习法，主要是能够成功地减少痛苦和焦虑。这就是说，人们通过避免再次发生以前的痛苦和焦虑的方法来认识环境、思考问题、采取行动。

壳牌集团做过调查，1970年被列入《财富》杂志的500家大型企业，到1980年有1/3已经销声匿迹了，其中一个重要原因是组织学习的障碍。一般说来，组织学习的障碍有以下几点：①局部而片面的思考方式。②归罪于外部原因。③过分强调主动积极性而缺乏整体思考。④注重个别事件。⑤"被煮的青蛙"。有人做过这样的实验：如果把一只青蛙投进沸腾的开水锅里,青蛙可以在瞬间跃出而得以逃生;但如果把青蛙放在逐渐加热的锅里,青蛙就会在锅里悠闲地游着,不觉得水温一直在升高,当它觉察到危险时,却已经跃不出水面,终被烫死。人和组织一样,在突如其来的危险面前,往往会有超常的能力发挥;但在缓慢的变化中,却觉察不到危险的到来。⑥从经验学习的错觉。例如人才培养的最好机会往往是人才市场饱和的时候,因为当训练完成之时,人才往往是供不应求的,这与人们的经验是相反的。⑦管理队伍的误区。一些团队在出现问题或故障时,往往为维护团体的外貌或领导者个人的面子,压制团队不同的意见,许多企业只奖赏善于提出建议的人,而不在乎质疑复杂问题的人,这样任何对潜在威胁的探究都被堵死了。

(三) 组织革新

组织革新往往表现为"企业重组"。"企业重组"是对企业及其经营过程进行根本性和创造性的重新设计,以达到对成本、质量、效率和生产作业方式等的巨大改进。同时,强调发挥组织、过程和作业者个人三个层次的作用,以此来重新制定企业的发展战略,设计有效的激励机制,使企业内部运行系统更加符合实际,从而最大限度地提高经营管理绩效。

在"企业重组"计划中,美国公司旨在"精简机构、削减人员和提高效率",往往减少1/3 企业中的中层管理人员。日本企业较为"温和",往往采取"建议制度"的对话形式,鼓励管理人员和员工为企业重建献计献策,并择优进行奖励。

特别值得一提的是一种以"团队"为核心的扁平式过程化管理组织模式。所谓"团队",是让员工打破原有的部门界限,绕过原有的中间管理层次,直接面对顾客和对企业总体目标负责,以群体和协作优势赢得竞争主导地位的企业组织形式。它有两种基本类型:①"专案团队"。其成员来自各个单位的专业人员,他们为解决某一特定问题而被组织起来,通常在问题解决后即告解散。②"工作团队"。它是长期性的组织,主要从事日常业务工作。

"团队"在有效运作过程中应具备如下主要特征:①目标明确。任何"团队"的组建和形成,都是以具体、明确的目标为前提条件的。②界限不明。"团队"组织是由处在不同部门、具备不同技能的人组成的,他们一旦进入"团队",就不再受限原职能部门,且直接面对顾客,在现场有权做出决定。③角色分工。"团队"中的成员要有清晰的角色定位和分工。"团队"中成员的角色主要有三种:一是以工作为导向的角色,其主要任务是促进团队决策目标的实现,其应具备主动、观察、分析和评估的能力;二是以关系为导向的角色,其主要任务是有效地发展以团队为中心的各项组织活动,其应具备激励、交际以及敏锐的观察力等能力;三是以自我为导向的角色,其往往注重自我价值目标的实现。有人据此认为,未来的组织是一种"假想企业",不像现在的企业有较为稳定的模式,而是围绕一个项目或问题形成,一旦目标完成,组织就自行解散。

第三节 企业管理文化

一、企业管理文化的含义和种类

(一) 企业管理文化的含义

企业管理文化是企业为了求得最大效益,在生产管理实践活动中制定的各种带有强制性义务，并能保障一定权利的各项规定或条例，包括企业的人事制度、生产管理制度、民主管理制度等一切规章制度。它作为员工行为规范的模式，能使员工个人的活动得以合理进行，同时又成为维护员工共同利益的一种强制手段。

从历史上看，管理科学经历了四个阶段，即古典管理理论阶段、行为科学管理理论阶段、管理丛林阶段和企业文化阶段。企业文化是管理理论发展的最新综合。这至少表明，在企业管理中实现了以下三个转变：①由以"物"为中心向以"人"为中心的转变；②由以"行为人"为中心向以"思想人"为中心的转变；③由以"个体人"为中心向以"群体人"为中心的转变。

（二）企业管理文化的种类

这里重点论述的是管理文化模式的种类。

1. 日本的"走动式"

"走动式"管理文化模式是指企业家身先士卒，深入到企业员工之中，体察民意、了解真情、沟通意见，与部属打成一片，共创业绩。这种模式在东方文化背景中更显其卓越性，并有突出成功之例。

"走动式"是一种看得见的管理。企业主管经常走动于生产第一线，与员工见面、交谈，希望员工能够对他提出意见，能够认识他，甚至认为与他争辩是非也是一种现场管理。日本企业的主管及其同僚们总是会在现场，特别是主管每天都要马不停蹄地在现场走动，处理问题。他们不仅关心员工的工作，而且会记住员工的名字，关心员工的衣食住行。员工们工作起来自然十分卖力。

2. 欧美的"和拢式"

"和拢式"管理文化模式是欧美公司中盛行的管理模式。"和拢"是希腊语"整体"与"个体"合成的词，强调整体与个体的配合，创造整体与个体的高度和谐性，表现在企业中，即"我就是企业"。企业的每一位员工对企业都有一种使命感。这种管理模式既孕育了企业员工的自我组织性，又使每一位员工自己管理自己，取长补短，为企业贡献力量。所以，按照和拢管理的含义，一个组织中的单位、小组、个人都是整体中的个体，虽然个体具有分散性、独创性，但是通过协调可以树立整体的形象。和拢管理可以促使整个企业与个人形成一种融洽、充满活力的气氛，激发出人们的内驱力。

3. 东南亚的"抽屉式"

"抽屉式"管理文化模式流行于东南亚。它形象地表明，在每一位管理人员办公室的抽屉里，都有一份明确的职务工作规范。这就是说，每一位员工都是职、责、权、利的相互结合体，既不能有职无权，也不能有权无责。

与此相同的是，在管理学界，被称为"塞氏"式的自我管理。在巴西圣保罗，理查德·塞姆勒主持着一个大型的生产机械设备的大型工业集团。这一集团被称为塞氏工业集团。在塞氏工业集团，没有任何规定，但每位新员工都会收到一本20页的小册子，重点是提醒大家用自己的常识解决问题。企业的员工可以自定生产目标和上班时间，无须管理者督促。员工可以无条件地决定自己的薪水，这是因为塞氏主动提供全国薪水调查表，让员工与其他公司进行比较，从不担心员工们会随意制定自己的薪水。员工可以自由取阅所有的账册，公司设计了专门课程，教会全体员工查看财务报表。主管们享有相当大的自主权，自行决定经营策略，但是在做真正重大的决定时，如要不要兼并某公司，一律由全公司主管人员投票表决。公司没有秘书，也没有特别助理，人人都要完成接待访客、送传真、拨打电话等工作。塞姆勒多半在家办公，也鼓励其他经理这样做。他每年至少出外旅行两个月，每次旅行几乎不会使用通信工具与公司的人员联系，他希望每个人都能独立作业。

不管人们对"塞氏"式的自我管理如何评价，但是其中所蕴含的"自我管理"的思想却是合理的。

4. "精神管理"式

"精神管理"在美国称为"行为管理"，在日本称为"管理品德"。通常认为有以下几点：

1）向员工灌输"和为贵"的思想，宣传"劳资一家""劳资平等"。例如，松下电器公司强调员工是公司的主人，提出全员管理的思想，并善于使用民族自尊心、爱国心来调动员工的积极性。

2）重视员工思想普查，研究影响员工积极性的因素，并采取相应的措施。具体地说就是，把员工思想、志趣作为企业的重要信息，进行调查和预测，通过谈心和各种心理测试，把握员工的思想动态，然后针对具体情况进行处理，以达到员工安心、积极性持续高涨的工作目的。

3）把在职教育列为"精神管理"的重要内容。除了职业培训之外，更为注重精神、思想、理念等内容的教育。

4）注重情感管理。在日本企业界，开展"一滴水"运动，通过开辟"人事恳谈屋"、建立"员工诉愿制度"、营造"以下克上"氛围、制造"内部竞争压力"、组织"增进健康运动"、构筑"命运共同体"等方式，全方位地开展"情感立交管理"，最大限度地调动员工的积极性，充分发挥他们的潜能。

5）在选拔企业各级主管的标准中，要求必须具备"精神管理"的能力。要求各级主管必须富于"人情感染力"，能够掌握员工的思想状况。

二、企业管理文化中的民族文化特色

（一）美国企业管理模式中的民族文化特色

美国企业管理模式中带有强烈的民族文化特色，即个人意识、竞争意识、民主意识等。由于西方文化偏重个人，讲究个人自由和个人安全，因此在美国所有的组织、个人及其决策都有自我保护原则。对企业来说，追求近期内的高回报率是经营管理者的首要任务，否则董事长、大股东们会炒经营管理者的鱿鱼。经营管理者在其经营管理中必然会采用短期的、微观的、回避风险的、个人的方法。对个人来说，美国人总是选择个人的安全，而不是组织的安全。

在人事管理上，美国是一个典型的"能力主义"国家。管理者注重能力，即办事能力、工作能力和办事效率，在考核时以工作绩效为依据。

在计划和决策的程序上，管理者以"结果论"作为理念指导，只看生产者的最终效果，而不问表面形式和过程如何。

企业管理者虽然要经过磋商和协调，采取沟通的方式来形成计划和决策，并且在计划和决策中体现着执行者与生产者的意志，但是仍偏重的是集权。

美国企业管理具有强烈的科学、实效等特征，具体表现在以下几个方面：①偏重理性化。制度化、规范化、标准化、程序化是美国管理模式的根本特征。在目标上，企业以效益为中心，实现利润的合理化是企业的终极目标。在控制上，不是含蓄地让员工自行感悟，而是明确地让员工照此执行。于是美国企业大多广泛应用科学的管理方法和手段，如工业工程、运筹学、工效学、系统分析等。②相对集权化。一是缺乏群体的参与权，二是上级对下级不能充分地授权。③创新求变。通过市场调查、未来预测、战略研究、产品研究开发系统等一系列方法和手段，使得美国企业具有很强的适应外部环境变化的能力。④崇尚个人价值。广泛采取参与管理、目标管理以及相应的工资、奖惩、雇佣、升降等制度，以激励员工提高劳动效率。⑤短期雇佣制。短期雇佣制赋予了企业和员工更多的选择权，雇主有更多的选择和调整的机会；有利于培养员工的竞争意识，使之产生一种危机感，同时也会促使企业改善工作条件，留住人才；企业由于技术进步或遭遇危机时，可能会裁员，减少人工成本，或帮助企业度过危机；可以避免人际关系的复杂化和企业的老龄化等制约企业发展的问题。⑥拥有一大批专业知识丰富且管理能力很强的管理人员，尤其是高层管理人员。⑦具有高效能的管理组织形式。

美国管理模式有以下五种趋势：①在制度与情感上，有从偏重"理性化"向注重"人性化"方面变化的趋势；②在组织结构上，有从相对集权向充分授权方面变化的趋势；③在企业价值观上，有从注重个人价值向注重群体价值方面变化的趋势；④在管理决策上，有从注重个人决策向注重群体决策方面变化的趋势；⑤在雇佣制度上，有从短期雇佣制向长期雇佣制方面变化的趋势。

（二）日本企业管理模式中的民族文化特色

日本企业管理模式中体现了民族文化特色，如很强的不安全感、强烈的竞争和进取精神、团队精神、终身雇佣、平均主义等。

日本处于太平洋狭长的列岛，四周都是汪洋大海，经常面临着地震、台风和火山爆发的威胁，其自然资源极为贫乏。这种自然环境使日本人具有很强的不安全感，萌生了一种强烈的生存本能，富有强烈的竞争和进取精神。这种民族文化精神也构成了日本企业精神的核心。

日本人在推销产品、拓展市场上有着独特的精神和理念。一方面，日本推销员遍布全球，天天出门，他们往往为了做一笔生意愿意等待数年。这种耐心、毅力和积极进取的精神是超乎常人的。另一方面，日本企业为了长期的利益而愿意牺牲眼前的利益，他们更注重的是市场占有率，而不是销售量、销售额。特别是在产品定价时，更着眼于获得最大的长期利润和占有最大的长期市场份额。

为了生存，日本企业会共同对外。一方面，日本企业和政府永远站在一起。日本政府会维护本国企业的利益提供一切帮助和支持，日本企业也更偏重的是团结合作。另一方面，是个人对企业的忠诚和企业对个人的终身雇佣。企业是员工扩大了的"家"的概念，日本员工对企业的忠诚度很高。由于终身雇佣消除了在决策过程中对失业的担心，因此，日本企业管理者在做决策时，从不以个人职业安全作为创新行为的首选问题，而是要为本企业做出最佳的长期决策。其在经营决策中使用的是长期的、宏观的、冒险的、客观的和全面的方法论。

由此，日本的企业管理具有以下特征：集体主义的价值观、内部关系的和谐性、决策过程的民主化、劳资关系的稳定性、奋发向上的竞争性、博采众长的吸纳意识等。这从日本企业管理制度中的家族式的运行体制、终身雇佣制、年功序列工资制、企业工会等中也能够得以体现。

（三）中国企业管理模式中的民族文化特色

民族文化存在于这个民族的物质生产方式之中，存在于这个民族的文学、艺术、法律、道德、宗教、风俗习惯等精神成果之中，存在于这个民族的心理特征、思维特征和人格特征之中。民族文化传统对一个民族以至这个民族的每个成员的过去、现在和将来，都有着极为深刻的影响。以儒家思想为代表的中华民族传统文化，对东亚、东南亚国家的政治、经济、企业管理尤其是企业文化的发展，已经产生了积极而独特的影响，对中国企业文化的生长和培育的巨大作用更是不言而喻的。以儒家思想为主体的中华民族文化传统，内容非常丰富，内涵非常深厚，它们对中国企业文化的影响和作用是多方面的，可以从不同的视角去总结和归纳。中国企业管理模式中的文化特色表现在以下几个方面：

（1）以民为本　强调"天地之性，人为贵""为政之要，在于得民""得民心者得天下"；清醒地认识到"水能载舟，亦能覆舟""民不可欺"；历朝历代都不乏关心民瘼、"为民请命"而奋不顾身的仁人志士。民本观念，是今天社会主义企业以人为本，全心全意依靠工人阶级，坚持为人民服务的根本宗旨，让员工当家做主的文化渊源。

（2）义利统一　推崇"君子爱财，取之有道""以义生利""义利两有"；强调"买卖不成仁义在""多行不义必自毙"；反对利欲熏心，见利忘义，"以利伤义，以私害公"。义利统一的价值观，是今天强调顾全大局，克己奉公，"大河有水小河满"，正确处理个人与他人，个人与国家、集体之间利益关系的文化渊源。

（3）诚实守信　强调"言必信，行必果""人无信不立，事无信不成""诚招天下客，誉从信中来"；讲求诚实为本、信誉是金、公平交易、货真价实、童叟无欺。诚信观念，成为现代企业讲求经营之道，树立企业形象，推崇"信誉高于一切"，办"信得过企业"，创"守信用单位"，卖"信得过产品"的文化渊源。

（4）敬业乐群　强调忠于职守，精通业务，"三百六十行，行行出状元"；讲求"礼让为先""人和为贵""天时不如地利，地利不如人和""上下同欲者胜"；推崇孝敬父母，尊老爱幼，"老吾老以及天下之老，幼吾幼以及天下之幼"。敬业乐群的观念，成为现代企业提倡上下同心、团结一致、爱岗敬业、互帮互助，发扬集体主义精神，建立"命运共同体"的文化渊源。

（5）刻苦自律　强调吃苦耐劳，勤奋用功，坚韧不拔，"书山有路勤为径，学海无涯苦作舟""宝剑锋从砥砺出，梅花香自苦寒来"；讲求"悬梁刺股""闻鸡起舞""愚公移山"精神；推崇自省、自警、自重、自励，曾子"吾日三省吾身"、子罕"以不贪为宝"、杨震"暮夜却金"等甘于清贫、严于自律的精神千古流传。刻苦自律观念，成为现代企业艰苦奋斗、勤俭办厂、守法经营和领导干部以身作则、率先垂范、清正廉洁的文化渊源。

（6）爱国奉献　强调国家和民族利益高于一切，为国奉献、为民众谋福利无上荣光；岳飞"精忠报国"、文天祥"留取丹心照汗青"、林则徐"苟利家国生死以"、鲁迅"用肩膀扛住黑暗的闸门"等，都是爱国奉献精神的光辉写照。爱国奉献观念，成为现代企业弘扬爱国主义精神，倡导为人民服务、为社会服务，造福一方、利在当代、功在千秋；以党和人民的事业为重，"舍小我从大我，舍小家顾大家"，甘当"人梯"、甘作"苦力"、甘于奉献的文化渊源。

中华民族文化传统丰富多彩，博大精深，对我国当代企业文化建设的影响也是多方位、多角度、多侧面的。以上就其主要方面做了分析，并不是说各种影响和传承都是一一对应、彼此可以清晰划分的。文化的传承是一个系统的、动态的综合作用过程，各种思想观念往往是你中有我、我中有你，互为补充、互为条件，从而生生不灭，一脉相承，中国当代企业文化对民族文化传统的继承正是这样一个自然的、有机的、整合的过程。

思　考　题

1. 公司制企业管理机构是如何构成的？
2. 组织理论的发展经历了几个阶段？
3. 企业组织文化发展经历了几个阶段？
4. 日本、美国、英国企业组织文化的差异有哪些？
5. 企业管理文化如何体现民族文化特色？

典案链接

同仁堂与时俱进的六个观念

——中国北京同仁堂（集团）有限责任公司的企业文化建设

同仁堂是有着三百多年悠久历史的中医药行业著名的老字号企业。三百多年来，同仁堂人继承了中华民族优秀传统文化，严格遵守"炮制虽繁必不敢省人工，品味虽贵必不敢减物力"的古训，树立"修合无人见，存心有天知"的自律意识，在经营过程中坚持"德、诚、信"的优良传统，确保了同仁堂金字招牌熠熠生辉。

改革开放以后，同仁堂在继承传统文化精髓的基础上，不断融入新的文化内涵，确立了与时代发展相适应的经营观、义利观、质量观、人和激励观、发展观和人本观，始终坚持"同修仁德，济世养生"的企业宗旨。优秀的企业文化培育指导着同仁堂人不断创新进取，使得同仁堂在市场竞争中不断发展壮大。

一、坚持诚实守信的经营观

同仁堂的创业者始终恪守诚实敬业的品德，并将其作为同仁堂职业道德的精髓代代相传。这也是同仁堂历经三百多年昌盛不衰的秘诀之所在。

在培育诚实守信经营观的实践中，同仁堂一方面通过整章建制规范员工行为，一方面要求员工把讲信誉提高到适应市场竞争和企业生存需要的高度，要求员工做到"一言一行顾着集体荣誉，一思一念为了企业兴衰"，并把诚实守信内容具体细化。

诚，即诚实、诚心和诚恳。诚实，内涵为货真价实，绝不弄虚作假，同仁堂绝不出假药，在服务中强调童叟无欺，一视同仁；诚心，即诚心诚意，不虚不伪，讲求周到服务，不讲分内分外；诚恳，即以恳切的态度倾听顾客的意见，不计较顾客身份。

信，即信念、信心和信誉。信念，就是同仁堂人要有一种坚定的信念，即服务同仁堂，献身同仁堂，立志岗位成才；信心，就是在困难面前，要敢于迎接挑战，善于排除各种障碍，在工作岗位上做出出色的成绩来；信誉，集中体现在"同仁堂"三个字上，这是三百多年历史的结晶，是同仁堂金字招牌的最好体现。通过坚持不懈的教育和规范，诚实守信已成为同仁堂的经营观，并体现在广大员工以德兴企的各项工作中。

二、培育以义取利的义利观

在市场经济条件下，同仁堂有自己独特的义利观。同仁堂把利益融入"济世养生"之中，融入为患者治病服务的过程中。这也是同仁堂之所以能由小到大、声名远播的秘诀之一。如今，同仁堂仍然坚持本小利微，甚至赔钱做代客加工、代客邮寄、代客煎药、送药等工作，不仅受到了众多病患者的热情欢迎，而且增加了客源，带动了其他药品的销售。

同仁堂人把企业义利观上升到企业的经营哲学——"以义为上，义利共生"。同仁堂教育员工要以崇高的社会责任感，讲求社会大义，当义、利发生矛盾时，员工应以义为上、为先，先义后利，义利并举，教育员工要有长远的战略眼光，讲小义者即得小利，只有讲大义者才能有大利。

三、坚守以质取胜的质量观

在生产过程中，同仁堂总结出了"配方独特，选料上乘，工艺精湛，疗效显著"的制药质量规范，这也成为同仁堂人的共同质量观。"配方独特"，是指药方科学有效、独具特色，既有祖传秘方，又有民间验方和清宫秘方，且久经考验。"选料上乘"是指制药关键是选优质地道材料。我国北方最大的药市——河北祁州药市，历史上曾有同仁堂不到不开市的习规，原因是同仁堂药市会出大价钱专买优质地道的药材。如今，同仁堂不仅继承了这一传统，而且建立了企业七大药材种植基地。"工艺精湛"是企业古训"炮制虽繁必不敢省人工，品味虽贵必不敢减物力"的具体体现。为使中药生产步入现代化轨道，同仁堂在大力培育员工以质取胜的同时，引进国外一流的流水生产线，使生产基本上实现了计算机控制。"疗效显著"是以上三个方面的集中体现，由于从配方、选料到加工制作，都严格按照国家最高标准进行，从而确保了同仁堂的药品质量。许多顾客，包括海外患者都专程或让亲朋好友到北京同仁堂购药，他们的评价是：服同仁堂的药放心。

四、创建团结奋进的人和激励观

同仁堂传统文化的突出特色是讲礼仪、重人和，具有浓郁的"人情味"。在市场经济条件下，同仁堂在继承"人和"传统的基础上又融入了新时代的团队精神，即通过各种手段，教育员工增强群体意识，树立大局意识，营造出相互关心、精诚合作的人际关系和企业发展环境。

1）全心全意依靠员工办企业，推行厂务公开，让员工有更多的知情权、参与权，实现了领导与员工的双向沟通，尤其是关心困难员工的生活，定期给他们送温暖，使员工心情舒畅，一心扑在工作上。

2）营造良好的"人和"氛围，同仁堂要求各级班子成员之间、各单位之间、同事之间、上下级之间都要把团结放在第一位，发扬同仁堂讲礼仪、重人和的传统，共创团结和谐的人文环境。

3）通过导入企业形象战略，逐步统一了企业的外部形象，规范了企业的理念行为，使员工为一个共同的目标而奋进。

4）加大对外宣传力度，同仁堂与北京人艺合作拍摄了六集电视连续剧《同仁堂的传说》，与北京京剧院合作创作了京剧《风雨同仁堂》，与北京音像文化出版社共同投资拍摄了22集电视连续剧《大清药王》。这些合作不仅树立了同仁堂的良好形象，也增强了企业自身凝聚力。此外，同仁堂还通过定岗、定资、定编、评先进、树典型等有效方法，建立了能上能下、能进能出、鼓励先进、淘汰落后的运行机制。

五、树立继承创新的发展现

伴随着企业发展，同仁堂将德、诚、信等优良文化传统不断赋予时代新内容，并改造成为适应企业发展和社会主义市场经济的新文化。同仁堂用这种新文化培育同仁堂员工，不断提升员工的价值取向，逐渐形成了同仁堂人以"德、诚、信"为核心的职业道德，以古堂训为基本内涵的经营理念，以"以义为上，义利共生"为宗旨的经营哲学，以"同心同德、仁术仁风"为训导的管理信念等一系列文化新理念。这些新理念，已经成为同仁堂员工的共同理念准则和行为准则，赢得了社会上广大用户的广泛赞誉。

六、贯彻以人为本的人本观

同仁堂集团一方面坚持用企业的文化理念教育和凝聚员工，不断提高员工的整体思想道德素质，一方面建立了以员工全面发展为目标的教育培训机制，如师带徒制、竞赛比武制、派出进修制、多岗培训制、自学奖励制等。通过持久而不懈的文化培育，同仁堂员工不仅保持了以"德、诚、信"为核心的良好职业道德、强烈的质量意识和服务意识，而且增强了现代市场意识、效益意识、竞争意识和集团整体意识，为企业可持续发展提供了强大的人力资源保证。

（资料来源：张大中，等. 中国企业文化年鉴［M］. 北京：中国大百科全书出版社，2004. ）

提示点评：

1. 同仁堂企业文化根植于中国传统文化精髓。

2. 同仁堂企业文化的创新发展与时代发展相适应。

3. 同仁堂企业文化始终坚持"同修仁德，济世养生"的企业宗旨。

思考训练：

1. 试分析在同仁堂的企业文化中，哪些观念是来自中国传统价值体系的因袭？

2. 同仁堂的企业文化是一成不变的吗？为什么要变化？是怎么变化的？

第七章

企业文化物质层的设计

 学习提示

重点掌握：企业文化物质层的设计。

掌　　握：物质层的深层含义、如何设计企业的物质文化环境。

一般了解：企业环境、企业管理物质文化体系、企业产品文化、企业广告文化。

企业物质文化是企业的物化形象的外在表现和对社会的影响，包括企业生产经营的物质基础（厂房、机器、设备等）和生产经营的产品。它是一种以物质为形态的表层企业文化，是企业行为文化和企业精神文化的显现和外化结晶，是人们可以直接感受到的，是从直观上把握不同企业文化的依据。它对社会而言是评价企业总体文化的起点，人们是通过物质文化来了解企业的行为文化和精神文化的，从这个意义上说，企业物质文化是企业文化中的浅层基础文化。它主要包括企业环境、企业器物、企业标识这三个方面的内容。

企业文化的物质层也叫企业的物质文化，它是由企业员工创造的产品和各种物质设施等构成的器物文化，是一种以物质形态为主要研究对象的表层企业文化。

企业生产的产品和提供的服务是企业生产经营的成果，是企业物质文化的首要内容。企业物质文化还包括企业创造的生产环境、企业建筑、企业广告、产品包装设计等，它们都是企业物质文化的主要内容。

第一节　企　业　环　境

企业环境和企业容貌是企业物质文化的重要组成部分。企业环境主要是指与企业生产相关的各种物质设施、厂房建筑以及员工的生活娱乐设施。

一、企业环境的定义

企业环境主要是指与企业生产相关的各种物质设施、厂房建筑以及员工的生活娱乐设施。企业环境是企业文化的一种外在象征，它体现了企业文化的个性特点。通常所说的企业环境一般包括工作环境和生活环境两部分。

企业的工作环境是指员工在企业中办公、生产、休息的场所，包括办公楼、厂房、俱乐部、图书馆等。良好的工作环境，一方面是企业领导爱护员工、保障员工权利的表现，另一

方面也能激发员工热爱企业、积极工作的自觉性。因此，以改善员工工作环境为主要内容的环境建设是企业文化的一个组成部分。

企业的生活环境包括企业员工的居住、休息、娱乐、学习等客观条件和设施，它们对企业员工的健康、人格的自我评价、归属感等都有直接影响。因此，生活环境建设不容忽视。

现代企业很注重通过宣传、推广企业的名称来树立企业形象，开拓市场。企业名称一般由专用名称和通用名称两部分构成。前者用来区别同类企业，后者说明企业所在的行业或产品归属。

二、企业工作环境的优化

企业工作环境的优劣，直接影响着企业员工的工作效率和情绪。优化企业的工作环境，为企业员工提供良好的劳动氛围，是企业重视员工的需要、激发员工工作积极性的重要手段。

企业可以运用色彩调节优化劳动环境。例如，厂房用色，可以选择相应的色彩以适应特定的工作，利用冷暖色来提高和降低员工的心理感受度，减少疲劳。如在冷性环境中（冷藏库、冷加工车间、地下室、无窗厂房的内部等），可将墙壁涂成暖色，以此增加温暖、明亮的心理感觉。而在暖性环境中，如炼钢车间、热加工车间、重体力劳动场所等，可采用冷色。中性环境，色彩不宜太艳，因为艳丽的颜色会使人兴奋，容易产生疲劳感；色彩也不宜太平淡，因为平淡的颜色会使人感到单调，容易让人沉闷。一般以乳白、淡黄、浅蓝、果绿等色彩为宜，再适当点缀些深色，使人感到环境有变化、有层次感，感觉舒适。

机器设备用色应以主要工作对象的颜色来加以比较，进行选择。如果加工对象的颜色很鲜明，为避免视觉疲劳，机器设备最好采用对比度较强的暗色；反之亦然。

传统的机器设备以绿色为主，而现代机器设备却有了新的色彩倾向，典型组合为乳白加深灰，加高纯度色。因为乳白和深灰接近两个极端——黑与白，其间又都包含着非色彩的因素，因此极容易与其他色彩协调。以如此大面积的低纯度色为主调，再施以高纯度色进行对比，可给人以一种清新、明快、丰富的感觉。不管加工对象的颜色如何，乳白和深灰历来都有"精""俏"之美称。

除使用色彩调节外，企业还可以用音乐调节的方法优化生产环境。音乐调节是指在工作场所创造一种良好的音乐环境，以此来减轻员工的疲劳感并调节其情绪。音乐是以声音为表现媒介，诉诸人的听觉的艺术形式。而音乐调节是利用音乐节奏、旋律的起伏所产生的激发作用来调节员工的情绪，起到一种"功能音乐"的作用。心理学的研究表明，柔和的音乐不但不会分散注意力，反而会提高工作效率，原因是它能够通过人耳对旋律的选择作用使音乐掩盖噪声。因此，企业在选配乐曲时，应挑选一些悦耳的轻音乐，它可对人的神经系统产生良好的刺激，促进人体内有益健康的激素、酶和乙酰胆碱等物质的合成，调节血液流量，促进细胞兴奋，增强对信息的感受能力和反应速度，提高工作效率。

企业在劳动中播放音乐，还应注意乐曲节奏的选择，使其与工作节奏相协调，使音乐节奏作为劳动节奏的支撑，把时间上的节奏和空间中的运动协调起来。这样，就会减轻员工的疲劳感，并使员工对融合一体的节奏产生愉悦的感觉并提高工作效率。

在我国，早在两千多年以前，《乐记》就已经提出"凡音之起，由人心生也"的看法，指出劳动与音乐的联系，及音乐能够表达人的哀心、乐心、喜心、怒心、敬心、爱心六种不同情感。早在古希腊时期，亚里士多德就把音乐与人的劳动、生活情感相联系，认为音乐可以激发人的劳动热情、勇敢和节制的品格。

三、企业环境美化原则

美化企业环境所遵循的原则，总体说来，是为企业员工营造舒适、和谐、愉快的生活和工作氛围。具体来说，应达到以下三方面的要求：

1) 易于员工操作，保证员工的人身安全。

2) 方便员工的生活，有利于员工的身体健康。

3) 尊重员工，保护员工健康人格的发展。

美化企业环境包括以下三个方面的内容：

1) 美化企业的生活环境，包括企业员工的休息、娱乐等客观条件和服务设施，企业员工及其子女的学习条件。

2) 美化工作场所，包括空气、照明、温/湿度、噪声、振动频率、颜色、机器设备的结构和严格的安全操作规程等内容。

3) 美化企业的社会人文环境，主要是指企业内部的组织和员工的角色表现。在企业内部，要建立和谐的人际关系。企业员工的角色表现，包括着装、言语、仪表是否得体，对外如何展示一个企业的精神风貌，对内如何相互影响双方的自尊自爱。

第二节　企业管理物质文化体系

一、企业标志的设计

企业标志是企业的文字名称、图案或文字图案相结合的一种平面设计。标志是企业整体形象的浓缩和集中表现，是企业目标、企业哲学、企业精神等的凝聚和载体。

企业标志的重要功能是传达企业信息，即通过企业标志让社会公众（包括员工、用户、供应商、合作者、传播媒介等）对企业产生印象和认知。换句话说，当人们一见到某企业的企业标志时，就应该能够联想到该企业及其产品、服务、规模等有关的内容。因此，企业标志一旦设计确定，应该相对固定，而不应该经常改变。

企业标志一般被运用在企业广告、产品及其包装、旗帜、服装及各种公共关系用品中。企业标志出现的次数和频度影响社会公众的接受程度，因此应该尽可能多地使用企业标志。

（一）企业标志设计的基本知识

设计企业标志无疑是企业的一件大事，因此企业的最高决策层应该了解企业标志的基本知识，对设计提出具体而明确的要求。其中，首先要了解标志的基本形式，这将有助于决策者提出设计思路、明确设计要求、评价设计方案、做出正确选择。一般而言，企业标志的基本形式分为以下三类：

（1）表音形式　即由企业名称的关键文字或某些字母组合而成。这是企业标志表现的常用形式，许多企业标志都属于这种形式，只不过再加上装饰或艺术处理，以达到美化的目的。表音形式的标志由于其基本构成要素来自企业名称，因此容易使人把它与企业联系起来，起到较好的传达作用。例如 IBM 公司的企业标志是由公司名称中 international（国际的）、business（商业）和 machine（机器）三个英语单词的词首大写字母组成的，IBM 公司的企业标志如图 7-1 所示。The Dryden Press（德赖登出版社）的企业标志也是由公司名称中的英文单词首字母 D 和 P 组成的，如图 7-2 所示。国内，有很多企业将汉语拼音字母或者它们的缩写作为企业标志的元素。

图 7-1　IBM 公司的企业标志　　　　　　　图 7-2　The Dryden Press 的企业标志

（2）表形形式　即由比较简明的几何图形或象形图案构成。图形本身就代表一定的含义，而且由于经过平面设计师的处理，形象感很强，如深圳华为技术有限公司的企业标志（见图 7-3）、河南新飞电器（集团）股份有限公司的企业标志（见图 7-4）。这种形式唯一的缺陷就是往往不太容易让人把几何图形与企业名称联系在一起，因此许多设计都把几何图形与企业名称同时使用，以弥补其信息传达的不足。

图 7-3　深圳华为技术有限公司的企业标志　　　图 7-4　河南新飞电器（集团）股份有限公司的企业标志

（3）音形形式　即把上述两类形式结合起来。此类企业标志兼有前述两类形式的优点，又在一定程度上避免了它们各自的缺点，因此往往受到设计师的推荐，并被比较多的企业所采用，如中国银行的企业标志（见图 7-5）以及摩托罗拉公司的企业标志（见图 7-6）等都属于这种类型。

图 7-5　中国银行的企业标志　　　　　　　图 7-6　摩托罗拉公司的企业标志

（二）企业标志的设计步骤

企业标志的设计，无论是独立的工作，还是企业形象策划中的一项内容，基本上都遵循下列步骤：

(1) 明确设计目的,提出设计预案 为什么要设计企业标志?这是在一开始就必须明确的内容。新建的企业,有的立即系统地进行企业形象策划,有的只是仅仅先设计一个属于自身的企业标志,把企业的目标、宗旨等均寄托其中,并通过它向社会公众传递一个信息——"各位,请接纳我这个新朋友!"而在一些情况下,设计企业标志则是要用一个新标志代替已存在的旧标志,这就要对原有企业标志进行客观的估价,看看是重新换一个,还是对原标志做适当修改,或是继续使用原标志。因为任何企业标志,都有其一定的价值,如果轻易放弃,有时反而会给企业带来无形资产的流失,导致经营业绩受损。因此,首先必须对企业标志进行设计论证,明确的目的及意义。

(2) 拟定设计要求,落实设计任务 企业决策层或有关负责人必须具有鲜明的设计思想,或是能够提出具体的设计要求,否则设计出来的企业标志很难体现企业的形象、浓缩企业的理念。企业标志的设计要求可以从内涵、构图等方面来考虑,有时还需指明应采用的企业标志形式或必须包含的具体文字、字母或基本图形。一般而言,越具体的要求,设计出的企业标志越容易传达企业信息,但这样做的缺点是容易束缚思维,因此企业在提出设计要求时应抓住关键内容,不必追求细枝末节。拟订出设计要求后,就应选择由谁来设计企业标志,很多企业是委托广告公司或专业美术人员来设计,也有企业在社会上公开征集,还有些企业发动内部员工参与。广告公司或美术人员长于构图和表现手法,思维也比较活跃,但多数对委托方企业缺乏深入的了解,其设计不易准确表达企业理念;公开征集活动实际上就是企业形象的一次宣传活动,有时能收集到神形俱佳的好方案,但投入较大;发动内部员工参与,能够增强企业的凝聚力,而且可以发挥员工熟悉企业的长处,但限于员工不一定擅长美术,方案创意常常需请专业人员进行再创作。

(3) 进行方案评价,确定中选标志 不论由谁来设计企业标志,都应该有多种候选设计方案,这就需要进行设计方案评价。有的企业是由企业最高决策层直接决定,有的企业则由企业管理人员、员工代表、专业美术专员共同组成评审小组来集体决定,有的企业有时甚至还征求部分用户和企业的其他关系者的意见。在一般情况下,多听取意见总是有益的,但由于企业标志带有更多的美学色彩,因此人们的评价也更多出于感觉,甚至感情,有时也并非多多益善。当收集到的评价反差很大时,最好不要匆忙进行选择,不妨再请人将赞同较多的两三种设计方案进行综合评价,或者再拿出另外的设计方案,因为企业标志一旦选用,就不能随意改变。

(4) 企业标志定稿,进行辅助设计 确定企业标志的中选方案以后,一般还要请专业人员完成定稿设计,提交最终的标志效果图。这时一般要求选定标准色及辅助色,标定尺寸比例,以便在不同场合、以不同大小反复使用。如果是企业形象策划中的标志设计,按照惯例还应该做出辅助标志,并依据此标志完成剩余的工作。这样,企业标志的设计即告结束。

例如中国移动新 LOGO,以新的纽带相握为造型,不仅很好地延续了中国移动的品牌形象资产,又使整个形象更加简洁动感、互通顺畅,也打开了互联网特征的延伸性。时尚、亲和、智慧的浅蓝色代替了过去强势、冰冷的色彩感受,一抹生机的绿色为企业注入创新活力与社会责任的品牌联想。新标志秉承"责任、卓越"的核心价值,体现出"移动改变生活"的战略愿景,强化了中国移动作为企业公民对国家、对社会的价值承诺,并且弱化了与消费者在功能利益和使用体验上的沟通。中国移动公司标志如图 7-7 所示。

（三）企业标志设计的主要原则

企业标志设计除遵循企业名称设计时提到的个性、民族性、简易性等原则外，还应同时坚持下列原则：

（1）艺术性原则　企业标志是视觉识别的重要内容，它要靠人用眼睛去感受，因此企业标志首要的原则就是要有艺术性，要有美感。讲究艺术性，应注意标志构图的均衡、轻重、动感，注意点、线、面的相互关系，以及色彩的选择和搭配，而且要特别注意细节的处理。好的标志，一般都是美观耐看的，能够使人从中获得美的享受，激发起人对美的追求，从而能够建立起高品位的企业形象。如果一个企业标志算不上美观，又怎么可能给人留下好的企业形象呢？

图 7-7　中国移动公司标志

（2）持久性原则　企业标志一般应具有长期使用的价值，因此不应单纯追逐时髦或流行，而要有超越时代的品质，这种"一百年不动摇"的要求实际上也反映了企业超越平凡、追求卓越的必胜信念。企业标志在各种场合被反复使用，经常出现在企业的各类广告、产品和包装以及其他大众传媒中，如果企业标志经常变动，不利于形成稳定的企业形象，影响企业的经营业绩。试想，谁愿意与一个变来变去、显得很不可靠的人交朋友呢？

（3）适应性原则　企业标志既然代表着企业的形象，就应该能够达到把单纯的平面图案符号与企业理念、行为等进行有机联系的目的，这就决定了企业标志往往不是单独出现，而是经常与企业有关的其他事物同时出现。因此，要求企业标志无论是形式还是内涵都应该适合它经常出现的环境，既能协调配合，又能相对突出，这就是本原则的含义。有的企业标志，在基本平面构成的基础上，如果还能随场合、位置等做适当变化，而这种变化不会对人们进行企业标志的识别造成任何困难或麻烦，这也是企业标志适应性强的一种表现。

（四）商标设计

商标是指企业为了把自己的商品与其他生产经营者的商品区别开而在商品外表或包装上使用的一种标记。商标是商品的标志，它不但是商品之间彼此区分的记号，还是企业文化的载体和企业形象展示的一个重要窗口。商标经过注册后便受到法律的保护，成为企业十分重要的无形资产。

商标从形式上可以分为文字商标、图形商标、记号商标、组合商标等四类。文字商标是指以各种文字或数字组成的商标，其数量超过商标总数的 80%，如美国的雪碧（Sprite）、法国的拉法基（Lafarge）（见图 7-8）。图形商标是指由各种图形、图案构成的商标，它不受语言限制，比较形象、直观。记号商标是指由某种记号构成的商标，一般用某种抽象的点、线、面及其色彩来表现。组合商标是上述几种商标的混合，即由文字（含数字）、图形或记号组成，香奈儿商标就属于这一类（见图 7-9）。

图 7-8　拉法基商标

图 7-9　香奈儿商标

一家企业只有一种企业标志，但却可以有多种商标，因为商标是针对某一类商品而言的，企业可以给每一种商品注册一个不同的商标。当然，也可以所有商品采用相同的商标，这样便于用较少的宣传费用达到扩大商品影响的目的，在这种情况下也有企业直接采用企业标志作为商标。无论是单一商标、多种商标，还是采用企业标志作为商标，只要是商标，在设计上就必须符合下列要求：

（1）要有独创性，不与其他已注册商标雷同　这样设计出来的商标才可获准成为注册商标，以达到与其他商品相区分、树立商品形象和企业形象的目的。

（2）布局合理，突出特色　这主要是从视觉上来考虑的，不管是采用文字、图形、记号还是组合商标，都应既具有视觉上的美感，又能够反映企业及其商品、服务的独特个性。

（3）不能违反禁用条款　各国对哪些文字、图案不能用作商标都有明确的规定。《中华人民共和国商标法》规定，与下列文字、图形相同或相近的不得用于商标：

1）同中华人民共和国的国家名称、国旗、国徽、国歌、军旗、军徽、军歌、勋章等相同或者近似的，以及同中央国家机关的名称、标志、所在地特定地点的名称或者标志性建筑物的名称、图形相同的。

2）同外国的国家名称、国旗、国徽、军旗等相同或者近似的，但经该国政府同意的除外。

3）同政府间国际组织的名称、旗帜、徽记等相同或者近似的，但经该组织同意或者不易误导公众的除外。

4）与表明实施控制、予以保证的官方标志、检验印记相同或者近似的，但经授权的除外。

5）同"红十字""红新月"的名称、标志相同或者近似的。

6）带有民族歧视性的。

7）带有欺骗性，容易使公众对商品的质量等特点或者产地产生误认的。

8）有害于社会主义道德风尚或者有其他不良影响的。

县级以上行政区划的地名或者公众知晓的外国地名，不得作为商标。但是，地名具有其他含义或者作为集体商标、证明商标组成部分的除外；已经注册的使用地名的商标继续有效。

二、企业旗帜、服装、歌曲的设计

企业领导的办公室要反映企业形象，具有企业特色。例如，墙面色彩采用企业标准色，办公桌上摆放国旗和企业旗帜以及企业标志，墙角安置企业吉祥物，员工统一着装以及唱厂歌等都是企业形象和面貌的具体反映。

（一）企业旗帜的设计

旗帜人们都很熟悉，泛指悬挂在杆上、具有特定的颜色、图案标志的布帛，用于传达信息或分类。旗帜古称"旌旗"或"幡"，后来因为军武及帝王仪仗等为壮大声势的需要而得到发展。而"督旗""牙旗""刀旗"等是以形状定义的。而今，旗帜大多数已经用作国家、地区、军队或企业等的象征，有时也可用作宣传或纯粹的装饰。旗帜的形象标志是反映各个国家或阶层以及企业等有关历史、政治、心理的语言、符号、徽记。

企业旗帜是企业的象征之一，通常是指一家公司或厂矿（院、所）专用的旗帜，俗称司旗、厂旗等。日本松下公司在每天朝会时升司旗，表示新的工作日开始，我国企业也有类似的做法。

（二）企业服装的设计

企业服装设计要遵循以下原则：

（1）职业性　工作制服设计的原则首先是有明确的针对性：针对不同行业、同一行业不同企业、同一企业不同岗位、同一岗位不同身份和性别等。针对性设计可归纳为什么人穿、穿用时间、穿用地点、为何穿、穿什么。

什么人，在狭义上是指在规定时间内到自己供职的地点去工作或从事公务活动的一部分人，在广义上是指较为不明确的一部分消费群体。这里的"人"在工作制服上表现为一个群体、一个部分、一个阶层，其设计要求应根据工作特性、个人与群体风格、生理与心理需求、政治经济地位、文化素养等的不同而各异。时间与地点则是职业的大环境与小环境因素，时间有春夏秋冬、白天与夜晚之别，地点则表现为地域性的大环境与具体工作时的小环境。

（2）经济性　除了少数价格贵的工作制服，如特定的礼仪服、特种服外，大多数要求其具有合理的价格性能比，即与设计选用的面料档次、款式复杂程度、工艺制作难度等方面综合相比。

在同等的美感与功能的前提下，设计工作制服时要尽可能降低成本，从款式、材料、制作的难易、服装的结构等细处着眼。

（3）审美性　工作制服的审美性由服装的精神性这一共性决定。工作制服因方便工作而制作，在审美性上的制作工艺尤为重要。

（4）功能性　工作制服可以根据自己企业的情况选定款式面料，如建筑企业的工作制服应该选用耐磨性面料；电子企业的工作制服应该选用防静电面料。工作制服在定制时就应该选好面料，选好适合自己企业的服装，才能达到最佳的实用性。

（三）企业歌曲的设计

一家优秀的企业一定有自己独特的企业文化，而作为企业文化的一部分，一首展示自己企业内涵和文化理念的企业歌曲必不可少。它可以增强员工的凝聚力、归属感并培养员工在企业中奋发向上的精神。在企业的文化活动中，如培训会议、客户接待等重要活动，通过企业歌曲来展现自己的企业文化和员工的精神风貌，是相当重要和自豪的。企业歌曲的设计应根据各自不同的企业文化，量身定做属于本企业的、独一无二的精彩乐章。优秀的企业歌曲，是现代化企业不可或缺的音乐名片。例如，广东乐百氏集团、广州白云山医药股份有限公司、南昌市煤气公司等许多企业都谱写了出色的企业歌曲，甚至拍摄录制了 MTV 影碟，为企业文化增添了光彩。

第三节　企业产品文化

一、企业产品的文化意蕴

（一）产品的内涵

从文化的角度来看，市场营销产品的内容并不仅仅是指人们肉眼所能看得到的或用手能够接触得到的产品实体，还包括产品的包装、样式、安装运输、售后服务和保修等无形的特性。有形实体体现的是一种物质文化，而无形的特性是社会文化在产品概念上的拓展。因此，产品不仅能给消费者带来某些功能，满足消费者的特定需求，而且还能给消费者带来价值的满意度。

产品的内涵有狭义和广义之分。狭义的产品是指具有实体形态的物质产品；而广义的产品则是市场营销意义上的产品，它是指向市场提供的能满足人们某种需要和利益的一切物品和劳务。这一概念从内涵上看包括了实质产品、形式产品和延伸产品三部分，如图7-10所示。

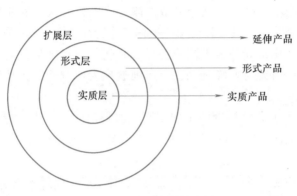

图7-10　广义产品的内涵

1. 实质产品

实质产品是指能够提供给购买者（顾客）的有形效用或无形效用，即产品所具有的使用价值。它是购买者购买某种产品时所追求的利益，因而是购买者真正要购买的东西。如购买电视机是为了满足文化娱乐的需要，购买洗衣机是为了减轻家务劳动、节省时间的需要等。

2. 形式产品

形式产品是指向市场提供的产品实体和劳务的外观，是实质产品的表现形式。任何产品都有其确定的外观，即产品所呈现出来的面貌，面貌具有五个标志，即质量、特征、造型、商标和包装。形式产品与实质产品一起构成了产品的本源属性。

3. 延伸产品

延伸产品是指产品的附加利益。随着人们需求欲望的提高和形式产品的现代化，人们已不再满足于仅得到产品实体本身，而是需要获得与产品实体相关联的一系列服务，如提供信贷、免费送货、设备安装、维修保证、使用指导、售后服务等。

在市场营销中的一个最基本的要素是产品，在这里将产品文化定义为提供给市场，在人们选取、使用或消费中满足人们某种欲望或需要的一切实体和价值观念的综合体现。随着商品经济的发展，以及人们生活水平和社会文化素质的提高，消费者在消费时更讲求消费档次和文化品位，这就对产品的外观造型和包装提出了新的要求，于是文化促销、文化包装就广泛地被商家所采用。

（二）产品文化的形式

产品文化主要有两种形式：产品包装文化和新产品文化营销。

一般来说，产品的内在质量，是竞争能力的基础，包装是产品的附属品，但在产品整体策略中，包装是保证产品取得成功不可或缺的一个组成部分。优良的包装对于产品具有美化作用，能够提高产品的附加价值，即魅力价值，包装本身就是沉默的推销员。因此，一种产品有无包装，包装得是否得当，会直接影响产品的价值，对产品的销售起着举足轻重的作用。好的包装不仅使产品身价倍增，而且能够吸引顾客购买，促进销售。所以产品和包装的关系是紧密相连的，从某种意义上说就是内容和形式之间的关系。虽然内容决定形式，起重要作用，但形式反过来也会影响内容，好的形式可以有助于内容的体现，而坏的形式则会有损害内容，所以注重产品的包装是非常必要的。

二、企业产品文化及其遵循的文化原则

（一）包装文化营销应遵循的原则

包装是强有力的营销手段，但也不是可以随便使用的，如果使用不当反而会适得其反，弄巧成拙。因此，使用包装文化进行营销，必须遵循以下原则：

1. 一切包装都应以让顾客满意为原则

顾客是企业的上帝，企业对产品不论采用何种形式的包装策略进行营销，都应该以让顾客满意为原则，以满足顾客的要求为目的，这样才能真正地吸引顾客，打动顾客，使其购买自己的产品；否则企业把产品包装得再精致，顾客不喜欢或把产品买回去后用起来很不方便，也不能扩大自己产品的销路。

所以对于企业来讲，就应该时刻为消费者着想，随时了解他们的要求和愿望，并在此基础上改进和完善自己产品的包装。企业切不可闭门造车，不顾消费者的需求胡乱设计包装。此外，包装设计还应该做到美观大方，图案生动形象，不落俗套，不作设计模仿，尽量采用新型的包装材料，使人耳目一新，这也是对商品包装的基本要求。

同时，产品包装所用的色彩、图案要符合消费者的心理要求，不得与民族习惯、宗教信仰相抵触。因为色彩和图案的含义，对于不同的消费者，意义可能截然不同，甚至完全相反。例如红色在我国代表喜庆，而在有一些国家则代表死亡；黑色在一些国家被认为是丧礼的颜色，而在一些国家却被认为是优雅和高贵。巴西人忌棕黄色，比利时人忌蓝色，日本忌绿色，而土耳其人以花色为凶兆。就标记形状来说，捷克和斯洛伐克用红色三角形表示"剧毒"，土耳其则用绿色三角形表示"免费样品"，而带有六角星的包装向中东国家出口时是要碰壁的，因为六角星是以色列的标记。所以，包装设计人员一定要掌握世界各地市场上消费者的爱好和禁忌，以提高产品包装设计的质量，避免出现问题。

2. 包装设计要符合国家或国际标准和要求

国际上对于产品包装的设计有各种各样的规定，作为产品生产厂家来说，在设计和选用产品包装时，一定要使其符合国家或国际上对产品包装的标准和要求。保护产品是产品包装的基本作用，因此结实耐用应该是包装的最基本要求。国际上对于什么样的产品该用什么样的包装，选用什么样的材料都有明确的规定，切不可自行其是，否则最终损失的还是企业自身。另外，产品包装也须按照国际上的一些标准进行注明，如产品的性能、使用方法、使用效果、有效期等，都必须有明显的文字说明。某些特殊产品，如食品、药品、化妆品等，关系到人的生命安全，更应该严格按照国家和国际规定的标准执行。例如药品类产品，除了在包装上要说明药物成分、功效、服用量、禁忌及有无副作用外，有些药品的包装上甚至还要

附上实验数据等，避免出现问题给企业带来负面影响。

3. 利用包装文化进行营销，要始终把产品质量放在首位

企业必须坚定地树立起质量意识，以产品质量为根本，产品的包装虽然在产品的运输、储藏和销售、使用等过程中都具有相当重要的作用，但相对于产品本身来讲，始终都还是居于次要地位的，不能过分强调包装的作用。企业应该在首先抓好产品质量的前提下，把好质量关，然后再使包装的各个要素与市场定价、广告和其他市场营销要素相互协调，共同促进产品的销售。采用包装文化进行营销，尽管要在包装方面多下功夫，但时刻都要把保证产品质量放在首位。不能使产品包装喧宾夺主，单纯地追求华丽包装，而产品本身的质量却相当低劣，这样就不会真正起到促进销售的目的。产品的质量和包装是产品的两个"翅膀"，企业如果能够很好地把握住这两点，一定能够在市场中出奇制胜。

（二）包装文化营销的策略

产品的包装有助于产品的销售，有助于产品价值的实现，但并不是所有的包装都会起到这样的作用。不恰当的包装不仅不会促进产品的销售，反而会起反作用。因此，要想利用产品包装来帮助营销，就必须掌握一定的策略或手段，避免不利的事情发生。人们利用包装文化进行营销的策略有很多，概括起来有以下几个：

1. 分档包装策略

分档包装就是把同一类产品的包装分为高、中、低等若干档次，以利于适应不同消费者的需要。消费者可以根据自己的消费层次、消费目的来选择不同档次包装的产品。此外，某些产品为了满足不同消费者的需要还应进行大、中、小等不同规格的包装。例如，酒类就应有几种不同规格的包装，朋友聚会，或外出携带等，可以选择不同规格包装的酒。

2. 家族包装策略

家族包装是指产品生产者或销售者为了突出本单位生产、销售的产品形象，对本企业所有的产品，采用统一的独具特色的包装风格、包装图案、包装色泽。美国的可口可乐采用的就是这种包装策略，不管什么型号、品种的产品，其包装均采用基本相似的颜色、图案等。首先，采用家族包装策略，生产厂家或经营单位可以集中宣传自己，加深社会、消费者对本企业的印象，同时也可以节约包装设计的费用开支，还可缩短社会、消费者对该产品的认识过程，加大该种产品在市场上的竞争力；其次，采用家族包装策略对企业打开产品销售渠道是有意义的。但采用这种策略是有条件的，它要求作为家族成员的任何一种产品其质量必须合乎标准，否则就会因一种产品的质量问题而连累了整个家族成员的信誉。

3. 附赠包装策略

附赠包装是指消费者在购买一种产品时，获得了随之赠送的其他产品。这是目前市场上比较流行的一种包装策略。例如，在市场上购买牙膏、饮料等，附赠牙刷、水杯等；化妆品包装中附有奖券，积满后可得到不同的赠品；在购买一双鞋后还可得到一个手提袋之类的物品，既方便了顾客携带，又为自己的产品打了广告。

4. 复用包装策略

复用包装是指能够重复使用的包装。复用包装一般又可分为两种，一种是可作为同样用途重复使用的包装，这样就要求厂家在设计这种包装时，开始就要有意识地注意更换包装的用途问题。这个设计既要满足被包装产品的实用价值、魅力价值的需要，又要考虑这个包装体与被包装物分离后移作他用的需要。一个包装既做"沉默的推销员"又做"沉默的宣传员"，对厂家来说是非常有利的，如酒瓶、饮料瓶等，售后回收以后还能再次使用，可以减少材料的消耗。另一种是消费者购买了产品以后，可以移作他用的包装，例如瓶装果酱，果酱吃完以后，瓶子可以用来做茶具，可以用作装饼干之类食品的盒子，还可以用来放糖果等其他物品。这样看来，使用这种复用包装，对于厂家和消费者来说，都不是一件坏事。

5. 零整结合策略

这种策略主要是针对不同种类或不同规格的一系列产品而言的，可分为两种，即单个包装和组合包装。单个包装是指个体包装，即对某一产品进行单独包装。而组合包装是指把几种产品组合在一个包装里的包装。组合包装一般有两种组合方式，一种是把满足同一需要的几个相关的不同品种的产品组合在一起，然后用一个统一的包装。例如，日常生活中常见的女士用的化妆盒，就是这种形式的组合包装。其他的又如文具、修理安装工具等的包装也大多采用这种包装形式。另一种是把同一种类、不同规格的产品放在一起，形成一个系列并予以专门包装，例如把写大楷、中楷、小楷用的不同型号的毛笔组合在一起包装出售，把各种尺寸的瓷质餐具如盆、盘、碗、勺等配套组合包装出售。这样既有单个包装，又有组合包装，就可以满足不同消费者的需求，从而扩大产品的销售量。

对于企业来讲，一种产品的包装，在市场上传播久了就会给消费者留下深刻的印象，形成一种购买习惯。一旦企业改变产品的包装，对于消费者来说就会产生一种陌生感，而使消费者拒绝接受。因此，企业频繁改变产品的包装是不利的，企业不在万不得已的情况下不宜改变旧有包装。改变产品包装的策略主要适用于：①当该产品的质量出了问题，在消费者心目中名声下降之时；②虽然质量尚好，但同类产品竞争者众多，该产品久久打不开销售局面之时；③销售局面尚好，但这种包装使用太久，在消费者心中产生了陈旧感之时。在这些情况下，企业及时改变包装，采用新材料、新式样、新图案、新色泽吸引消费者，以便开创销售新的同类产品。我国在现代商品包装方面起步较晚，这主要是由于我国商品经济不够发达造成的。企业只有抛弃那些落后的、不受消费者欢迎的旧包装，换成具有强大吸引力，给消费者以信心、新颖感、美观感的新包装，才能形成一个有利的总体印象，扩大产品的销售量。

（三）新产品文化

1. 企业产品差别化的途径

世界市场面临激烈的竞争，新的技术、新的消费者、新的市场在不断变化，开发新产品是应对变化的有效措施，同时也可以为企业找到新的利润增长点。芬兰的诺基亚公司过去是森林产品和橡胶工业的巨头，生产火柴与胶鞋。1992年，他们开始开发高科技设备并获得成功。

企业在开发新产品的过程中面临着挑战。越来越多的企业生产的同类产品差异很小，每一个产品都向消费者传送一样的利益诉求。企业除非能以更低的价格向消费者提供产品，否则就必须通过产品差别化来获得自己的市场份额。企业在新产品开发时就应注重产品的差别化，而不是产品成形后实施差别化战略。企业新产品推出时的差别化可以分成两种，即产品基本特质的差别化和产品形象的差别化，可以通过四种基本途径来实现，见表7-1。

表 7-1 企业新产品差别化的四种基本途径

产　品	服　务	人　事	形　象
特征	送货	有能力	标志
性能	安装	言行、举止	传播媒体
结构	顾客培训	可信度	环境
耐用性	咨询服务	可靠性	项目、事件
可靠性	修理	敏感性	
易修复性	其他服务	可交流性	
式样			
设计			

表 7-1 所列的四种基本途径，除第一列是产品基本特质的差别化外，其余三列均是产品形象的差别化。在现代生产条件下，由于技术扩散的速度加快，各企业对同一产品的生产流程和工艺的差距不大，导致产品特质的差别化不大，因此，通过产品特质的差别化维持企业的竞争地位往往比较困难。而产品形象的差别化根植于消费者的心目中，是企业营销力作用下的效果，并且具有形象持久维持的效力，因而成为企业实施差别化战略的重点。产品形象的差别化主要通过产品文化营销来实现。产品文化营销注重在营销过程中的产品文化、产品价值和产品形象的传送，并且这种产品文化、产品价值、产品形象是根植于产品本身的独一无二的概念。

2. 新产品文化营销的过程

新产品文化营销，是在新产品开发与推向市场的过程中，对新产品注入文化内涵，并将此文化内涵在市场中加以强化的营销方式。新产品文化营销重在新产品推出之际，即根据市场情形、企业形象、已有产品文化概念对新产品进行文化植入，使新产品在市场上具有一定的文化内涵与产品形象，这是企业实施产品差别化战略的基础。它会经历以下四个阶段：

（1）文化构思 新产品文化内涵的形成首先从文化构思开始。市场需要是文化构思的首要来源。消费者对产品的文化内涵的要求，对已有产品文化的意见和批评，是文化构思的重要参考。另外，企业跟踪社会思潮的变化，适时推出新的产品文化观念，使文化营销引导人们的消费心理产生变化，向更高级的文化消费发展，这也是文化构思的重要途径。在这种情况下，企业要深入市场，认真调查消费者的价值观念、文化思想、心理变化以及他们对原有产品文化的认知状况，以此作为文化构思的第一原则。

企业可以依靠自身内部的新产品开发部门、销售部门及其他部门人员的大胆创新，提出有价值的文化构思。已有产品文化是新产品文化构思的重要资源。新产品进行文化构思时可根据需要吸收、借鉴、摒弃已有产品文化中的一些或全部要素。此外，文化构思必须与企业和品牌形象有机结合起来。例如，一家企业同时进行计算机芯片的开发和生产，此时文化构思的跨越将让企业付出更多的教育费用，新产品投放失败的风险也加大了。文化构思还可以从竞争者、中间商、广告代理、营销研究企业和营销专家等获得。

（2）概念发展 文化构思确定好之后，还需要将它发展成消费者能够识别和接受的概念，即必须将文化构思用一定的消费者术语表达出来。在概念发展阶段，包括将文化构思用一定的符号或语言形式表达出来的步骤。消费者看到的不是文化构思，而是成文的、精心制作的概念说明。

　　企业需要选取一些消费者测试产品文化内涵的概念，从他们的角度了解概念的可理解性、接受程度、吸引力大小、偏好性、改进方向等。消费者的回答将帮助企业产生一个最富有吸引力的文化概念。不同企业对概念的发展各有侧重，有的将概念发展为对产品基本特质的诉求，有的将概念发展为一定的心理利益，有的则是两者的结合。

　　（3）市场测试　文化构思与概念发展均是从企业的角度出发完成的。产品的文化含量是否能被消费者接受，接受的难易程度如何，产品在消费者心目中会形成怎样的形象，这些都是企业急切想了解的重要信息，必须通过一定的市场测试来获得市场对产品文化含量的反馈。

　　对新产品文化的市场测试主要通过教育、传导、沟通和反馈来实现。最直接、最有效的方式是广告。企业可以寻找一部分消费者，请他们观看一些简短的广告片。其中既有一些著名的商业广告片，也有新的广告片，企业新产品广告片也包含其中。看完之后请消费者说出印象最深的广告片和对该片注重的利益诉求，请他们对广告片进行排序。最后将企业的新产品广告挑出来，询问消费者对该广告片的意见。企业采取这种方式可以获取较满意的答复，但由于测试对象的限制，往往很难达到测试市场总体的效果。

　　为了对市场总体进行测试，企业可以在一些有代表性的区域试点投放新产品广告，并与外界的调研企业合作，测试典型市场对新产品广告的反应，从而确定新产品文化含量的恰当性。

　　（4）全面强化　新产品推向市场的时候，必须强化新产品文化内涵的宣传。此时，企业需要决策的是宣传的方式、时机、地域选择、媒体和费用预算。在宣传方式上，企业可以选择电视广告、印刷广告、广播广告、广告牌、研讨会、企业期刊、展览会、捐赠赞助等形式。其中最有效果的是电视广告，缺点是费用很高。在宣传时机上，企业一般是在新产品推出前或推出的同时来进行，并且在推出的过程中保持一定的宣传，维持新产品价值的传播。选择地域时，企业可以选择在全国性的媒体上进行大力宣传，也可以选择在几个地域性的媒体上同时宣传。前者的优势在于影响面广，但很难形成集中效应。后者则相反，能形成集中效应，但在地域范围上受到限制。可供企业选择的媒体有电视、广播、报纸、杂志、招牌、商场柜台等，企业还可以根据不同情形选择其中一个，或选择几个媒体。企业全面强化新产品文化蕴含量还必须与成本联系起来。有些产品在全面强化之后，见效慢，需要一段较长时间才能有成效，企业必须对此有所了解。

　　3. 新产品文化营销策略

　　企业对新产品进行文化营销时，可以有三种策略：已有产品文化的强化策略、已有产品文化的演进策略和全新产品文化策略。

　　（1）已有产品文化的强化策略　"新产品"这个词所意味的概念是指原有产品的改进产品、改型产品和新产品。企业推出新产品时，并不意味着产品文化的更新改造，它或许只是产品特质的改变而已。如果企业认为原有产品文化的延续使用更有利于新产品推向市场，企业将对新产品赋予已有的产品文化，或对已有的产品文化进行强化。

　　联邦快递（Federal Express）公司成立时以保证隔夜送货到位的创举，掀起了美国包裹递送业的一场革命。公司最初给顾客到货时间的承诺是次日中午，之后提前到次日上午十点半，公司新产品的产品文化突出的是"迅捷"的价值观念，是对已有产品文化的强化。

（2）已有产品文化的演进策略　新产品推向市场时，可以在原有产品文化的基础上进行拓展演进，既有原来的产品文化做基础，又能以新产品文化的面孔出现。这一策略有利于充分利用原有产品文化吸引消费者资源，同时又能给予消费者以新的文化价值。

已有产品文化的演进必须考虑消费者对已有产品文化的认可程度，如果消费者对已有产品文化达到习以为常的程度，新产品的文化演进将变得困难。此外，在文化演进过程中，新文化因素的引入和旧文化因素的摒弃都必须让消费者易于接受。例如科马特——美国一家大型零售商场，它成功地建立了许多新店，向顾客提供各种不同的选择和价值。但是，科马特在新产品文化营销中犯了一个错误。它决定着重设立专卖店，希望能以此迎合顾客的口味。于是科马特买下了一些零售的专卖店，经营范围非常广泛。新产品文化——"专卖式购物"，是已有产品文化——"自选式购物"的演进，但文化的演进并没有给科马特带来效益。1996年1月，《幸福》杂志刊登了关于科马特经营业绩下降的文章。科马特的失利在于其新产品文化——"专卖式购物"与已有产品文化——"自选式购物"在购物观念和产品上存在冲突，消费者对原有产品文化的认可也使他们难以从"自选式购物"的观念跨越到"专卖式购物"的观念。

（3）全新产品文化策略　企业对新产品进行文化营销时采用全新文化策略，意味着新产品摒弃已有的产品文化，而创建一个新的文化内涵推向市场。需要注意的是全新产品文化策略不能对已有产品造成冲击。例如 IBM 公司，它原来只是一家生产制表机的企业，后来成为一家生产办公设备的企业，新产品文化内涵跃入了一个新的阶段。现在它已成为信息产业的知名企业，产品已拓展到个人电脑，并成为其主要业务收入之一。

但对许多企业来讲，全新产品文化策略也许并不是一个好的选择。这意味着企业对新产品的更多投入以及对原有资源的搁置。全新产品文化策略的市场成本很高，且消费者需要时间来重新接受新产品文化。认知新产品价值，从而树立新产品的形象，这一过程将耗费企业的大量市场投入。

第四节　企业广告文化

一、企业广告文化的特征和功能

在现代社会中，无论人们置身于何处，总是能看到广告的踪影。随着社会广告业的繁荣，广告文化已成为社会文化现象中引人注目的一个文化现象，即广告文化现象。广告文化是指在广告自身发展过程中形成的广告界从业人员的文化道德和价值观念，以及社会冲击对广告所造成的各种对文化的讨论和反思。广告文化不知不觉地影响着现代人的生活方式，广告业已成为世界上最大的"无烟工业"。

（一）广告文化的特征

广告具有鲜明的文化气息，可以从广告的以下几个特征中加以认识：

1. 广告的商业文化性

广告从一开始便被披上了商业性的外衣，并且具有浓厚的文化气息。现代广告已发展成为营销广告，在推销产品时传递的不仅仅是某一产品、企业或组织的相关信息，也是文化传播的一种有效途径，并通过所营造的文化氛围来达到商业目的。广告与其他艺术形式的区别就在于它的促销和宣传能力。一般的文化艺术形式具有供人欣赏的价值，不排除引导人们价值观念的倾向性，而广告文化具有鲜明的盈利观念，这是商业广告区别于其他广告的根本点。

2. 广告的文化渗透性

广告的文化渗透性是指广告及广告本身所蕴含的文化价值，往往直接或间接地引导着人们的思想观念、美学思想和伦理道德。广告文化之所以具有渗透性，是与其广泛的覆盖面和传播力度分不开的。同时，广告本身也包含着易为公众所接受的文化观念。一切用来传播大众信息的媒介都已成为广告的载体，一切艺术形式都被试图用来为广告服务，一切有人聚集的地方和空间都存在着各式各样的广告，广告已经成为人们生活的一部分，任何人，只要是在媒体可以扩展到的地方，都会受到广告的影响，广告以其独特的方式、强大的力量影响和决定着社会生活和文化精神的各个方面。

3. 广告的文化舆论性

广告大师威廉·伯恩巴克曾说过，广告本质上是一种说服的艺术。广告不仅具有宣传、促销的作用，还具有能动的导向性。这种导向性一方面表现为广告具有说服作用，它能够影响广告受众，说服他们认可、喜欢广告宣传的产品，并促使他们采取相应的购买行为；另一方面表现为广告能够推行某种观念，包括推行某种消费观念、生活观念、价值观念，促进良好的人际关系，改善社会环境。

4. 广告的民族文化性

广告的民族文化性是指广告所呈现出的鲜明的民族文化色彩。表现民族特色、展现民族风格、继承民族传统、发扬民族精神，越来越成为广告创造者的追求。首先，广告文化的思想内容蕴含着特定的民族情感。"红旗轿车"便是这样的典型："恭喜您成为尊贵的红旗车主，愿您鸿运当头，旗开得胜，红旗与您一起乘风破浪，蒸蒸日上，目光所致皆为华夏，五星闪耀皆是信仰。"一款属于国人的红旗，呈现独特的民族风情，迸发出了中华民族的铮铮之气。其次，广告文化中包含着民族文化风俗。民族文化风俗是一个社会在长期的发展过程中沿袭下来的礼节和习惯的总和。民族风俗对目标市场的开拓产生了极大的影响力。在1997年，红牛功能饮料打出了这样的广告语：牛年喝红牛，数我最牛。把红牛功能饮料和牛年联系到了一起，让广告带上了"年味"，就是广告策划者有意流露的民族情结。

（二）广告文化的功能

广告文化对于现代企业和社会来说功能是多种多样的。对于企业来说，帮助他们形成独特的企业文化，树立鲜明的企业形象，帮助企业销售产品；对于消费者来说，帮助他们了解产品信息、产品知识、开阔眼界，可以刺激消费需求，形成新的消费观念；对于广告媒体而言，帮助他们获得生存和发展的空间及财力支持，丰富传播内容；对于社会而言，促进文明进步和经济发展，打通产供销的环节，美化生活，美化环境。

企业经营是以销售为中心的，企业要生存发展，就必须设法使产品从生产者、经营者手中转移到消费者手中。广告是企业与消费者沟通的良好途径。广告主与消费者的信息沟通，往往要借助于一定的社会媒体。社会心理学研究发现，广告主与消费者的沟通是一种间接式沟通，它使沟通双方的距离变远了，因此，广告主若想通过广告取得很好的沟通效果，必须采取适当的沟通形式，才能达到有效沟通的目的。这种间接式沟通有以下特点：

1. 人际沟通的知识基础

大众化的广告沟通虽然是一种间接式的沟通，但若要达到好的沟通效果，必须像与个人面对面沟通一样，需要了解人际沟通的各种规律和技巧。个体与个体之间的有效沟通，源于个体间有共同的经验。在此共同经验的基础上，双方才能找到共同语言，从而在心理和价值观上产生共鸣。广告的沟通也应积极寻找广告主与消费者之间的共同经验，把消费者想象为单个的具体的人，而不是抽象的大众概念，进而进行类似个体的沟通交流。广告沟通的内容，就像和老朋友的一番知心话。

2. 大众传播的过滤器

广告作为大众传播的一种方式，同时又具备大众传播的特点。大众传播具有三层过滤器：一是物理通道过滤，即信息从发生源到接收方之间必须通过一定的信息载体和信息通道，这一过程的信息发送可能产生信息的流失；二是语义过滤，即信息传递到接收方后，由于评议表达、术语概念陈述等造成的接收方不能理解或不愿理解；三是应用过滤，即接收方对传递过来的信息做出否定的评价。

此外，广告沟通（包括电视广告、报纸广告、杂志广告、招贴广告、其他宣传物广告）还将消费者信息选择理论作为指导实践的理论基础，如"守门人"模式，如图 7-11 所示。"守门人"模式认为大众对信息的接受受到文化、价值、连续性、一致性等因素的影响，这些因素就像守门人一样决定信息能否被大众顺利接受。

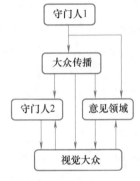

图 7-11 "守门人"模式

二、企业广告文化传播应遵循的基本原则

法律文化和道德文化都从属于规范性文化，广告文化属于社会上层建筑，要受社会经济基础的制约，它具有规范社会经济行为的特性，从这个意义上说，它也从属于规范性文化的范畴。企业在营销中应用广告文化应遵循广告自身固有的规律和基本的原则与规范。

1. 广告的真实性原则

广告的真实性是指在广告活动中必须强调它的经济信息，文稿内容要真实、准确，不能虚夸，更不能伪造。

真实性是广告的生命。广告要取信于人就必须以真实的信息去打动人、去影响消费者。《国际商业广告从业准则》中规定："广告只应陈述真理，不应虚伪或利用双关语及略语之手法，以歪曲事实；广告不应含有夸大的宣传，致使顾客在购买后有受骗及失望之感。"《中华人民共和国广告法》（简称《广告法》）规定："广告应当真实、合法，以健康的表现形式表达广告内容，符合社会主义精神文明建设和弘扬中华民族优秀传统文化的要求。""广告不得含有虚假或者引人误解的内容，不得欺骗、误导消费者。""广告主应当对广告内容的真实性负责。"《广告法》又规定："发布虚假广告的，由工商行政管理部门责令停止发布广告，责令广告主在相应范围内消除影响，处广告费用三倍以上五倍以下的罚款，广告费用无法计算或者明显偏低的，处二十万元以上一百万元以下的罚款；两年内有三次以上违法行为或者有其他严重情节的，处广告费用五倍以上十倍以下的罚款，广告费用无法计算或者明显偏低的，处一百万元以上二百万元以下的罚款，可以吊销营业执照，并由广告审查机关撤销广告审查批准文件、一年内不受理其广告审查申请。"对于违反上述规定者，将受到行政或法律的制裁。

2. 广告的艺术性原则

强调广告的真实性，既要反对夸大失实、弄虚作假，又要防止排斥广告创作中必要的艺术夸张、比拟、美化，要让广告作品具有艺术魅力和审美作用，使它更好地吸引公众、感染公众、激发公众的购买欲，获取公众的赞同和信赖。

广告以其艺术性来增强它的娱乐性、趣味性、欣赏性，让人们通过广告作品的形象获得丰富的文化内涵，以更好地吸引公众、感染公众、激发公众的购买欲望，获取公众的认可和信任。忽视广告的艺术性，直接推销产品，容易丧失产品的文化品位，从而影响广告的效果。而注意艺术表现，把广告信息融于艺术形式中，通过广告的个性化提高广告的感染力和审美情趣，可以圆满地达到广告的目的。美国史学家及广告理论家大卫·奥格威说过，一个好的广告应是让公众感觉不出广告味儿来，不知不觉地接受其信息而采取行动，这才是最高明的广告，也是广告艺术性的最高体现。

3. 广告思想性和科学性的统一

思想性是广告的灵魂，科学性是广告的有效载体。现代科学技术的发展，使广告的效率大大提高。广告的思想性影响着人们的生活观念、道德观念、消费观念，对造就良好的社会风尚和美好、合理的生活方式起着积极的作用；同时，广告不断吸收美学、市场学、信息科学、系统科学等学科的知识，力求使广告符合客观实际，使广告效果出奇制胜。

三、企业广告的策划、程序与评估

广告是由明确的主办人发起，通过付费的介绍促销其构思、产品和服务的行为。广告主不仅有商业性企业，也包括慈善组织、非营利机构与政府机构，它们也对各种公众做广告宣传。

广告方案制作包括五个步骤：第一，营销者必须建立广告目标；第二，营销者必须制定广告预算，需考虑的因素有：产品生命周期阶段、市场份额和消费者基础、竞争与干扰、广告频率和产品替代性；第三，营销者必须选择广告信息，决定怎样生产和传播信息，用愿望性、独占性和可信性来评价各种信息，并且要有社会责任观点；第四，营销者必须决定采用何种媒体，考虑选择广告预期的接触面、频率和影响，然后根据发行量、目标受众、有效受众，决定广告媒体；第五，营销者必须评价广告的传播质量及其带来的销售效果。

（一）什么是企业广告策划

策划就是为了达到一定的目的从而对未来活动进行筹划和部署。

企业广告策划是指广告人通过周密的市场调查和系统的分析，推断市场态势及消费群体的需求，利用已掌握的知识、信息和手段，合理而有效地控制企业广告活动的进程，以实现广告目标的活动。

企业广告策划的任务或者说要解决的问题主要包括：广告目标、广告对象、广告计划、广告策略等，即解决"对谁说、说什么、如何说、如何增强说的效果"等问题。

（二）企业广告策划的特点

1. 目的性

企业广告策划起始于广告目标的选择，落实于广告目标的实现。也就是说，任何广告策划都有其目的，即选择广告目标，寻求实现广告目标的最有效的途径和方法。这是现代广告活动计划性的一个重要表现。

2. 科学性

企业广告策划要取得满意的效果，必须按科学规律办事，绝不能主观臆断，随心所欲，要讲求科学性。首先，企业广告策划的科学性表现在要遵循一定的程序，即调查—分析调查资料—确定调查广告目标、拟定广告计划和具体的实施方案—拟订广告效果评估的方案；其次，企业广告策划的科学性表现在广告策划需要综合运用各种相关的科学知识和理论，使用现代化的科学技术手段才能完成。

3. 灵活性

在企业广告策划的过程中，既要讲求科学性，同时又要不失灵活性。由于现代市场竞争激烈，市场环境变化快，广告策划必须适应这种变化，及时做出调整，保证策划的效果。为此，企业必须建立起一套良好的信息反馈和监督机制，针对市场和消费反应的变化，及时对策划方案做出调整和修正，充分体现其灵活性。

(三) 企业广告策划的程序

企业广告策划是一种科学活动，不能随意进行，应遵循一定的原则和要求，按一定的方法和步骤进行。企业广告策划的程序就是广告策划工作应遵循的方法和步骤。尽管每个具体的广告策划工作细节不同，但就广告活动的一般规律而言，广告策划可分为四个阶段：调查分析阶段、决策计划阶段、执行实施阶段、评价总结阶段。

1. 调查分析阶段

这一阶段的主要任务是进行市场调查与分析，收集有关信息和资料。具体工作包括：

1）成立策划小组。策划小组的人员由各相关职能人员组成。

2）进行产品研究。策划小组对广告主产品的生产过程、品质成分、包装、售价、分销渠道、消费对象、市场占有率等进行调查和研究。

3）进行市场研究。主要研究竞争对手的各种情况，此外，还需对市场环境进行必要的调查，如经济状况、法律法规、人口文化以及风俗习惯等。

4）进行消费者调查分析。收集市场上有关消费者的情况资料，分析消费者的购买动机和心理，了解消费者的行为特点。

5）对所得的资料进行统计分析，并写出市场调研报告。

2. 决策计划阶段

通过调查和预测，在策划小组对于企业的经营状况和广告环境有了全面和充分的了解之后，即进入决策阶段。在这一阶段，策划小组的主要任务就是对广告活动的整个过程进行战略和策略的计划与决策。

1）进行广告战略决策。此时应着重解决以下四个问题：

① 制定广告目标。

② 确定产品的销售对象。

③ 确定竞争对象。一般应分几个层次，在竞争中逐级挑战。

④ 确定销售区域。

通过以上工作，明确广告的战略任务。

2）在明确广告的战略任务后，接下来就是要寻找实现战略任务的途径和方法，即制定广告的策略。这方面的工作包括：广告主题的策划、广告创意的策划、广告媒体的策划等。

3）编制广告预算。根据调查的结果及广告战略和策略，编制广告预算。广告预算主要包括广告的总费用及费用支出计划。广告预算应尽量细致精确，应通过表格的方式表现。广告预算应尽量与广告主规定的总额大致相符，原则上以广告主广告预算总额的95%为宜。

4）编写广告计划。由策划小组负责人来完成此项工作。

3. 执行实施阶段

这一阶段的任务就是执行并实施广告策划与计划。广告计划经批准后就可按计划要求开始实施，这一阶段的具体工作包括：

1）决定广告表现。

2）进行广告制作。

3）按广告计划的地区、时间、媒体发布广告。

4. 评价总结阶段

这一阶段的主要任务是对广告传播效果和促销效果进行评估。其主要工作包括：

1）征集信息反馈，测定广告效果。

2）总结广告活动经验，写出总结报告。

（四）企业广告策划的评估

1. 企业广告传播效果的评估

（1）评分测定法　它是用来比较同一产品的若干幅表示不同主题的广告，从而从中测定哪一幅更能吸引人们的注意力，以便选用其中最好的一幅的方法。

（2）判断测定法　其测定不应由广告专家戴着有色眼镜，从技术方面对广告原稿进行判断，而应选择具有代表性的消费者，由消费者本身对广告形式的喜好来判断决定（包括"非常赞成""赞成""不知道""反对""竭力反对"五个类目测定）。

2. 企业广告促进销售效果的评估

（1）销售实验测定法　其目的和方法为：

1）目的：控制其他一切影响销售的因素，让广告宣传成为影响销售量的唯一因素。

2）方法：在被测验地区之内选择若干个零售商店，同时出售某种商品，其中有的企业不做广告，有的企业做广告，根据商店销售量之差得出效果指数，或在不同媒介物上做广告，再根据各商店的销售量来判断经济效果。

（2）综合衡量法　应根据以下七项标准检查广告所取得的成功程度：

1）公众是否对该企业或产品已有所认识或了解。

2）公众是否在提到该企业时就想起它经营的产品。

3）广告是否招徕了新顾客。

4）公众是否对该企业产生好感或对其产品增强了信心。

5）广告是否使老顾客知道企业的近期业务活动及计划。

6）广告是否在增加销售的同时附带起到降低成本的作用。

7）广告是否起到调节价格、产品品种、营业额的作用。

（3）销售增长率计算　通过销售量的增长幅度来估算广告经济效果，计算公式如下

$$A = (S_2 - S_1)P - R$$

式中，A表示广告收益；S_2表示本期做广告后的平均销售量（月、季、年）；S_1表示做广告

前的平均销售量（月、季、年）；P 表示每销售一件产品的利润额（金额）；R 表示广告费用。

当 $A>0$ 时，广告是盈利的；当 $A<0$ 时，广告是亏本的。

四、企业广告策划的现实意义

现代广告策划对企业而言，具有重要的现实意义。

由于竞争的要求，现代企业必须重视和制订一整套行之有效的战略计划，企业的各种活动必须服从于战略计划。为实现战略目标，企业的各个部门都应制订本部门的目标和计划，并且，其目标和计划都应与企业的总目标和总计划相衔接。同样，广告是企业的一种促销活动，它也有自己的目标和任务，为实现自己的目标，完成促销任务，企业必须对未来的广告活动进行科学筹划，提高广告活动的效能。即广告策划是提高广告效果、保证广告目标实现的重要手段。

具体来说，现代广告策划的作用体现在以下几个方面：

1. 避免盲目，统领全局

广告活动应服从于企业的整体战略计划，周密的企业广告策划可以避免广告活动的盲目性，使广告经营单位的各项工作井然有序地展开。广告策划书如同行动纲领，统领着广告宣传工作的全局。

企业广告策划应运用科学的方法，依据广告目标，在事先就将各项宣传步骤安排好。这样各项广告宣传再也不是无目的、无标准的活动了。广告经营单位能够按广告策划书的内容做到事先有准备，行动有配合，事后有总结。当每个步骤完成的时候，都应按规定标准测算和检查是否达到了预期的目的。

企业广告策划能提高广告经营单位的应变能力。遇突然事变，因事先有一定的准备，能够组织和调配力量克服困难，将不利因素的影响缩小到最低限度，保证广告业务的正常进行，不至于被不利因素弄得手忙脚乱。

2. 运筹帷幄，发挥优势

企业的优势与劣势往往都是与竞争对手相比较而言的。任何一家企业既有自己的优势，也有自己的劣势。企业经营的基本原则之一就是扬长避短，广告策划能够发现广告客户的优势和劣势，据此采用恰当的广告策略，提高市场竞争能力。

企业如果没有进行广告策划，就盲目地开展广告宣传，会因对手不明，行动盲目，而四面出击，各行其是，这样的广告活动绝对不会收到好的效果。正如《孙子兵法》所说："多算胜，少算不胜，而况于无算乎？"

3. 短长结合，提高效益

广告客户企业应制定广告宣传的长远目标和阶段目标，并将长远计划与短期计划有机地结合在一起。广告客户企业的眼前利益与长远利益应该是一致的，当二者发生矛盾时，眼前利益应当服从长远利益。

思 考 题

1. 如何进行企业环境的设计？

2. 企业标志设计的主要原则是什么？

3. 包装文化营销应遵循的原则有哪些？

4. 试分析新产品文化营销策略。

5. 企业广告文化传播应遵循的基本原则有哪些？

6. 如何进行企业广告策划的评估？

典案链接

番茄银行的"番茄文化"

番茄银行是全世界第一家以蔬菜命名的银行。该银行的"番茄文化"是日本知名企业文化专家胜冈重夫与该银行社长吉田宪治的杰作。

番茄银行原来是日本冈山县的山阳互助银行，主要的业务是个人之间的信用存/贷款。日本的每个县都有好多家。

1988 年，日本大藏省要求全国 86 家互助银行，从 1989 年 4 月起正式升格为普通银行。山阳互助银行试图借助这次转型契机，塑造企业文化，树立企业形象，力求有所突破。但是因为在大藏省的监督下，各家银行的存贷款利率统一，又有普通银行那种厚重保守的形象，难以从众多的普通银行中脱颖而出，给市民一个崭新的形象。山阳互助银行社长吉田宪治找到了胜冈重夫和OFFICE202公司，请他们为山阳互助银行和下属分行引入全新的企业形象。

吉田宪治要求把山阳互助银行从全国 86 家转型的互助银行中区分出来，显出它的与众不同；同时还要保留它以前"平民化"的形象，因为它的主要服务对象是市民。

OFFICE202公司利用 2 个月时间进行了包括工程推进委员会在内的高中层主管、全体员工的访谈，还对冈山县 2500 家企业进行了走访，并做了问卷调查，整理出 70 多个银行命名方案，供工程推进委员会选择。工程推进委员会主任吉田宪治对"番茄银行"这个名字情有独钟，认定这就是一个"平民化"的形象。这个名字来自他偶然的灵感。

在当时，日本的大银行强调自己的权威性、自动化、效率高和永续经营，经营作风传统厚重，面貌整齐统一。在吉田宪治看来，这恰恰使众多银行千篇一律，透出一种呆板的官僚气息，与公众之间保持着一种距离，甚至使公众产生一种格格不入的感觉。

吉田宪治苦心搜寻一种平民化、有亲和力的形象。他和胜冈重夫一样地投入，一样地寻觅。一天早晨，吉田宪治看到清新而明朗的番茄形象，灵感一下子来了：这不就是一种很普通的平民化形象吗？谁见了不喜欢呢？我们何不以番茄来给银行命名呢？

当时人们的脑子里还被"现代化""权威感""稳重可信"这些观念占据着，一听到用番茄命名，马上就感到它太轻飘，与金融业太不相称。有的说大概全世界还没有人用蔬菜命名银行的。

吉田宪治说，别人不用，咱们就大胆创新吧。这个名称很新鲜、可爱，又平民化。有些未婚的女员工表示，用这个轻飘飘的名字，别人会以为我们在一家很滑稽的公司里工作，可能会嫁不出去。还有人甚至说，如果你一定要用番茄命名我们的银行，我就立刻辞职。

"番茄的营养价值高，为社会大众服务，对谁都一样，从小学生到大企业集团，都是它服务的对象，有什么不好？"吉田宪治一再解释他的想法。

为了慎重起见，吉田宪治特地去东京，向第一劝业银行老总请教，结果受到热情赞许和鼓励。吉田宪治终于说服了银行大多数员工，以番茄命名银行，以它的平民化风格、亲和力形象，改造旧的山阳互助银行。

接下来，就看胜冈重夫和OFFICE202公司怎样把番茄这个平民化的形象，落实在山阳互助银行的行为里和视觉空间之中，利用番茄的美，营造一个漂亮的番茄银行了。

他们用3个月的时间，向吉田宪治提出了200个不同形象的番茄创意，几经筛选，吸收了山阳互助银行各方面的意见，最后选定了一个比较简化的图像化的圆形番茄作为企业的商标，如图7-12所示。进而，胜冈重夫他们将银行的软/硬件，从柜台、制服、提款卡、支票到服务方式，通通来了一番彻底的改造，都按番茄的基本风格

图 7-12 番茄银行的标志

做了统一规范和设计，把整个视觉所的形象都具体化了。比如，在营业大厅的天花板上，绘制了一个硕大的番茄图形。

胜冈重夫与OFFICE202公司和吉田宪治通过沟通研讨，在番茄银行的视觉开发上要表现出番茄银行独有的文化价值观，能够得到社会好评，并成为所有员工行为的基准。为此，胜冈重夫在做视觉应用设计时，既考虑到它在应用范围上的"广度"，如名片、账票、看板、存折、提存卡等方面的展开，又考虑到它的"高度"，即不论在造型上和色彩形状上都能具有国际性的感觉；而且还能让视觉应用与企业的永续发展相吻合，越看越顺眼，这也可以称之为"长度"的思考。基于这样的思考，他整理规划出七个印象元素，作为开发设计的方向。

1) 明快性——明朗、活力。
2) 发展性——成长、茁壮。
3) 健康性——自然、人性。
4) 大众性——温馨、亲近。
5) 信赖性——格调、稳重。
6) 进取性——知性、前瞻。
7) 异色性——独特、有趣。

番茄银行的所有视觉形象都是由此开发出来的。他们还设计了一种新的服务：员工为每位到番茄银行来的顾客，提供一杯冰冻番茄汁，祝顾客健康。不论大人小孩，都被番茄银行这种独有的文化风格和亲切的服务氛围所吸引、所感动，从而为番茄银行的成功奠定了牢固基础。

番茄银行成了冈山县的一大独特的人文景观，凡到冈山来的游客，导游都喜欢带他们到这里开户，喝番茄汁，在门前大厅里同番茄一起拍照留念。

1989年4月3日，番茄银行分布在冈山县的54家分行，正式营业的第一天，破天荒地迎来了43000人次，存款总额共计630亿日元，盛况空前，突破了创业以来的纪录。一时间，一家默默无闻的互助银行，成了日本传媒关注的热点，总计有400多篇报道。事后评估，若将这些报道换算成效果相同的广告花费，至少要花200亿日元。番茄银行的名字不胫而走，成为当年冈山县两大话题之一，吉田宪治也成了电视屏幕上的"新闻人物"。

被称为"日本CI设计之父"的中西元男也称赞这是一个很成功的案例。他说，在各银行利率采取一致化作业的情况下，番茄银行采用这种感性创新的命名策略，适应越来越激烈的金融市场竞争，应当说是一个相当明智的决定。不过番茄银行的成功，不单单是命名的创新与别致，也是其经营理念的创新与员工意识的革新，并与活跃社区与社会大众生活结合在一起，这才是最重要的。

（资料来源：叶子. 走红中国［M］. 沈阳：辽宁人民出版社，1999.）

提示点评：

1. 日本番茄银行的标志是一个附加形象，就是在以文字为构成要素的图形中，附加某种具有特定含义的形象，这种形象附加在标志中，形成一个兴趣中心，形象地传达出标志的意念内涵，同时使标志图形变得生动活泼，更加富有趣味性，强化标志的吸引力与感染力，产生良好的视觉效果。山阳互助银行更名为番茄银行后，标志运用抽象图形番茄，并与字体"BANK"有机结合，易于识别和记忆，给人一种轻松喜悦的富足感，赢得了公众的广泛认同。

2. 从图7-13所示知名企业的标志中可以看出，无论是波音还是宜家，其严谨的设计风格体现出了公司应有的风范。以星巴克为例，用秩序化手法设计出的图形，给人以规整感，对称的造型和对色彩严格的包围，从标志中延伸出来的是一个横跨欧亚、覆盖全球的行业新锐的形象，无论是被应用于店面或是印刷于咖啡杯子上，都成为众多人士追逐的对象。

a) 波音公司　　b) AT&T公司　　c) SONY公司　　d) SWATCH手表

e) 星巴克　　f) 大众汽车　　g) ESPRIT服饰　　h) 宜家家居

图7-13　一些知名企业的标志设计

思考训练：

1. 试论述AT&T公司的标志的特点。

2. 图7-13所示公司的标志中，哪一个给你留下的印象最深？为什么？

第八章

企业文化建设的核心工程

学习提示

重点掌握：企业文化建设的基本原则与基本程序。

掌　　握：企业文化建设启动时机和切入点的选择。

一般了解：企业文化的保证体系，企业文化的评价标准、方法与指标体系。

企业文化建设是一项复杂的系统工程。这一工程周期长，涉及的因素多。只有遵循企业文化的演变规律，领导重视，系统规划，组织、协调好各个方面的建设力量，广泛吸收群众参与，选准启动时机和切入点，按照科学的原则、程序和方法办事，才能确保工程建设的速度和质量。

第一节　企业文化建设的启动时机和切入点的选择

一、企业文化建设启动时机的选择

企业文化建设的加强，特别是企业文化的创新和变革，主要是在企业生存发展的外部政治、经济、文化、科技环境发生了重大变化，企业内部人、财、物及组织规模、制度等也产生了巨大变化，原有文化对企业发展已经产生阻碍作用的情况下进行的。总结国内外成功企业的经验，在以下几种情况和征兆出现时，是企业文化建设的最佳启动时机：

（一）企业进入快速增长期

有些企业进入快速增长期的一般表现为：人员大量增加，组织规模迅速膨胀，分支机构如雨后春笋般涌现出来，资本迅速扩张，市场迅速扩大且占有率骤升，经营业绩直线上扬。在这种情况下，人们往往沉湎于成功的喜悦之中，忽视企业文化的建设。这就会造成，企业经营迅速发展时，企业文化发展滞后，很难同企业经营发展保持同步，若二者的差距拉大到一定程度，企业经营没有相适应的文化支撑，就会降低企业经营发展的速度，甚至导致其急剧下跌。所以，当企业发展超常，进入快速增长期时，实际上就已开始孕育着一定的文化危机，企业发展越迅速，文化危机就越大。只有抓住适当时机，变革企业文化、创新企业文化，才能保证企业经营稳定持续地发展下去。

（二）企业经营业绩平平或陷入困境

企业的发展不可能一帆风顺，总会遇到困难或挫折。在这种情况下，多数企业往往在科

162

技开发、市场开拓或组织调整上下功夫较多，很少检查自身的文化，这可能是一个误区。企业经营业绩的好坏，固然受众多因素的影响和制约，但从一个较长的时期来看，文化的优劣是起决定作用的。因此，当企业经营业绩低下或陷入困境而找不到直接原因或明显原因时，就应该检查一下企业本身的文化是否滞后，是否阻碍了企业经营的发展。如果时机抓得准，及时变革文化就是改善经营的首要任务。

（三）企业管理掣肘增多、效率低下

企业发展到一定阶段，可能会出现机构臃肿、职责不清、政令不畅、内部矛盾明显增多、人际关系异常复杂、管理效率下降等现象。此时，人们往往把注意力集中在机构改革上，即企图通过精简机构和人员，达到提高管理效率的目的。殊不知，这种做法往往不能如愿以偿，过不了多久，机构又开始膨胀起来，使企业陷入"精简—膨胀—再精简—再膨胀"的恶性循环之中。实际上，企业管理掣肘增多、效率低下的根本原因，一般是文化滞后造成的。企业如果只在机构上做文章，不去变革自身文化，就不可能从根本上解决问题。因此，当企业出现了上述不正常现象时，应配合机构变革，大力推进文化的革新，用一种新文化武装一个新机构，才能赋予它新的生命。

（四）企业面临的科学技术环境迅猛发展

一般来讲，科学技术的发展，必然带来企业产品的更新、设备的换代。尤其当涉及企业经营领域的技术进步时，对企业的影响就会更直接。这种影响不仅表现在生产、经营的方式上，而且会影响人们的思维方式、伦理道德和传统习惯，甚至会给企业的价值观带来冲击。科学技术的进步同企业文化相比总是超前的，只有抓住时机，推动企业文化的进步，才能使之与科学技术的进步相适应。

（五）企业面对的市场环境发生巨大变化

市场瞬息万变，总是会给企业文化的发展带来这样或那样的影响。尤其是当市场发生巨大变化时，就会导致企业文化发生重大变革。例如，原有的产销渠道被阻滞，竞争对手迅速崛起，传统产品的市场寿命周期处于饱和或衰退阶段，急需更新换代，而新开发的产品市场是一个全新的领域，企业没有优势，或者企业对这类市场极不熟悉。这些情况的出现都说明市场发生了巨大的变化。这时，就需要企业审慎地研究一下传统的价值观是否还适应已经发生变化的市场。否则，市场环境已经发生变化，而企业还在固守旧的价值观，企业衰败是不可避免的。

近年来，由于我国企业所面临的内外环境与条件急剧变化，一方面给企业经营带来了危机，迫使企业必须审时度势，改变组织形式、经营方式与管理制度，以适应变化；另一方面也对企业传统文化提出了挑战，迫使企业激浊扬清，挣脱企业传统文化的束缚，树立与市场经济相适应的新的价值观、新的思维方式和新的行为方式。所以，企业必须抓住目前的极好时机，经过自身努力，并依靠或借助社会力量来推动企业改革的深化和企业文化的革命性进步。

二、企业文化建设切入点的选择

除了新创办的企业外，多数企业建设自身的文化都是在原有文化的基础上进行的，即都是"非零起点"。所以选择建设企业文化的切入点，必须从企业现有文化状况出发。

（一）从解决企业面临的主要矛盾入手

各企业面临的主要矛盾各不相同，例如，有些企业产品质量不高或服务水平较差，竞争能力不强；有些企业管理混乱，浪费惊人，效率低下；有些企业员工素质低下，不能适应生产需要；有些企业人心涣散，士气低落；有些企业人际关系不协调，能量内耗等。从解决企业面临的上述某一方面主要矛盾入手，倡导某种正确的价值观，建立良好的企业行为方式，培养良好的企业风气，纠正偏离企业文化发展模式的思想和行为，这样做，容易引起企业全员的共鸣和反响，增强企业文化的实用价值。

（二）从总结和继承企业的优良传统入手

企业的优良传统是企业发展过程中形成的文化精华和闪光点，包括经营管理经验、习惯、风俗、传统和领导人的特殊工作作风及模范人物的先进事迹等。总结这些优良传统，宣传模范人物的事迹，并在实际工作中把这些闪光的内容继承下来，容易抓住企业文化生长的根基，促进企业特色文化的形成。

（三）从企业资产重组和制度的重大创新入手

随着科技的发展，产业结构在市场竞争中不断得到调整和优化，各企业也不断地进行调整，有的迅速崛起，有的持续发展，有的决定转产，有的被淘汰或被兼并。在竞争中生存下来并得到发展的企业，其规模和内部结构都发生了很大的变化，这恰恰是植入一种新文化或发展某种特色文化的极好时机。

第二节　企业文化建设的基本原则

一、目标原则

（一）坚持目标原则的目的

在管理学中，目标是指人们通过自身的各种活动，在一定时期内所要达到的预期结果（即工作内容+达到程度）。目标管理是一种重要的管理思想和方法。在管理学中，目标管理（MBO）的概念最早是由美国管理学大师彼得·德鲁克于1954年在《管理的实践》一书中提出的。其核心是以人为中心，本质上是一种系统性管理、调动性管理、参与性管理和结果性管理。人们从事任何管理活动，都应该有设想、有目标。没有设想和目标的管理是盲目的管理，盲目的管理会导致事倍功半，造成巨大的资源浪费，或者完全走到事物预期的反面，给组织在短时期内带来不可挽回的损失。企业文化建设作为企业管理活动的高层次追求更不可缺少目标。

在企业文化建设中，坚持目标原则的目的在于：

1）有效地引导企业员工的认识与行为。告诉人们工作应如何做、做成什么样才是企业文化所要求的，避免因强调个人价值、个人目标和眼前利益而忽视企业整体价值、整体目标和长期利益倾向的发生。

2）激励企业员工的工作热情和创新精神。目标本身就具有激励性，更何况企业文化目标直接反映了企业全员的理想信念和价值追求，为人们展示了企业美好的发展前景和良好的文化状态，因此对员工会产生巨大的激励作用。

3）为考核与评价企业成员的工作业绩和文化行为提供依据，使考核与评价过程成为总结经验、杜绝"第二次失误"、推进工作良性循环和文化进步的过程。

（二）如何体现目标原则（注意的问题）

在企业文化建设中坚持目标原则，首先要科学合理地制定企业文化的发展目标，即明确企业的基本信念和基本哲学。这些基本信念和基本哲学目标不同于企业经营目标，不像经营目标那样具体和可量化、可操作，它只是一种理念性的目标，这种目标一旦确定下来，一般不会轻易改变，它决定了经营管理目标的方向和实施的成效。其次要采取有效的办法实现既定文化目标。一般来讲，一个企业的创始人或执掌企业帅印时间较长的企业家，往往是企业基本信念和基本哲学的最初倡导者。开始，企业成员对此并未产生共识，只有经过企业创始人和企业家的长期灌输、精心培育，并使员工及时得到认同和实践这些目标的反馈，才能使他们的目标行为不断被强化，进而为实现目标献身于事业之中。

二、共识原则

（一）为什么要坚持共识原则

所谓"共识"，是指共同的价值判断。创造共识是企业文化建设的本质。企业文化建设强调共识原则，由以下三点决定：

1. 由企业文化的特性决定

人是文化的创造者，每个人都有独立的思想和价值判断标准，都有自己的行为方式，如果在一个企业里，任由每个人按自己的意志和方式行事，企业就可能成为一盘散沙，不能形成整体合力。企业文化不是企业中哪个人的文化，而是全体成员的文化，因此，只有从多样化的群体及个人价值观中抽象出一些基本信念，然后再由企业在全体成员中强化这种信念，进而达成共识，才能使企业产生凝聚力。可以说，优秀的企业文化本身即是"共识"的结果，因此，建设企业文化必须不折不扣地贯彻这一原则。

2. 由现代企业发展的内外环境决定

企业作为一个开放系统，其经营活动的成效如何，会受到企业内外部多种复杂因素的影响与制约，尤其是在信息爆炸时代，企业所面临的科技环境、市场环境和管理环境都异常复杂且瞬息多变，单靠一个人的知识、智能、经验和判断力，很难保证做出正确的决策，防范企业遇到的各种风险；很难保证在经营管理中寻找到最佳的途径和办法，避免企业资源的浪费。因此，只有强调共识、全员参与、集思广益，使决策与管理都建立在全员智能与经验的基点上，才能实现最科学的决策与管理。

3. 由人的心理规律决定

在现代企业中，员工受教育的程度越来越高，脑力劳动者在全体劳动者中所占的比例越来越高，人们的主动精神和参与意识也越来越强。只有掌握了员工的这种心理需求特点，创造更多的使员工参与管理的机会和条件，才能激发他们把实现自我价值与奉献企业的精神结合起来，促使全员共同信念的形成。

（二）如何贯彻共识原则

1. 充分发挥文化网络的作用

企业文化的形成过程，就是企业成员对企业所倡导的价值标准不断认同、内化和自觉实践的过程。而要加速这一过程，就需要发展文化网络。在特雷斯·E. 迪尔、阿伦·A. 肯尼迪的《企业文化——现代企业的精神支柱》一书中，"文化网络"被认为是企业文化的组成要素之一。它是企业内部主要的却是非正式的沟通手段，是企业价值和英雄式神话的"载体"。通过正式的或非正式的、表层的或深层的、大范围的或小范围的等各种网络系统，相互传递企业所倡导的这种价值标准和反映这种价值标准的各种趣闻、故事以及习俗、习惯等，做到信息共享，以利于全员共识的达成。

2. 逐渐摒弃权力主义的管理文化，建立参与型的管理文化

权力主义的管理文化过分强调行政权威的作用，动辄用命令、计划、制度等手段对人们的行为实行硬性约束。在决策与管理中，企业往往用"长官意志"代替一切，这样做肯定不利于共识文化的生长。因此，打破权力至上的观念，实行必要的分权体制和授权机制，是充分体现群体意识，促使共识文化形成的重要途径。

三、一体原则

（一）坚持一体原则的必要性

所谓一体原则，即坚持企业管理人员和一线员工之间的关系一体化。在企业文化建设中，坚持一体原则能够有效地建立起组织内部人与人之间相互信赖的关系，为实现价值体系的"一体化"创造条件。传统的管理模式人为地把企业管理人员与一线员工分割开来，企业就像一座金字塔，从上到下实行严格的等级管理。这种管理模式的前提是，把管理人员视为管理主体，把一线员工视为管理客体，管理的含义即管理主体如何去控制管理客体按照管理主体的意图和规划目标去行事。依照这种管理思路，为了研究如何管好人，管理学家们曾对企业员工的"人性"做过多种假设，如"经济人""社会人""自我实现人""复杂人"等，以不同的假设为前提，提出了若干相应的管理理论与方法，但都未从根本上缓解管理主体和管理客体紧张对立的关系状态，也未能解决管理效率的最大化问题。尤其是在信息社会，随着科技进步、生产自动化和现代化程度越来越高，脑力劳动越来越占主导地位，脑力劳动和体力劳动之间、管理者和被管理者之间的界限越来越模糊。坚持一体原则建设企业文化，有助于打破管理人员和一线员工之间的人为"文化界限"，使二者融为一体，建立共同的目标和相互支持、相互信赖的关系，组织上的一体化最终促成精神文化上的一体化。

（二）如何实行一体原则

在企业文化建设中，实行一体原则，最重要的是要弱化等级制度的影响。把原来"干部-工人""脑力劳动者-体力劳动者""管理者-被管理者"等带有浓厚等级文化色彩的关系转变为一种带有人情色彩的分工协作关系，千方百计赋予一线员工更大的权力与责任，建立内部一体化关系。实践证明，这样做的结果是，一线员工大多数希望负责任，希望接受富有挑战性的工作，希望参加各种竞赛并希望获胜。只有给他们创造了这种条件，由过去纯粹的外部控制和外部激励变成自我控制和自我激励，他们才能减少不满情绪，主动思考如何把工作做得更好、更出色。

从所有权的角度讲，对于股份制公司，应创造条件使员工持有部分股份，这是实现"一体化"的物质基础。企业员工持股并非只是一种法律状态，也是一种心理状态。一个人拥有一定的股权，他就会认为自己的个人利益与企业休戚相关，愿意为了企业整体的、长期的利益而牺牲个人的、眼前的利益，愿意以实际行动保护企业，使其免受伤害。从情感上讲，个人所有权心理存在时，员工会为企业的成功而感到喜悦，为企业的失败而感到痛苦，为了企业的进步与繁荣愿意奉献自我，这恰恰是企业文化所追求的"价值一体"和"命运共同体"的理想境界。

四、卓越原则

（一）坚持卓越原则的客观必要性

卓越是一种心理状态，也是一种向上精神。追求卓越是一个优秀的人，也是一个优秀的企业之所以优秀的原因，是优秀的生命与灵魂。竞争是激发人们卓越精神的最重要的动力，竞争的环境，促使一个人或一个企业去努力学习、努力适应环境、努力创造事业上的佳绩。显而易见，坚持卓越原则是企业文化的内在要求，因为无论任何企业在竞争的环境中都不甘于做平庸者，构建文化都是为了创造卓越的精神，营造卓越的氛围。

卓越是人的社会性的反映，人生活在社会中，相互之间比较、竞争，都有追求最佳的意愿，也可以说这是人的本性。但人的这种本性不一定在所有的情况下都能完全释放出来，这取决于他所处的环境给予他的压力的大小，取决于他有没有取得最好、最优的条件。企业文化建设的任务之一就在于创造一种机制、一种氛围，强化每个人追求卓越的内在动力，并把他们引导到一个正确的方向上去。有无强烈的卓越意识和卓越精神，是区别企业文化良莠的标志之一。

（二）如何贯彻卓越原则

1. 善于建立标准，建立反馈和激励机制

当人们知道什么是最好、最佳的标准并树立了相应的价值判断时，才能克服平庸和知足常乐的惰性心理，为实现组织倡导的目标而不懈努力；否则，尽管卓越文化的倡导者天天在喊口号，但缺乏对"卓越"应该达到的理想状态的具体描述，人们的行为像不知终点的赛跑，因此即使有一定的卓越意识也不会保持长久。当然，反馈与激励也非常重要，反馈时由组织告诉每个人，他在卓越的路上跑到什么地点，与别人的差距有多大；激励时应及时奖励领先者，鞭策落后者。这些都能够增强人们追求卓越的动力。

2. 造就英雄人物也是不可缺少的

企业英雄人物是体现卓越文化的典型代表，这些人物曾经或正在为实现企业理想目标而拼搏、奉献，他们取得过显著的工作业绩，并且得到了企业在物质与精神上的奖赏。在具有这类英雄人物的企业中，人们会自觉地受到英雄人物卓越精神的感染，进而会效仿英雄人物的行为。

五、绩效原则

（一）确立绩效原则的目的

绩效是一项工作的结果，也是一项新工作的起点。在企业文化建设中坚持绩效原则，不仅要善于根据员工的工作绩效大小进行奖励，以鼓励他们以更好的心理状态、更大的努力投入到下一轮工作当中，而且目的还在于把人们的着眼点从"过程"转向"结果"，避免形式主义、教条主义。传统的管理与其说重视目标，不如说更重视实现目标的过程，这种管理方式把主要精力放在过程的标准化和规范化上，不仅告诉组织成员做什么，而且告诉他们"怎么做"，把工作程序和方法看得比什么都重要。这种管理方式的思维逻辑是："只要过程正确，结果就一定正确。"员工在工作中必须严格执行既定的规程、方法，接受来自自上而下的严密监督与控制，员工的工作个性和创新精神受到压抑。而确立绩效原则的最终目的是要改变员工在管理中的被动性，增强其主动性及创造精神。

（二）如何贯彻绩效原则

1）改变传统管理的思维逻辑，建立起"只要结果正确，过程可以自主的观念"。在管理实践中应引入目标管理的体制，坚持以个人为主、自下而上协商制定目标的办法，执行目标过程中以自我控制为主，评价目标也以自我检查、自我评价为主。企业最终以目标执行结果-工作绩效为唯一尺度进行奖惩，并以此作为晋级、提升和调资的依据，从而鼓励人们积极探索、创新，谋求使用最好的方式与方法，走最佳线路，完成工作任务，提高工作效率。实际上，这一过程既成为员工自我学习、提高的过程，也成为企业促进员工勤学向上和能力开发的过程。

2）转变管理方式，减少发号施令和外部监督，多为下级实现目标创造条件、提供服务，帮助员工学会自主管理、自我控制、自我激励。

六、亲密性原则

（一）坚持亲密性原则的客观必要性

1. 由企业的人性化本质决定

现代市场经济所奉行的等价交换原则以及科学管理所倡导的严密分工原则，带来的最大危害就是人与人关系淡漠，缺乏人情味，缺少和谐。企业作为人的集合体，不同于机器各部件之间的机械组合，它是一种有机组合。人是有思想、有感情的，人与人之间的关系在企业中除了在总体目标旗帜下进行分工协作，即处理工作关系外，还保持着感情联系，即体现"亲密性"。美国管理学者威廉·大内在《Z理论——美国企业界怎样迎接日本的挑战》一书中所提出的"Z型"管理模式，其关键词为：信任、微妙性和人与人之间的亲密性。可以说，企业内部保持亲密性，能够带来和谐与效率。企业与社会保持亲密性，能够相互推动，共同繁荣。倡导亲密性，是一切成功企业或者说是一切优秀企业文化所具备的共同特性。

2. 由人的社会属性决定

人不同于动物就在于人有社会性，人除了生理和安全上的需求外，还有社会交往、相互尊重的需求，即亲密性需求。对亲密性的需求是人类高层次的需求之一。亲密，意味着相互理解、相互关心，它是爱的给予与获得。有了亲密性，才能产生和谐的人际关系，员工在企业中才能得到最大限度的精神满足。

3. 取决于现代企业对员工所承担的责任

现代企业除了合理使用人力资源和其他资源为社会制造产品、提供服务外，还有责任让员工在企业中受到教育、获得发展。实际上，企业依赖员工获得发展，员工也依赖企业获得发展，二者在相互依赖的过程中，关系也越加紧密。企业为员工发展铺设道路，员工对企业才能产生归属感和忠诚心，进而产生敬业和献身精神。

4. 企业谋求融于社会、与社会同步发展的需要

企业作为社会的一个开放的经济组织，每天都与供应商、经销商、顾客及其他社会公众打交道，企业文化即是在这种开放的环境中成长起来的。因此，企业文化建设客观上就要求企业与社会公众之间保持亲密性，这不仅有助于企业经营活动的通达顺畅，而且有助于从社会文化中吸收营养，提升文化品位，提高文化竞争力。

（二）如何贯彻亲密性原则

在企业文化建设中贯彻亲密性原则，应体现在物质、制度、精神各个层面。建立健全的员工物质生活关心制度，开展丰富多彩的文化、娱乐活动等固然是必不可少的，但更为重要的是倾听员工的意见和建议，尊重员工的尊严和价值，使员工和管理者一起工作和思考，并且提高决策的透明度，在积极疏通企业正式沟通渠道的同时，鼓励员工进行各种非正式的交流，融洽感情。尤其是应注重弘扬民族文化传统和老企业的优良作风，培养和强化员工"爱厂如家"的精神，在企业这一大家庭中，使员工与员工、员工与管理者、管理者与管理者之间的关系达到最佳和谐与亲密状态。

第三节　企业文化建设的心理机制和辩证思考

一、企业文化建设的心理机制

企业文化作为微观的文化，构成了企业内部的心理环境，有力地影响和制约着企业领导和员工的理想、追求、道德、感情和行为，发挥着凝聚、规范、激励和导向作用。一部分企业存在企业文化建设流于表面化、形式化的问题，这主要是由于企业负责人不了解企业文化建设的心理机制造成的。

以下介绍的六种心理机制是建设企业文化时必须遵循的。

（一）运用心理定式

人的心理活动具有定式规律——前面一个比较强烈的心理活动，对于随后进行的心理活动的反应内容及反应趋势有影响。企业文化建设的重要手段是对新领导和新员工的培训，在对新员工、新领导的培训上，心理定式的作用十分突出。怎样做一名新领导、新员工？应该具备什么样的思想、感情和作风？一系列问题都可以通过培训找到答案。培训不仅可以提高他们的业务能力，更主要的是可以把企业的经营哲学、战略目标、价值观念、行为准则、道德规范以及企业的优良传统，系统而详细地介绍给他们，并通过讨论、总结、实习，让他们加深理解，入脑入心。这样，从他们成为新员工、新领导的第一天起，就形成了与企业文化相协调的心理定式，对其今后的行为发挥指导和制约作用。

在对老企业的转型改造过程中，要相应地更新和改造原有的企业文化，首先要打破传统的心理定式，建立新的心理定式。随着企业从单纯生产型向生产经营型转变，企业的经营哲学、战略目标、价值观念和行为规范也必须相应地加以改变。事实证明，观念的转变绝非易事。企业的主要负责人应率先转变观念，然后通过参观、学习、培训等多种方式，组织各级干部和全体员工理解和掌握新的企业文化，形成新的心理定式。许多企业的实践表明，这种学习和培训是完全必要的和富有成效的。

（二）重视心理强化

强化是使某种心理品质变得更加牢固的手段。所谓强化，是指通过对一种行为的肯定（奖励）或否定（惩罚），使行为得到允许或制止的过程。允许人的行为重复发生的称为正强化，制止人的行为重复发生的称为负强化。

这种心理机制运用到企业文化建设上，就是及时表扬或奖励与企业文化相一致的思想和行为，及时批评或惩罚与企业文化相悖的思想和行为，使物质奖励或惩罚尽量成为企业精神的载体，使企业精神变成可见的、可感的现实因素。许多工厂制定的厂规、厂纪以及开展的如立功、五好评比、双文明标兵等活动，都发挥了良好的心理强化作用。

（三）利用从众心理

从众是在群体影响下放弃个人意见而与大家保持行为一致的心理行为。从众的前提是实际存在或想象存在的群体压力，它不同于行政压力，不具有直接的强制性或威胁性。

一般来讲，从众心理较强的人主要分几类：重视社会评价、社会舆论的人，情绪敏感、顾虑重重的人，文化水平较低的人，性格随和的人，独立性差的人。

在企业文化建设中，企业领导者应该动员一切舆论工具，大力宣传自身的企业文化，主动利用员工的从众心理，促成员工行动上的一致。一旦这种行动一致的局面初步形成，对个别后进员工就会构成一种群体压力，促使他们改变初衷，与大多数员工一致起来，进而实现企业文化建设所需要的舆论与行动的良性循环。

许多企业通过厂报、厂刊、厂内广播、厂内闭路电视、企业微信等宣传手段，表扬好人好事，讲解厂纪、厂规，宣传企业精神等，形成有利于企业文化建设的积极舆论和群体压力，促成员工从众，并收到了较好的效果。对于企业中局部存在的不正之风、不良风气、不正确的舆论，应该采取措施坚决制止，防止消极从众行为的发生。

（四）培养认同心理

认同是指个体将自己和另一个对象视为等同，引为同类，从而产生彼此密不可分的整体性感觉。初步的认同处于认知层次上，较深入的认同进入情绪认同的层次，完全的认同则含有行动认同的成分。个体对他人、群体、组织的认同，使个体与这些对象融为一体，休戚与共。

为了建设优良的企业文化，企业主要负责人要取得全体员工的认同，这是首要的任务。这就要求企业主要负责人办事公正、作风正派、以身作则、真诚坦率、待人热情、关心员工、善于沟通和具有民主精神。这样，员工自然会把他视为良师益友，视为靠得住、信得过的"自家人"。员工对企业主要负责人的认同感一旦产生，就会心甘情愿地把他所倡导的价值观念、行为规范，当作自己的价值观念、行为规范，从而形成企业负责人所期望的企业文化。

除此之外，还应着重培养员工对企业的认同感。为此，企业负责人应充分尊重员工的主人翁地位；真诚地倾听群众的呼声，吸收员工参与企业的决策和其他管理活动。同时，应尽量使企业目标与个人目标协调一致，使企业利益与员工的个人利益密切挂钩，并使员工正确地、深刻地认识到这种利益上的一致性。久而久之，全体员工就会树立企业文化的真正基础。当然，更重要的措施是把企业的名牌产品、企业在社会上的良好形象、社会各界对企业产品和服务质量的良好评价，及时地反馈给全体员工，激发全体员工的集体荣誉感和自豪感。对企业充满光荣感和自豪感的员工，必定对企业满怀热爱之情，总是站在企业发展的角度思考问题和行事，自觉地维护企业的好传统、好作风，使优秀的企业文化不断完善和发展，这是主人翁责任感的升华。

（五）激发模仿心理

模仿是指个人受到社会刺激后而引起的一种按照别人行为的相似方式行动的倾向，它是社会生活中的一种常见的人际互动现象。

不言而喻，模仿是形成良好企业文化的一个重要的心理机制，榜样是模仿的前提和根据。企业中的模范人物、英雄人物，是企业文化的人格化代表。全体员工对他们由钦佩、爱戴到模仿，也就是对企业文化的认同和实现过程。

企业的主要负责人，应该成为企业的模范人物、英雄人物，身教胜于言教，作为企业文化的倡导者，他们的一言一行都起着榜样的作用。"耳听为虚，眼见为实"，实际事件的意义对于个体观点的改变是极其重要的。

例如，美国三角洲航空公司的高级经理人员在圣诞节期间帮助行李搬运员干活，已成为公司的传统，并每年至少与全体员工聚会一次，直接交换意见，以实践"增进公司的大家庭感情"的经营哲学。日本三菱电机有限公司的总经理为了倡导"技术和销售两个车轮奔驰"的企业精神，改变过去重技术轻销售的状况，亲自到公司零销店站柜台，宣传自家产品，听取顾客意见。这些领导者，不仅提出了整套的经营哲学，而且他们本人就是实践这些哲学的楷模。

企业领导者通过大力表彰劳动模范、先进工作者、技术革新能手、模范人物等，使他们的先进事迹及其体现的企业精神深入人心，这样可以在全体员工中激发起模仿心理，这也是企业文化建设的有效途径。当然，树立标兵形象应实事求是，力戒拔高作假，否则将适得其反。

（六）化解挫折心理

在企业的生产经营活动中，上级与下级之间、同事之间难免会产生一些矛盾，领导和员工总会在工作与生活中遇到各种困难和挫折。这时，他们就会产生挫折心理。这种消极的心理状态，不利于个人积极性的提高，不利于员工的团结，不利于工作中的协同努力，不利于优良企业文化的形成。如何化解员工出现的挫折心理，也是企业文化建设中应该注意的问题。

日本松下电器公司下属的各个企业，都有被称为"出气室"的"精神健康室"。当一个牢骚满腹的人走进"出气室"后，首先看到的是一排哈哈镜，逗人哈哈大笑一番后，接着出现的是几个象征经理、老板的塑像端坐在那里，旁边放着数根木棍。如果来者怨气仍然未消，可操起木棍，把"老板"痛打一顿。最后是恳谈室，室内员工以极其热情的态度询问来者有什么不满或问题、意见、建议。其他企业自然不必照抄松下电器公司的做法，但可以借鉴他们重视员工心理保健的管理思想。我国的企业领导者，可以通过家访、谈心、职代会会议等环节，向各级领导提出批评和建议，也可在员工之间展开批评和自我批评，解决矛盾，化解挫折心理，为企业文化建设创造和谐舒畅的心理环境。

只有根据本企业的实际情况，综合运用上述各种心理机制，企业文化建设才有可能日益深入地开展起来，发挥出应有的巨大作用。

二、企业文化建设的辩证思考

企业文化建设"热"与其他"热"一样具有两重性：一方面说明我国企业界、管理界和企业管理部门对企业文化高度重视，另一方面也表现出了赶浪头、不扎实之处。再加上对企业文化的内涵与外延的理解、对我国民族文化的认识、对外国企业管理文化的借鉴等许多问题上存在着不同看法，不少企业在企业文化建设上遇到了难以深入的问题。因此，企业的管理者应该对企业文化建设进行辩证思考。

（一）多与少

任何事物的发展，不平衡是绝对的，平衡是相对的。我国企业文化建设也呈现出明显的不平衡性，主要表现为三多三少。

1. 大中型企业重视的多，小型企业和乡镇企业重视的少

在大中型企业中，多数企业已经把企业文化建设列入议事日程，至少都提炼出明确的"企业精神"。但在小型企业和乡镇企业中，仅仅是极少数先进企业有了自己的"企业精神"，但它们的企业文化建设还未能从"自在"的状态进入"自觉"的状态。

2. 成功的企业重视的多，落后的企业重视的少

许多优秀企业往往都注意企业文化建设，其中一部分企业更是在企业文化建设上发挥了带头作用和示范作用。然而，一些落后企业，或是亏损，或是效益不高，或是人心思走，无暇顾及企业文化建设。这些企业陷入困境的原因有很多，但管理水平低、凝聚力差、政治思想工作薄弱，几乎是它们的通病。按理说，狠抓企业文化建设，改造本企业落后的甚至劣性的企业文化，塑造振奋人心、具有号召力和凝聚力的崭新群体价值观，应该是企业走出困境的必要途径。但奇怪的是，许多落后企业仍然忙于解决资金、原材料、能源、销售等具体生产经营问题，而无暇思考整个企业的总体战略和管理思想。企业文化建设的落后既是其处于落后状态的表现，也是其尚未摆脱落后状态的原因。

3. 知识密集型企业重视的多，劳动密集型企业重视的少

高新技术企业虽然许多是新建企业，但从企业的筹建阶段开始，企业负责人就把设计和规定企业文化当作一项战略工作去抓。高新技术企业的企业文化起点高的真正原因是对企业文化高度重视。如电子工业行业、家电行业、机器制造行业等知识、技术相对密集的企业，由于其技术人员比例高，技术创新压力大，员工文化水平高于生产社会化程度，企业在企业文化建设上的内在需求强烈，且外界压力巨大，也让企业对企业文化建设紧抓不放。至于一些劳动密集型企业，如建筑工地（特别是以农村建筑施工队为主）、缝纫厂、商店、饭馆、农产品加工厂等，其员工文化水平普遍偏低，企业领导管理水平不高，甚至可能根本没有企业文化的概念，也感受不到内在需求和外界压力，因此它们的企业文化仍然处在"自在"的状态。

产生三多三少具有一定的必然性，其影响因素有很多，但根本性的因素是企业素质，特别是企业负责人的素质。一般而言，小型企业、乡镇企业、落后企业、劳动密集型企业的人员素质低于大中型企业、先进企业、知识密集型企业，特别是企业负责人的思想素质、心理素质、文化素质、能力素质差距很大。若想使这些企业的管理更上一个台阶，使其企业文化建设从"自在"的状态进入"自觉"的状态，首先就要通过培训、选聘等环节，提高企业负责人的素质，除此之外无捷径可走。

（二）党委与行政

在党委与行政二者中间，企业文化应该由谁来抓？不同人存在着不同的理解。组织领导上的倾斜性，在不同企业之间差别很大。企业文化建设进展缓慢的原因，主要是因为行政领导重视不够，把企业文化建设工作仅仅看作是党委的事，位置摆得不够正确。他们也不否认企业文化建设的必要性，但却仅仅把它当作开展企业政治思想工作的一种方式，由党委系统、政工部门负责，而行政系统特别是各级负责人对此不闻不问，这是一种错误的做法。

诚然，优秀的企业文化、企业风气是陶冶员工思想情操的大熔炉，因而是新时期思想政治工作的有力工具，但是它们的意义远不止于此。企业文化是一种管理思想、管理模式，即把培养人、提高人的素质看作治理企业的根本，把提高员工积极性、提高企业凝聚力、建设蓬勃向上的企业群体意识看作增强企业活力的关键。

企业文化是企业两个文明建设的交汇点，是经济意义与文化意义的融合。它的精神层可以统一全企业的经营思想、追求目标和价值取向，丰富和升华员工的业余文化生活；它的制度层可以规范全体员工的行为作风，形成科学、民主、勤奋、团结、严谨、求实、创新的风气；它的物质层可以提高企业的技术工艺水平，形成产品独具特色的风格，塑造企业的美好形象，从而增强企业的竞争能力。以上多方面的综合效果，已远远超出了政治思想工作的范畴。企业文化贯穿于企业的全部活动，影响企业的全部工作，决定企业全体成员的精神风貌和整个企业的素质，它应该成为企业振兴的一把钥匙。

因此，企业文化建设应该由党委与行政齐抓共管，企业的负责人应该亲自参与企业文化建设工作，把它当作企业经营管理的"牛鼻子"。

（三）个性与共性

目前，企业文化普遍存在的另一个问题是缺乏个性。企业文化的个性主要体现在其观念性，特别是企业精神。而许多企业在概括企业精神时往往是全面有余而个性不足，经常变成团结、拼搏、求实、开拓、创新、严谨、勤奋、奋进几个要素的排列组合。例如以下四个企业的企业精神：①团结、求实、奉献、开拓；②团结、振奋、开拓、奉献；③团结、务实、开拓、奋进；④团结、奉献、开拓、奋进。仅看文字，无法得知它们是四个不同行业、不同地区的企业的企业精神。这种缺乏个性的企业精神，对员工也缺乏吸引力和凝聚力，不能给员工以亲切感和认同感。

"大一统"思想和"官本位"观念也束缚了企业家对独立个性的追求，造成了企业文化个性的模糊和缺乏。然而，企业文化若没有个性，就没有吸引力，也就没有生命力。为纠正企业文化"千厂一面"的弊病，企业家应该从"官本位""一刀切"的观念中解放出来，变"求同"思维为"求异"思维，不求全，但求新，大胆地追求自己的个性，使企业文化独具特色。

在企业文化的概括方法上，也不是越抽象越好，因为一般来讲，越抽象越容易失去个性。当然，如果抓住特点进行恰当的抽象，也不一定就无法表示个性。概括和抽象的方法可以千变万化，只要企业家执着地追求本企业的个性，总可以如愿以偿的。

（四）上墙与入心

有的企业，虽然墙上书写着醒目的企业精神，但当向车间职工询问"你厂的企业精神是什么"时，他可能摇摇头说："不知道。"至于企业愿景、企业哲学、发展战略等，则更难普及了。产生这种现象的原因很复杂。有些企业的负责人之所以提出企业文化，是出于从众心理，觉得先进企业在推行，自己也要推行。但实际上他并没有真正理解企业文化的真谛，只满足于口号上门、上墙，并没有下苦功夫，使之深入人心。这些企业的负责人首先应转变思想，从心底产生改变管理观念的内在需求——坚决从过去那种经验管理转变到现代科学管理或文化管理的轨道上来，坚决从过去那种"以生产为中心"或"以钱为中心"的管理转变到"以人为中心"的管理上来。

有的企业的负责人并不满足于口号上墙，他们也想把自己倡导的企业文化尽快转变成全体员工认可的群体意识，进一步化作员工的自觉行动，但苦于找不到适当的方法。若想使企业负责人的追求变成全体员工的共同追求，使企业负责人的价值观念变成全体员工共同信奉的价值观念，使企业负责人提倡的行为准则变成全体员工自觉接受的行为准则，即使企业文化由上墙到入心，关键在于企业负责人应遵循心理学的规律，采取相应措施，一步一个脚印地在企业内部创造适宜的心理环境，使员工在感染熏陶中达成共识。

（五）继承与创新

对一些有悠久历史的老企业而言，如何处理继承与创新的关系，往往成为企业文化建设的拦路虎。企业文化建设是一个文化积淀的过程，不能割断历史，而应该尊重历史。正确的做法是：对过去的企业传统，要一分为二，取其精华，去其糟粕。其中的优良传统，应该成为未来文化的起点和基础。但是，更重要的是创新。随着企业内外环境的变化，企业应该站在战略高度，展望未来，提出前瞻性的新价值观，引导企业在经营管理上开拓全新的局面。这样，企业文化就会常做常新，与时俱进，永远充满活力。

我国的北京同仁堂（集团）有限责任公司、贵州茅台酒厂（集团）有限责任公司在这方面做出了榜样。美国的 IBM、GE、HP 等企业，也值得借鉴和学习。

（六）以我为主与借鉴他人

企业文化与世界上的一切事物一样，是共性和个性的统一。正因为有共性，企业之间的文化才可以互相借鉴。也正因为有个性，企业之间的文化不能互相照搬。

常言道，"人挪活，树挪死"，树木一旦离开了自己的土壤，就很难存活。企业文化亦然。在企业向国内外优秀企业学习时，特别是向世界著名企业学习时，切不可盲目照搬，而应该像"嫁接"一样，把他人经验之枝，嫁接到本企业主干上。海尔集团就是这样做的。他们把日本松下电器公司和美国通用电气公司的成功经验借鉴过来，但是绝不照搬，而是保留了中国文化的底蕴，也保留了海尔自身的优良传统。因此，海尔文化是中国的，具有中国特性和中国气质，就像海尔主张的那样。同时，海尔文化又是世界的，具有全球化、信息化、知识化的特点，为全世界的企业所称赞。

（七）求同与存异

在一些大型企业，特别是一些大型企业集团中有许多二级单位、三级单位，这些单位分散在全国甚至全球。在长期的发展过程中，它们各自形成了自己的文化。在企业文化建设中，他们面临一个共同的问题：求同与存异如何掌握。这实际上是一致性与灵活性、主旋律与变奏曲的关系问题。毫无疑问，大型企业和大型企业集团，应该建设共同的文化，树立共同的形象。因此，保持内部文化的一致性是完全必要的，这就是坚持原则。但是，又要尊重各个下属单位文化的差异性，这就是实事求是。具体做法为：要求各个单位的企业愿景、企业核心价值观、企业哲学、企业标志和基本制度保持一致。这样，企业才能维持统一的形象、统一的价值观、统一的制度框架。在这个前提下，各个单位可以保留独特的观念、习惯和规范。就像在主旋律下的变奏曲，可以使音乐更富有感染力；在一致性基础上的百花齐放，更显得春色满园，充满活力。这就是求大同存小异。

第四节　企业文化建设的基本程序

一种优秀的企业文化的构建不像制定一项制度、提出一个宣传口号那样简单，它需要企业有意识、有目的、有组织地进行长期的总结、提炼、倡导和强化。因此，依据建设企业文化的原则，确定科学的程序是非常必要的。

建设企业文化的基本程序，一般是在健全领导机构（如成立企业文化建设领导小组或企业文化建设委员会），对企业文化建设做出科学规划的前提下，做好以下四个环节的工作，即对企业文化现状的调查研究与评价，企业文化理念的定格设计，企业文化的传播、推展与实践巩固，企业文化的完善与创新。在实践中，这四个环节构成企业文化建设的一个循环，循环往复，不断继起，相互交叉和渗透，促使企业文化不断升华，趋于成熟。

一、企业文化现状的调查研究与评价

建设一种新文化，必须明确对现有文化进行取舍，即通过调查研究，把握企业现有的文化状况及影响因素，对现有文化的优势、劣势及总体适应性做出适当的评价，为企业文化的科学定格做好准备。调研和评价的主要内容包括：

（一）企业的经营领域及其竞争特点

企业的经营领域不同，由此带来了企业经营特点、经营技术、市场风险及劳动特点和管理方法等方面的差别，这些差别往往决定了企业文化的行业特点，即决定了企业经营的个性；同时因为经营领域不同，企业所面对的市场竞争的激烈程度、表现形式也有较大差异。因此，明确企业的经营领域及其竞争特点，进而了解由此引起的企业经营管理上的差别，对现有企业经营状况做出评价，就能够使企业文化建设具有针对性和可行性。

（二）企业管理的成功经验及优良传统

企业管理的成功经验及优良传统是企业历史上形成的文化精华和闪光点，包括企业在长期的经营管理实践中形成的好做法、好传统、好风俗、好习惯及模范人物的先进事迹等。这些成功经验和优良传统体现了企业文化的特色，是建设未来企业文化的最好思想文化素材。企业文化中最闪光、最有魅力的部分一般源于企业的成功经验和优良传统。当然，对企业过去形成的经验和传统也要客观地做出评价，对于确已成为"过去时"、不再适应企业发展需要的部分，要敢于大胆舍弃，避免其成为建设新文化的障碍。

（三）企业领导者的个人修养和精神风范

企业领导者，尤其是企业的创业者和最高决策者，他们是企业文化的倡导者、培育者，也是身体力行者，他们个人的品德、知识修养和思想作风、工作作风、生活作风对企业文化有直接的影响。特别是在企业创办初期，企业创业者和最高决策者的个人修养和精神风范直接渗透在企业文化之中，决定了企业文化的风格和面貌。因此，在进行企业文化调研时，必须认真研究企业领导者的个性特征，并做出评价。在新文化的定格中，要体现领导者的高尚思想境界和道德风范，尤其是要体现企业领导者所特有的企业家精神。带有一定的企业领导者个人优秀品格的企业文化容易推行，也容易形成特色。但是，如果领导者个人的思想、品行与作风已不适合新的企业文化，在采取组织手段之前，适时消除和减弱其对新文化的影响是非常重要的。

（四）企业员工的素质及需求特点

员工是企业文化的创造者，也是载体，员工素质的高低会直接影响企业文化的建立和发展。如员工所受传统文化影响的状况、社会经历的状况会直接影响他们对改革的态度；员工文化、技术水平、政治思想水平的高低，决定了员工的思维方式及他们的理想和抱负；员工的需求特点不同，则会影响他们的心理期望、满足度以及行为方式。只有正确评价和把握员工的素质状况以及需求特点，才能使企业文化的定格设计与其相适应，才能使员工对定格后的企业文化产生自觉认同。

（五）企业现有"文化理念"及其适应性

通过了解企业员工的基本价值取向、情感、期望和需要，如员工对企业的满意度、对自己工作的认识、工作动机、士气、人际关系倾向、变革意识和参与管理的愿望等，明确企业倡导的占主导地位的基本价值观和伦理道德观，以及这些基本价值观、伦理道德观所体现出来的经营思想、行为准则等是否与企业发展目标相适应，是否与外部环境相适应等。通过对企业现有"文化理念"的适应程度做出评价，决定企业文化定格时对现有"文化理念"的取舍。

（六）企业发展面临的主要矛盾和障碍

企业发展中面临的主要矛盾和障碍往往是改变现有文化、建设新文化的突破口。各企业遇到的问题不尽相同，如有些企业目标不清，战略不明；有些企业技术创新能力差，开发不出新产品或产品质量不高，竞争能力差；有些企业管理混乱、浪费惊人；有些企业人才大量外流，在职员工士气低落，人心涣散等。企业如果能对诸如上述这些发展中的主要矛盾和障碍做出客观评价，并找出原因，然后从解决这些主要矛盾、排除前进障碍入手建设新文化，就能够引起员工的共鸣，促使企业文化建设与生产经营相结合，增强企业文化的实用价值。

（七）企业所处地区的经济与人文环境

企业所处的地区、市场、人文氛围，会直接影响企业的经营思想和经营方式，也会影响员工的价值观念和追求。如地处沿海开放地域的企业就有较为典型的"海派文化"特征，如具有开放、精明，竞争意识较强、创新、冒险精神；而内地企业往往有明显的"内陆文化"特征，如具有勤勉、讲信用、重关系和面子。当然，市场经济的发展可以冲破地域界线，沿海与内地可以连接为一个市场，但不同的地理、经济环境造就出来的文化基础和文化氛围毕竟各有特点和优势，这是企业在进行文化建设时所必须考虑的。

二、企业文化理念的定格设计

（一）企业文化理念定格设计的内容

企业文化理念的定格设计，是在分析、总结和评价企业现有文化状况的基础上，充分考虑企业内外环境因素的影响，用确切的文字语言，把主导企业的价值观、道德观和行为准则表述出来，形成固定的文化理念体系的过程。

企业文化理念体系的定格设计大体包括以下内容：①企业的事业领域；②企业的使命和战略目标；③企业的基本价值观；④企业的伦理道德和职业道德；⑤企业精神及企业风尚；⑥企业的经营理念和经营方针；⑦企业的管理理念及人才观；⑧企业的服务理念及服务规范；⑨员工的基本行为准则；⑩企业的主打理念及文化形象定位。

案例

中国北京同仁堂（集团）有限责任公司的企业文化理念系统

企业目标：以高科技含量、高文化附加值、高市场占有率的名牌绿色医药产品为支柱，成为具有强大国际竞争力的大型健康产业集团。

企业使命：弘扬中华医药文化，领导"绿色医药"潮流，提高人类生命与生活质量。

企业精神：同修仁德，济世养生。

古训：炮制虽繁必不敢省人工，品味虽贵必不敢减物力。

堂训：同修仁德，亲和敬业；共献仁术，济世养生。求珍品，品味虽贵必不敢减物力；讲堂誉，炮制虽繁必不敢省人工。承同仁堂诚信传统，扬中华医药美名。拳拳仁心代代传，报国为民振堂风。

经营哲学：以义为上，义利共生。

管理信念：同心同德，仁术仁风。

服务铭：为了您的健康与幸福，尽心尽意，尽善尽美。

广告语：神州国药香，北京同仁堂。

生产现场标语：质量即生命，责任重泰山。一百道工序，一百个放心。生产一流品质，同仁堂永恒的信条；创造国际名牌，同仁堂不懈的追求。修合无人见，存心有天知。

（二）企业文化理念定格设计的原则

1. 从实际出发与积极创新相结合

企业文化理念的定格不能脱离实际，只有使定格后的文化理念与企业内外环境、员工现有的素质与心态相适应，体现企业的优良传统特色，才能被企业多数员工所认同和接受，才能逐渐扎根于群体意识之中。但定格后的文化理念不是对现有文化的简单总结、归纳和凝练，而是要充分考虑未来文化市场的竞争特点和发展趋势对企业的影响，适合企业未来发展和提升管理水平的需要，进行一定的升华和创新，反映一定的前瞻性，从而使企业文化保持先进性，体现新文化的导向力、牵引力和促进作用。

2. 体现共性与创造个性相结合

企业文化有个性而无共性不能融于社会，有共性而无个性则缺乏生命活力。企业文化的定格无疑应该具有鲜明的个性特征，即反映企业独特的文化信仰和追求。具有个性才能具有针对性和指导性。但也应注意到，在一定的社会制度、经济条件和人文环境下，企业文化具有很多共性，如市场经济这个共同的大环境塑造出企业具有共同的创新观念、竞争观念和顾客至上观念等；社会主义制度这一大环境塑造出企业具有强烈的社会责任感、集体主义精神和奉献意识等。只有在创造个性的同时，注重体现共性，注重从社会文化和其他企业文化中吸收与借鉴有益的文化成分，才能使定格后的企业文化具有强大的生命力。

3. 领导组织、专家帮助与群众参与相结合

企业文化理念的定格（包括提炼、概括和确定），一般由企业领导者进行组织，广泛发动群众，自上而下、自下而上地反复酝酿讨论，企业文化专家帮助进行提炼概括，然后经企业领导者和企业员工共同研讨确认，最后确定下来。企业文化理念的定格过程既是员工参与讨论和决策的过程，也是员工自我启发、自我教育及对新文化认同的过程，还是企业领导者、外部专家、企业员工之间价值观念的沟通、融合过程。所以，企业文化理念的定格设计不能由企业领导者个人完成，应在企业全体员工参与及外部专家帮助下共同完成。

4. 理念概括的系统性、科学性与表现形式的多样性相结合

一个好的企业文化理念，作为企业生存与发展的根本指导思想体系，应该是内容完整、特色鲜明、含义明确、表述科学的；文字表达应力求严谨、有哲理，同时大气、时尚、符合潮流，对员工和社会公众具有理性感染力和亲和力。但对企业文化理念的专属性，避免与其他企业雷同。同时也要注意，文化理念要能延展和细化，派生出具体可操作、可执行的任

务、标准和规范等，避免企业文化空洞无物，好看而无用。

三、企业文化的传播、推展与实践巩固

企业文化理念是企业未来发展的生命线和企业命运共同体的精神纽带。企业文化理念定格后，就要积极推展，创造条件付诸实践，并巩固下来。即把企业文化理念全面地体现在企业的一切经济活动和员工行为之中，尤其是采取必要的手段，强化其中新的理念，使员工在实践中进一步认同企业理念。

（一）企业文化理念的灌输与传播

要使业已定格的文化理念能够在较短的时间内得到员工的认同并付诸实践，企业积极的灌输和有效的传播是必不可少的。具体措施如下：

1. 组织编写企业文化手册

将企业文化理念进行详细诠释，并附加案例、漫画等，编成精美的小册子，作为企业文化培训和传播的蓝本。

2. 举办文化理念导入仪式

在企业文化理念定格，并编成手册后，企业应举办隆重、热烈的导入仪式，请全体员工（或代表）参加，同时邀请上级领导、重要客户、专家及新闻媒体参加。颁发企业文化手册，并进行首次企业文化理念内容的发布，启动新文化传播和建设工程。

3. 强化文化训导

企业主要领导人应联系实际，通过理念报告会的形式向全体管理人员和一线员工阐释企业理念的内在含义；企业宣传或培训部门应以企业文化手册为蓝本编写教材；对新员工和在职员工进行培训；同时，企业要举办各种文化讲座，争取在较短的时间内使员工对企业理念系统产生认同感，信奉企业理念。

4. 开展文化演讲和传播活动

在企业文化理念导入以后，应适时举办员工文化演讲活动，使员工结合工作实际和切身体会，畅谈对企业理念的理解和感受。利用企业报纸、广播和电视等媒体，突出文化传播的功能，同时利用会议、墙报、宣传栏及简报等形式，积极传播企业理念，传播企业中的文化故事和文化楷模的文化轶事，弘扬正气，创造强势文化氛围。

5. 利用或"制造"重大事件

企业要积极利用发展或对外交往中出现的重大事件，如重大技术发明事件，如生产、经营、管理的成功事例或责任事故，质量评比获奖或消费者投诉事件，新闻报道中的表彰或批评事件，参与的社会公益活动等，或以这些事件为基础，"制造"事件的影响，大力渲染，强调某一事件的积极意义或给企业带来的重大损失，借以给员工带来心理震撼，使员工产生深刻的印象，无形之中使员工受到教育和启发，从而接受正确的价值观和行为方式。

6. 建立文化网络

企业定期向全员报告生产经营的基本情况和企业的重大事件，高级主管定期深入一线与员工进行恳谈，建立总经理和高级管理人员接待日制度，从而增加企业管理的透明度，形成上下畅通的文化沟通网络。

7. 营造文化氛围

企业文化氛围是指笼罩在企业整体环境中，体现企业所推崇的特定传统、习惯及行为方

式的精神格调。它虽无形，但以其潜在运动形态使企业全体成员受到感染，体验到企业的整体精神追求，对于企业成员的精神境界、气质风格的形成十分重要。在企业文化建设的灌输、传播以至各个阶段，都要力图营造良好的文化氛围，在重视营造物质氛围和制度氛围的基础上，关心员工的事业与成长，做好思想沟通、感情投资，创造学习环境，倡导员工之间的相互尊重与信任，营造良好的感情氛围，使企业成员产生对企业的归属感，在工作中追求创新，相互默契配合，心情舒畅。在亲和的文化氛围中，员工非常容易地接受企业倡导的新文化。

（二）企业文化的推展与实践巩固

在创造良好的文化环境的基础上，通过有效的形式，强化和固化文化理念，使先进的文化理念变成员工可执行的规范、可模仿的标版，并积极践行，让企业文化由精神文明转化为现实的物质力量。

1. 积极创造适应新的企业文化运行机制的条件

与企业管理改革和思想政治工作创新相结合，推行科学管理和民主管理，开发人力资源，加强员工的道德、业务培训，提高员工队伍的整体素质，创造民主和谐的文化环境，建设牢固的企业精神共同体。

2. 利用制度、行为准则、规范等进行强化

要巩固无形的企业价值观念，不能单纯停留在口号上，必须寓无形于有形之中，把它渗透到企业的每一项规章制度、政策及工作规范、标准和行为准则当中，使员工从事每一项工作、参与每一项活动都能够感受到企业文化在其中的引导和控制作用。

3. 以各种活动为载体，推展企业文化

如赋予科技攻关、生产劳动竞赛、主体营销与服务等活动以文化主题，开展像英模报告会、读书会、经验交流会、文艺晚会、表彰会、运动会、合理化建议评奖会等文化、文娱、体育活动，让员工潜移默化地接受新的价值观，并指导他们的行为。

4. 企业领导者以身作则，率先垂范

企业领导者在企业文化建设中既要积极倡导，更要身体力行，当好表率，让员工看到企业提倡什么，反对什么，以及应以什么样的规范和作风从事工作。如果领导者不去身体力行，企业文化在员工心目中就不会得到强化，久而久之，企业文化只能流于形式，陷入空谈，经过精心设计的先进文化理念也会成为泡影。

5. 鼓励正确行为，建立激励机制

企业价值观的最终形成是一种个性心理的积累过程，这一过程需要不断地强化。当人的正确行为受到鼓励以后，这种行为才能再现，进而成为习惯稳定下来，并逐渐渗透到人们的深层观念之中。不仅如此，对先进人物以及正确的行为进行鼓励，也给其他人树立了实际的效仿榜样，从而产生模仿效应。因此，对符合企业价值标准的行为不断地给予鼓励和激励，如表扬、授予荣誉称号、晋升职务等，这是巩固企业文化不可或缺的重要一环。

6. 塑造品牌与形象，增加文化价值

企业文化最终要转化为生产力。通过与 CI（Corporate Image，企业形象）、CIS（Corporate Identity System，企业识别系统）等科学方法相结合的方式，把企业抽象的文化理念注入有形的品牌和形象当中，既能够提高企业及品牌的文化含量，增加企业的无形资产价值，使社会进一步认可企业；又是对企业文化理念的检验和考验，使企业产生压力，自觉改进不足，推动企业文化健康发展。

四、企业文化的完善与创新

企业文化在实践中得到推展和巩固以后，尽管其核心的和有特色的内容不易改变，但随着企业经营管理实践的发展、内外环境的改变，企业文化还是需要不断充实、完善和发展的。企业领导者要依靠群众，积极推进企业文化建设，及时吸收社会文化和外来文化中的精华，剔除本企业文化中沉淀的消极成分，不断对现有文化进行提炼、升华和提高，从而更好地适应企业变革与发展的需要。

企业文化的完善与创新寓于企业经营管理活动之中，市场突变的一个信息、客户提出的一项重大投诉、生产中的一次严重质量事故、员工提出的一条尖锐的批评意见等来自企业内外部的各种信息和人们经历的各种例外事件，都会使人们重新审视和检验企业的文化理念，尤其是企业所奉行的价值观、经营理念、管理理念和服务理念。如果发现企业文化理念的某些内容已经落伍，不适应企业发展的需要，就会产生完善、变革企业文化的意愿和冲动。企业适时地通过组织企业文化研究会进行研讨，组织各种民主会、总结会、演讲会等进行交流，组织员工献计献策、开展合理化建议活动等，就可以接收到来自各个方面的新思维、新思想、新观点、新建议，从而促进企业对原有的文化进行变革和完善，修改原有文化理念的表述，推动文化的创新。

企业文化的完善提高，既是企业文化建设一个过程的结束，又是下一个过程的开始，是一个承上启下的阶段。企业文化建设与企业文化的演变规律相适应，是一个不断积累、传播、冲突、选择、整合、变革的过程，循环往复，永无休止。企业文化建设工作不是经过一两次循环就能完成的，是没有止境的。但需要说明的是，一个积极的企业文化体系和模式一旦构塑完成，就会在一个较长的时期内发挥作用。企业文化建设的任务在更多的情况下是积极的积累、传播、充实、完善，只有当企业内外环境发生了急剧变化，与企业文化产生了激烈冲突，需要选择、整合和变迁企业文化的时候，企业文化建设的任务才是对原有文化实行彻底的扬弃，重新构塑和创造新型的企业文化。

第五节　企业文化建设的保证体系

企业文化建设的保证体系，是指企业以保持和发展优良企业文化为目标，运用系统观点，坚持以人为中心，优化企业内外环境，构建强化与固化企业文化的有效机制。企业文化不仅需要构塑成形，而且需要巩固和发展，使其转化为物质力量，转化为凝聚力和现实生产力。因此，建设一种积极、健康、向上的企业文化，必须从物质、制度、礼仪等方面采取相应的保证措施，以便巩固它、强化它，使优良的企业文化渗透到全体员工的心里，融合到企业的经营管理中去。

一、企业文化的物质保证

企业文化的物质保证，是指通过改善企业的物质基础和生活条件，扩大生产经营成果，完善企业的文化设施，来物化企业的价值观，以增强企业的凝聚力和员工的归属感。

这是企业文化建设保证体系中的"硬件"。为了把企业文化建设落到实处，企业必须建设好生产环境工程、福利环境工程和文化环境工程。物质保证是基础保证。

（一）生产环境工程建设

企业生产经营的物质条件（如厂房、设施、机器设备等）和物质产品既是企业文化赖以形成和发展的基础和土壤，也是企业精神文化的物质体现和外在表现。建设企业生产环境工程，就是要逐步改善企业生产经营的物质条件，生产出最优秀的产品。企业文化的发展水平同生产环境工程建设的优劣成正比。建设企业生产环境工程的重点是：

1. 推进技术创新与技术改造

① 通过自主开发和引进、嫁接的形式积极推动技术进步和设备的更新改造，提高设备的性能和效率；②促进生产工艺的改革，发动群众开展挖潜、革新、改造和提合理化建议活动，以较先进的工艺减少劳动消耗，提高生产效率和产品质量；③加速产品的更新换代，做到"生产第一代、试制第二代、设计第三代、研究第四代"，不断研制、开发出适合市场需要的新产品；④在资源相对稀缺的情况下，通过改进设备和工艺，降低能源和原材料消耗，并大力开发新能源、新材料和代用品，开展综合利用，提高经济效益；⑤加强厂房、生产性建筑物、公用工程的改造和环保设施设备的建设，适应环境保护、技术安全的要求，体现企业物质基础的文化风格。

2. 提高产品质量和品牌影响力

企业生产环境工程建设的优劣，最终将表现在生产出质量优良、功能卓越、用户满意的产品上。质量是企业的生命，品牌体现了企业的实力与竞争力；质量与品牌反映了企业的整体素质，代表了企业的文化形象。为此，一要进一步强化全员的质量和品牌意识；二要努力提高劳动者自身的素质和劳动技能；三要尊重知识、尊重人才，挖掘蕴藏在员工中无限的创造力；四要通过革新技术，严格按照国家标准、国际标准组织生产；五要依靠科技进步和文化资源开发，增加产品的科技含量和文化含量；六要加大营销推广的力度，树立良好的产品形象，扩大市场占有率。

3. 搞好现场管理

生产现场管理，就是用科学的管理制度、工艺、流程、标准和方法，对生产现场的各个方面进行有效的计划、组织、协调和控制，使其处于良好状态，达到优质、高效、低耗、均衡、安全生产的目的。搞好生产现场管理，主要是从整顿生产现场的秩序着手，治理脏、乱、差现象，建立现场管理规范，创造一个文明、清洁的生产环境。为此，一要抓好定置管理，处理好生产、作业现场人与物、物与环境的关系，使生产现场井然有序，工作区布置合理，工位器具齐全，人、机、物高效结合，从而改善工作质量，提高生产效率；二要抓好物流管理，促使工艺流程合理化，加强生产组织、计划的科学性，严格执行原始记录和交接检验制度，协调好物流与信息流、资金流之间的关系，提高物料利用效率；三要抓好班组建设，实施严格的岗位责任制，鼓励班组开展创优活动，激发员工搞好现场管理的积极性。

4. 美化生产的外部环境

良好并且有特色的生产外部环境是企业文化风貌的表现，能够使员工心情舒畅，给公众以特有的感染力。美化生产的外部环境，一是要使厂区建筑群的设计美观协调、独树一帜，给人以秩序井然、生气蓬勃的感觉；二是要搞好厂区的绿化，经过园艺设计，建设一个常年绿树成荫、繁花似锦的花园式工厂，使人置身其中，就会精神振奋。

（二）福利环境工程建设

企业福利环境工程建设是企业为满足员工的基本生产、生活需要而进行的非生产性投资建设。建设企业福利环境工程，就是要逐步改善企业的生产和生活条件，为员工的生产和生活提供一个安全稳定、丰富多彩的环境，满足员工物质文化生活的需要。企业福利环境工程建设得好，使员工亲身感受到在企业工作有依靠、有盼头、有奔头，这样才能强化员工的归属感，激发广大员工的工作热情。企业福利工程的主要内容包括：

1. 完善企业的工资制度和奖励机制

在企业生产发展、经济效益不断提高的基础上，本着劳动绩效同收入挂钩的原则，不断提高员工的收入水平。

2. 完善必要的生活设施

如办好食堂、哺乳室、托儿所、幼儿园及浴池、理发室等，提供员工上下班车辆，办好员工医疗卫生事业等，解决好员工的生活问题。虽然员工的生活设施正在不断地社会化，但在对员工生活设施不断实行"社会化"经营的前提下，企业仍应十分重视这方面的建设，以满足员工的物质生活需要，创造"家庭式"的文化氛围。

3. 加强劳动保护，改善作业环境

坚持以人为本的方针，依照有关法律法规，强化员工的劳动保护措施，确保员工有十分安全的作业环境。

（三）文化环境工程建设

企业文化环境主要是指企业的各种文化设施、标志等，是企业文化建设的物质载体和外在标志。文化环境工程建设的主要内容有：

1. 建设和完善文化设施

建设和完善教育、科技、文艺、新闻、体育、图书资料等方面的设备和设施，如培训学校、科研所、俱乐部、影剧院、文艺社团、体育场馆、广播站、电视台、图书馆、阅览室等。企业文化设施建设会受到企业所处地理环境、企业规模、经济实力的影响。企业文化设施的投入，其"产出"只是员工活跃的精神文化生活，不会直接给企业带来经济效益，因此容易被忽视，尤其是当企业经营膨胀、资金紧张的时候更容易削减在文化设施上的投入。为此，企业领导者应端正认识，明确精神变物质、文化力可以促进生产力的基本道理，应加大企业在这方面的投入，尽力把文化设施建设好，以满足员工日益提高的精神文化需求。

2. 把文化理念注入环境

把文化理念注入环境即把抽象的文化信条、警句"装饰"在环境中，使人们耳濡目染，强化记忆与理解。如在车间、厂区悬挂企业文化的标语；设立企业文化的景观，如雕塑、壁画等；在厂区、车间和办公场所合理使用传达企业文化信息的视觉识别系统；赋予建筑设计文化内涵或对建筑进行文化诠释；设立企业产品展示厅、厂史展览室、荣誉室等。通过这些措施，使员工完全置身于一个有明确的文化提示或暗示，能强化记忆，引起思考的文化环境之中，这既有利于员工对文化的认同，并引以为豪，也有利于发挥企业文化的约束、引导和激励作用。例如，日本有一家叫"维多利亚车站"的美国烤牛肉连锁店，用大型壁画来传达企业的理念——画面是向前缓缓延伸的直线，好像无止境的铁路。餐厅设计装潢的主题是铁轨，巨幅壁画替代了用文字写成的企业理念。画的本身渲染了艺术美，图案是缓和、弯曲延伸的铁轨，好像在呼吁人们"出发！前进！"又好像告诉人们现在的出发地点就是维多利亚车站，客户在这里加油，勇往直前。

二、企业文化的制度保证

制度是企业文化理念的重要载体。制度保证在企业文化建设初期是关键性保证措施。企业文化的制度保证，是指通过建立和完善企业的组织制度、管理制度、责任制度、民主制度等，使企业所倡导的价值观念和行为方式规范化、制度化，使员工的行为更趋于合理化、科学化，从而保证企业文化的形成和巩固。企业文化建设的各个方面，如企业目标的实现、企业价值观的形成、企业精神的发扬、企业风尚的保持等，都离不开企业制度作为保障。

（一）企业治理结构及管理组织结构建设

企业治理结构及管理组织结构，是确保企业所有权、经营权合理安排，企业经营管理系统正常运行的根本保证，也是企业文化建设的组织保证。其内容包括：

1. 依法建设企业治理结构

伴随着企业改革的深化和制度创新，依据《中华人民共和国公司法》，在中华人民共和国境内设立的有限责任公司和股份有限公司，其治理机构由股东会、董事会、经理和监事会组成。股东会是会议性的权力机构；监事会是监督机构；董事会作为常设的权力机构和决策机构，实行集体领导；经理对董事会负责，根据公司章程的规定或者董事会的授权行使职权。在新的企业治理机构中，企业党组织除了继续搞好自身的建设外，依照法定程序，通过担任行政工作发挥政治核心作用；公司员工或通过参加董事会、监事会，或通过参加职工代表大会（国有公司）的形式，参与企业管理。这种新企业治理结构，适应市场经济发展的需要，有利于新时期的企业文化建设。

2. 设置有效的管理组织结构

企业管理组织结构就像一台机器，设计合理、"部件"齐全、动力强劲，运转效率就高；否则，就不会产生较高的效率。尤其是企业管理组织结构作为企业文化建设的实际推动者和操作者，它的功能发挥得如何，将会直接影响企业文化建设的成效。

设置有效的管理组织结构，应遵循以下原则：以企业事业领域、经营战略、目标和任务为主要依据；管理组织结构的划分、业务的归口，应当兼顾专业分工及协作配合；实行统一领导、分级管理，确保高效、灵活；要按照管理层次建立统一命令、统一指挥的系统；坚持权责对等，避免有权无责、滥用权力或有责无权、难以尽责的现象；坚持精干高效，保证工作效率。从适应企业市场经营和改革需要并有利于企业文化建设的角度出发，企业在变革或完善组织结构时，特别要加强信息、战略与政策研究、科研开发、营销推广、员工培训和公共关系等部门的建设。从发展趋势来看，为强化企业的应变能力，提高管理效率，大中型企业的管理组织结构形式越来越趋向于扁平化。

3. 重视非正式组织的建设

企业的非正式组织有不同的文化倾向，企业应重视利用和引导非正式组织，抓好具有积极文化倾向的非正式组织的建设，这样有助于企业克服以往管理理论中"见物不见人"的缺陷，重视人的因素，尊重人的价值，调动人的积极性。例如，企业可以支持员工自发组织的各种研究会、QC 小组或书法、演讲、体育协会等，开展各式各样的"小活动"，这对企业文化的建设、增强员工的群体意识具有重要作用。

（二）企业生产技术和管理制度建设

没有规矩，难以成方圆。建设企业生产技术和管理制度既是生产经营的秩序和工作质量与效率的保证，也是企业文化建设的重要保证措施。尤其是在企业文化较弱，即企业文化未成为引导员工行为的主导力量时，这些制度（也包括岗位责任制度）是载体，对企业文化起强化作用。当然，当一个企业的文化较强时，这些制度慢慢变为形式，甚至成为"空壳"。一个具有积极的、强文化的企业可能实际起作用的制度越来越少，因为制度多少不是衡量企业管理优劣的唯一标志。

1. 建设科学的生产技术制度（或规程）

生产技术制度是按照生产技术规律的要求，对产品设计、生产操作、设备与仪器的使用和维修、安全技术和质量检验等方面所做的规定。它是指导员工进行生产技术活动的规范和准则。生产技术制度对员工是一种"硬约束"，具有严肃性、权威性、稳定性和强制性特征，要求员工严格遵守和执行，这是现代企业组织社会化大生产的客观需要。科学的生产技术制度，有助于企业建立良好的生产技术工作程序，可使员工用最少的时间和最恰当的方法，生产出更多、更好的产品，创造更好的社会效益和经济效益。

2. 建设合理的管理制度

管理制度是按照企业经营管理规律的要求，对各项管理工作的范围、内容、程序和方法等所做的规定。它是指导员工从事各项工作的规范和准则。企业的主要管理制度有：信息管理、计划管理、营销管理、客户管理、信用管理、生产管理、物流管理、资本运营及财务管理、人力资源管理、行政管理和生活福利事业管理等。建设一套科学的管理制度，可使管理人员和一线员工有章可循，使企业的各个职能部门分工明确，职责清楚，相互协作。

（三）企业岗位责任制度建设

企业的岗位责任制度是以工作岗位为核心建立的责任制度。它具体规定了每个岗位的职责和权限，是一项基础性制度。企业只有建立健全岗位责任制度，才能使其他各项生产技术、管理制度更好地贯彻执行。通过岗位责任制度的实施，可以把工作任务和工作方法、职责和权力、专业管理和群众管理、工作和学习有机地结合起来，充分调动员工的积极性，保证企业各项工作任务的完成，使企业倡导的价值观得以体现和贯彻。岗位责任制度包括生产工人岗位责任制度、专业技术人员和管理人员岗位责任制度、领导人员岗位责任制度。生产工人岗位责任制度是企业责任制度的基础和主要形式，它包括岗位专责制度、交接班制度、巡回检查制度、设备维护保养制度、质量负责制度、岗位练兵制度、安全生产制度和岗位核算制度等。这些制度的基本点就是要把日常生产中的各项工作具体落实到每一个生产岗位。

专业技术人员和管理人员岗位责任制度、领导人员岗位责任制度，通常以职责条例、办事细则的形式明确其任务、职责和权限。各级、各类人员的岗位责任制度都可以通过制定规范的"职务说明书"的办法加以落实。

（四）企业民主制度建设

在企业中实行民主管理，切实保障员工参与管理的地位和权利，是我国企业管理的优良传统。加强企业民主制度建设，本身就是为培育企业文化创造条件和环境。企业要建设自己的文化模式，不仅要让员工充分认识到建设这种企业文化的重要意义，而且要让他们真正感到自己就是企业文化的建设者，这样他们才有可能积极地参与企业文化的开发与建设。优秀的企业文化必然是"以人为中心"的文化，如果不重视员工的权利及民主制度建设，企业文化建设就缺乏内在驱动力。

企业民主制度的建设，除了上述在国有企业中继续以职工代表大会的形式，在其他企业中通过参加董事会、监事会等形式吸收员工参加管理外，还可以加强各类民主小组的建设，开展技术革新、岗位练兵，提出合理化建议等活动，以及通过建立对话制度、领导接待日制度等来保证员工的民主权利。另外，积极推进民主评议领导干部，发挥对领导干部的监督、促进作用也是一条民主制度建设的重要途径。加强企业民主制度建设应注重把员工的民主权利落实在本职岗位上，一般说来，在现代企业中，让每个员工都直接参与每项重大决策是有困难的，但创造条件让每个员工做本岗位的主人，在岗位上充分发挥才能，则是完全可以做到的。应该说，让员工在本岗位上自主管理、发挥自身的创造性，也是民主制度建设的重要内容。

三、企业文化的教育保证

企业文化的教育保证，是指通过各种培训手段，提高员工的素质（包括政治素质、道德修养、文化水平和业务技术水平等），启发员工的觉悟，开发员工的潜能，使之能够成为承载和建设企业文化的主力军。员工的素质与企业文化的层次正相关，一般情况下，一个整体素质偏低的员工群体很难承载或建设优秀的企业文化。因此，发展企业文化必须有良好的教育保证体系，始终把做好员工培训、提高员工素质工作作为企业的一项战略任务（具体内容见本书第五章）。企业培训按对象划分包括领导人员培训、专业技术人员和管理人员培训、一线员工培训三个层次。

（一）领导人员的培训

从广义上讲，企业领导人员包括董事长及执行董事、总经理、党委书记、总工程师、总会计师和总经济师等。他们的道德、文化、业务素质的高低，既是企业经营成败的关键，也是良好的企业文化能否培育起来并得到继承和发扬的关键。对企业领导人员的培训可采取多种形式，如到高等院校、培训中心学习，出国考察、参观，请专家、学者到企业来咨询诊断、做专题报告等。对企业领导人员的培训，重点是战略思维、政策水平、统驭能力、创新能力和相关专业能力等，通过培训，提高他们的职业能力，使他们成为经营管理专家和内行，成为优秀企业文化的主导力量。

（二）专业技术人员和管理人员的培训

专业技术人员和管理人员作为企业专业技术工作和管理工作的中坚力量，是企业文化建设的骨干力量，因为大量的、具体的文化推广工作要靠他们来做。对专业技术人员和管理人员的培训，可通过参加国内外进修、参加专业培训、岗位轮换以及学术交流等途径进行，主要目的是使他们掌握科学技术和现代管理知识，提高专业水平和科学文化素养，提高专业技术和实际管理水平，同时掌握企业领导人员所倡导的企业文化的精髓，提高他们主动实践、传播、建设企业文化的自觉性。

（三）一线员工的培训

一线员工是企业物质财富的创造者，也是巩固和发展企业文化的基本力量。他们提出的好的意见、建议、看法以及他们的发明创造都是企业文化的营养来源，直接滋养着企业文化。对一线员工的培训，可通过专门的入厂教育、企业文化教育、传统教育、形象教育、精神训练等形式进行，也可通过开展岗位培训、岗位练兵、师傅带徒弟等途径进行，还可以举办脱产或半脱产的技术、文化培训班，将员工送至各类学校深造以及进行演讲、研讨、知识竞赛等形式进行。主要目的是使他们树立职业理想，坚守职业道德，遵守职业纪律，掌握职业技能，促使他们实现自我价值、奉献企业，成为创造、实践、传播企业文化的重要力量。

四、企业文化礼仪的保证

企业文化礼仪是指企业在长期的文化活动中形成的交往行为模式、交往规范性礼节和固定的典礼仪式。礼仪是文化的展示形式，更是重要的固化形式。企业文化礼仪规定了在特定文化场合企业成员所必须遵守的行为规范、语言规范、着装规范，若有悖礼节，便被视为"无教养"行为。企业文化礼仪根据不同的文化活动内容具体规定了活动的规格、规模、场合、程序和气氛。这种礼仪往往有固定的周期性。不同企业的礼仪体现了不同企业文化的个性及传统。

企业文化礼仪在企业文化建设中的保证作用主要表现在：①使企业理性上的价值观转化为对其成员行为的约束力量。文化礼仪是价值观的具体外显形式，通过规范文化礼仪，使人们潜移默化地接受和认同企业价值观，文化礼仪客观上成为指导企业各项活动的行为准则。②企业文化礼仪是文化传播最现实的形式。通过文化礼仪，使难解难悟的价值体系、管理哲学等变得通俗易懂，易于理解和接受，同时由于大多数企业文化礼仪生动、活跃，具有趣味性，其中所包含的文化特质更易于在企业全体成员之间进行广泛传播。③企业文化礼仪是企业成员的情感体验和人格体验的最佳形式。在企业各类文化礼仪中，每个企业成员都具有一定的角色，他们能够身临其境，受到礼仪活动现场气氛的感染，经历情感体验，产生新的态度。企业文化礼仪不是企业文化活动中的静态构成，而是在实践中不断得到补充、丰富和创新。具有优良传统的企业，其文化礼仪也是丰富多彩的。

(一) 工作惯例礼仪

工作惯例礼仪是指与企业生产经营、行政管理活动相关的、带有常规性的工作礼仪。其特点是：①气氛庄严、热烈；②直观性强，直接体现所进行文化活动的价值和意义；③与常规工作直接相关，可分为工作禁忌和工作惯例；④有规范性和激励性，直接规范员工的工作行为，强化员工的工作动机。

工作惯例礼仪一般包括早训（朝会）、升旗仪式、总结会、表彰会、庆功会、拜师会、攻关誓师会等。

(二) 生活惯例礼仪

生活惯例礼仪是指与员工个人及群体生活方式、习惯直接相关的礼仪。举行这类礼仪的目的是增进友谊、培养感情、协调人际关系。其特点是：①气氛轻松、自然、和谐；②具有民俗性、自发性和随意性；③具有禁忌性，避免矛盾和冲突，抑制不良情绪，禁止不愉快的话题的发生，要求员工友好和睦相处；④具有强烈的社会性，有些礼仪直接由社会移植而来，又常常是由非正式组织推行，并在企业中广泛传播。

生活惯例礼仪一般包括联谊会、欢迎会、欢送会、运动会、庆婚会、祝寿会、文艺会演及团拜活动等。

(三) 纪念性礼仪

纪念性礼仪主要是指在对企业具有重要意义的纪念活动中的礼仪。规定这类礼仪的目的是使员工产生强烈的自豪感、归属感，增强自我约束力。其特点是：①突出宣传纪念活动的价值；②烘托节日欢快的气氛；③强化统一标志，着统一服装，挂企业徽记，举行升旗仪式，唱企业歌曲等。

纪念性礼仪活动主要是指厂庆、店庆及其他具有纪念意义的活动。企业庆典活动不宜频繁，按照我国传统，逢五、逢十、逢百的纪念日要庆祝。

（四）服务性礼仪

服务性礼仪是指在营销服务中接待顾客的礼仪。规定这类礼仪的目的主要是提高企业的服务质量和服务品位，满足顾客的精神需要。其特点是：①具有规范性，执行过程不能走样；②具有展示性，即对外展示企业良好的精神风采，且有特色的服务礼仪能够成为企业文化的一景；③直接反映企业营销活动的内容和特点，礼仪执行得好坏直接或间接影响企业的声誉和效益。

服务性礼仪主要有企业营业场所开门或关门礼仪、主题营销礼仪、接待顾客的程序规范和语言规范、企业上门服务的礼仪规范等。

（五）交往性礼仪

交往性礼仪是指企业员工与社会公众联系、交际过程中的礼仪。我国是礼仪之邦，企业在对外交往中应在遵循国际惯例的基础上，特别注意发扬优良传统。规定这类礼仪的主要目的是，对内创造文明、庄重的工作氛围，对外树立企业良好的形象。其特点是既有通用性，又有独创性。通用性是指企业要遵循世界上各国、各民族通用的交际礼仪；独创性是指企业自身在与公众交往实践中创造的交往礼仪，这类礼仪往往有特殊的场景和程序，带有鲜明的企业个性和文化魅力，对方置身于这种礼仪之中，可以感受到友情、友爱，有强烈的被尊重感。

交往性礼仪包括接待礼仪、出访礼仪、会见礼仪、谈判礼仪、宴请礼仪以及打电话、写信件、发邮件、发微信礼仪等。

企业在创立具有自身特色的上述企业文化礼仪体系时，应赋予各种礼仪以文化灵魂，将企业倡导的价值观渗透其中；重视弘扬企业的优良传统，使用具有价值的文化活动素材，继承企业发展史的传统习惯和做法；认真组织、精心设计企业文化礼仪的场景，善于制造良好的气氛，员工通过参加礼仪受到感染和教育；积极吸收员工参与设计礼仪，增强礼仪的生命力。只有这样，才能有效地发挥企业文化礼仪在建设、强化、传播企业文化中的积极作用，避免其浮于表层，流于形式。

第六节　企业文化的评价

一、企业文化的评价标准

从根本上讲，评价企业文化效果的标准只有一个，那就是是否有助于推动企业的长远发展。但具体言之，评价一个企业文化的效果，要看企业文化的教化、维系、激励三个方面的作用发挥是否正常。

（一）教化作用的发挥

一种企业文化是否有成效，首先要看它能不能提供对企业从上到下各种角色的教化与训练。例如，一种优秀的企业文化，往往不只是能提供保证一个企业业务经营正常运转的职业训练和角色训导的方式，而且能造就知人善任的领袖式人物。因此，企业文化执行教化功能，既不是一种纯粹的职业技能、技术、操作、素质训练，也不是社会常规的道德教育，它与一般的责任感、正义感、善恶美丑、是非曲直的文化教养和情操培养不同。健康、完善的企业文化，总是不断吸纳人类社会文明体系的精华，不断创造着自身的特色，以独特的文化方式对"企业人"起着全方位的正面教化作用。而一种不良的企业文化，其教化作用则是负面的。前者给予员工的是做事要公道、办事讲信誉、做人以诚相待、公私应分明、工作应积极进取的思想；后者给予员工的必是"人世间无公平可言，信誉、名声不值钱，做人要圆滑，环境本来是充满敌意的，工作说得过去就行"等思想。两种不同的文化，教化作用是截然不同的。评价一种企业文化优劣和效果大小，只要看其教化作用的方向以及发挥作用的大小，便能得出较为准确的评价。

（二）维系作用的发挥

维系企业共同体存续的核心和基本力量是企业文化，是企业精神和道德。因此，企业文化执行着维系企业存续的功能。一个企业只要有了自己的文化传统，就有了精神支柱，就有了精神寄托，就有了追求和向往，就有了在逆境中求生存的勇气和力量。没有资金，可以贷款，可以引资；没有主意，可以集思广益，可以获取信息，可以引进人才与技术；陷入困境，可以同舟共济，共渡难关；遇到"外敌入侵"，可以"同仇敌忾"，协同作战。

企业文化维系作用发挥得如何，主要通过以下几个方面得到检验：①企业文化能否提供一种物质诱因（或物质刺激）与员工贡献相平衡的机制，例如企业在困难时期员工牺牲报酬，而在景气时期与员工分享收益；②企业文化能否提供职业安全保障机制，满足员工职业安全感的需要；③企业文化能否营造一种团体认同感，使员工有归属感，形成一种依靠对共同事业的认同而不是依靠血缘关系带来的团体凝聚力；④企业文化能否通过营造一种成就感、机会均等感，让员工看到有实现理想的可能；⑤企业文化能否通过对员工自我价值与企业经营目标的协调，使员工找到二者的最佳结合点和最大发展空间。

（三）激励作用的发挥

企业文化的激励作用，也就是企业文化对文化行为主体能够产生激发、动员、鼓动、推进作用。激励的结果往往具有某种放大效应，使行为产生更剧烈、明显的效果，如行为变形、行为超常、行为反常等。事实上，依照马斯洛需求层次理论，能够满足企业员工各个层次需要的企业文化，在其发挥维系作用的同时，又具有激励作用。一种优秀的企业文化，给人以明确的目标和高度的自主权，在企业主导的价值观的范围内，鼓励员工坚持个性，不断创新，为员工提供崭露头角的广阔天地；鼓励每一个人恪尽职守，超越自我，创造佳绩，为每一个人提供一种积极向上的价值动力。而一种不良的企业文化肯定不具备激励作用。因此，从企业文化对组织成员是否具有激励作用和激励作用的大小，可以对企业文化的优劣程度做出大体的评价。

二、企业文化的评价方法

判定一种企业文化是促进企业发展的、健全的、常态的优秀文化，还是一种阻碍企业发展的、不健全的、病态的不良文化，根据目前的研究成果，其主要方法有比较评价法、生命周期评价法和实际考察评价法。

（一）比较评价法

美国管理学家威廉·大内在《Z理论——美国企业界怎样迎接日本的挑战》一书中比较了他所归纳和概括的两种企业文化：Z型文化和A型文化。结果发现，从一般统计和现象上看，这两种文化的特征是：

1）Z型企业中的员工一般比A型企业中职位相当的员工工作时间长。

2）A型企业每年更换其副总经理人数的25%，而且至少20年没有改变这种做法了，而Z型企业每年只更换其副总经理人数的4%，而且主要原因是因其退休。

3）Z型企业各级员工比起A型企业职位相当的员工来说，往往在更多的位置上工作过。

4）在工作生活同个人生活的混合方面，A型企业同Z型企业并没有什么差别。员工们都把工作同家庭区分开来，他们都没感觉到有压力，企业让他们大量参加午餐会或鸡尾酒会这样一些以企业为基础的社会活动。但在同事间接触的广度方面，Z型企业的员工比A型企业的员工要广泛得多；他们相互了解得更多，谈论的问题更广泛，参与的活动更多。

从价值观、心理感受、员工情绪和心态角度看，大内也有如下发现：

1）A型、Z型企业的员工同样地具有进取心和独立思想，但在Z型企业中的员工远比在A型企业中的员工更相信集体的责任。

2）Z型企业员工都说他们感到他们的企业有一种独特的宗旨，运用着微妙而含蓄的控制形式；而A型企业的员工却感觉不到这种独特性和微妙性。

3）Z型企业中级别较低的员工认为企业不会解雇他们，而且他们通常也不会自动离职；而A型企业中的员工则认为自己在不久的将来不是被解雇，就是自动离职。

4）在决策方面，两类企业的副总经理一级的领导都有高度的参与意识和积极的工作态度，而在级别较低的员工方面，Z型企业的员工有高度的参与意识和参与感，A型企业的员工则相反。

5）Z型企业中的员工表现出比A型企业中的员工好得多的感情状况，虽然两类企业的员工在家庭生活和婚姻关系方面没有什么明显差别，但他们的配偶均认为，Z型企业较A型企业在这方面更令人满意。

6）就员工心理素质和情绪状态而言，有明显区别，"在Z型企业中，同我们谈话的员工表现出镇静、有条理和能控制感情，而A型企业中同我们谈话的员工则表现出匆忙、烦躁不安"。

经过上述比较，大内对这两类企业做出了这样的结论：Z型企业同A型企业几乎在同一时间进入营业，以类似的速度增长，而且两者都位于美国的1000家工业企业中，但在五年中，Z型企业比A型企业更为成功，提供了更多的职位，获得了更多的利润，以更高的速度在增长。从社会各方面和经济方面来讲，Z型企业都比A型企业成功得多。

显然，比较评价法是一种依据对同类企业的文化的不同表现及结果进行比较，来评价企业文化优劣的方法。它的优点是简洁、易操作、评价结果直观；缺点是比较对象或参照系难以选择，影响评价结果的科学性。

（二）生命周期评价法

正如任何事物都有自己的生命周期一样，一家企业的企业文化也有自己的生命周期。要判定一种企业文化是否先进，要看这种企业文化处在生命周期的哪个阶段。

企业文化生命周期包括创业文化、守业文化和败业文化三个阶段。

1）创业文化是指公司开创时期孕育、形成的企业文化。其特点是：企业文化的主旨、内容、基本结构与文化形式、文化体系呈不均衡、不等比发展；勇于创新，甘冒风险，但文化积累不足，权衡利弊、计算得失不足；注重未来，无所顾忌，不背包袱，义无反顾，勇往直前；易于共同对外，精诚团结，而不是把目光盯在内部的权力、利益的分割上。

2）守业文化是指公司进入稳态发展时期的公司文化。这个时期的企业文化无疑已成为一种成熟的、完备的、系统的团体文化。与创业文化相比，守业文化多了些平衡、稳重、患得患失等特点。为了表达得更准确，守业文化还可细分为两种：守成文化和守业文化。守成文化是指全面继承创业文化，并发扬光大，使之走向企业文化的鼎盛，形成企业文化最为繁荣的风貌和格局。守业文化是指单纯维系、保持公司业绩，以求稳怕乱、得过且过为基调和主轴，呈现出企业文化走下坡路、趋于衰败的迹象，企业文化中已失去了创新的动力。

3）败业文化是指以不思进取、坐吃山空、谨小慎微、明争暗斗为特点的文化。这种企业文化标志着企业已经走到了尽头，走向没落，走向解体，走向消亡。

当然，狭义的守业文化和败业文化，绝不是仅仅从企业进入守业和败业时才开始。守业文化和败业文化的滋生、萌芽以至形成一种企业文化暗流，往往都是在企业文化成长的前一阶段就已存在了。

由于企业文化主流正处于上升和鼎盛时期，居于绝对优势地位，因而人们往往容易对那些腐败、堕落的文化支流视而不见，任其发展；或简单地认为其存在无碍大局，终必为文化主流所淹没。

对企业总裁、经理这些高级管理者而言，企业文化管理的难点不在于大致形成一个较为正确的企业文化生命周期概念，而在于凭借着直觉、职业判断和某些科学依据，正确地判定企业文化生命周期各阶段的临界点，并制定出一整套的管理对策。在企业文化陷于危机之时，能够力挽狂澜，挽救企业文化共同体，开辟企业文化建设新途径。

生命周期评价法是一种较宏观的整体判断企业文化优劣的方法，或者说只提供了一种评价企业文化优劣的思路，需要与其他方法配合使用，所得结论才更有说服力。

（三）实际考察评价法

实际考察评价法是通过比较完整地考察企业文化的状况，进而对企业文化优劣做出客观评价的方法。其考察内容主要有以下三个方面：

1. 考察企业的物质环境

企业的物质环境好坏是企业文化优劣最直观的反映。

（1）企业的建筑装潢、生产经营环境　一家企业的建筑，如公司的办公大楼、工厂的厂房、商店的购物场所以及周围的环境，往往反映出企业的不同风格，反映出企业领导人的追求、企业对员工及员工对企业的不同态度。美国管理专家特雷斯·E. 迪尔和阿伦·A. 肯尼迪说过："尽管公司花在自己办公大楼上的投资与其经营毫不相干，但毫无疑问，它与文化有关。""他们试图创造一种环境，向世界展示他们的公司是深谋远虑和久经世故的。""对其自身及文化感到自豪的公司会通过环境把这种自豪感反映出来。"可以想象，装饰一新的公司办公楼和工厂厂房可以成为一个企业文化明显的外在标志，一个车间是否整洁、有序反映了企业管理的状况及工人的劳动态度，企业的外部建筑设施和内部的工作场所，反映着一个企业的文化品位。

（2）企业生产和产品的优劣　产品形象是企业形象的缩影，也是企业文化的载体。一家企业能否不断开发出新产品，表明企业有无创新意识、市场意识和科技进步意识；一家企业生产经销的产品质量如何，反映了企业的质量观；一家企业生产产品的品牌，反映了的实力和知名度、美誉度；一家企业设计的产品包装装潢、广告词和广告画面也无不展示着企业的性格魅力与文化追求。产品凝聚着丰富的文化内涵，了解企业文化，先了解企业生产经销的产品是十分必要的。

（3）企业生活设施和文化设施的多少　在生活设施方面，企业员工住房状况好坏、食堂是否卫生清洁、企业是否具备必要的生活设施，反映了企业对员工物质生活的关心程度；在文化设施方面，企业有多少投入，如有没有员工学校或培训中心，是否设立了图书馆、阅览室、广播站（或电视台），有没有文化娱乐场所和体育运动场所等，反映了企业对员工精神生活的重视程度和对员工精神潜能的开发状况。

总之，从企业生活设施及文化设施的多少、好坏中能直接或间接地看出企业是否奉行以人为本的管理宗旨，反映出企业与员工的关系以及企业是否具有员工"爱厂如家"这种优秀文化的基础。

2. 审视企业的规章制度和行为方式

企业规章制度的执行情况如何，员工在工作中采取什么样的行为方式，也会反映企业文化的优劣。

（1）规章制度的执行是否严格　考察企业文化的优劣，不光要看企业有没有比较健全、合理的规章制度，而且要看企业的执行情况。在优秀的文化氛围中，员工往往能够自觉严肃地执行各项规章制度，把规章制度视为企业法规，不管有没有检查、有没有监督都同样认真，不打折扣。如果员工只有在企业严密控制下才会遵章守纪，缺乏自觉性，且管理层不能以身作则，或在执行中以人治为主，漠视制度的严肃性，那么，这个企业就不可能有较好的秩序、整齐的步伐，就不能形成一体化的追求，也不会有一种融洽的人际关系氛围和协调的工作氛围。

（2）企业有没有形成良好的惯例、习俗和传统　企业在人与人的交往和工作过程中会形成若干惯例、习俗和传统，这些惯例、习俗和传统尽管是不成文的，也并不像规章制度那样强制员工遵守，但却以一种情感氛围和舆论力量对员工的行为起到引导和软约束的作用。具有优秀文化底蕴的企业，除了有较健全的成文制度外，更突出的特色是，企业有很多不成文的好惯例、好习俗、好传统，并且被员工以轶事、故事的形式传播；反之，没有优秀文化底蕴的企业，不可能产生这些好惯例、好习俗、好传统。

（3）员工是否有积极的工作态度和良好的精神面貌　直观地看，一家企业的员工流动率低、出勤率高且工作认真、效率高、精神饱满，表明企业文化处于良好状态；相反，员工流动率高、缺勤严重，工作消极懒散、精神不振，则是企业文化退化的征兆。可以说，员工的工作态度和精神面貌是企业文化的晴雨表。

3. 研究企业的价值观

直接研究企业价值观并非易事，只有通过各种相关事物，如上述的分析物质环境、规章制度和员工行为方式等就是研究企业价值观的重要途径。除此之外，分析企业价值观体系的表述以及企业培养的英雄人物的特征，也能够使员工对企业价值观有进一步的认识。

（1）企业有什么样的发展目标　有些企业的目标局限于企业短期的产值、销售、利润上，有些企业则放眼未来，能够把企业的市场目标、利益目标同企业的发展目标和对社会的贡献目标结合起来。两种不同的目标，反映了两种不同的价值观。

（2）企业有什么样的"精神"　企业精神的表述，反映了企业价值观的主流。例如北京歌华文化发展集团有限公司"创业无涯，创造无限，敢为文化先"的精神，反映了其企业文化的特有精神面貌；王府井百货大楼的"一团火"精神体现着"大楼人"全心全意为人民服务的思想和追求"真、善、美、和、爱"的高尚人生价值。

（3）企业有什么样的英雄人物 企业英雄人物作为文化楷模，是企业价值观的化身。一种优秀的企业文化必然会孕育出一个或几个英雄人物。如"鞍钢"的老孟泰，成为鞍钢人"爱厂如家"价值观的化身；大庆的王进喜，成为大庆人艰苦奋斗、勇于拼搏奉献价值观的代表。只要分析一下一家企业树立了什么样的英雄人物，英雄人物的主要事迹是什么，有什么样的品格特征，英雄人物是否受到多数员工的爱戴和仿效，就能在一定程度上分析出企业的主导价值观和整体企业文化的发展趋势。

实际考察评价法是一种系统直观地评价企业文化的方法，但也缺乏科学的量性分析。上述三种评价法各有利弊，在实践中结合使用效果会更好。当然，不管采用哪一种方法，如果能够建立在科学的企业文化指标体系的基础上，企业文化的评价工作就会走上一个新的台阶。

三、企业文化的评价指标体系

有关企业文化的评价指标体系，国家体改委经济体制与管理研究所和中国人民大学经济研究所曾发布专门课题研究报告，该报告旨在建立评价企业文化优劣的客观尺度，并提供可供进行企业文化调查的具体操作方法。该报告以企业价值观为核心，把观念形态等软性因素转化为数量关系进行比较，提出了比较完整的评价指标体系。这一体系包括4类指标。其测度的内容有：

（一）反映企业成员素质的客观指标

主要测度：性别、年龄、文化程度、参加工作时间、在本企业的工作时间、现任职务。

（二）反映企业成员一般价值观念的指标

主要测度：个人的独立意识和奋斗精神、对工作意义的理解、对工作稳定的重视程度、对自己所在企业的社会地位及个人晋升机会的重视程度、对目前社会中存在的各种职业性组织的偏好。

（三）企业成员关于企业观念的指标

主要测度：对技术及技术人员的重视程度、对管理及管理人员的重视程度、对企业目标的认识、理性地评价企业的程度、从情感出发评价企业的程度、理性地对待企业中人的行为及人际关系的程度、从情感和道义出发评价企业中人的行为及人际关系的程度、对企业内外部竞争关系的接受程度、对个人与企业关系的理解、对企业内个人之间及部门之间收入差距的可接受程度。

（四）企业成员对企业状况的评价指标

主要测度：企业横向沟通状况、企业纵向沟通状况、个人在企业中的地位、对企业机构设置状况的评价、对企业文化建设状况的评价、对企业知名度的评价、对企业经济效益的评价、对企业的喜欢程度。

这一企业文化评价指标体系的提出在我国具有开创意义。指标设计视野较宽，内容较全，数量适中，逻辑关系较清楚，为客观地评价企业文化状况提供了一种较好的方法，其理论价值和实践价值不可低估。但是，企业文化是一个非常复杂的系统，正确评价一种企业文化的优劣，除了通过问卷获得上述若干"主观"评价以外，还应有客观的企业生产、经营、技术指标；除了应有评价企业自身系统功能的指标外，还要有企业对外部环境适应性的指标。从方法上看，除了有企业员工、管理者的自我评价外，还要有社会评价，包括投资者、合作者、竞争者、消费者以及政府职能部门从业人员、新闻媒体从业人员及相关专家、学者，他们均应对企业文化做出评价。这样，实现主客观评价结合、企业内外评价结合才能使企业文化的评价体系更为科学实用。应该说，企业文化评价指标体系的研究具有重大意义，指标体系科学，评价标准和评价方法也就会进入科学化轨道，长期困扰理论界的企业文化的量化问题就会有重大突破。企业文化评价指标体系具有很大的研究潜力，其实用性和市场化的前景无疑是很强且广阔的。

思　考　题

1. 简述企业文化建设启动的最佳时机。
2. 简述企业文化建设的切入点。
3. 企业文化建设应遵循的原则有哪些？为什么？应如何贯彻？
4. 简述企业文化现状调查研究与评价的主要内容。
5. 简述企业文化定格设计的内容和原则。
6. 企业文化礼仪有哪些？
7. 简述企业文化的评价标准。
8. 简述实际考察评价法的内容。
9. 简述企业文化的评价指标体系。
10. 在企业文化建设中，为什么要强调一体化和群众参与？
11. 联系实际，论述如何成功地进行企业文化的传播、推展与实践巩固。
12. 试述企业文化的保证体系及主要内容。

典　案　链　接

彩虹集团的企业文化树

成都彩虹电器（集团）股份有限公司（以下简称"彩虹集团"）总部位于成都市高新区武侯工业园区，是集成品制造、研发、商贸、物流为一体的集团企业，下辖彩虹集团中南有限公司、彩虹集团中日合资泉源卫生用品有限公司、彩虹环保科技有限公司、彩虹日化用品有限公司等十余家分（子）公司。

彩虹集团处于全球竞争最激烈之一的显示器生产领域，面对三星、松下、飞利浦等世界著名跨国公司的挑战，企业领导层积极推进企业文化建设，凝练了"人类美好生活创造者"的企业理念和"敬人敬业、追求卓越"的企业精神，构建了独具特色的彩虹企业文化体系——"彩虹企业文化树"。

彩虹企业文化树由树冠（六个分支文化）、树干（企业精神）、树根（企业理念）、土壤（企业员工）组成。

一、彩虹集团企业文化树的树冠——六个分支文化

1）安全文化：从制度管理到文化自觉。

2）客户文化：超越客户期望才能赢得市场。

为客户服务不能仅仅是被动地满足客户需求，更重要的是要站在客户的角度思考问题，使企业的思想、行为和结果源于客户且高于客户。不仅尊重客户，也要尊重供应商，使彩虹集团的客户文化渗透于企业供应链的每个环节。

3）领导力文化：开发每个员工的潜能。

彩虹集团的员工认为领导力是"以个人品格和言行影响他人、激励自我、不断挑战极限目标的能力"。领导力文化的四个基本点是：人人都有领导力；学习提升领导力；不埋没一个人才；岗位匹配。为提升团队领导力，公司出台了"彩虹六条"，即彩虹事业至上；恪守诚信、痛恨虚假；敢于负责；持续创新、勇于变革；沟通、协作；终身学习。

4）员工形象文化：我的形象就是彩虹的形象。

公司要求员工"有文化、有修养、高素质、高能力"，从内在气质到外在形象，从精神修养到仪表仪容，全方位展现员工的良好形象，并对员工的言谈举止、涉外礼仪等做了详细规定。通过形象文化培育员工良好的职业道德意识，进一步展示企业的良好形象。

5）健康文化：追求健康人生，建设卓越彩虹。

彩虹集团认为，健康不仅是员工个人的财富，也是企业的财富。"追求健康人生，建设卓越彩虹"的健康文化理念，从"环境和健康""心理和健康""运动与健康""饮食与健康"四个方面提出了要求，使员工拥有强健的体魄、自信的心态、宽容的胸怀。

6）企业形象文化：为统一企业形象宣传，设计了企业 CIS 识别系统。

彩虹集团的形象文化启用了新标徽，确立了彩虹集团的英文名称、企业标准色、标准字体、企业造型及应用设计系统近80种，并印刷了《彩虹集团公司 VI 手册》。彩虹集团的企业形象文化通过视觉识别，表现出了企业文化的核心理念体系，标志着彩虹进入了一个新的发展阶段。

二、彩虹企业文化树的树干——企业精神

"敬人敬业、追求卓越"是彩虹的企业精神。公司领导认为，如果干部不敬人，员工就不会敬业；只有干部敬人、员工敬业，才会形成相互激励的局面。

1）敬人：首先是尊重和发挥员工的才能，帮助员工实现自我价值。要正确理解敬人。不但要敬上级，还要敬下级；不但要敬先进的人，还要敬落后的人；不但要敬客户，还要敬供应商。

2）敬业：是要负责到底。员工要讲上进心，中层干部要讲责任心，上层领导要讲事业心。不但要把岗位的工作做好，而且还要关心彩虹整体的发展。

3）追求卓越：是"敬人敬业"有效运作的内在要求，充分体现了"人类美好生活的创造者"这一经营理念的思想真谛。首先是产品要做到质量最好、成本最低，这样企业将在竞争中占有优势。其次是不断挑战极限，树立"瞄准星星总比瞄准树梢打得高"的观念，不断追求更新、更高的目标。

三、彩虹企业文化树的树根——企业理念

"人类美好生活的创造者"是彩虹集团的理念。它体现了一家企业的社会责任。彩虹集团不仅努力为社会创造物质财富和精神财富，而且在生产经营过程中，强化资源意识和节约

意识，创建资源节约型企业。彩虹集团坚持节约资源型的消费，节约资源型的生产，减少使用损害环境的设备和原材料，坚持"三废"达标排放，通过技术革新，淘汰浪费资源、污染环境的落后工艺、技术和设备，为改善环境、为人类创造美好生活做出贡献。

四、彩虹企业文化树的土壤——企业员工

彩虹企业文化树干根植于员工之中，这体现了企业文化的全员性特征，说明了企业文化是全体员工实践的结果。在总结提炼客户文化的过程中，员工积极参与，提出建设性意见多达2000多条，并开展了"我谈客户文化"的征文活动，使企业文化有着广泛的群众基础，每位员工都是企业文化的实践者、传播者、受益者，从而发自内心地热爱企业，为彩虹集团的发展努力拼搏。

通过企业文化建设，增强了企业的凝聚力，彩虹集团的员工都在争当"人类美好生活创造者"，都在为"立百年彩虹"创造性地工作。

（资料来源：张大中，等 . 中国企业文化年鉴［M］. 北京：中国大百科全书出版社，2004.）

提示点评：

1. 彩虹集团"企业文化树"结构：彩虹企业文化树由树冠（六个分支文化）、树干（企业精神）、树根（企业理念）、土壤（企业员工）组成。

2. 彩虹企业文化树的树冠——彩虹的分支文化是六种文化的综合。

1）安全文化：从制度管理到文化自觉。

2）客户文化：超越客户期望才能赢得市场。

3）领导力文化：开发每个员工的潜能。

4）员工形象文化：我的形象就是彩虹的形象。

5）健康文化：追求健康人生，建设卓越彩虹。

6）企业形象文化：为统一企业形象宣传，设计了企业 CIS 识别系统。

思考训练：

1. 为什么彩虹集团用树的形象代表企业文化系统？

2. 彩虹集团的员工认同他们的企业文化吗？

3. 企业文化建设为彩虹集团带来了什么利益？

第九章

企业文化建设的主体

学习提示

重点掌握：企业家在企业文化建设中的角色。

掌　　握：企业员工、企业楷模在企业文化建设中的角色。

一般了解：提高员工素质、造就企业楷模和建设高素质企业家队伍的途径或方法。

企业文化即企业"人化"。"人"是文化的创造者，也是文化的载体。企业中的每一名成员都是一个文化因子（个体文化），企业文化是由若干文化因子组合而成的文化有机体，在文化有机体中每个文化因子都以其特有的方式发挥作用。企业成员从普通员工到企业家，尽管在企业经营中的分工、责任和权利不同，但都是企业文化建设的主体，靠自身的实践与创造，推动企业文化的进步与发展。

第一节　企业员工与企业文化建设

一、企业员工是企业文化建设的基本力量

企业员工是推动企业生产力发展的最活跃的因素，也是企业文化建设的基本力量。企业文化建设的过程，本质上就是企业员工在生产经营活动中不断创造、不断实践的过程。

企业员工身处生产经营第一线，他们用自己勤劳的双手创造物质文明的同时，也创造着精神文明。企业文化既体现了企业家的智慧，也体现了员工的智慧。在企业中，员工也许不是最有智慧的，不一定比得上高层管理者和企业家，但他们作为一个群体，集体的智慧是强大的，正是靠着集体的聪明才智，才能不断地丰富企业文化，促使企业文化不断地革新与进步。例如，企业员工在新技术、新产品开发中，接触到大量的科技信息，激发出很多先进思想的灵感，这些信息和思想灵感集中起来就可能成为一种新文化的内容，技术与产品的开发过程也就变成文化的变革过程，创新思想、允许失败以及实事求是的文化观念可能由此而生。再如，员工从事生产活动，面对现代化大生产，分工细密、环环相扣，一个环节出现纰漏，就会影响整个生产过程，因此协作观念和集体主义精神应运而生；同时现代化作业要求人们办事认真，遵守规范和标准，因此也会产生与之相适应的精益求精的工作精神和严谨、严格、严密、严明的工作作风。又如，员工从事营销活动，与供应商、经销商、竞争者及顾客打交道，会使他们树立强烈的市场意识、竞争意识、危机意识和风险意识，树立正确的服

务理念，并认清企业与供应商、经销商、竞争者、顾客相互依存的关系，认清竞争与合作、经济效益与社会效益、企业眼前利益与长期利益的辩证统一关系。

固然，企业文化离不开企业家的积极倡导和精心培育，这种倡导和培育加速了企业文化的新陈代谢，即摒弃旧文化、创造新文化的过程。但是，企业文化源于企业的生产经营实践，源于员工在生产经营实践中产生的群体意识。可以说，新文化的因子是由员工在生产经营实践中创造的，没有这种创造活动，企业文化就犹如无源之水、无本之木。不可否认，在信息化时代，文化的传播速度越来越快，就一家企业来讲，企业家可能从企业外部（如其他企业）捕捉到一种新的文化，在本企业加以倡导和推广，但这种新的文化从广义来讲也是员工（其他企业员工）创造的，即使移植到本企业也必须有现实基础，所以远离企业实际情况的企业文化，犹如没有根基的空中楼阁，再好的文化也不会发挥作用。

员工不仅是企业文化的创造者，也是企业文化的"载体"，更是企业文化的承载者和实践者。企业文化不仅是蕴藏在人们头脑中的一种意识、一种观念、一种思想、一种思维方式，从实践的角度看，它也是一种行为方式、一种办事规范、一种作风、一种传统和习惯、一种精神风貌。如果企业文化只停留在精神层面，不能通过行为表现出来，就没有任何价值。在企业文化由精神向行为以及物质转化的过程中，员工是主要的实践者，正是靠全体员工在工作和生活中积极实践企业所倡导的优势文化，以一种正确的行为方式和行为规范，一种优良的工作作风和传统习惯，一种积极向上的精神风貌，爱岗敬业，做好本职工作，才能生产出好的产品，提供优质的服务，创造出最佳的经济效益，真正产生由精神转变为物质的积极效应。从这个角度看，企业文化建设过程就是在企业家的引导下，员工积极认同、自觉实践的过程，员工实践的好坏，直接决定了企业文化建设成果的优劣。企业文化建设是需要通过一定的提炼、灌输和宣传推广等活动来进行的，但这些活动都是手段，目的是实践。经过实践的企业文化才是真实的企业文化，否则只能是可能的企业文化而已。

从上述企业文化的创造和实践两个环节来看，企业员工都起到了关键性的作用。人创造文化，文化也改造人。员工创造并实践企业文化，企业文化作为员工成长和发展最重要的环境因素，反过来也改造并提高了员工的思想素质、道德素质和文化素质。企业文化与员工素质在相互推动中得以共同提高。

二、企业文化建设的主旨是"以人为本"

人为什么能够承载文化和改造文化？在此需要对人的本质进行一些考察，从而也为确定以人为本的主旨找到理论依据。

马克思主义强调从社会关系和实践活动中来理解和把握人，认为人是名副其实的社会动物，劳动创造了人本身。人是社会关系的总和。

从以上内容可以看出，人是具有自然属性、社会属性和精神属性的复合体，但本质是社会性和劳动性。依据这种观点，不难推出这样的结论：人作为社会环境和时代的产物，对集体（或社会）具有依赖性；同时，人是自己命运的主人，在适应环境的过程中改造环境，在承载文化的同时也创造文化。因此，现代企业只有坚持以人为本，确立员工在企业管理中的主体地位，相信群众并依靠群众，才能把企业办好。这是马克思主义的基本观点。

在现代企业生产经营活动中，或者说在生产力的进步中，人是最积极、最活跃、最关键的因素，是创造力的源泉。人的主观能动性的发挥，会直接影响企业的生产经营效率和经济效益。尤其是在剧烈的市场竞争环境中，在决策正确的前提下，哪家企业能够最大限度地调动员工的积极性，开发员工的潜力，哪家企业就能够争取主动，就能够获得长足发展。

所谓"以人为本"，即把人作为企业管理的根本出发点，把引导员工的工作、充分调动员工的积极性作为企业文化建设的重要任务，也就是提倡尊重人、相信人、激励人、"开发"人，使人能动地发挥其无限的创造力。

坚持"以人为本"的企业文化建设主旨，其主要实践途径是要解决好以下相互联系的四个问题：

1. 充分地重视人，把企业管理的重心转移到如何引导员工的工作上来

长期以来，在企业中存在着重经营、轻管理的现象。有些管理者，虽然对管理工作有所重视，但往往把管理的侧重点放在建制度、定指标、搞奖惩上，忽视引导员工的工作。实践证明，在管理活动中，只见物不见人，重物轻人，只重视运用行政手段和经济手段进行外部强制，不重视发挥人的主观能动性，只把人作为外在文化约束的对象，不尊重员工的文化创造，是无法实现管理的预期目的的，也不可能提高企业的生机和活力。为此，管理者只有把管理的重心转移到调动员工的积极性上来，增强员工的主动精神，才能使企业形成一种人人关心经营，为经营尽职尽责，人人关心文化，为文化建设尽心尽力的局面。

2. 正确地看待人，切实处理好管理者与员工之间的关系

一直以来，围绕企业员工是什么人的问题，西方的管理学者进行了大量的探索，其结论不外乎四种基本假设，即"经济人""社会人""自我实现的人""复杂人"。尽管随着管理实践的深入，上述假设一个比一个更趋于合理，但是这些假设都没有摆脱一个大的框架，即都是从管理者的角度，以管理主体怎样去控制、利用管理客体为出发点去看待员工的；依据这些假设进行管理，也不能解决管理者与员工之间固有的根本利益的冲突与矛盾。因而，管理工作的真正民主化，员工积极性、主动性和创造性的充分发挥是难以实现的。在社会主义企业里，管理者与员工之间的矛盾不再具有根本利害冲突的性质，他们之间只是分工的不同，其关系是平等、互助的。员工是企业的主人，是企业管理和企业文化的主体。这一结论，是对企业人的看法的质的突破。如果简单地把员工置于"雇佣者"的地位，不尊重、不信任，忽视员工在精神上尤其是文化上的需求，其后果是削弱企业文化的功能。所以，企业文化建设必须高度重视其主体，重视企业员工素质的培养与提高，使企业文化的主体成为有高度素养的文化人，成为关注自身与社会双重价值的现代企业人。

3. 有效地激励人，使人的积极性和聪明才智得到最大限度的发挥

这是指在重视人和正确看待人的基础上，确保员工在企业管理中的主体地位，充分调动员工的工作积极性，把员工的聪明才智充分地挖掘出来。为了达到这一目的，需要做到以下三点：

1) 必须进一步完善企业的民主管理制度，保障员工的民主权益，使员工能够广泛地参与企业的各种经营管理活动。

2) 改变压制型的管理方式，变高度集权式的管理为集权与分权相结合式的管理；变善于使用行政手段进行管理为多为下级提供帮助和服务；变自上而下的层层监督和控制为员工的自我监督和自我控制。

3) 为员工创造良好的工作条件和发挥个人才能、实现个人抱负的条件，完善人才选拔、晋升、培养制度和激励机制，帮助员工进行个人职业生涯设计，注意满足员工物质和精神上的各种需求。

4. 让员工得到全面发展，努力把员工培养成为有理想、有道德、有文化、有纪律的新型劳动者

好企业一定是一所好学校，它不光是人的使用者，而且也是人的培育者。企业管理者只有重视对员工的培养，提高员工的道德修养，提高员工的科学文化素质，丰富员工的物质和精神生活，全面提高人的素质和能力，才能使员工得到全面的发展。企业员工全面发展、素质提升的过程，即是企业文化创造的过程，或称为企业文化创新的过程。

三、企业文化建设的中心任务为提高员工素质

（一）提高员工素质的必要性

在市场竞争日益激烈、科学技术迅速发展的今天，企业员工队伍的素质越来越明显地成为企业能否生存和发展、能否成功地进行企业文化创新与变革的决定因素，成为企业竞争力强弱的主要标志。美国经济学家莱斯特·瑟罗指出，企业"提高竞争能力的关键，在于提高基层员工的能力，也就是要造就名牌员工"。比尔·盖茨也说过："职员是微软公司的宝贵资产，只有拥有智能灵活的头脑，才能不会落后于人，永处高峰。"微软公司成为世界软件业的先锋，得益于它拥有高智慧和头脑灵活的名牌员工。名牌员工是需要具备事业心、忠诚心和责任感的，是具有高超的技术、熟练的操作技能的，是守纪律和讲协作的，并且是具有创造性的，只有具备这些素质和能力，才能适应现代企业生产经营活动的需要，才能真正成为企业文化发展和创新的主体。因此，企业文化建设必须围绕提高员工的素质进行。

（二）世界各国企业提高员工素质的经验

要培养一支高素质的企业员工队伍，就要做好员工的培训工作。员工培训是企业通过教学或实验等方法促使员工在道德、品行、知识、技术等方面有所改进或提高，保证员工能够按照预期的标准或水平完成其承担或将要承担的工作与任务。培训相当于给员工进行能量输入，也就是人们常说的"充电"。有关资料统计显示，一个人一生中获得的知识，10%来自学校，90%来自社会，即参加工作之后。在知识爆炸的信息时代，科学技术的发展日新月异，除了进行相应的岗位培训外，不断更新员工的知识，进行相关方面的投资，是保持企业永远具有活力的关键。有的国家将企业培训部门称为最佳投资部门，就是说通过培训可以用较小的投入获得较大的利润。当然，做好员工培训，首先要根据企业的经营发展战略和企业的人力资源开发需求，制定科学可行的员工培养规划，包括企业自我培养和委托社会培养、脱产培养和岗位培养等。

在员工培训方面，德国、日本、美国等国的做法和经验是值得借鉴的。

德国有着完备的职业培训制度。他们采取"双轨制"的培训办法，有法律保证，培训多层次、网络化，同时培训经费也有保障，除了政府投资外，主要是企业投资。企业一般要拿出销售额的1%～2%，或投资额的5%～10%用于人员培训。正是科学的培训机制和巨额的投入，才造就了德国企业素质高、技能全面的优秀员工队伍，这为德国经济起飞和高质量产品迅速占领世界市场创造了很好的条件。

例如奔驰公司，它之所以发展飞速、产品卓越，是与企业重视员工培养密不可分的。奔驰公司认为，产品高品质与人员的高素质成正比。公司为培养员工不遗余力，在奔驰汽车公司，各车间只有简单的辅助工作完全由青年工人独立完成，其他技术性工作都是新老结合，

以老带新。奔驰公司的工程技术人员、营销人员、技术骨干大约有9300多人，占员工总数的27%，这是公司的骨干力量。对于这些人的再培训，公司举办专题讲座或外出学习，开展各种业余学习等形式多样的培训活动，平均每年有20000~30000人参加再培训。同时，公司还鼓励管理人员和技术人员到高等院校去学习、深造，不仅工资照常支付，公司还支持学费、报销路费，甚至在住宿方面还给予补贴。

与奔驰公司的知名度不分伯仲的西门子公司，同样对员工培训重视有加，西门子早在1922年就拨专款设立了专门用于培训工人的"学徒基金"。现在公司在全球拥有60多个培训场所，如在公司总部慕尼黑设有韦尔纳·冯·西门子学院，在爱尔兰设有技术助理学院，它们都配备了最先进的设备。目前共有10000名学徒在西门子接受第一职业培训，大约占员工总数的5%，他们学习工商知识和技术，毕业后可以直接到生产一线工作。正是在西门子公司"培训出质量、培训出竞争力、培训出成就"等理念的指导下，大力抓培训，才使得公司有一半以上的员工具有大专及以上学历，50%以上的工人成为专业技术工人，在德国乃至世界同行业中，保持着强大的人才优势和技术优势，产品质量一直保持着领先的地位。

日本具有健全的能力开发系统。员工教育以企业为主体，企业内教育十分发达。20世纪80年代以来，日本进入"没有样板的独立发展时代"，新就业的员工学历普遍提高，价值观也呈现多样化，日本的企业内教育也由单纯的学校教育的延伸或补充，偏重于知识传授和技能训练，向全面塑造"现代企业人"的方向转化。日本新型的教育体系包括以下三部分：

1）系统教育，包括就业前教育、新员工教育、新员工集体住宿研修、普通员工研修、骨干员工研修以及指导层的新任职、普通职和高级职的研修等。

2）现场教育，即可通过以老带新的指导员制度、自我申报制度（一种旨在让工作适应员工，充分开发员工的潜能的制度）、职务轮换制度等培养员工的实际能力。

3）自我开发资助，即鼓励员工参加函授教育和外部研修班。

这种教育体系适应当代日本经济发展的特点，因此取得了很好的效果。

松下公司以自称是"造就人才的公司"著称于世，该公司设置的教育训练中心下属8个研修所和一个高等职业学校，专门负责该公司各级员工的培养。同时还通过自我申报、社内招聘、社内留学、海外留学等制度造就人才，从而使松下公司在创造好产品的同时也不断造就着一批又一批优秀的人才，反过来，优秀的人才又不断地创造出更好的产品。

日本三洋电机公司把员工培养看作与公司生死攸关的事，公司不仅有先进的教育设施和体系，而且每次培训开班，公司创始人井植熏都要与员工进行交谈，直接传授做人与做事之道，可见他们对员工培养的重视。

美国通用电气公司把培训员工作为公司的重要使命，总公司的培训中心每年耗资1500万美元，年培训员工可达5000人，而且每年还要组织5000人到国外接受各种培训。该公司对每年新录用的2000名大学毕业生，规定必须经过2~3个月的工作和学习，才能转为正式员工；对于别的公司跳槽转入的员工，同样也毫无例外地必须接受相应的专业培训；对于高级主管人员的培训，最长可达4个月。这是美国通用电气公司保持长盛不衰的重要原因。

我国近些年崛起的名牌企业，也开始由靠抓技术、拓市场取胜，向重视员工素质培养、创造企业长期优势的战略转变，并且很多企业从中受益巨大。

长虹电子集团有限公司（以下简称"长虹公司"）领导者认为，培养一支具有较好精神素质、技术素质、管理素质和现代管理观念的一流员工队伍，是企业长盛不衰的基本条件。高质量的产品是由高素质的员工制造出来的，产品1%的质量问题对用户来说就是100%的问题。因此，长虹公司兴建的培训中心，配备现代化的教学设备，对员工进行有计划的培训。多年来长虹公司举办了各种培训班达数百期，培训人次数万人。公司还采取"走出去、请进来"的方式，与日本、德国等国家的大公司及学校建立合作关系，对本公司技术、管理人员定期进行知识更新培训。同时，公司还非常重视员工的道德培训，通过军训、岗前培训和班前培训等形式，让员工了解公司的文化，提高责任感、成就感、纪律性和奉献精神。多年来的实践证明，长虹公司的产品畅销国内外，已经成为我国家电的名牌，这是长虹公司"既创一流产品，也创一流人才"的战略得以顺利实施的结果。

海尔集团的迅速扩张，也得益于它的人才优势。海尔集团在"人人是人才"的思想指导下，除了重视一般员工培训外，还重视通过有效管理、大胆启用和有效激励等机制，促使员工岗位成才。他们把传统的"相马"机制变为"赛马"机制，创造了一个"公开、公平、公正"的干部竞争上岗机制，为管理人员和技术人员设立了海尔金、银、铜奖章，为工人设置海尔希望奖、合理化建议奖等，同时实行了"优秀工、合格工、适用工"三工并存的动态转换制度，大大推动了员工学技术、练本领的积极性。海尔集团非常重视对青年科技人才的培养，不断给他们"输血"，如在国内和国外进行培训，提高他们的科研水平。拥有一批发明技术的员工和大批掌握现代技术的高素质的员工队伍，已成为海尔集团名牌成功运作的一大法宝。

第二节 企业楷模与企业文化建设

一、企业楷模是企业先进文化的体现者

（一）企业楷模的个性特征和作用

企业楷模也称企业英雄，是指在企业生产经营活动中涌现出来的一批具有较高思想水平、业务技术能力和优秀业绩的劳动模范、先进骨干分子和英雄人物。他们是集中体现企业主流文化、被企业推崇、被广大员工一致效仿的特殊员工。这些人在企业正常的生产经营活动中总是走在前面，是企业先进文化的体现者，是企业文化建设不可多得的主力军。

企业楷模是企业价值观的化身，他们的观念、品格、气质与行为特征都是特定价值观的具体体现。正像特雷斯·E.迪尔和阿伦·A.肯尼迪所说："如果价值是文化的灵魂，那么英雄就是这些价值的化身和组织结构力量的集中体现。在强文化中，英雄是中流砥柱……英雄是一个巨大的火车头、一位魔术师，是每个遇到困难的人都想依靠的对象，他们有着不可动摇的个性和作风，他们所做的事情是人人想做而不敢做的。英雄们是一种象征，他们的行为超乎寻常，但离我们并不遥远。他们常常是戏剧性地向人们显示，成功是在人们力所能及的范围之内的。"企业楷模之所以受人尊敬和崇拜，关键在于他们是企业先进文化的代表，他们做了别人能做而没有勇气做的事情。

企业楷模对企业文化的形成和强化起着决定性的作用。企业楷模是振奋人心、鼓舞士气的导师，是人人仰慕的对象，他们的一言一行、一举一动都体现了企业的价值观念。他们在企业中也许不担任任何管理职务，也许算不上高技术人才，但他们德高望重，备受人们敬

重。在他们身上能够体现出企业追求的真谛，他们处于企业文化的中心位置，对企业文化的形成和强化起着关键的作用。楷模们是人们心目中崇敬的偶像和有形的精神支柱。如果没有他们，企业文化就会由于缺乏凝聚力而涣散或支离破碎。

企业楷模在企业文化形成中的具体作用如下：

（1）榜样作用　企业楷模具有时代特点，体现现实文化的主导精神。他们能以其优秀的品德、模范的言行、生动感人的现实文化形象感染群众。他们的为人、功绩是群众直接可以看到的，容易使群众产生感情共鸣，因而群众乐意去效仿。

（2）聚合作用　企业楷模产生于群众之中，他们的理想、信念、追求具有广泛的群众基础，易于为群众所认同和敬佩。他们的独特魅力，也吸引着周围的员工，使整个组织同心同德，形成整体力量。

（3）舆论导向作用　在一个良好的组织文化环境中，企业楷模的公正主张和远见卓识能够控制舆论导向，能够起到引导员工言行、强化企业价值观的作用。

（4）调和作用　企业楷模以自身在企业中的地位和优势，在解决企业内部各类矛盾、冲突时起着调和作用。例如，以公正的态度提出调停条件，判定是非，充分诠释企业处理冲突的立场、原则和手段，化解冲突。企业楷模的调节往往能够起到企业行政手段和规章制度等所起不到的作用。

（5）创新作用　企业楷模执着于把自己的设想变成现实，其观念、言行常常突破惯例。特雷斯·E. 迪尔和阿伦·A. 肯尼迪也曾说，"企业楷模就像古典文学作品中的英雄，每个英雄都有一条龙在等着他去搏斗，或是有些障碍需要他们去克服"。因此，企业楷模本身的创新之举，往往代表着积极的企业文化因子。他们通过自身的榜样作用把先进的文化因子传递给组织的其他成员，点燃大家的创新激情，带动整个企业文化的创新。

（二）企业楷模的类型

从不同角度看，企业楷模的类型有以下划分方法：

1. 从企业楷模的来源看，分为"群众楷模"和"领导楷模"

这样划分的原因是有的企业楷模来源于生产经营第一线的普通群众，有的企业楷模来源于企业管理层乃至企业最高领导层。生产经营第一线的楷模身居群众之中，有广泛的群众基础，容易使人产生认同感和亲近感。管理层和领导层的楷模集权力因素和非权力因素于一身，能够形成超越权力的人格感召力。

2. 从企业楷模的形成特点看，分为"共生楷模"和"情势楷模"

这种划分方法源于特雷斯·E. 迪尔和阿伦·A. 肯尼迪的《企业文化——现代企业的精神支柱》一书。在该书中，他们把企业楷模称为企业英雄。企业英雄分为"共生型"和"塑造型"两类。前者是与企业共同产生的，往往由企业创立者充当这一角色。这种楷模对企业的创立与发展做出过巨大贡献，他们的事迹往往被"神化"了，因而在企业员工心目中始终保持着完美的形象和持久的影响力，例如松下幸之助、爱迪生等皆属于具有传奇和神秘色彩的"共生楷模"。情势楷模是在企业发展的关键而难忘的时刻"塑造"出来的，与"共生楷模"相比，他们的事迹更现实、更具有可效仿性。

3. 从企业楷模的事迹及特征看，分为"单项楷模"和"全能楷模"

"单项楷模"的事迹及品行特征集中表现在某一方面；"全能楷模"则是在很多方面都有突出的业绩，表现出比较全面的优秀品质。也可以说，"单项楷模"从某一方面体现了企业的价值观，"全能楷模"比较全面地体现了企业的价值观。企业楷模如果能成为全面发展的文化楷模固然很好，有利于员工对企业文化的全面认识，但是，人的成长、发展受到众多因素的影响和制约，成为超群、杰出的楷模者甚少，有的仅仅存在于企业的历史人物中甚至是虚构出来的，有的企业甚至没有这样的人物。因此，企业成员只要具有某一方面或几方面独特的优势，在某些方面体现企业所倡导的价值观，就应成为单项楷模。况且，这类"单项楷模"个性突出、形象鲜明，更容易为群体成员所学习和效仿。

4. 从企业楷模形成的时期看，分为"历史楷模"和"现实楷模"

如大庆油田的王进喜即为历史楷模，王启民即为现实楷模。"历史楷模"往往是企业文化传统的创立者，他们的品格、行为、作风、形象往往被传为佳话，为企业后来者所仰慕、尊崇。他们所创造的企业文化传统具有比较鲜明的特色，能够作为企业优秀的文化遗产世代延续下去。"现实楷模"是既能继承企业优秀文化传统，又能在现实中创造新的业绩，体现和传播新的价值观念的企业楷模。历史楷模和现实楷模尽管形成的时期不同，但都能对企业文化的发展起到巨大的推动作用。

（三）企业楷模与企业家

在一个企业中，企业楷模与企业家的角色有时集中表现在一个人身上，有时表现在不同人身上。表现在一个人身上时，固然有权力影响力和情感影响力合一的效应，但两种角色较难统一。多数情况下，这两种角色是由不同的人担当的，他们以各自不同的行为方式和风格，在文化塑造中发挥作用。一般情况下，企业家目光远大，其重要的行为特征在于能当机立断；企业楷模则直觉性很强，往往能立即辨认出某种做法合不合理。企业家时常需要处理大量文件和数据，忙于日常事务；企业楷模则总是以自己的思考方式去尝试他们认为能体现价值的事务，很少受别人的影响。企业固然需要企业家来保证一切按时正常运转，但也需要企业楷模良好的作风和精神状态在企业中起引导作用。通常企业员工希望在某个人身上找到自己心目中的期望，因此企业楷模会成为一批员工心目中的目标。只有懂得这种企业文化妙用的主管和领导人，才能很好地利用员工这种心理去塑造企业楷模，促进企业文化的发展。

二、积极造就企业楷模

事实上，企业的"共生楷模"如凤毛麟角，并不多见，而现代企业又比以往任何时候都更需要英雄楷模。人们不能坐等时机，如果英雄楷模不能随企业一起诞生的话，就必须因势利导来造就楷模。文化气氛比较浓厚的企业对于认识和创造那些"情势楷模"特别在行。企业的高级主管们知道，楷模之所以能成为楷模，是因为他们体现出了该企业的文化成功。企业中必定有众多的候选楷模，如何去发现和培养他们是关键。有一些人在企业里表现得很特别，他们性情"古怪"、行为"出格"、见解独特，常常不为众多的人所理解。注重企业文化的企业一般都十分看重这些人，认为他们的独特个性符合企业的价值观，因而尊重他们的个性，挖掘他们的创意，通常把他们放在具有创造性的工作岗位上，或委派他们负责研究创新产品和业务开发。例如，在美国一家公司有位年轻的发明家，不喜欢在人声嘈杂的大办公室里工作，有时独自带着用具到无人的小房间中工作，有时却在工作时间外出思考问题，到了晚上他又和伙伴们悄悄进入厂里"偷"零件。这些行为会令一般人嗤之以鼻，但他所在的公司是容纳"出格人物""反常举动"，并从中物色对象、培育楷模的强文化公司，公司主管尽力满足他的各种"不正常"的要求。结果在公司四年之后所出的新产品中，有一半以上是他研制出来的，尽管他被某些人视为古怪人物，但却是这家公司培育、造就出来的"情势楷模"。

企业楷模是在企业实践中逐步成长起来的，但最后真正成为楷模又需要企业的外在培育，是典型人物良好的素质所形成的内在条件与企业"天时、地利、人和"的客观环境形成的催化力共同作用的结果。企业在造就楷模时主要做三个方面的工作，即善于发现楷模"原型"、注意培养楷模和着力塑造楷模。

（一）善于发现楷模"原型"

楷模在成长的初期往往没有惊人的事迹，但是他的价值取向和主流信仰往往是进步的，是与企业所倡导的价值观保持一致的。企业的领导者应善于深入群众，善于透过人们的言行了解群体成员的心理状态，以及时发现具有楷模特征的"原型"。发现楷模"原型"十分重要。"有高山即有深谷"，即对楷模"原型"不要求全，但要善于发现"亮点"。

（二）注意培养楷模

培养楷模就是为所发现的楷模"原型"的顺利成长创造必要的条件。即增长其知识，开阔其视野，扩展其活动领域，为其提供更多的文化活动的参与机会，使其增强对企业环境的适应性，更深刻地了解企业文化的价值体系。培养企业楷模切忌脱离群众，应该使企业楷模具有广泛的群众基础。

（三）着力塑造楷模

通过对楷模"原型"的言行给予必要的指导，使他们在经营管理活动或文化活动中担任一定的实际角色或象征角色，使其得到锻炼。当楷模基本定型，为部分员工群众所拥护以后，企业应该认真总结他们的经验，积极开展传播活动，提高其知名度和感染力，最终使之为企业绝大多数员工所认同，发挥其应有的楷模作用。需要指出的是，在对楷模进行宣传的过程中绝不能"拔高"。楷模应是脚踏实地的人物，在其发挥作用的过程中企业应给予关心和爱护，使其能够健康成长。

培育、造就企业楷模的过程也是不断增强员工信心、鼓励员工成长，超越自我、创造非凡的过程。例如，玛丽·凯化妆品公司的创始人玛丽·凯训练推销员时要求，不要简单模仿她，而要相信自己就是玛丽·凯。为了鼓励他们，使他们具有与她一样的自信心和勇气，她用钻石野蜂针作为奖品奖励他们，并且解释说，按照空气动力学原理，野蜂弱小的翅膀是不可能使其笨重的躯体在空气中自由飞行的，然而野蜂并不知道这些，仍在四处飞翔。这里的含义很清楚：任何人都能成为楷模，只要他们有信心并且能坚持做下去。

企业楷模是强文化企业中强文化的化身，强文化企业一方面重视企业楷模的培育，鼓励人人成为楷模，并且不断造就楷模群体；另一方面又重视充分发挥楷模的作用。如果一般企业能像强文化企业那样，就会在员工中最终造就、培育出各方面的楷模来，企业文化也就会跃上一个新的台阶。

第三节　企业家与企业文化建设

一、企业家是企业文化的倡导者和培育者

在市场经济社会里，企业家不但是市场舞台上的主角、企业的掌舵人，而且在建设企业

文化中具有突出的地位与作用。要建设强有力的企业文化，企业家是首选的因素。

如果说企业文化是一首动听的乐曲，那么唯一可以给这首曲子定调的就是企业的领导者。领导者的价值观就是企业文化建设的灵魂，从企业文化的设计到企业文化的建设，无不受其左右、听其指挥。

（一）企业家的市场角色定位和特征

企业家在现代社会经济发展中具有重要的地位和作用。纵观世界发展史，凡是经济发达的国家，都有企业家辈出并作为经济发展的主角活跃于市场舞台。日本经济的腾飞，一个重要的原因就是在当时快速地形成了一个庞大的企业家群体，产生了像土光敏夫、松下幸之助、涩泽荣一等一批"经营之神"。翻开美国的经济发展史，从亨利·福特、洛克菲勒，到斯隆、亚科卡、韦尔奇、比尔·盖茨等，企业家在其中所起的巨大推动作用更是不容忽视。

现代企业经营管理需要企业家。因为现代企业面对着竞争激烈的市场和复杂的社会政治、经济环境，需要处理同合作伙伴、顾客、竞争对手、金融机构以及其他社会公众复杂的经济、社会关系，也需要处理同政府机关和职能管理部门，同股东、员工的关系。它的内部分工细密，工作协作复杂，生产经营过程中也需要处理人与人、人与机器之间的关系。如果没有一个能执掌全局、具有远见卓识和高超组织指挥才能的企业家，就不能对企业进行创造性经营和科学的管理，企业很难正常运营和发展。

一般地讲，企业家通常是指企业的董事长、厂长、经理或 CEO（首席执行官），他们是企业的核心领导人，是企业的法人代表。但从本质上看，企业家是指具有创新精神和冒险精神的经营者、组织者。尽管企业家是企业的主要领导人，但并不是每一个企业领导人都能称得上企业家。俗话说"千军易得，一将难求"。所以领导者易找，企业家难觅。企业家应具有的特征有以下几点：

1）企业家作为完成实业的优秀人才，作为市场经济的主角，并非天生的，而是在市场经济的竞技场上，遵循和服从优胜劣汰的市场规则，靠开拓经营事业锻炼出来的。

2）企业家拥有现代科学技术和经营管理的知识和才能，他们不是投机商，而是经营管理的专家，是冒险精神和创新精神的积极体现者。

3）企业家的行为自觉接受一定的商业文化的引导和制约。这种商业文化包括一套适应市场经济发展的价值观及行为准则。例如，企业家以增加利润为荣，但不谋求暴利，不见利忘义，而是诚实经营，以义取利，讲究商业信用，敢于承担巨大的经营风险，但又不盲目从事相关工作；以办企业为一生的追求等。

4）企业家能够通过自主经营企业，通过自身的经营活动，开辟市场、满足社会需求、引导消费潮流；执行国家的法规政策，承担社会责任和义务，关心和支持社会文化事业和公益事业，加强精神文明建设，推动社会进步；培养有理想、有道德、有文化、有纪律的员工队伍，塑造先进的企业文化。

（二）企业家的文化角色定位

我国著名企业家张瑞敏曾在"99《财富》全球论坛"开幕前夕对媒体记者谈到个人在海尔集团中充当的角色，他认为："第一是设计师，在企业发展中如何使组织结构适应企业发展；第二是牧师，不断地布道，使员工接受企业文化，把员工自身价值的体现和企业目标的实现结合起来。""牧师"实际上就是指企业家在企业中的文化角色定位，他在企业文化建设中的作用，主要是通过扮演好这一角色体现出来的。

如前所述，企业员工是企业文化建设的基本力量，企业楷模是企业先进文化的体现者和代表人物。而企业家作为企业精神的人格化代表，在企业文化建设中的重要地位也显而易见。建设优秀的企业文化，离不开企业家这一主体和核心力量。

具体来说，企业家的文化角色定位是：

1. 企业家是企业文化的积极倡导者

企业文化是靠企业家倡导的，企业家引导着企业文化发展的方向。任何一家企业，如果没有具有超前文化意识的企业家，就不会有先进企业文化的产生，没有哪一家企业拥有的优秀文化不是经过企业家倡导和培育的。企业家的领导风格和领导艺术对企业文化建设具有极其重大的作用。海尔集团由一个亏空的小厂变成国际化大型企业集团，与张瑞敏积极倡导企业文化、率先建立企业文化中心、强化企业文化的功能密不可分。张瑞敏是"敬业报国，追求卓越"的海尔精神，是"迅速反应，马上行动"的海尔作风的积极倡导者。他常说："要么不干，要干就争第一。好比一颗拳坛新星的起步，他的目标必须首先就指向世界冠军，甚至要超越世界冠军。否则他不仅永远无法问鼎世界第一，而且一不留神还会被任何一个平庸的选手击倒在地。"在张瑞敏倡导的文化和精神的引导下，海尔集团确定了自己的发展战略，创立了适合自己发展的OEC（Overall Every Control and Clean，管理界称为"海尔之剑"）管理方法，严格控制产品质量，积极开拓市场，热情服务顾客。他们亮出自己的品牌，许下"真诚到永远"的庄严承诺，把企业文化活动融入整个经营活动之中，并成功地运用企业文化激活了若干"休克鱼"，使海尔集团成为一支巨大的"联合舰队"，显示了企业文化的真正威力。

2. 企业家是企业文化的精心培育者

企业家好比园丁，只有精心培育、勤劳耕作，才能使企业文化之花在企业的沃土上盛开。企业家在培育企业文化的时候，一般均充当着"医生"的角色，从问题入手，因地制宜地推进企业文化建设。例如，曾任衡水电机股份有限公司董事长兼总经理的吕吉泽，发现了自己企业的问题和不足，除"对症下药"，在狠抓基础工作、理顺内部机制、推动产品开发、不断增强市场竞争力之外，还着力推进企业文化建设。在他上任后不久，企业效益逐年递增，员工收入迅速提高，当时企业内出现了"小富即安"的思想苗头和文化倾向，部分干部员工的工作积极性滑坡。吕吉泽很快发现这是影响企业长远发展的严重问题，于是他一方面扩大定额覆盖率，采用物质激励与精神激励相结合的方法调动员工的积极性；另一方面借鉴国外先进文化管理思想，提高全员的需求层次，最后收到了较好的效果，使企业突破了狭隘眼界。后来他又专门聘请有关专家帮助企业制定了以人为中心、以和谐管理为基础的企业文化战略，把企业带入了文化管理的新境界。

3. 企业家是企业文化建设方案的设计者

企业文化建设是一个系统工程，涉及了很多内容，如制定企业文化战略，确定企业文化建设的目标；组织员工、专家对企业文化进行科学定格；通过组织有效的文化传播及设计实施各种文化活动、礼仪，提高员工对企业文化的认同度，营造良好的文化氛围；通过对机构和制度的文化整合与改造，优秀文化渗透其中，强化文化的实践，促进文化的发展等。在这一系列工作中，企业家是灵魂人物，在萌发构思、提炼升华、形成方案的过程中起着企业文化建设总设计师的作用。在企业文化建设取得成功经验的企业中，企业文化建设一定有组织保证和规划保证，而企业家多是企业文化建设领导小组（或委员会）的领头人和企业文化建设规划制定的负责人。

4. 企业家是优秀企业文化的身体力行者

有了良好的企业文化的设计与构思，并不等于企业文化建设成功了，企业文化在实施中还会遇到很多困难。员工不仅听企业家怎么说，而且看企业家怎么做。尤其是当企业力推某种新文化或企业主流文化过弱的时候，更需要企业家在积极倡导、培育企业文化的同时，率先垂范，身体力行，用自己正确的言行、良好的工作作风和崭新的精神面貌影响企业员工的思想和行为，担负起引导企业文化方向的重任。只有企业家带头，才能带出生机勃勃的、具有鲜明个性的企业文化。

5. 企业家是企业文化转换和更新的推动者

生产力在社会发展中是最活跃的因素，企业是现代生产力的集结点。企业家作为生产力的直接组织者，在应用先进科学技术进行创新性经营的过程中，会成为新的价值观念、思维方式和行为方式的实践者和创造者。由于企业家在市场中的角色和在经营中的地位，容易发现企业现有文化存在的弊端，发现企业现有文化的冲突，因此，他们就成为挑战旧文化、推进新文化、转换企业文化形态的关键人物。正是企业家的这种角色功能，推动着企业文化不断更新和进步，促使人们更加重视市场，重视价值规律，重视物质利益，从而带动整个企业思想的活跃，形成创新、进取的精神风貌。图9-1所示为企业家文化角色图，体现了企业家在企业文化建设中承担的角色。

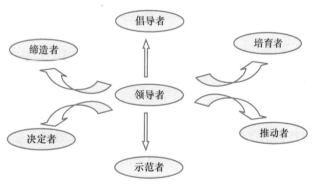

图 9-1 企业家文化角色

二、企业家精神与企业文化

（一）发扬企业家精神的重要性

任何一个国家、一个民族、一家企业都有自己的精神。同样，一个处于市场经济主角地位的企业家阶层也有自己的精神。一般认为，企业家精神是建立在企业家阶层对市场经济本质的把握和对企业特征、价值的理解和认识的基础上的，反映了企业家在整个经营活动中的价值观念、工作准则和其对事业的追求。企业家精神是市场经济社会商业文化的主调，是珍贵的文化资源。实现现代化的两大车轮（管理和技术）都需要企业家去推动，企业制度的创新、国际市场的开辟也都寄希望于企业家。所以，不断提高企业家的素质、在全社会弘扬企业家精神，具有重要的现实意义和深远的历史意义。

从微观层面上说，企业家精神对企业主流文化的形成有直接影响。熊彼特认为，企业家精神表现在不墨守成规、不死循经济循环轨道，常常是创造性地变更其轨道。彼得·德鲁克认为是"在寻找变化，对变化做出反应；并把变化作为一个可供开发利用的机会"。企业家精神中这种创新、进取、敢冒风险的文化取向对企业文化的形成、发展或重塑起到导航作用，构成了现代企业文化的核心内容。企业家精神的体现者——企业家，在经营实践中通过自己的权力和感召力把他所提倡的这种观念传递给组织成员，通过自身的"英雄"形象和强者形象感染员工，使员工产生对创新、进取与冒险精神的认同心理，从而提升企业文化层次，为企业文化注入活力。当然，企业家精神不是企业文化的全部。企业家精神体现为企业家阶层的文化特征，主要体现在经营创新和事业开拓方面的指导思想和哲学；企业文化作为一个整体的组织文化，是一个企业从事经营管理、处理内外各种关系等所表现出来的价值观、行为准则，从文化外延上看，企业文化要比企业家精神的范围大一些，因此，发扬企业家精神不能代替企业文化建设。

（二）企业家精神与企业家的职业精神状态表现

企业家精神是从企业家特有的职业精神状态中表现出来的，这种精神状态对企业文化风格的形成有直接影响。

1）企业家深深地懂得如何在工作中找到乐趣，总是对企业的成就激情满怀、自豪无比。虽然企业家经常面对失败、困境、压力与挑战，但他们对成就、成功的体验也很深刻。他们寓事业心于成就感之中，对事业的成就、企业业绩的追求、偏爱、向往，犹如政治家热衷于政绩，将军向往和醉心于辉煌的战例与战绩，科学家追求真理、热爱发明一样，有时甚至有过之而无不及。

2）企业家有冷静的头脑、豁达的心胸、开阔的思路。当他们判定和审议投资机会、投资方向、投资项目时，可能理智得像台机器人，当他们一旦瞄准了机会，下定了决心，又会充满激情，忘我地投入，勇敢地前行。企业家既善于沉思，又善于行动；既固执己见，又灵活变通；既有纵深思考，又思路开阔。他们大度豁达，一般不会斤斤计较。

3）企业家长于跳跃式的、不连续的思维，经常提出出人意料的思路和见解。他们长于摆脱日常问题与活动，长于通过博览群书和丰富的想象来增强思想底蕴、增长智慧，并能把注意力集中在那些战略问题上。

4）企业家善于缓和紧张气氛、松弛思想，并赢得下属的好感、亲近。这种幽默感常常感染大家，把那种轻松、愉快、健康、向上的精神状态传递给员工，从而使整个企业的精神状态呈现出健康向上的局面。

5）多数企业家既富有人文科学工作者的想象力，又具备自然科学工作者的周密与严谨作风。他们的思维具有高度的逻辑条理性，其创新方案一般具备可转换性、可操作性。

（三）企业家精神的具体内涵

企业家精神既是企业家个人素质、信仰和行为的反映，又是企业家对本企业生存、发展及未来命运所抱有的理想和信念。

1. 独具慧眼的创新精神

创新是一种理论以及在这种理论指导下的实践，是一种思想以及在这种思想指导下的企业行为，也是一种原则和方法以及在这种原则和方法指导下的具体活动。它是运用创造性思维方法，对事物发展的新途径、新方法、新技术、新手段的探索，也就是对旧事物的否定和对新事物的探索。企业家精神最明显的特征就是包含这种独具慧眼的创新精神，这种精神主要表现在企业家对市场的敏锐观察和大胆突破、对技术和产品的开发、对企业制度和组织的改造等方面。企业家的创新精神是企业活力的源泉，也是企业谋求改变现状和实现快速发展的原动力。

2. 敢担风险的开拓精神

开拓精神是企业家的内在品质。在科学技术迅猛发展、社会生产力迅速提高、市场竞争愈演愈烈的社会中，企业经营管理每时每刻都充满着各种风险，如投资风险、市场风险、技术开发风险、财务风险、人事风险等，企业家正是靠开拓精神的驱动，才敢于面对各种风险，承担风险，善于在风险中寻找机会，抓住机遇，开拓前进。

3. 敢于拼搏的进取精神

企业家是永不满足于现状的，总是以高昂的士气积极进取，具有向更高目标挑战的雄心壮志，这是所有成功企业家的共同特质。企业家若缺乏或失去了这种精神，则必然安于现状，畏首畏尾，在困难面前不敢拼搏，因而就不能使企业在市场上立足，更谈不上取得竞争优势，久而久之，必然危及企业的生存。对于在市场大潮中前行的我国企业家而言，敢于拼搏的进取精神是最为可贵的精神之一。

4. 科学理性的实效精神

企业家在组织生产经营过程中，往往表现出强烈的实效精神，讲究科学与理性，实事求是，遵循经济规律，脚踏实地抓好经营管理，追求效益的最佳化和效率的最高化。如果一个企业家缺乏实效精神，只追求轰动效应，光讲投入不计产出，违背规律，必然遭到市场的惩罚，企业家也就失去了其应有的理性特质。

5. 尊重人才的宽容精神

企业家在管理过程中具有强烈的人本观念，尊重人、相信人、依靠人，以宽容的精神待人。即能以真诚、友善的态度对待员工、对待顾客、对待合作者、对待社会公众。宽容精神还表现在对下属工作失误的宽容，以及对员工个性及缺点的宽容等。企业家的宽容精神是企业汇聚良才、产生内聚力和吸引力、实现事业创新的重要因素，也是企业赢得社会信赖不断走向成功的重要条件。

6. 面向世界的竞争精神

企业家在经营中敢于竞争，超越他人。在经济全球化的环境里，企业资源配置已经冲破国别界限，转向区域化和全球市场，国际性市场竞争愈演愈烈。优秀的企业家能以特有的目光面向世界，积极投身于国际竞争舞台，扬长避短，发挥优势，在国际市场上争得一席之地。在我国加入世界贸易组织后，企业的市场半径迅速延伸，尤为需要企业家拥有面向世界的竞争精神。

7. 热爱祖国的奉献精神

企业家不仅对振兴民族经济和促进企业发展负有重大责任，而且对社会全面进步和人的全面发展负有社会责任；企业家不仅要热爱企业，而且要具有强烈的爱国情结并把它转化成一种奉献精神，把自己的知识、智慧奉献给祖国。在社会主义市场经济条件下，企业家的这种奉献精神，可以引导企业通过合法、诚实的经营获取正当的经济利益，正确处理好国家、集体和个人三者之间的关系，注重环境保护，热心公益事业，敢于承担社会责任，促进社会文化进步。奉献精神是社会主义精神文明的本质要求，也是企业家精神的最高境界。

三、建设高素质的企业家队伍

企业家作为时代的精英，是不发达经济环境中最稀有的资源之一；企业家作为企业的掌舵人和文化的领航员，也是发育不成熟的企业最宝贵的资源之一。我国要打造具有全球竞争力的企业，就必须在全社会培养一种企业家精神，打造一支宏大的职业企业家队伍。

（一）企业家的职业素质和能力

企业家素质是指企业家应有的品质、特征、知识素养以及在创新活动中表现出来的作风和综合能力。企业家是一种需要一定天赋又需要一定专业修养的、具有高度创造力的职业。对一个优秀的企业家来说，他需要具有哲学家的思维、经济学家的头脑、政治家的气魄、外交家的纵横、军事家的果敢、战略家的眼光。企业家是一种不可多得的商业人才，从事这一职业的人需要具备很高的素质和能力。

美国项目管理协会曾经调查了4000名职业经理人，从中选出成功的1800名职业经理人，总结出了他们的良好素养与能力。这些素养和能力主要表现在以下四个方面：①特征方面，工作效率高，有进取心；②才能方面，逻辑思维能力强，创造性强，判断力强；③人际关系方面，有较强的自信心，能指导他人工作，以身作则，善于使用个人权力，组织动员力强，善于交际，善于建立密切的人际关系，乐观，乐于和大家一起做事；④成熟个性方面，有自制力，主动果敢，能客观处理问题，能进行正确的自我批评，工作有灵活性。

日本对成功的企业家总结出十个方面的素质与精神特征：①使命感——完成任务要有百折不挠的坚强信念；②信赖感——同事、上下级都要相互信赖，相互支持；③诚实——在上下左右关系中都要以诚相待；④忍耐——不随意在群众面前发脾气；⑤热情——对工作热情，对下级体贴；⑥责任感——对工作高度负责；⑦积极性——工作主动，有主人翁态度；⑧进取心——事业上进，不满足于现状；⑨公平——对人、对事秉公处理，不徇私情；⑩勇气——有向困难挑战的勇气。

综上所述，企业家在以下几个方面应具备的基本素质和能力包括：

1. 基本职业追求

基本职业追求即企业家用积极的行动来争取成为企业经营管理专家的志向和抱负。一个真正的企业家的职业追求应该是：追求实业，希望在企业界大显身手，把整个身心同企业联系在一起，不为各种荣誉所动心，不为各种仕途所吸引，把走实业道路作为一生最高尚的追求。回顾世界各国企业家的成长道路，但凡成功者都有这种抱负和秉性。有了这种抱负和秉性，才能有坚强的事业心和责任感，才能不怕困难和挫折，激流勇进，勇往直前。如果一个人只把办企业当成一个台阶，一有机会就另走他途，或者从内心不喜欢这一职业，他就不会有明确的目标，也不会有强烈的责任感，这样的"企业家"尽管其本身的其他条件很好，也只能是徒有虚名。

2. 基本职业修养

基本职业修养即企业家胜任自身的职业所必需的政治思想水平、知识水平及由此决定的品质特征等。这是企业家素质的重要基础，没有良好的职业修养就像一幢大楼没有根基。我国企业家的职业修养应包括：

（1）政治坚定　具有强烈的政治责任感和社会责任感，自觉遵纪守法；具有全心全意为人民服务的思想，热爱本职工作，廉洁自律，乐于奉献。

（2）品德高尚　即诚实、正直，襟怀坦荡，作风正派，大公无私；言行一致，以身作则，团结和依靠群众，谦虚谨慎，有自我批评精神。

（3）才博识广 善于博览群书，取百家之长，避诸士之短，做聪颖明智之人；在知识结构上愿做"杂家"，熟练掌握经济学、市场学、管理学、哲学、思维学、创造学、政治学、社会学、心理学及法律、金融、财会等方面的知识，做到博学多识，善于提出新的观点。

（4）眼光敏锐 面对世界新技术革命的挑战和市场竞争的考验，学会一手拿着"望远镜"预见未来，以创造性和开放性的思维，高瞻远瞩，把握时机；一手拿着"显微镜"，从纷繁复杂的事物中分辨出主流和支流，以敏锐的眼光和多方位的触角，准确地发现问题，总结经验，修正失败行为。

（5）坚韧不拔 有远大的志向，认准一个目标、做出一项决策、选择一条道路就敢于坚持，有不达目的不罢休的气势，有不怕风险、不怕挫折、不畏阻力、不怕吃苦的品质。

（6）乐于行动 有了一点好的设想、好的规划、好的办法就敢于大胆尝试，付诸实践。鄙视重言轻实、重志轻功、只说不做的作风。

（7）身心健康 做到精力充沛，心理健康，能胜任繁重的脑力和体力劳动；具有高度的自制力，可以承受来自各个方面的压力，不会遇到一点困难就畏缩不前，不因一时得利而沾沾自喜，也不因一时失利而张皇失措，既给人以认真、亲切、可信赖的感觉，又给人以沉着老练、自信、有毅力的印象。

3. 基本职业意识

基本职业意识即企业家从事事业开拓和经营管理职业所应具备的基本观念或指导思想。企业家的职业意识除了企业家精神中所蕴含的创新、冒险和竞争意识外，具体还应包括以下几个方面：

1）发展意识，即不是仅仅追求一次性的眼前利益，而是具有强烈的谋求发展、扩张意识，立足长远，追求战略利益。

2）客户意识，即坚持客户第一的理念，把为客户提供优质产品和服务作为经营的最根本指导思想。

3）负债经营意识，即敢于冒负债风险，勇于承担压力，追求多投入多产出。

4）盈利意识，即在依法经营的前提下，追求利润最大化。

5）信誉意识，即把信用作为自身道德的底线，视信誉为自身的最佳资产。

4. 基本职业能力

基本职业能力即企业家能够胜任复杂的经营管理工作的特殊本领。由于企业家从事的是一种比较特殊的社会实践活动，除了需要具备一般的如记忆、观察、想象、抽象概括和表达等能力外，还需要具备一些特殊的技能和本领。具体表现为：

1）预见能力，即作为一个出色的战略家，能洞察内外环境变化，着眼未来、审时度势、善于决策。

2）开拓能力，即在强烈的创新意识的推动下，广开思路，善于想象、假设，进而开创新局面，寻找制胜途径。

3）决断能力，即在明确是非、准确分析判断的基础上，办事勇敢果断，不拖泥带水，不优柔寡断。

4）组织指挥能力，即善于用人，并发现人的一技之长；善于激励人，挖掘每个人的聪明才智；善于沟通、亲和员工，与大家一起做事；善于统御、控制，以自身的权力和威信，把个人意志、决策变成广大员工的行动，以科学的管理实现既定的目标。

5）商业交往能力，即能协调，善表达，能说服人，在频繁的商业交往活动中，具备与不同的人相处并能随机应变的能力，善于建立并发展同社会各界人员的关系，并能给人留下深刻而良好的印象。

6）反省能力，即对自身的所作所为能够反思、反省，及时总结经验教训，不断完善和提高自己。

（二）建立培养高素质职业企业家队伍的有效机制

市场经济是企业家诞生和成长的摇篮。从根本上讲，提高企业家的素质与素养，强化企业家精神，打造职业企业家队伍，依赖于市场经济的充分发展。一个企业领导者若没有经历过市场上的竞争洗礼，就像一个军人没有参加过实战不能成为一个骁勇善战的将军一样，也不可能成为一个出色的企业家。当然，企业家自身的自觉学习、修炼以及实践锻炼是不可缺少的。除此之外，还需要创造以下条件和机制：

1. 加速制度创新，建立清晰、多元化的产权关系和开放式的产权结构

在推进公司制和股份制的改造过程中，厘清资本所有权与经营权的关系，取消企业的行政级别，使企业成为按规范运营的经济体；保证企业家能在遵守法规和市场规则的情况下自主决策、自主经营，保证企业有良好的制度环境，加速产权的流动，推进股权多元化的进程，在理顺企业产权关系时，积极探索管理层的持股问题，强化企业家的战略行为和履行对企业资产保值、增值的责任。

2. 改变企业家的形成与评价机制

现代企业制度建立以后，伴随着企业家市场的不断发育，应尽快实现企业家择业的市场化、流动的市场化、评价的市场化、收入的市场化以及约束的市场化。除少数国有企业外，多数企业领导者的产生不能由国家任命，只能凭自己的能力从竞争者中脱颖而出。企业领导者是否称职，在他不违法违纪的前提下，在企业内部应主要由股东、董事会、监事会来评价，由企业员工来评价；在企业外部主要由市场来评价，由用户来评价，由合作伙伴来评价。

3. 形成有效的企业家激励机制与约束机制

企业家在市场经济条件下是最稀有的"资源"，其收入应体现供求规律。首先要重视对企业家的激励，在保护他们的地位、名誉的同时，其物质利益应与他们所处的地位、贡献和他们所承担的风险相结合，与企业的经济效益相联系。企业发展良好，应承认企业家的贡献，并通过股票、期权等形式在物质利益上给予充分体现；同时要通过科学的治理结构，形成有效的约束机制，约束企业家的行为。企业发展不好，企业家要承担责任，付出代价。当然，从总体来讲，要注意爱护企业家，热忱地支持企业家在改革中探索前进。不能因为出现了由于经验不足而造成一时失误就一损俱损，挫伤他们的积极性。

4. 营造企业家成长的社会氛围

在我国历史上占据漫长时间的封建社会里，由于文化传统，商人阶层十分脆弱，而且没有地位。至今在人们的观念中，"学而优则仕""官本位""轻商"思想仍是根深蒂固的，它影响着中国人的职业选择和企业家自我成就评价标准，这些都不利于企业家的成长。为此，必须摒弃陈旧观念，使企业家这一职业得到全社会的尊重。

5. 加强对企业家的培训

企业家素质的提高离不开专业培训。大专院校和专门的教育机构应积极引进发达国家培训职业经理人的优秀做法和经验，探索培训规律，创造行之有效的培训模式，力争在较短的时间内使我国的企业家尽快熟悉和掌握市场运行的规则、新的法律法规及现代经营管理的知识，掌握国际贸易知识、惯例等，为他们驾驭企业、参与国际竞争奠定良好的基础。

6. 大力倡导和发扬企业家精神

企业家精神是企业家基本素质的升华，是企业家群体赖以生存的价值取向和精神支柱。只有大力倡导这种精神，才能使企业家产生巨大的内驱力，从而自我激励、自我约束、自我完善、自我发展。同时，把这种精神传递给企业，有利于形成积极进取的企业文化；把这种精神传播到社会，可以促使整个社会价值观念与市场经济伦理的融合，改变社会风气，促进社会文明的进步。

思 考 题

1. 为什么要把提高员工队伍素质作为企业文化建设的中心任务？
2. 简述企业楷模在企业文化形成中的作用。
3. 企业楷模有哪些类型？
4. 如何造就企业楷模？
5. 简述企业家的特征。
6. 企业家的文化角色定位是什么？
7. 企业家的职业精神状态是怎样的？
8. 企业家精神的具体内涵是什么？
9. 企业家的基本职业追求是什么？
10. 企业家的基本职业意识是什么？
11. 简述企业家的基本职业能力。
12. 为什么说企业员工是企业文化建设的基本力量？
13. 为什么要坚持以人为本的企业文化建设主旨？实践的途径是什么？
14. 如何发挥企业员工在企业文化建设中的主体作用？
15. 为什么说企业楷模是企业先进文化的体现者？
16. 为什么说企业家是企业先进文化的倡导者和培育者？
17. 如何打造一支高素质的企业家队伍？

典 案 链 接

微软公司的精神领袖

在经营微软公司的过程中，比尔·盖茨将他自己的个性化运用到了令人难以置信的极致。作为一位精神型领导者，他充分地与其组织以及市场沟通和交流。

微软公司的故事是两个普通人的故事，是计算机革命的缩版。这家企业截至 2021 财年营收达 1680.88 亿美元。

微软公司的产生源于 20 世纪 60 年代末 Lakeside 学校的计算机课程，保罗·艾伦和比尔·

盖茨在那里拥有了一个全新的世界。到了1975年的春天，比尔·盖茨离开了他所就读的哈佛大学，与保罗·艾伦一起开始了他们的计算机软件公司的创办，那时盖茨只有19岁。8年后，由于身患癌症，保罗·艾伦放弃了他在公司的股份，然而，此时的股份比例已经是60%对40%，比尔·盖茨占多数。因为比尔·盖茨在公司的产品——微软BASIC语言的开发和问世的过程中发挥了更为重要的作用，比尔·盖茨所具有的经商天分较早地自我释放了出来。

比尔·盖茨的目光时刻注意着最基层的市场，这是他之所以能够实现其"让每张桌子上都有计算机，让每个家庭都拥有计算机"目标的关键因素之一。而另一个保证微软公司取得全球化成功的关键因素是比尔·盖茨将本人的特质应用到其领导之中的能力，这种将个人特质融入管理中的能力反映在内部和外部两个方面，且通常是同时的。

比尔·盖茨具有的个人特质，使得他备受媒体关注。他已经认识并充分地利用了这一点，并将其公司精神推广到整个市场精神的层面上。比尔·盖茨举行新闻发布会以宣传微软公司的企业精神，并为市场指出了发展方向。他已经在计算机领域和信息领域建立了自己有形的领袖形象。

比尔·盖茨有他独特的经营方式，他既是微软公司的象征，也是微软公司的代言人。1995年，他的书《成功之路》只是个例子，它显示了比尔·盖茨对其追随者的吸引力，以及如何赢得更多人的跟从和更大的成功。

在这本书中，比尔·盖茨用了数页的篇幅十分详尽地描绘了他的住处，它是未来信息技术家庭的一个缩影。在那里，墙面上装有24个大屏幕，其创意是根据观察角度的变化，屏幕上所呈现的图像会不断地变化。通过展示未来家庭技术化的内涵和实质，比尔·盖茨强调了他以及微软公司将永远站在技术发展的最前沿。

比尔·盖茨作为精神型领袖的地位使他能够通过外界的渠道来向其员工传输他的观念和想法，媒体的关注则保证了他所要传递的信息能够传达到任何一个角落，即微软公司的每位员工都知道公司的目标是什么，每位员工都清楚公司的文化是什么。微软公司不是一个等级森严且循规蹈矩的公司，而是个汇集有思想的人的公司，这使得它总能招募到合适的新员工。微软公司的运作在于公司精神的领袖。公司精神引导公司发展的结果是公司的迅速成长造就的惊人的利润增长，而这种迅速成长则在于公司对其核心的永久关注和对更高目标的追求。

（资料来源：《南方风》1999年刊。）

提示点评：

1. 美国著名管理学家杰弗里·科尔文和心理学家、畅销书作者丹尼尔·戈尔曼曾说："企业管理成功的首要素质不是专业知识和业务技能，而是包括情感智慧在内的个人特质及企业家个性。"

2. 20世纪90年代初，久负盛名的美国企业管理专家、麻省理工学院管理学院院长梭罗教授认为：在现代社会的竞争中，技术往往不是决定竞争力高低的唯一因素，甚至不是最重要的因素。微软公司的卓越在于改善生产及经营过程，而不只是研究开发新的产品。

3. 比尔·盖茨在一个全新的行业中运用了最为传统的商业智慧——人的精神魅力，所以他的能力不仅是市场能力、营销能力、把握商机的能力，而是运用企业文化推动企业发展的能力。

思考训练：

1. 比尔·盖茨的个人精神有哪些特点？

2. 比尔·盖茨是怎样运用个人精神影响微软公司的企业文化的？

第十章

企业文化建设的延伸

学习提示

重点掌握：企业文化的形象、理念、行为识别、视觉识别。

掌　　握：企业文化建设的核心及其延伸。

一般了解：企业形象的定义与分类、企业形象与企业形象设计的作用、企业理念识别、企业行为识别、企业视觉识别设计。

企业形象是指大众对企业的总体印象，是企业文化建设的核心。本章对企业形象的概念、企业形象识别的产生与发展、作用，以及构成企业形象识别的理念识别、行为识别和视觉识别的理论与如何设计进行了阐述。

第一节　企业形象概述

一、企业形象的定义与分类

（一）企业形象的定义

从心理学的角度来看，形象就是人们通过视觉、听觉、触觉、味觉等各种感觉器官在大脑中形成的关于某种事物的整体印象，简言之是知觉，即各种感觉的再现。有一点认识非常重要，即形象不是事物本身，而是人们对事物的感知，不同的人对同一事物的感知不会完全相同，因而其正确性受到人的意识和认知过程的影响。由于意识具有主观能动性，因此事物在人们头脑中形成的不同形象会对人的行为产生不同的影响。

企业形象（Corporate Image，CI）是指人们通过企业的各种标志（如产品特点、营销策略、人员风格等）而建立起来的对企业的总体印象，是企业文化建设的核心。企业形象是企业精神文化的一种外在表现形式，它是社会公众与企业接触交往过程中所感受到的总体印象。这种印象是通过人体的感官获得的。企业形象能否真实地反映企业的精神文化，以及能否被社会各界和公众舆论所理解和接受，在很大程度上由企业自身的主观努力决定。

在印象的基础上，加入人们的判断，进而形成具有内在性、倾向性和相对稳定性的公众态度，多数人肯定或否定的态度才能形成公众舆论。公众舆论通过大众传播媒介和其他途径（如人们的交谈、表情等）反复作用于人脑，最后影响人的行为。企业形象有好与坏之分，当企业在社会公众中具有良好的企业形象时，消费者就愿意购买该企业的产品或愿意接受其

提供的服务；反之，消费者将不会购买该企业的产品，也不会接受其提供的服务。企业形象的好与坏不能一概而论，多数人认为某企业很好时，可能另有一些人感到某企业很差，而这种不良的形象将决定他（她）不会接受该企业的产品或服务。任何事物都不能追求十全十美，因此必须把握矛盾的主要方面，从总体上认识和把握企业形象。

（二）企业形象的分类

企业形象的分类方法有很多，根据不同的分类标准，企业形象可以划分为以下几类：

1. 企业内在形象和外在形象

这是以企业的内在和外在表现来划分的，如同一个人，有内在气质和外在容貌、体型等之分，企业形象也同样有这种区别。内在形象主要是指企业目标、企业哲学、企业精神、企业风气等看不见、摸不着的部分，是企业形象的核心部分。外在形象则是指企业的名称、商标、广告、厂房、厂歌、产品的外观和包装、典礼及仪式、公开活动等看得见、听得到的部分，是内在形象的外在表现。

2. 企业实态形象和虚态形象

这是按照主客观属性来划分的。实态形象又可以叫作客观形象，是指企业实际的观念、行为和物质形态，它是不以人的意志为转移的客观存在。如企业生产经营规模、产品和服务质量、市场占有情况、产值和利润等，都属于企业的实态形象。虚态形象则是用户、供应商、合作伙伴、内部员工等企业关系者对企业整体的主观印象，是实态形象通过传播媒体等渠道产生的映像，就好像从镜子中去观察一个物体，得到的是镜像。

3. 企业内部形象和外部形象

这是根据接受者的范围划分的。外部形象是员工以外的社会公众形成的对企业的认知，一般所说的企业形象主要就是指这种外部形象。内部形象则是指该企业的全体员工对企业的整体感觉和认识。由于员工置身于企业之中，他们不但能感受到企业的外在属性，而且能够充分感受到企业精神、风气等内在属性，有利于形成更丰满深入的企业形象。但是如果缺乏内部沟通，员工往往只看局部而看不到企业的全部形象，就会有"不识庐山真面目"的感觉。内部形象的接受者范围虽小，但作用却很大，与外部形象有着同等重要的地位，绝不可忽视。

4. 企业正面形象与负面形象

这是按照社会公众的评价态度不同来划分的。社会公众对企业形象的认同或肯定的部分就是正面形象，抵触或否定的部分就是负面形象。任何企业的企业形象都是由正反两方面构成的，换言之，企业形象应是一分为二的，公众中任何一个理智的个体都会既看到企业的正面形象，又看到企业的负面形象。对于企业来说，一方面要努力扩大正面形象的影响，另一方面又要努力避免或消除负面形象的影响，两方面同等重要，因为往往不是正面形象决定用户一定购买某企业的产品或接受某项服务，而是负面形象使得他们拒绝购买该企业产品或接受其服务。

5. 企业直接形象和间接形象

这是根据公众获取企业信息的媒介渠道来划分的。公众通过直接接触某企业的产品和服务，由亲身体验形成的企业形象是直接形象。而通过大众传播媒介或借助他人的亲身体验得到的企业形象是间接形象。对企业形象做这种划分十分重要，如果一个用户在购买某种商品时看到的是粗陋的包装、落后的设计，试用时也有各种问题，无论别人如何表达这款商品的优点，这家企业的优势，他也一定不会去购买，因为直接形象比间接形象更能够决定整个企业的形象。有些企业以为树立企业形象只需靠广告宣传即可，而不注重提高产品质量和服务水平，就是只看到间接形象而忽视直接形象。

6. 企业主导形象和辅助形象

这是根据公众对企业形象因素的关注程度来划分的。公众最关注的企业形象构成主导形象，而其他一般因素则构成辅助形象。例如，公众最关心电视机的质量（如图像、色彩、音质等）和价格（是否公道合理），因而电视机的质量和价格等构成电视机厂的主导形象，而电视机厂的企业理念、员工素质、企业规模、厂区环境、是否赞助公益事业等则构成企业的辅助形象。企业形象由主导形象和辅助形象共同组成，决定企业形象性质的是主导形象；辅助形象对主导形象有影响作用，而且在一定条件下能够与主导形象实现相互转化。

二、企业形象识别的产生与发展

（一）企业形象识别的产生原因

1. 企业内部自觉的需求

企业经营成功与否，与企业内部人、事、物息息相关。为适应时代，具有前瞻性的企业，对于经营策略的统整作业，均会发出自觉的需求。例如：

（1）吸引人才、确保生产力　企业在招聘员工时，能否吸收优秀人才，储蕴生产能量，保证企业作业生产力的持续，避免人事变动频繁，均有赖于企业形象的好坏。企业形象识别的建立，可得到社会认同与信赖。

（2）激励员工士气、改造组织气候　企业形象识别中的视觉识别，具备包装功能，能让人有耳目一新、气象蓬勃的感觉，能激励员工的士气，提高作业效率。

（3）增强金融机构、股东的好感与信心　导入企业形象识别，是企业组织完善、制度健全的表征。不仅能增强消费者的好感，也可增强金融机构、股东的好感与信心。

（4）摩旗号召关系企业　企业形象识别的特质在于团结关系企业，加强各公司的归属与向心力，齐为企业发展效力。

（5）提升企业形象与知名度　企业形象建立与知名度的提升是企业形象识别的基本效益。消费者对于有计划的企业形象识别较易产生组织健全、制度完善的信赖感与认同感。

（6）提高广告效果　企业形象识别的统一与系统的视觉识别，可加强广告传达信息的频率与强度，广告效果也会倍增。

（7）增加企业营业额　导入企业形象识别，将会推动消费者的购买意愿及对企业的认同，企业的营业成绩自然会提高，而此点正是企业形象识别中重要的主题之一。

（8）统一设计形式、节省制作成本　企业形象识别建立后，企业各部门要遵循企业形象识别手册的设计形式并应用，可收到视觉识别的统一效益，节省制作成本，减少设计时间。

（9）方便内部管理、活用外部人员　企业面对产品及应用设计，需制作一套方便的管理系统。企业形象识别的规格完善且系统化，简化作业流程。企业形象识别也可缩短新人训练、教育与适应作业的时间。

2. 市场经营外在的压力

企业的市场经营，因有来自与竞争者直接竞争、消费者购买习惯和物料成本管理运用等各方面的压力，使企业面对着烦琐、艰难的经营环境。其中最令企业感到具有挑战性的有以下几个方面：

（1）成本挑战　因经济快速增长，物价指数相对提高和物料成本上升，降低成本、低价销售战略使互有竞争的企业在生产产品上趋向同质化。因此，企业必须在企业印象上增强顾客的信赖感、亲切感与认同性。

（2）竞争挑战　市场竞争日趋白热化，互有竞争的企业的策略、行动常会相互抵消竞争力。面对这种趋势，唯有强而有力的非价格竞争，才能树立独特的企业理念识别，从而脱颖而出。

（3）传播挑战　大众的消费趋向受到传播媒体的直接引导。过量的广告、零乱的表现会对企业产生传播上的干扰作用；创造有秩序、统一和独特的传播信息，才能塑造良好的企业形象。

（4）顾客挑战　教育水平提升和生活形式改变，导致消费者购物和产品使用方式日趋复杂，企业的经营方向由此逐渐由传播媒体，转向产品、服务等管理与教育上，以迎接消费者的挑战。

（5）消费主义挑战　大众的要求，随着消费性刊物的报道逐渐严苛。消费主义使企业必须面对这种压力。研讨企业理念识别，要站在社会立场上，回馈大众，创新形象。

企业形象识别是对企业问题的预防、解决，问题会因企业的不同而各异，无论基于何种理由而导入企业形象识别，都是因为企业形象识别提供了研析、预防和解决问题的机会。企业领导者应当善于利用这种机会，致力于企业形象的改造，创造美好的未来。同时企业领导者也应看到，并不是说企业形象识别是万能的，它只设计出预防、解决问题的程序和方向，其实际的营销仍然有赖于企业的持续努力。企业形象识别也有其特定的技术和领域，有些问题，企业形象识别仅能提供参考意见和解决方针。

（二）企业形象的发展

第二次世界大战以后，企业形象识别开始完整地被运用到企业中，如1951年美国的CBC公司，将威廉·哥顿所设计的标志广泛地运用于各种媒介，成功地将企业形象识别种植于公司和社会，并使之流行。特别是保罗·兰德为IBM所设计的象征着前卫、科技、智慧的企业标志，被大多数人认为是最具典型的例证。

20世纪50年代初，国际商业机器公司（Internation Business Machines Corporation，IBM公司）虽已颇具规模，但企业形象不明确，无法与Olivetti公司竞争。在1956年，公司当时的董事长小托马斯·瓦特逊就多年的经营、形象等问题与当时在公司任首席设计顾问的艾略特·诺伊斯进行了长时间的商讨。瓦特逊表达了他的想法，随着时代的发展，电子计算机的未来将是个无限宽阔而富有挑战性的竞争世界。为使电子计算机造福于人类，为使公司早日跻身于世界性大企业之列，迅速在世界计算机行业中树立起引人注意的公司形象将是非常必要而又十分紧迫的战略问题。然而，树立什么样的形象则是值得认真推敲的。公司取得今天的成绩，当归功于创业者的创造精神。这种精神是否值得作为公司形象的灵魂而加以考虑呢？诺伊斯的回答是，虽然公司具有较强的开拓精神和现代意识，但是如果不被大众了解就等于什么也没有，同时，公司在今后参与市场竞争、开发世界市场的工作中，应有意识地在消费者心目中留下一个具有视觉冲击力的形象标记，也就是说，需要设计一个能够体现公司开拓、创造精神和富有个性的公司标志。公司的全称不但难记忆，且不易读写，显然，这是公司形象宣传上的一大障碍。但如果把公司的诸多优势进行横向分析，选择出一个共同的焦点提炼升华，然后达到设计图案的完美统一，那么，公司标志的视觉感染力和理性内涵将是不言而喻的。

瓦特逊大受启发，委托诺伊斯的好友保罗·兰德设计出了沿用至今的清晰易读而造型优美的 IBM 字体标志，并把这个标志广泛应用，在全美各分支公司成立设计中心，定期进行意见交流，又制作了设计指导手册以供各子公司使用。"IBM 不是竞争，而是创造环境。"这就是 IBM 公司的设计原则。当时除了 IBM 公司，美国较早导入企业形象识别的公司还有埃克森美孚公司的企业形象识别；1967 年美国人罗威为荷兰的壳牌公司设计的企业形象识别；德国的乌尔姆造型学院为著名的汉莎航空公司设计的企业形象识别。这时的企业形象识别设计与常规商业设计不同，是为了表现企业特性，并非简单地把各要素加以设计，是为了构筑设计系统，传达统一形象。从此，通过设计系统来塑造企业形象的经营技法，就被称为企业形象识别。

一百多年前，美国亚特兰大的药剂师约翰·彭伯顿创造了可口可乐（Coca-Cola）饮料，可口可乐以其独特的口味，通过营销和广告战略等活动，风靡全球。根据《福布斯》公布的数据，截至 2020 年，可口可乐的品牌价值为 550 亿美元。1965 年，主管营业销售部门的副总经理哈威和美国总公司副总经理兼品牌主管赫伯特二人讨论，希望把可口可乐塑造成青年歌手般的新形象，形成了影响世界饮料市场的新计划——"阿登计划"。经调研决定，可口可乐原形象中以下要素是重要的："Coca-Cola"的书写字体；"Coke"的品牌名；可口可乐红色的标准色；独特的瓶形。上述是可口可乐积累多年的宝贵财产，新设计必以此为基础。"阿登计划"关于开发新形象而设定的目标为：消费大众，要使他们继续选择可口可乐，更要使他们认同饮用可口可乐的价值感；要使人们认识到饮料市场上可口可乐的质量优良，是家喻户晓的饮料；对于年轻人要有强烈的诉求力；迅速将可口可乐的新形象在消费市场中建立起来。

I&M 设计公司花数月时间，从数以百计的方案中审慎地选出"阿登计划"的核心：正方形中配置"Coca-Cola"书写体的标准字和"Coke"品牌名，瓶形特有的弧线轮廓予以象征化，使用的是像缎带一样的线条。该标志诞生后，可口可乐公司便进行应用设计的组合实验，调研、设计作业及反复测试修正历时三年，于 1968 年年底，获公司决策者的认同。一年后，可口可乐公司在迈阿密召开了七千多人的由全美经销商、零售代表参加的大会，正式发表新的企业形象识别，散发以"迎接 70 年代"为题的手册，言明标志变更原因："20 世纪 70 年代是转变的年代，是生活形态、价值观、个人志向等转变的时代。更是个'More'的时代。"手册扉页上即以"More"为标题，预言 20 世纪 70 年代将是人口激增、收入增多、家庭中心化、闲暇增多、年轻人教育水平提高、白领阶层增多、人口与都市密集、活动空间扩大、变化增多的时代。可口可乐公司导入企业形象识别正是为了适应新时代的精神，向前迈进，以领导时代潮流而展开的。1970 年，公司正式采用新的企业形象识别。如果说 IBM 公司给人的印象是"组织健全、充满自信、永远走在计算机科技尖端的国际公司"，那么，可口可乐公司则被称为"美国国民共有的财产"，这是有目共睹的事实。

从那时开始，欧美的企业形象识别进入了一个全盛时期，杰出的案例层出不穷，如德国 BRAUN（博朗）的家电产品，美国的 CBS（哥伦比亚广播公司）、RCA（美国无线电公司）、3M、MOBIL（美孚），意大利的 FIAT 汽车，英国的 BLUECIRCLE 水泥、LUCAS 汽车等。

日本在20世纪60年代末期，出现了企业形象识别设计，如TDK（东电化）制作的企业形象识别手册，但真正开始引入，则是从1975年东洋工业公司改名为MAZDA开始的。当时，日本主要是利用自动化渡过了两次石油危机的难关，企业领导者意识到只靠生产技术在竞争中求生存是不够的，出路之一是导入企业形象识别。第一劝业银行、伊藤百货的成功导入促使企业形象识别在日本流行，许多企业纷纷加盟，如健伍、伊势丹、三井、大荣、棋磷、亚瑟士、Nn、松屋、小岩井等。仅在1983年1月至1983年4月，就有40多家企业导入企业形象识别，如富士、松下、日立、丰田等大企业。1984年，企业调研结果显示，企业"非常重视的"为36.1%；"和其他公司同样重视的"为59.9%；"完全不关心的"为5.9%。1985年，又有129家企业效仿，导入企业形象识别。这种成功也影响了政府、社会团体等部门，可见企业形象识别已成为当时日本经济的一个重要组成部分。其间，美国知名设计顾问公司Wateriand Associates（瓦特兰多）对日本企业形象识别起了重要作用，如美津浓、富士、华歌尔、白鹤等企业形象识别均出自其手。当代美国设计大师索尔·巴斯也为柯尼卡、美能达、味之素等企业规划了企业形象识别。1968年著名的日本企业形象识别专业公司——PAOS（博奥斯）成立，独立推广日本式企业形象识别，促进企业经营策略与传播导向的完善，如松屋导入企业形象识别后的营业额增长118%；小岩井导入企业形象识别后的营业额增长了270%。PAOS设计的作品众多，理论影响深远。根据国情与文化传统，PAOS创立了以人为中心、以企业文化为基石的"日本型企业形象识别战略"，逐渐为世界所重视。

当今，全球各企业为以全新的整体形象参与国际经济循环，争先导入企业形象识别，可以说，只有成功开发和实施企业形象识别的企业才能扮演更重要的角色。

三、企业形象的作用

（一）能提高企业的知名度

具有良好形象的企业本身就容易赢得广大消费者的信赖和好感。而且，公众对于有计划地实施组织化、系统化、统一化的企业形象识别战略的企业，更容易产生组织健全、制度完善的认同感和信任感。这必将更进一步地帮助企业知名度的提高。

（二）能吸引人才，提高生产力

企业能否吸引优秀人才，以确保企业管理水平和生产能力的提高；能否避免人才流动频繁，造成工作上的损失。这一切都有赖于良好企业形象的建立。

特别是对企业的新进员工，企业形象有着突出的魅力。例如，刚毕业的学生，绝大多数是根据企业的知名度去应聘的。此时，企业形象的优劣就起到了决定性的作用。换句话讲，企业必须保持良好的企业形象，才能获得更多人员的青睐。

（三）能激励员工的士气，形成良好的工作气氛

企业形象好、知名度高，企业的员工就有一种优越感和自豪感，容易调动员工的积极性。再加上具有良好形象的企业有着完整的统一视觉识别系统（如工作服、办公用品、企业标志等），具有包装的功能，能给人耳目一新、朝气蓬勃的感觉，自然能够激励员工的士气，提高工作效率。

（四）能使营业额大幅度上升

一个企业若知名度不高或形象不好，销售人员所做的努力势必事倍功半。一旦公司有了知名度，而且是正面的知名度时，客户自然会慕名上门，自然营业额会提高。良好的企业形象，加上有计划地开展企业形象识别战略，还可以使广告效果产生倍增的现象，会更有效地推动消费者的购买意愿和对企业的认同。

（五）容易筹集资金

如果企业形象好，一旦企业需要长、短期资金时，许多社会上的投资机构和金融机构，都会愿意参与企业的投资经营。而当企业发展成为国际性大企业时，更容易吸引国际性的投资机构。由于企业有着优良的形象，股票在证券市场上的价格也势必上扬，因此，资金的筹集将更为容易。

（六）能增强投资者的好感和信心

俗话讲："人无千日好，花无百日红。"企业也是如此，企业早前获得社会公众的信任，一旦遭遇突发危机，此时政府、银行、同行企业、员工等，自然都会伸出援助之手。可以说，良好的企业形象是一种组织完善、制度健全的表现，它不仅可以增强社会大众对企业的好感，也可以增强投资者的信心。

（七）能使企业的基础得以长期稳固

由于企业具有良好的形象，社会上有远见、有前途的企业，也会自动寻找与其合作的机会，这样不但投资机会增多，失败的风险也会减少，其结果必然使企业的基础日趋稳固。何况有良好形象的企业可以团结各相关企业和加强各企业的归属感与向心力，从而使企业更具有实力和应变能力。

（八）能提高广告效果

企业传递的信息如果出现的频率和强度充分，则广告效果必然会提升。作为塑造企业形象的有用工具——企业形象识别战略，可以强化传递信息的频率和强度，提高企业与产品的知名度，因而可以使广告具有倍增的扩散效果。

（九）统一设计制作可以节省成本

为了塑造企业形象，必须统一视觉识别。为此，企业内部的各相关部门，可遵循统一的设计形式，并应用于各种设计项目上。一方面可以达到视觉识别的统一效果，同时也可以节省制作设计的时间和成本，避免无谓的浪费。

（十）有利于内部管理

一家有多种经营项目的企业，在面对与日俱增的产品和各种应用设计上，需要制作一套良好的、操作方便的管理系统。以塑造企业形象为目的的企业形象识别战略，可以使这一切都走上规范化、系统化的轨道，简化管理系统的作业流程，有利于企业的内部管理。

四、企业形象设计的作用

（一）同一性

为了达成企业形象对外传播的一致性与一贯性，应该运用统一的设计和统一的大众传媒，用完美的视觉一体化设计，将信息与设计个性化、明晰化、有序化，把各种形式传播媒体的形象统一，创造能存储与传播的统一企业理念与视觉形象，这样才能集中并强化企业形象，使信息传播更为迅速有效，给社会大众留下深刻的印象。

对企业识别的各种要素，从企业理念到视觉要素予以标准化，采用统一的规范设计，对外传播均采用同一的模式，并坚持长期一贯的运用，不轻易进行变动。

要达成统一性，实现企业形象识别设计的标准化导向，必须采用简化、统一、系列、组合、通用等手法，对企业形象进行综合管理。

（二）差异性

差异性首先表现在对不同行业的区分上，因为在社会大众的心目中，不同行业的企业与机构均有其行业的形象特征，如化妆品企业与机械工业企业的企业形象特征就是截然不同的。所以在设计企业形象时首先必须突出企业所在行业的特点，才能使其与其他行业有不同的形象特征，有利于识别、认同；其次必须突出本企业与行业其他企业的差别，这样才能使企业独具风采，脱颖而出。

（三）民族性

企业形象的塑造与传播应该依据不同的民族文化，如美国、日本等国的许多企业的崛起和成功，民族文化是根本的驱动力。美国企业文化研究专家迪尔和肯尼迪指出："一个强大的文化几乎是美国企业持续成功的驱动力。"例如"麦当劳"和"肯德基"独具特色的企业形象，展现的就是美国生活方式的快餐文化。

（四）有效性

有效性是指经策划与设计的企业形象识别战略能得以有效地推行运用。企业形象识别的意义在于解决企业的问题，不是企业的装饰物，因此要能够操作和便于使用，其可操作性是一个十分重要的问题。

企业形象识别战略要具有有效性，能够有效地发挥树立良好企业形象的作用，在于其策划设计必须根据企业自身的情况、企业的市场营销地位，在推行企业形象战略时确立准确的形象定位，然后依次根据定位进行发展规划。在这一点上协助企业导入企业形象识别战略的机构或个人负有重要的职责，一切必须从实际出发，不能迎合企业领导者的不切合实际的心态。

（五）象征性

在视觉识别系统中，象征图形是作为一种辅助要素出现的，配合企业标志、标准字体、标准色、企业造型等基本要求被广泛灵活地运用，有着不可忽略的功能作用。

在识别系统中，除了企业标志、标准字体、企业造型外，具有适应性的象征图案也是经常被运用的。象征图案又称装饰花边，是视觉识别设计要素的延伸和发展，与企业标志、标准字体、标准色保持主宾、互补、衬托的关系。象征图形作为设计要素中的辅助符号，主要适用于各种宣传媒体装饰画面，加强企业形象的诉求力，使视觉识别设计的意义更丰富，更具完整性和识别性。

象征图形与视觉传达设计系统中的基本要素是一种主从与宾主的关系，以配合设计的展开运用。

（六）企业造型

企业造型是塑造企业识别的特定造型符号，它的目的在于运用形象化的图形，强化企业"性格"，表达产品和服务的特质。

企业造型的功能有两个方面，首先它具有企业标志的作用，是企业标志在新市场竞争形势下的演化与延伸，可以说是企业的第二标志；其次它具有补充企业标志说明性质的作用。

作为一个企业或产品代表性或象征性的角色形象，它能直接转化消费者对企业人事的印象，有利于企业形象个性化的确立。

企业造型作为象征企业产品的漫画性的人物、动物及非生命物，兼有标志、品牌、画面模特、推销宣传几方面的作用。它犹如一位友好使者密切地联系着企业与消费者，使消费者看到角色，便立即联想到相关企业与产品，受到角色活动的影响，建立起对企业和产品的良好印象。

（七）版面编排模式

版面编排模式是指在平面设计的版面上塑造统一性的设计形式，是一种具有差别化、风格化的编排模式。它不仅能够创造引人注目的吸引力，而且对企业形象有强烈的识别性，因此逐渐成为设计者重视的设计要素。

在视觉识别系统中规划一套统一性、系统化并富有延伸性的编排模式，已成为当今各大企业规划视觉识别计划的重点。规划版面编排模式，首先要了解、把握企业识别系统基本要求的组合系统，根据组合系统的规定，在增添标题、标题字、文案内容的空间，试着进行各种排列组合，最后确定富有延伸性的编排模式。

五、企业形象误差的表现

（一）轻视企业形象导入

有的企业认为，塑造企业形象没有实际意义，无法为企业带来利益。这是因为他们没有认识到企业形象塑造是一项系统工程，要有实际内容。现在正处于信息化的时代，忽视企业形象传递，好的产品也很难告知消费者。

（二）认为企业形象是灵丹妙药

有些企业视塑造企业形象为点金术，认为只要导入企业形象战略，企业的所有问题都会迎刃而解，这样的理解是不正确的。

（三）偏重企业标志设计

有些企业认为，设计了企业标志便是塑造了企业形象。这种认识是片面的，企业形象的塑造是对企业的理念、行为、感觉、传达等全方位的设计，企业标志设计仅仅是其内容之一。

（四）忽视市场调查

有些企业在塑造自身形象时，不对市场进行深入的调查，不了解消费者的期望。

（五）忽视信息传达

有些企业在进行企业形象策划时，认为只要完成了企业形象设计，便大功告成，却忽视了所策划的企业形象如何向公众传达。

六、企业形象塑造的对策

（一）建立共识

推行企业形象战略，首先要有观念导入，即确立企业形象，使企业形象战略建立在全体员工共识的基础上，没有这样的共识是不可能真正推行企业形象战略的。需建立的共识包括以下几个方面：

（1）形象资源观　企业形象如同企业的人力、财力、物力等资源一样，是企业的重要资源。企业形象是一种无形资源，它虽然看不见、摸不着，但却是客观存在的，又是比较重要的资源。

（2）企业全员观　企业导入形象战略虽然要借助外界力量，但其主角却是企业自身。

（3）长期努力观　企业导入企业形象战略，不是一次的短期行为，企业形象战略的实施需要很长时间。

（4）投资收益观　企业在推行形象设计的过程中，需要一定的投入，包括企业调查费用、设计开发费用、实施管理费用和其他费用。

（二）优化环境

企业环境是指存在于企业之外的，并影响、决定企业生存发展的各种因素，包括自然、政治、经济、科技、法律、人口、社会心理等多种因素。尤其是国家宏观经济形势、市场走势、消费需求变化、竞争对手动态、政治法律导向、企业行情变化、国外市场状况等因素，对企业的影响就更大。任何企业的生存、发展和良好形象的塑造，固然要靠企业自身的努力，但创造良好的外部环境，也是十分重要的。

（三）选择时机

时机是企业成功必须具备的条件之一，善于捕捉、利用时机，企业就可能获得成功；丧失了时机就会导致企业功败垂成，后悔莫及。明白了这个道理，企业在导入、实施企业形象战略时，就能把握好时机，巧借东风，这样就会达到事半功倍的效果。

（四）积极推广

企业形象在达成共识之后，就需要优化环境，选择适当的时机塑造企业的形象，最后还需要在实践中进行推广。

七、企业价值观与企业形象塑造的关系

（一）企业价值观是企业精神形象的核心

企业价值观作为企业全体（或大多数）员工所持有的，判定某种行为或事物的好坏、对错以及是否有价值或价值大小的看法和根本观点，直接决定着企业的企业精神、经营理念、道德规范和经营宗旨等企业精神形象的内容，是企业精神形象的核心。有什么样的企业价值观，就会产生什么样的企业精神形象。在现代市场经济条件下形成的以用户为中心的企业价值观的指导下，塑造企业精神形象就必须时刻体现出服务一流、技术创新、积极向上和追求卓越等时代特点，为企业提供统一的奋斗目标。同时，企业价值观还为企业精神形象的定位提供了坐标，因为每个企业在社会经济活动中都有自己的独特位置或坐标，企业能否找准自己的坐标，关系到企业是否能够被社会公众和消费者所识别。企业精神形象定位的实质，就是塑造适合自己而又与众不同的独特的、新颖的企业精神形象。在市场经济大潮中，没有独特的企业价值观，企业精神形象的塑造就会陷入盲目性，而缺乏个性风格的企业精神形象，就会缺乏吸引力和感召力，是无效形象，企业要通过独特的企业价值观显示企业的风格，使企业定位在属于自己的坐标和最佳位置上，从而塑造出有利于自身发展的企业精神形象。

（二）企业价值观主导着企业制度行为形象的性质和方向

企业制度行为形象的塑造，是塑造企业整体形象的动力。因为企业发展最终要依赖于在企业价值观基础上形成的组织管理制度，及由人的行为加以贯彻实施而形成的企业制度行为

形象。在企业制度行为形象塑造的过程中，一方面要按照企业价值观制定和推行一系列组织管理制度，力求实现企业价值观及其组织管理制度的有机统一，否则就会影响企业组织管理制度的运行效率，影响企业制度行为形象的塑造；另一方面，企业制度行为形象的塑造更要依赖充分体现企业组织管理制度特色的人员的价值观的塑造；而企业价值观所倡导和弘扬的就是一种企业人共同的价值观，这种价值观一旦形成，对企业制度行为形象影响巨大。

企业价值观培育和造就的应该是优秀的企业人，正是这些优秀的企业人成为企业制度行为形象的主体即企业制度行为形象的塑造者。如果企业不去培育员工进步的价值观、高尚的情操、积极向上的进取精神，企业制度行为形象就将苍白无力。因此，企业价值观是企业制度行为形象的灵魂，主导着企业制度行为形象的性质和方向，从而成为激励员工奋发向上的动力源泉。培育和塑造出一系列崇高、积极的企业价值观，可以为满足员工高层次的精神需要提供一个正确的衡量标准和评价标准，提供一个明确的奋斗方向和努力目标，有助于产生较持久的精神动力，产生一种强烈的激励作用，使企业充满生机。这是塑造企业制度行为形象的内在保证。塑造正确的企业价值观的根本目的就是要增强企业的凝聚力和企业员工的归属感，从而最大限度地激发企业员工的敬业精神和奋斗热情，并将这种精神和热情投入到企业的生产经营和管理活动中去，为社会公众和消费者提供富有企业特色的一流产品和服务，造福社会和人类，在社会中塑造起合乎企业价值观和时代特色的企业制度行为形象。

（三）企业价值观决定着企业物质形象塑造的效果

企业物质形象是企业长期发展和奋斗的历史凝结，是企业综合实力和发展态势的集中体现，是塑造企业整体形象的最重要的物质手段，而企业物质形象的塑造也渗透着企业价值观对其的影响，即企业价值观决定着企业物质形象塑造的效果。企业建筑物的风格、产品包装的设计以及企业标志的构思，无疑都有企业价值观的参与，是企业价值观的物质外现。在优秀的企业价值观指引下，围绕高水平的产品质量和服务水平，一方面要运用各种先进的宣传手段和现代化的策划创意方法，通过将企业标志等代表企业形象的物质形态在社会上加以传播，让社会公众和消费者充分了解企业及其特色，从中体会出企业的精神、价值观、风格和企业的整体优势，使企业形象在企业物质形象的带动下，在社会中形成一定的影响力；另一方面更要在充分体现企业价值观的基础上，利用自己的技术优势和文化特色在建筑物、设备和产品等企业的硬件方面充分挖掘企业自身的潜能，创造优美的工作环境，提供现代化的设备装置，设计风格迥异而又极富文化个性的产品包装，以及生产集高技术含量和多功能效用于一体的产品等，为企业物质形象的塑造奠定一个坚实的物质基础。企业物质形象的塑造确实离不开代表企业形象的企业标志等物质形态在社会上的宣传和影响，更离不开有着扎实技术功底和雄厚财物基础，并充分体现企业价值观的厂房、环境、设备和产品等硬件设施。所以，塑造企业物质形象应全面考虑企业自身的物质实力和企业价值观状况，然后运用适当的现代化传播手段将集中体现企业形象的企业标志等物质形态在社会上加以宣传，做到实事求是和表里如一，这样企业才能在社会公众和消费者心目中树立起良好的企业物质形象。

（四）企业价值观影响着企业形象塑造的整体水平

企业形象是包含着企业精神形象、企业制度行为形象和企业物质形象的统一整体，由于企业价值观与企业形象的三个组成部分都有着密切的关系，因而企业的价值观与企业的整体形象之间的关系更是密不可分。企业形象是企业文化的外显，企业形象塑造是企业文化建设的重要组成部分，而企业价值观是企业文化中最重要和最核心的部分，所以企业价值观是企业形象的本源、本质和基础，影响着企业形象塑造的整体水平。企业价值观不是通过硬性强制而是通过软性引导，不是通过权力而是通过思想，不是通过单纯的规章制度而是通过信念、宗旨和行为规范，以"一只看不见的手"推动着企业的整体运作，这种软性的控制和管理，虽然没有强制的性质，但它在每位员工个体的心理上所产生的影响却比硬性控制管理更为有效、明显，更易于被人接受，更能改变一个人的态度乃至行为。所以，在企业形象塑造的过程中，企业形象塑造整体水平的高低、企业精神形象的导向、企业制度行为形象的素质和企业物质形象的特色，都在不同程度上受到了企业价值观的影响。

企业价值观对企业形象塑造整体水平的影响具体体现在两个方面：一方面通过体现企业价值观的无形形象即理念和制度发挥导向作用，企业理念的特色和制度的有效性在一定程度上直接反映出企业价值观的优劣；另一方面通过有形形象即企业产品、服务和标志而产生传播功能，在这方面企业价值观直接决定着企业整体形象的传播效果。所以，企业形象不管分为精神、制度行为、物质三个层次还是无形形象和有形形象两个方面，每个层次和方面所含内容都是对企业价值观不同程度上的折射。企业形象的塑造是一个系统工程，它是对企业形象各要素及其组合的优化培育过程，是对良好的企业形象的刻意追求过程，这个过程离不开正确、科学、鲜明、独特的企业价值观做指南。

第二节　企业理念识别

一、企业理念识别的基本含义

企业理念就是企业经营的观念，也称为指导思想。它属于思想、意识的范畴。在发达国家中，越来越多的企业日益重视企业理念，并把它放在与技术革新同样重要的位置上，通过企业理念引发、调动全体员工的责任心，并以此来约束、规范全体员工的行为。

企业理念识别（MI）又称 MIS，是英文 Mind Identity System 的缩写形式。其具体含义是企业在长期的经营实践活动中形成的与其他企业不同的存在价值、经营方式，以及生产经营的战略、宗旨、精神等。日本著名的松屋银座曾将"顾客第一主义"作为企业理念。麦当劳的企业理念是："时间、质量、服务、清洁、价值。"企业理念识别的实质，在于确立企业的自我，以区别于其他企业。

理念识别是企业识别系统的核心。它不仅是企业经营的宗旨与方针，还包括一种鲜明的文化价值观。对外它是企业识别的尺度，对内它是企业内在的凝聚力。完整的企业识别系统的建立，首先有赖于企业经营理念的确立。

二、企业理念识别的功能与作用

确立和统整企业理念，对于企业的整体运行和良性运转具有战略性功能与作用。具体来说包括以下几个方面：

（一）导向功能

企业理念就是企业所倡导的价值目标和行为方式，它引导着员工的追求。因此，一种强有力的企业理念，可以长期引导员工为之奋斗，这就是企业理念的导向功能。

企业理念的导向功能主要表现在两个方面：一方面是直接引导员工的心理和行为；另一

方面是通过员工的整体价值认同来引导员工的观念与行为。良好的企业理念，可以潜移默化地使员工形成共同的价值理念，并通过对企业理念的认同，共同朝着一个确定的目标去奋斗。

（二）激励功能

企业理念既是企业的经营宗旨、经营方针和价值追求，也是企业员工行为的最高目标和原则。因此，对企业理念与员工价值追求上的认同，就使员工在心理上得到极大满足和精神激励，具有物质激励无法真正达到的持久性和深刻性。

（三）凝聚功能

企业理念的确定和员工的普遍认同，在一个企业必然会形成一股强有力的向心力和凝聚力。它是企业内部的一种黏合剂，能以导向的方式融合员工的目标、理想、信念、情操和作风，并造就和激发员工的群体意识。企业员工的行为目标和价值追求，是员工行为的原动力，因而企业理念一旦被员工认同和接受，员工自然就会对企业产生强烈的归属感，企业理念就具有了强大的向心力和凝聚力。

（四）辐射功能

企业理念一旦确定并为广大员工所认同，就会辐射到企业整体运行的全过程，从而使企业行为系统和形象表征系统得以优化，提升企业的整体素质。不仅如此，企业理念还会产生巨大的经济效益和社会效益，向更加广泛的社会领域辐射，变成一笔巨大的社会财富，如松下精神、IBM 精神、三菱精神、健力宝精神和华为精神等，不仅属于本企业、本民族，而且也属于全人类。而正是这种企业理念和精神的强大辐射功能，才使得这些优秀的企业走向全世界，取得举世瞩目的成就和业绩。

（五）稳定功能

强有力的企业理念和精神，由于其强大的导向力和惯性力，可以降低一个企业因内外环境的某些变化而衰退的可能性，使一家企业具有持续而稳定的发展能力。也就是说，企业理念的稳定力，是通过全体员工对企业经营宗旨、经营方针和价值观的内化而形成的，并通过自我控制和自我约束来实现。因此，保持企业理念的连续性和稳定性，强化企业理念的认同感和统整力，是增强企业稳定力和技术发展的关键。

三、企业理念设计的基本原则

（1）个性原则　通过精心的企业理念设计，展示企业的独特风格和鲜明个性，从而体现本企业与其他企业的理念差别的设计原则，就是个性原则。企业理念是企业精神的凝练和提升。

（2）根据性原则　根据性原则就是企业理念设计应遵循的简洁、明了和高度概括的原则。

（3）民族性原则　企业理念系统的民族性要求在进行理念系统的设计时，必须充分考虑到民族精神、民族习惯、民族特点，体现民族形象。无论是企业的经营宗旨、经营方式或价值观，都应当体现本民族的精神追求、价值取向、道德标准，从而不仅在民族文化范围内产生普遍认同，而且在世界范围内弘扬企业的民族文化个性。

（4）多样性原则　企业理念的设计要求理念表达方式多样化，只有多样化才能表现出个性化，才能体现民族思维的创造性。所谓多样化，就是要在语言结构、表达方式的设计上，以及围绕理念传达、理念宣传的活动设计上力求丰富多彩。多样化的目的在于使理念系统真正民族化、个性化，真正成为企业的理念、企业的灵魂。

四、企业理念识别的设计

企业理念识别是企业形象识别的基本精神所在，是企业形象战略的最高决策层次，也是企业形象识别运作的原动力和基石。因此，企业理念识别的设计在企业形象识别设计中具有头等重要的地位。正因为如此，现在的企业也越来越多地注重企业理念识别的设计导入。企业理念识别设计应该突出以下内容：

（一）设定企业远景

设定企业远景包括两个方面：

（1）明确企业目的 企业目的即企业存在的意义、理由。

（2）明确企业使命 企业使命是企业宗旨的同义词。企业使命是指企业依据什么样的使命开展各种经营活动。企业使命是构成企业理念识别的出发点，也是企业行动的原动力。没有这个原动力，企业的营运不会处于最佳状态，企业即使在营运，也将是没有生气的、走向破产的边缘。对于企业而言，企业使命至少有两层含义：①功利性的、物质的要求。也就是说，企业为了自身的生存和发展，必然要以实现一定的经济效益为目的。如果企业丧失了这一使命，就失去了发展的动力，最后逐步萎缩直至破产。②企业对社会的责任。因为企业作为社会的一个构成、一个细胞、一个组成部分，它必须担负起社会赋予它的使命。

（二）经营宗旨的设计

经营宗旨就是企业的经营哲学、经营观。经营宗旨的设计事实上是企业的自我社会定位。其设计得好坏，决定了企业与社会的关系性质及未来的发展前景，关系到企业社会地位的高低。一些企业随意用一句话作为经营宗旨，可见是因其对经营宗旨的实质意义缺乏深刻理解所致。经营宗旨的设计应考虑其可行性，确保与企业实力一致，保证企业能够做到；保证经营宗旨的目标性，因为企业需要经过努力才能适应，有导向作用；还能对企业形象有提升作用。

（三）经营方针的设计

经营方针是企业运行的基本准则，或者形象地称之为"导向雷达"。经营方针的设计应把握好行业特征、指导性，符合企业关系者的期待。

（四）企业价值观的设计

企业的价值观反映企业的文化建设水准，是企业文明程度的标志，又是凝聚员工的内聚力所在。

以深圳中华自行车（集团）股份有限公司（CBC）的价值观体系为例，包括如下内容：

1. 卓越观

全体员工以追求卓越的方式、采用先进适用的科学技术和严谨高效的模式，开发员工的智能，建成世界一流的现代企业。

2. 职责观

不能够把在CBC工作仅当作找到一份职业，而必须自我认识职务的重要性，对CBC来说，任何一个职务产生的绩效都足以影响公司的前途。

3. 绩效观

在 CBC 的绩效中，哪一部分是由谁构成的？自己做到没有？

4. 品质观

任何品质粗劣的产品在激烈的市场竞争中根本无一席之地。只有优秀的产品才是可靠的产品，我们求精、求美的态度与消费者无异。

5. 创意观

把体力视作现代化企业生产力的重心，绝不会为现代化带来应有的成果，应充分重视智力的开发。

6. 实务观

CBC 对人才的优势判断是以业务绩效为准则的，注重的是人员参与实务的业绩考核，用业务成果来解释人员的素质与潜力。

CBC 认为，企业的整体价值观是企业文化、企业效益和个人成就感的综合体。企业文化是以共有价值观念体系的明确化和不断建树为核心的。CBC 社会经营理念与价值体系的不断提炼、发展，已成为 CBC 企业文化建设的明确指导方针，并成为现代化企业管理的坚实思想基础。

（五）企业精神的表达与提炼

企业精神是企业理念的浓缩，是企业灵魂的集中体现，是企业在生产经营活动中为谋求自身的生存和发展而长期形成并为员工所认同的一种健康向上的群体意识。它统一整体的价值观，是企业文化的重要表现形式。

企业精神包括三方面内容：全体员工对企业特征的理解和认识；企业优良传统、时代精神和企业个性融合的共同信念、作风和行为准则；员工对企业未来发展与命运的理想与希望。

综上所述，企业理念识别除了经营宗旨、经营方针、企业价值观的设计，及企业精神的表达与提炼外，企业理念的基本要素还包括企业文化、组织架构、发展目标、经营策略的设计等。由于各企业具体情形不同，不必强求一致。

第三节 企业行为识别

一、企业行为识别的主要内容

企业行为识别（Behavior Identity，BI）系统涵盖了企业的经营管理、业务活动的所有领域，可以分为对内、对外两大部分。企业内部系统包括企业内部环境的营造、员工教育及员工行为规范化等。企业外部系统包括产品规划、服务活动、广告活动、公关活动等内容。

（一）企业内部系统

（1）企业内部环境的营造　企业内部环境的构成因素有很多，主要分为两部分内容：①物理环境，包括视听环境、温/湿度环境、嗅觉环境、营销装饰环境等；②人文环境，主要包括员工的精神风貌、领导作用、合作氛围等。

企业营造一个干净、整洁、积极向上、温馨融洽、团结互助的企业内部环境，不仅能保证员工的身心健康，而且是树立良好企业形象的重要方面。因为这是给社会公众留下的第一印象，第一印象最为深刻，印象一旦形成就难以改变。

（2）员工教育 企业员工的学识修养、脾气秉性各不相同。员工教育的目的是使他们的行为规范化，符合行业行为系统的整体要求。员工教育分为干部教育和一般员工教育，两者的内容有所不同。干部教育主要是政策理论水平教育、法制教育、决策水平及领导作风教育；一般员工教育主要是与其日常工作相关的一些内容，如经营宗旨、企业精神、服务态度、服务水准、员工规范等。

（3）员工行为规范化 一家企业要在经营活动中步调一致、令行禁止，必须要有一定的准则规范。行为规范是员工共同遵守的行为准则。行为规范化，既表示员工行为从不规范转向规范的过程，又表示员工行为最终要达到规范化的结果。员工行为规范化包括的内容有：职业道德、仪容仪表、见面礼节、电话礼仪、迎宾礼仪、宴请礼仪、舞会礼仪、谈话态度、谈话礼节和体态语言等。

此外，内部系统还包括福利制度、公害对策、废弃物处理、发展战略等内容。

（二）企业外部系统

（1）产品规划 这是塑造企业产品形象的第一步。产品形象包括的内容有产品名称、包装、功能、质量、价格、营销手段等。产品规划首先要进行市场调查，以求得与消费需求的一致性，即企业根据消费者的需求进行产品的开发设计，并且利用产品的销售策略加深消费者对产品的印象。产品形象的核心是产品的质量。因此，产品规划活动的关键是保证产品的质量。

（2）服务活动 服务是直接与社会公众打交道的活动，优良的服务最能赢得消费者的好感。服务活动内容包括三个阶段，即售前、售中和售后服务。服务活动对塑造企业形象的效果如何，取决于服务活动的目的性、独特性和技巧性。服务必须以诚信为本，不能有半点虚伪，它必须是言必信、行必果，能给消费者带来实实在在的利益。

（3）广告活动 广告可以分为产品广告和企业形象广告。对于企业形象识别来说，应更加重视企业形象广告的制作，以获得社会各界对本企业及产品的广泛认同。

企业形象广告其制作手法与其他广告并无显著不同，但它有自身较为独特的目的。企业形象广告的主要目的是树立商业信誉，扩大企业知名度，增强企业的凝聚力，树立企业信誉。企业形象广告不同于产品广告，它不再是产品本身简单化的体现，而是创造一种符合目标顾客追求与向往的形象。通过商标标志本身的表现及其代表产品的形象介绍，让品牌给顾客留下深刻记忆，以唤起社会公众对企业的注意、好感、依赖与合作，使越来越多的社会公众由潜在的顾客成为企业现实的顾客，促进企业的生存与发展。

（4）公关活动 这是企业行为识别系统的主要内容。因为任何一家企业都不是孤立的客观存在，而是一个由各种社会关系包围着的社会存在。通过公关活动可以提高企业的信誉度、知名度，通过公关活动可以消除公众的误解，免除企业受到的不良影响，取得公众的理解和支持。公关活动的主要内容有专题活动，公益性、文化性活动、展示活动、新闻发布会等。

二、企业行为识别系统建立的原则

企业行为识别系统包括的内容非常庞杂，它涉及市场营销学、广告学、公关学、传播学、管理学等多方面的内容，但企业行为识别系统并不是将这些内容全盘照搬。其目的在于通过各种有利于社会大众以及消费者的认知、识别企业的特色活动，塑造企业的动态形象，并与理念系统、视觉系统相互交融，树立起企业良好的整体形象。

因此，企业行为识别系统的建立应在总体目标的要求上，综合运用相关学科的思想与技巧加以整体策划。建立企业行为识别系统，塑造动态形象并为社会公众所接受，这不仅关系到公关部门，而且关系到企业的每一个员工、企业自上而下的每一道环节和每一个部门。要使之发挥应有的效应，需要长期规划以及全体员工的共同努力。它不是施行短期的举措就能立竿见影的。企业行为识别系统传达的对象，不单是指向用户和消费者，还必须针对企业的内部员工、社会公众、相关机构和团体。企业行为识别系统的规划、设计、建立是一项系统工程，应遵守以下原则：

（一）立足长远

建立企业行为识别系统、塑造企业形象，是企业长期的战略目标。其塑造过程，可以说是企业系统工程的组织过程，需要通过长期的艰苦努力，有目的、有步骤、有组织地开展各种有利于树立企业形象的活动，把企业各项点点滴滴的具体工作统一到树立良好企业形象这个总目标上来，并持之以恒。即使已经在社会公众中建立了良好形象，也还需要经常组织有针对性的活动加以维护、发展和调整，不断改进和更新企业形象。

（二）以诚取信

企业举办任何活动都应出自真心诚意，而不是哗众取宠、夸大其词、弄虚作假。真诚是企业形象识别的生命。企业必须对消费者有实实在在的承诺，并且给予兑现。企业必须用真挚的情感和发自肺腑的言语感染公众，用实际行动实现对公众的承诺，以达到与公众情感的共鸣并得到他们的支持。那种违反真实客观原则，靠虚假广告制造噱头的公关活动，是不可能得到公众的信任和支持的。

（三）内外兼顾

企业开展活动，既要考虑企业内部员工的需要，又要顾及社会公众对企业总体的印象和评价。衡量企业形象好坏的主要标准是其能否保证公众的利益，因为公众是形象的主要感受者。"当局者迷，旁观者清"，企业自身的缺陷往往容易被社会公众所发现。如果一家企业的经营管理活动，始终把公众利益放在应有的地位，以公众利益为导向，那么这家企业在社会公众心目中的良好活动形象，最终会树立起来。因此，在企业形象识别战略中，企业行为识别系统的运作过程要随时根据公众的利益和要求加以修正和调整。

（四）广泛传播

企业举办活动要取得良好效果，除了精心设计之外，很重要的一点是把活动信息广泛地传播给公众，这就需要取得大众传播媒体的配合。通过媒体传播是树立企业良好形象的必备手段，在大众传播媒体高度发达的今天，利用媒体对企业举办的活动从多角度、多层面的正面报道，为企业扩大宣传服务，是企业行为识别系统发挥作用的一项重要工作。企业凡举办大型活动，如产品订货会、信息发布会、厂庆、专题促销活动、社会公益性赞助活动等，都应事先与有关媒体取得联系，让媒体进一步了解企业，扩大宣传。企业还要主动向媒体提供准确、有价值的新闻线索，为扩大企业宣传提供素材。有条件的企业，还可以定期或不定期地举行相关媒体招待会，以加强沟通，增进友谊。

（五）防微杜渐

企业是一个有机体，机体的运动必然会产生各种问题。出现问题并不可怕，关键是对待问题的态度。活动中不论出现什么问题，对企业形象都有或大或小的影响，有的甚至会带来难以挽回的损失。因此，防止企业形象发生危机是树立、保证和维护企业形象的重要原则之一。一旦活动中出现企业形象危机，就应采取有效的对策拯救，以重新赢得公众的理解和支持。

三、企业内部活动的设计

（一）员工培训

企业员工是企业形象的活化和外部传达的重要媒介，他们素质的高低以及是否能够具体表达企业的经营理念、方针和价值观，将给企业的整体形象带来影响。因此，企业形象识别的实施，不仅需要全体员工的协助，而且需要激发他们积极参与的热情。

企业形象识别计划的推行，首先需要从员工的一言一行、接人待物等细微之处切入，有声有色、规范、系统地宣传教育和培训，为统整和规范企业的整体行为打下坚实的基础，最终实现企业整体形象的提升。

通常情况下，企业内部员工的教育和引导工作，可采取如下措施：

1. 编印《企业形象识别说明书》和《员工手册》

通过《企业形象识别说明书》，向员工阐明企业导入企业形象识别的背景、动机、规划以及企业理念和企业识别的意蕴，增强员工的认同感和前瞻意识。

编印说明企业理念、行为规范和企业标志的手册，让员工了解自己在企业导入企业形象识别的过程中担负的使命，随时以此规范自己的行为，达到企业形象识别导入全员运作的最佳状态。

2. 制作员工教育录像带、幻灯片

在条件许可的情况下，应尽可能将企业导入企业形象识别的背景、动机及企业理念和标志等有效地传达给员工，提高宣传、教育的效果。

3. 利用企业内部各种宣传手段制造舆论

在企业内部的刊物、通信、简报、海报、电台和有线电视等宣传媒介上，宣传导入企业形象识别的动机、意义和对企业未来发展的积极作用，不仅使员工对工作有必要的心理准备，而且还可以提高员工的士气。

4. 加强企业内部沟通

一些企业成功的做法有：

（1）晨日会议　这主要是增加员工参加企业会议的机会，使之制度化；或举办"说真话会议"，增加内部交流与沟通的渠道。

（2）设置留言板　通过设置留言板，促进企业内部信息、意见和建议的传达和各部门间的联络。

（3）实施教育研习　通过举办企业员工与主管讲习会和非正式研修聚会，调动员工自我教育的积极性。

5. 开展全员公关

通过全员公关的开展，提高员工的形象意识、参与意识，增加员工的实践机会，营造一种良好而和谐的合作气氛，培养积极健康的心态。

6. 倡导各种有意义的活动

企业导入企业形象识别的目的，就是要通过统整员工的行为，提升企业员工的整体素质。因此，企业行为识别设计的重要内容之一，就是要从企业出发调整和改善员工的日常行为状态，使员工的一举一动都能展示企业风貌。对此，切实可行的做法一般有：

1) 改善电话应答态度。

2) 推行礼貌运动。

3) 推行最佳仪表活动。

4) 开展积极向上的文娱活动等。

(二) 干部教育

这里所说的干部，是指在企业中担任一定领导职位或管理职位的人员。也就是说，干部的含义，是指领导者或管理者。但其实领导者也是管理者，只不过是最高层的管理者，即厂长、经理、董事长等，他们又被称为企业家。如果把企业比作金字塔，那么企业家即为金字塔的塔尖。企业家这种特殊、重要的角色，其定位就显得十分重要。企业家的定位可以设计为：

1. 企业形象的主要代表者

应该说，一个优秀企业形象的塑造，是企业家与企业所有员工共同努力的结果，企业的每一个人都与之息息相关。然而，对外界来说，只有企业家能够代表这家企业。事实上，一些著名的企业和卓越的企业形象，都是和企业家的名字紧密联系在一起的，有的企业直接冠以企业家的大名，如日本的松下电器公司，美国的玛丽·凯化妆品公司、耐克公司，中国的李宁公司等。

2. 企业精神的主要塑造者

企业家和一般管理者的重要区别之一，就是企业家要负责提炼和锻造企业的共同语言。也就是说，企业的某种崇高追求，是企业家从本企业的特点培育和概括出来的，即企业精神。它一旦为全体员工所认同，就会产生强大的精神力量，为企业的发展提供生生不息的原动力。一家企业之所以形成了区别于其他企业的独特企业精神，归根结底是因为这家企业的企业家有着自己独特的思路和见解，以自己特有的价值观、道德观、个人素质影响并决定着企业精神。

3. 企业兴衰的主要决定者

企业能否在激烈的市场竞争中生存、发展、壮大，企业家的因素具有决定性的作用。不论是什么样的企业，对企业实行有效管理的第一人，即是企业的领导者、带头人。他们的状态直接影响着企业的盛衰兴亡。

(三) 行为规范

企业形象的塑造需要企业内每一位员工的共同努力，员工的一举一动、一言一行都体现着企业的整体素质。可以说，没有良好的员工行为，就不可能有良好的企业形象。但每个人的经历、教育、性格、兴趣、特点等都是各不相同的，这就需要有一个大家共同遵守的行为规范。行为规范是企业员工必须接受和执行的基本行为准则，对员工行为具有约束、引导、指导的作用。行为规范的约束机制可以使员工的行为趋于一致，并与企业的总体目标相适应。因此，企业行为识别的设计，员工行为规范是重要内容之一。

四、企业外部行为系统设计

企业外部行为系统是企业动态的识别形式之一。企业的各种行为都要体现企业理念，才能塑造出良好的企业形象，才能使企业形象具有统一的内核。因此，企业外部行为系统必须在理念系统的指导和制约下进行。企业外部行为系统大致包括：

（一）产品形象

产品形象是指产品的命名、外形、功能、质量、商标、价格和包装以及营销等给公众留下的整体印象。产品形象的好坏直接关系到社会公众对企业的总体印象，良好的产品形象会给企业的生存和发展带来理想的外部经营环境。消费者对某一产品具有良好的印象，不仅因为产品的外观、性能等，还因为质量、服务、信誉、附加值等，这些都是产品形象的重要体现。

（二）服务规范的制定

制定服务规范的目的，是通过它的贯彻实施，树立企业良好的服务形象，提高产品的市场竞争力。

（三）促销活动的策划

所谓促销，就是营销者将有关本企业以及本企业产品的信息通过各种方式传递给社会公众，促进其了解、信赖并购买本企业的产品，以达到扩大销售的目的。由此可见，促销的实质是营销者与社会公众之间的信息沟通。

促销活动的策划，就是通过对各种促销方式的选择、运用与组合搭配的策划，有效地实现企业与社会公众之间的信息沟通。在对各种活动进行策划时，如何树立企业形象显得十分重要。因为企业具有良好的社会公众形象，可以使企业和社会公众之间的信息沟通更顺畅、更持久，它对企业发展的影响也是深远的。

围绕着企业营销所施行的公关活动，称为营销公关活动，如现场免费咨询、公益广告、公益活动等。同时，现场促销也是塑造企业形象、品牌形象、产品形象最好的方法之一。促销现场统一视觉形象的 POP 广告、吊旗、宣传品、促销人员等，是塑造优良企业形象与产品形象的必备手段。与此同时，围绕企业营销开展一系列的公关活动尤为重要。

营销公关的核心是争取社会各方面的理解、信任和支持，在社会公众中树立良好的企业形象和产品信誉，达到促进销售的目的。它的着眼点不是企业的眼前利益，而是从企业战略目标的实现及长期影响出发。营销公关活动本身的重点不是买卖，而是通过公关活动促进销售。

（四）社会公益活动的策划

社会公益活动是以赞助社会福利事业为中心开展的公关促销活动，如赞助社会福利、慈善事业、资助公共服务设施的建设等，通过这些活动，在社会公众中树立企业注重社会责任的形象，提高企业的美誉度。

社会公益活动从短期来看，往往不会给企业带来直接的经济效益，而且会增加企业付出的费用，但是从长远来看，通过这些社会公益活动，企业树立了较完备的社会形象，使公众对企业产生好感，为企业创造一个良好的发展环境。

策划社会公益活动，可从以下几个方面来考虑：

1. 社会公益活动策划的准备工作

在着手进行社会公益活动策划之前，首先应做好以下两方面的准备工作：

（1）企业形象现状及原因的材料分析 它要求策划人员在进行策划之前，对所依据的材料进行进一步分析、审定。材料必须真实、可行，否则再好的策划也不会取得成功。

（2）确定目标 这是社会公益活动策划的前提。社会公益活动的具体目标同调查分析中所确认的问题密切相关。一般来说，所要解决的问题也就是社会公益活动的具体目标。

2. 社会公益活动的对象选择

企业促销的具体目标不同，选择社会公益活动的对象也不一样。虽然社会公益活动总体上是以资助或赞助某一项活动为主要特征的，但是，社会公益活动的对象不同，其赞助的内容、形式、特点及效果也不同。下面就目前几种主要的社会公益性活动进行分析：

（1）赞助体育活动 体育运动目前已经成为全民性运动，特别是一些国际性的体育盛会，可以打破国家、民族和文化等各种界限，吸引成千上万的人们的关注。企业向这类活动提供赞助，可以迅速地提高企业知名度，有助于扩大产品销售。

（2）资助灾区活动 资助灾区、为灾区人民排忧解难是社会公益活动的重要内容。中国人素有"一方有难，八方支援"的传统美德，当灾情到来之际，企业能够适时地组织人员参与到相关的公益活动中，就会极大地触动社会公众的情感心弦，使他们产生共鸣。

（3）资助社会福利事业 企业选择对各种慈善事业、社会福利事业进行资助，比较容易获得社会各界的普遍好感。

（4）资助文化教育事业 文化教育事业是一个国家的立国之本，中国人素来对资助文化教育事业的人和事迹称赞为"尊师重教，功在千秋"。企业通过资助"希望工程"这样的公益事业，设立教师或教学奖励基金等各种项目，可以塑造出企业形象中的民族大义和社会责任感。这类公益活动不是肤浅的，它对企业的影响是深远的。

3. 社会公益活动的运作技巧

虽然上述各种公益活动不会给企业带来直接的经济利益，但是在实施过程中，企业还是要运用各种有效的公共关系技巧，扩大企业的公益活动在社会上的影响。例如，通过举办隆重的赞助仪式、开办新闻发布会、传播传奇故事、邀请社会名流给予评价等。总之，企业在开始社会公益活动运作时，可以采取各种技巧和方式，使社会公益活动形象、生动。

第四节 企业视觉识别

一、企业视觉识别的主要内容

视觉识别系统属于企业形象识别策划中的 VI（Visual Identity），即视觉识别。企业视觉识别是以企业标志、标准字体、标准色彩为核心展开的完整的、成体系的视觉传达体系，是将企业理念、文化特质、服务内容、企业规范等抽象语意转换为具体符号的概念，塑造出独特的企业形象。企业视觉识别系统分为基本要素系统、应用要素系统两方面。视觉识别在企业形象识别系统中最具有传播力和感染力，最容易被社会公众所接受，占据主导地位。

二、企业视觉识别系统的设计

在企业形象识别系统中，企业视觉识别设计是最外在、最直接、最具有传播力和感染力的部分。企业视觉识别的设计是将企业标志的基本要素，以强力方针及管理系统有效地展开，形成企业固有的视觉形象，是透过视觉符号的设计统一化来传达企业的精神与经营理念，有效地推广企业及其产品的知名度和形象的。因此，企业视觉识别系统是以视觉识别系统为基础的，并将企业识别的基本精神充分地体现出来，使企业产品名牌化，同时对推进产品进入市场起着直接的作用。企业视觉识别设计从视觉上表现了企业的经营理念和精神文化，从而形成独特的企业形象，就其本身又具有形象的价值。

企业视觉识别设计各视觉要素的组合系统是因企业的规模、产品内容的不同而有不同的组合形式，通常最基本的是企业名称的标准字体与标志等要素组成一组一组的单元，以配合各种不同的应用项目，各种企业视觉设计要素在各应用项目上的组合关系一经确定，就应严格地固定下来，以期达到通过统一性、系统化来加强视觉作用。

（一）基本要素系统的设计

基本要素系统设计严格规定了标志图形、中英文字体、标准色、企业象征图案及其组合形式，从根本上规范了企业的视觉基本要素，基本要素系统是企业形象的核心部分。基本要素系统包括企业名称、企业标志、企业标准字体、标准色、象征图案和企业提出的标语口号等。

1. 企业名称

企业名称与企业形象有着紧密的联系，是企业形象识别系统（CIS）设计的前提条件，是采用文字来表现识别要素的。企业名称必须要反映企业的经营思想，体现企业理念；要有独特性，发音响亮且易识、易读，注意谐音的含义，以避免引起不好的联想。企业名称的文字要简洁明了，同时还要注意其国际性，适应外国人的发音，以避免在外语中的错误联想。表现或暗示企业形象及商品的企业名称，应与商标尤其是与其代表的品牌相一致，也可将本企业在市场上较有知名度的产品作为企业名称。企业名称的确定不仅要考虑传统性，还要具有时代特色。

2. 企业标志

企业标志是特定企业的象征和识别符号，是企业形象识别设计系统的核心基础。企业标志是通过简练的造型、生动的形象来传达企业的理念，产品特性等信息的。企业标志的设计不仅要具有强烈的视觉冲击力，而且要表达出独特的个性和时代感，必须广泛地适应各种媒体、各种材料及各种用品的制作，其表现形式可分为：①图形表现（包括再现图形、象征图形、几何图形）；②文字表现（包括中外文字与阿拉伯数字的组合）；③综合表现（包括图形与文字的结合应用）三个方面。企业标志要以固定不变的标准原型在企业形象识别设计中应用，开始设计时必须绘制出标准的比例图，并表达出标志的轮廓、线条、距离等精确的数值。其制图可采用方格标示法、比例标示法、多圆弧角度标示法，以便企业标志在被放大或缩小时能被精确地描绘和准确复制。

3. 企业标准字体

企业标准字体包括中文、英文或其他文字字体，标准字体是根据企业名称、企业品牌名称和企业地址等来进行设计的。标准字体的选用要有明确的说明，直接传达企业、品牌的名称并强化企业形象和品牌诉求力。标准字体的设计，要求字形正确、富于美感且易于识读，在字体的线条粗细处理和笔画结构上要尽量清晰、简化和富有装饰感。在设计时要考虑字体及标志在组合时的协调统一，对字距和造型要做周密的规划，注意字体的系统性和延展性，以适应不同材料的制作，以及在各种尺寸物品上的应用。企业标准字体的笔画、结构和字形设计也可体现企业精神、经营理念和产品特性，其标准制图方法是将标准字体配置在最适宜的方格或斜格之中，并标明字体的高、宽尺寸和角度等位置关系。

4. 标准色

标准色是用来象征公司或产品特性的指定色彩，是标志、标准字体及宣传媒体专用的色彩。在企业信息传递的整体色彩计划中，具有明确的视觉识别效应，因而具有在市场竞争中制胜的感情魅力。企业标准色的确定要根据企业的行业属性，突出企业与同行的差别，并创造出与众不同的色彩效果。标准色的选用是以国际标准色为标准的，企业的标准色使用不宜过多，通常不超过三种颜色。

5. 象征图案

企业象征图案是为了配合基本要素在各种媒体上广泛应用而设计的，在内涵上要体现企业精神，起到衬托和强化企业形象的作用。通过象征图案的丰富造型，来补充标志符号建立的企业形象，使其意义更完整、更易识别、更具表现的幅度与深度。象征图案在表现形式上采用简单抽象的方法并与标志图形保持既有对比又协调的关系，也可由标志或组成标志的造型内涵来进行设计。在与基本要素组合使用时，要有强弱变化的律动感和明确的主次关系，并根据不同媒体的需求做各种展开应用的规划组合设计，以保证企业识别的统一性和规范性，强化整个系统的视觉冲击力，产生应有的效果。

6. 企业提出的标语口号

企业标语口号是企业理念的概括，是企业根据自身的营销活动或理念研究出来的一种文字宣传标语。企业标语口号的确定要求文字简洁、朗朗上口。准确而响亮的企业标语口号对内能激励员工为企业目标努力工作，对外则能表达出企业发展的目标和方向，提高企业在社会公众心目中的印象，其主要作用是对企业形象和企业产品形象的补充，使社会公众在瞬间的视听中了解企业思想，并对企业及其产品留下深刻的印象。

7. 企业吉祥物

企业吉祥物是以平易近人、可爱的人物或拟人化的形象来引起社会公众对企业的注意和好感。

8. 专用字体

专用字体是对企业新使用的主要文字、数字、产品名称结合对外宣传的文字等，进行统一的设计，主要包括为企业产品而设计的标准字体和为企业对内、对外活动而设计的标准字体，以及为报刊广告、招贴广告、影视广告等设计的刊头、标题字体。

（二）应用要素系统的设计

应用要素系统的设计是对基本要素系统在各种环境中的应用所做的具体而明确的规定。

当企业视觉识别的基本要素，即企业标志、标准字体、标准色等被确定后，就要开始这些要素的精细化作业，开发各应用项目。视觉识别各种视觉设计要素的组合因企业规模、产品内容的不同而有不同的组合形式。最基本的操作是将企业名称的标准字体与企业标志等组成不同的单元，以配合各种不同的应用项目。当各种视觉设计要素在各应用项目上的组合关系确定后，就应严格地固定下来，以期达到通过统一性、系统化来加强视觉诉求力的效果。应用要素系统包括以下内容：

1. 办公事务用品

办公事务用品的设计与制作应充分体现企业的统一性和规范化，应能表现出企业的精神。其设计方案应严格规定办公用品的排列顺序，以标志图形安排、文字格式、色彩套数及所有尺寸为依据，以形成办公事务用品严肃、完整、精确和统一规范的格式，给人一种全新的感受并表现出企业的风格，同时也展示出现代办公的高度集中和现代企业文化向各领域渗透传播的攻势。办公事务用品包括信封、信纸、便笺、名片、徽章、工作证、请柬、文件夹、介绍信、账票、备忘录、资料袋、公文表格等。

2. 企业外部建筑环境

企业外部建筑环境是企业形象在公共场合的视觉再现，是一种公开化、有特色的群体设计和标志着企业面貌特征的系统。在其设计上应借助企业周围的环境，突出和强调企业的识别标志，并融入周围环境当中，充分体现企业形象统一的标准化、正规化和企业形象的坚定性，以便获得社会公众的好感。企业外部建筑环境主要包括建筑造型、旗帜、门面、招牌、公共标志牌、路标指示牌、广告塔等。

3. 企业内部建筑环境

企业内部建筑环境是指企业的办公室、销售厅、会议室、休息室等内部环境形象。设计时需要将企业识别标志融入企业室内环境之中，从根本上塑造、渲染、传播企业识别形象，并充分体现企业形象的统一性。它主要包括企业内部各部门标志、企业形象牌、吊旗、吊牌、POP广告、货架标牌等。

4. 交通工具

交通工具是一种流动性、公开化的企业形象传播方式，其多次的流动给人瞬间的记忆，有意无意地建立起企业的形象。设计时应具体考虑它们的移动和快速流动的特点，要运用标准字体和标准色来统一各种交通工具外观的设计效果。企业标志和字体应醒目，色彩对比要强烈才能引起人们的注意，最大限度地发挥其流动广告的视觉效果。交通工具主要包括轿车、中型巴士、大型巴士、货车、工具车等。

5. 服装服饰

企业整洁高雅的服装服饰统一设计，可以提高企业员工对企业的归属感、荣誉感和主人翁意识，改变员工的精神面貌，促进工作效率的提高，并促使员工纪律严明和对企业的责任心，设计服装服饰时应严格区分出工作范围、性质和特点，以使着装符合不同的岗位。服装服饰主要有经理制服、管理人员制服、员工制服、礼仪制服、文化衬衫、领带、工作帽、胸卡等。

6. 广告媒体

企业选择不同媒体的广告形式对外宣传，是一种长远、整体、宣传性极强的传播方式，可在短期内以最快的速度、在最广泛的范围内将企业信息传达出去，是现代企业传达信息的主要手段。广告媒体主要有电视、报纸、杂志、路牌、招贴牌等。

7. 产品包装

产品是企业的经济来源，产品包装起着保护、推销、传播企业和产品形象的作用，是一种记号化、信息化、商品化流通的企业形象，因而代表着产品生产企业的形象，且象征着产品质量的优劣和价格的高低，所以系统化的包装设计具有强大的推销作用。成功的包装是最好、最便利的宣传介绍企业和树立良好企业形象的途径。产品包装主要包括纸盒包装、纸袋包装、木箱包装、玻璃包装、塑料包装、金属包装、陶瓷包装等。

8. 赠送礼品

企业礼品主要是为体现企业形象或企业精神更形象化和富有人情味而用来联系感情、沟通交流、协调关系的物品，以企业标志为导向，以传播企业形象为目的，将企业形象组合表现在日常生活用品上。企业礼品同时也是一种行之有效的广告形式，主要包括 T 恤衫、领带、领带夹、钥匙牌、雨伞、纪念章、礼品袋等。

9. 陈列展示

陈列展示是企业营销活动中运用广告媒体，以突出企业形象并对企业产品或销售方式进行的传播活动。在设计时要突出陈列展示的整体感、顺序感和新颖感，以表现出企业的精神风貌。它主要包括橱窗展示、展览展示、货架商品展示、陈列商品展示等。

10. 印刷出版物

企业的印刷出版物代表了企业的形象，直接与企业的关系者和社会公众见面。在设计印刷出版物时为取得良好的视觉效果，充分体现出强烈的统一性和规范化，表现出企业的精神，编排应一致，固定印刷字体和排版格式，并将企业标志和标准字体统一安置为某一特定的版式风格，通过一种统一的视觉形象来强化公众的印象。它主要包括企业简介、产品说明书、产品简介、企业简报、年历等。

思 考 题

1. 简要说明企业形象识别系统的三大构成要素及其含义。
2. 结合实例说明企业导入企业形象识别的作用。
3. 以实例为主线说明理念识别、行为识别、视觉识别三者之间的关系。
4. 视觉识别在企业形象识别系统中的地位是怎样的？试举例说明视觉识别的设计思路。

典 案 链 接

西安杨森的企业文化定位

西安杨森制药有限公司　谷里虹

公司文化是公司每位员工所信奉的理念、价值观、想法及行为模式，也可以说是员工如何看待公司的一种感觉。一家公司能否获得杰出的成就，与该公司是否拥有有活力的文化大有关系，尤其是当公司必须随市场环境改变策略时，公司文化能否跟着调整并维持其活力，是当今经营管理中很关键的课题。

公司文化可分为上位文化、中位文化及下位文化。

（1）上位文化　上位文化是以总裁/总经理为核心形成的文化，它对公司文化的形成、发展起着决定性的作用。顾客至上、顾客满意的理念，要由公司上层确认，作为公司的灵魂，并下决心坚持推行。这样以客为尊的公司文化才有可能形成。

（2）中位文化　中位文化是以部门经理为主形成的文化。其特点是影响中层干部在公司管理中所发挥的承上启下的桥梁作用。由于中层干部承担着各部门的具体业务，他们能否深切领会公司的经营观念，以身作则，在指导本部门的工作中成为全心为顾客服务的楷模十分重要。

（3）下位文化 下位文化是以普通员工为主形成的文化。其特点是受传统观念和环境的影响很大，而且改变较困难。要使全体员工都认同公司的经营理念，需要考虑如下要素：

1）公司环境：在市场经济背影下，以客为尊是竞争环境的要求，这需要每位员工了解。

2）价值观：是公司的基本信念和公司文化的核心。价值观可通过明确提出经营理念的口号，并经过培训使员工认同，形成共识，可以在具体工作中体现。通过培训向员工传递价值观是关键。

3）楷模样板：把公司的价值观人格化，为员工树立具体的楷模和样板，让大家学习。

4）礼节仪式：是公司日常生活中的常规和惯例。使员工明确公司期望大家具备的行为规范和礼节。可以通过编制员工手册并进行培训、示范达到目的。

5）文化网络：是公司内部非正式的联络方式，也就是公司价值观和模范人物故事的"运载工具"。员工有属于自己的网络，要善于利用这个文化网络。

由以上要素构成的公司文化，在经营管理中发挥着重要的作用。西安杨森制药有限公司（以下简称"西安杨森"）的员工都信奉"忠实于科学，献身于健康"的企业宗旨，一旦把这种理念付诸实践，生产人员就会时时想着严把产品质量关，销售人员就会时时想着事事为顾客提供超质服务，使整个公司充满活力。

以西安杨森的销售队伍为例。为了在中国开发市场，西安杨森建立、发展、培训了一支强大的销售队伍。在这支以大学医、药专业本科生为主的遍及全国各大城市的销售队伍中，绝大多数人员经过了总裁的亲自考核、复试和审查。公司为每位销售人员都安排过极为严格的专业化培训，使这支队伍年年超额完成销售任务。西安杨森标新立异，为顾客提供超值服务，以全新的开拓市场新观念培训、教育销售队伍，并创造了被称为"鹰文化"的团队准则。西安杨森是这样解释自己的"鹰文化"的：

鹰是强壮的，鹰是果敢的，鹰是最敢于向山巅和天空发起挑战的，总是敢于伸出自己的颈项独立地作战。在西安杨森的队伍中，要做搏击长空的雄鹰。作为个人，西安杨森鼓励每一位员工都要争做工作上的雄鹰；作为制药公司，西安杨森立志要成为医药界的雄鹰；作为企业，西安杨森立志要成为全世界优秀公司中的雄鹰。

在培养"销售雄鹰"的同时，西安杨森的领导层还十分看重培养销售队伍的团队建设。在1996年底的全国销售总结会议中，公司集中学习并讨论了关于"雁的启示"：

1）"当每只雁展翅高飞时，也为后面的队友提供了'向上之风'。由于组成V字队形，可以增加雁群71%的飞行范围"。启示是分享团队默契的人，能互相帮助，更轻松地到达目的地，因为它们在彼此鼓励。

2）"当某只雁掉队时会立即感到独自飞行的困难和阻力，它会立即飞回队伍，善用前面同伴提供的'向上之风'继续前进"。启示是团队应该像大雁一样具有团队意识，在队伍中跟着带队者，与团队同奔目的地。

3）"当前导的雁疲倦时，它会退到队伍的后方，而另一只雁则飞至前导位置弥补"。启示是艰难的任务，需要轮流付出。团队中的人要互相尊重，保护每个人独特的技术、才能、天分及资源。

4)"排成 V 字飞行的大雁发出'呱呱'的叫声,鼓励前行的同伴保持速度"。启示是团队要用互相鼓励的方式来鼓舞士气。在鼓舞人心的团队中,生产率也大大提高。个人的自我表现,来自团队有效的呐喊与激励。

5)"当某只雁生病时,其他的同伴会飞出队伍,跟在后边,帮助它、保护它"。启示是团队应该具有雁群的意识,并肩作战。在困境中彼此支持,一如团队在顺境中茁壮成长。

经过这样的严格训练,销售队伍既有了雄鹰的拼搏斗志,又有了大雁的团队精神,西安杨森的销售队伍越来越强。正是有了这支高素质、高效率的优秀团队,西安杨森取得了十分骄人的业绩。

为了使企业文化深入人心,融入每位员工的心中,西安杨森特别注意精心挑选并培训管理人员,强调领导带头,树立公司典范。1992 年 3 月,公司组织了近 50 位中层干部进行"西安杨森丈八沟管理营培训",统一经营理念和企业价值观,确立公司的目标与管理策略,然后进行集训,所有人每天坚持早上跑步、白天开会、晚上讨论的模式。公司这样安排的目的是强化培训团队精神,锻炼管理人员的身体,为员工树立榜样。领导层表示:"要求员工做到的,领导首先要做到,领导者必须处处以身作则。"这样就为建立企业文化奠定了坚实的基础。

(资料来源:张文喆. 实践创新 与时俱进 [M]. 北京:企业管理出版社,2002.)

提示点评:

1. 企业文化是企业的灵魂,是企业发展的出发点和立足点。为适应合资后的经营和管理要求,西安杨森把确立企业文化作为灵魂塑造工程的头等大事来做。

2. 量身打造、适应发展的企业文化是实现企业战略的保证。西安杨森使员工逐步适应新的管理模式,培养出对企业和社会的责任感。

3. 西安杨森的企业文化不是干部文化,也不是员工文化,而是管理者和员工共同参与、打造的团队文化。

思考训练:

1. 如何理解案例中的上位文化、中位文化和下位文化?

2. 西安杨森的员工信奉的企业文化理念是什么?

第十一章

企业文化的国际比较与跨文化管理

 学习提示

重点掌握：企业文化的国际比较与跨文化管理。

掌　　握：跨文化管理、企业立足全球视野、构建跨文化管理的策略。

一般了解：东西方企业文化比较、跨文化管理的相关理论、跨文化管理的实践。

本章对东西方文化进行了比较，以便更好地借鉴各国的企业文化发展经验，研究并分析跨文化管理的相关理论与实践，为企业减少由文化摩擦带来的交易成本，指导企业把视野放在全球范围内，构建自己的跨文化管理策略，从而实现企业跨国经营的成功。

第一节　东西方企业文化的比较

他山之石，可以攻玉。借鉴国外的经验，可以开阔视野、活跃思维，注重本土的先进事例，同样可以带动自身的发展，因此，研究国外企业文化的形式和发展过程，有利于我国企业更深刻地理解企业文化，摸清它的本质和发展规律。

一、日本的企业文化

日本的企业文化是在传统的东方伦理基础上建立起来的。日本一些企业的企业文化内容十分广泛，其中心内容是尊重人、相信人、承认员工的贡献，培育员工的现代心理，激发员工的自主性、创造性。"社风""社训""社长信条"等是日本企业文化的主要表现形式。

日本的企业文化的主要特征有以下几点：

（一）"经营即教育"

"经营即教育"是由著名日本企业家松下幸之助首先提出来的，现已经成为日本企业文化的重要特征，如丰田汽车公司的口号为"既要造车，又要造人"。日本企业家认为，"人才开发是企业活力的源泉。"录用新员工后首先要将员工送入培训机构受训，考试合格后才能上班，这已经成为日本一些企业的一项制度。

（二）重视风土建设

所谓风土，是指企业成员必须遵循的道德规范和行为原则，以及所养成的工作态度和工作作风。日本企业大多有培养良好"社风"的"社训"。通过"社训"，为员工进行思想道

德和精神方面的培养，从而使企业员工的整体素质不断提高。

（三）以"人"为中心

日本企业的突出表现为建立以"人"为中心的经营模式，如终身雇佣、年功序列工资制和企业工龄，使员工与企业形成命运共同体。

（四）尊重、信任员工

日本企业提倡员工参与管理，如鼓励员工向企业提出"合理化建议"，参加各种企业经营管理小组等。同时，企业领导十分关心员工，例如员工结婚、过生日时，企业领导者会赠送礼品，表示慰问。再例如在员工上班时，企业领导在厂门口"迎候"。

日本企业文化来源于日本特有的文化背景。许多学者认为，中国的儒家文化是日本企业文化的精神。儒家强调"忠"，由于长期以来受儒家文化的影响，不少日本人有着深刻的忠于天皇、忠于国家的思想。儒家又十分重视教育，认为教育为治国平天下的中枢。这些思想在日本企业文化中有着强烈的表现。

二、美国的企业文化

美国的企业文化在 20 世纪 70 年代末至 20 世纪 80 年代中期走向成熟。美国的企业文化十分重视人的作用，主张要宽厚待人，并要求企业员工发光发热，要生产确有成效的产品。管理者没有把自己关在办公室里，而是经常到现场和工人一起工作。著名的美国学者彼得斯和沃特曼在总结了美国 43 家杰出模范企业后，认为美国企业文化重视硬件和软件两部分，其中结构和策略是硬件，而软件中的核心是整个企业共同遵循的价值观念。企业领导者最重要的任务是塑造及维持整个组织的价值共识。

美国的企业文化产生于日本的企业文化之后，在某种程度上是美国长期以来过分重视短期利益，太过信赖数学分析及赚钱第一的经营方式的反映。美国企业文化的产生，是向日本企业文化学习的结果。然而美国的企业文化又带有典型的西方文化色彩。与此相联系，美国的企业文化有以下几个特点：

（一）个人主义

个人主义是美国企业文化的核心。美国企业倡导员工个人奋斗、竞争取胜。在美国，经理是一种社会职业，可以自由流动，员工也可以随意流动，所以在一个企业中，一种特殊的企业文化模式有时很难沉淀下来，无法形成独有的观念。因此相对来说，美国的企业文化缺乏稳定性。

（二）英雄主义

美国的企业文化崇仰英雄主义，认为英雄主义是美国企业文化的象征。在企业文化强盛的企业中，英雄的传奇故事有巨大的作用。当然，这里所讲的英雄主义实际上是一种个人主义。

（三）理性主义

美国的企业文化重视理性，相对比较忽视情感。因此，即使企业文化盛行，但在企业内部，仍然强调依靠规章制度，采取合同管理。

1. 重视自我价值的实现

美国著名的苹果电脑公司认为，要开发每个人的智力闪光点的资源。"人人参与""群言堂"的企业文化，使该公司不断开发出具有轰动效应的新产品。IBM 公司认为，责任和权力是一对孪生兄弟，要使员工对工作负责任，企业就必须尊重员工、信任员工，并给予实际的自主权。例如当时 3M 公司的新事业开拓小组的所有组员都是自愿加入工作小组的，他们有高度的自主权，只要小组业绩达到公司的绩效标准，组员便可得到奖励，即使研发失败了，公司也保证组员原来的职位和待遇。各种新奇的想法在 3M 公司都能得到理解和宽容，科学的设想在 3M 公司总能找到归宿。

2. 提倡竞争和献身

竞争出效益，竞争出成果，竞争出人才，但竞争的目的并不在于消灭对手，而在于使参与竞争的各方更加努力地工作。美国的企业十分重视为员工提供公平竞争的环境和竞争规则，充分调动其积极性，发挥其才能。如 IBM 公司对员工的评价是以其贡献来衡量的，提倡高效率和卓越精神，鼓励所有管理人员成为计算机应用技术专家。福特汽车公司在做领导职位任命时，凭业绩取人，严格按照"贵以授爵，能以授职"的原则行事。福特公司前总裁亨利·福特说："最高职位是不能遗传的，只能靠自己去争取。"

3. 奖励创新

许多美国企业都用不断创新来保持自己的优势。杜邦公司成功的经验是发扬不停顿精神，不断开发新产品；3M 公司的成功在于创新有绝招，招招都很妙。3M 公司不轻易扼杀一个设想，如果一个设想无法在 3M 任何部门付诸实践，设想者可以利用 15% 的工作时间来证明自己的设想是正确的。3M 公司还能容忍失败，"只有容忍错误，才能进行革新。过于苛求，只会扼杀人们的创造性。"这些是 3M 公司的座右铭。成功者会受到奖励、重用，失败者也不会受到惩罚。

4. 利益共享

许多美国企业实行股份制。通过员工持股，员工除工资收入外还能分到红利。此外还增加了员工参与经营管理的权利，提高了他们的身份、地位和安全感，美国大型连锁店沃尔玛百货有限公司、希尔顿酒店集团，均将一部分股份作为工资或福利分给员工。惠普公司等还通过增加员工的福利（如为子女提供助学金），让员工共享公司成果。

三、中国的企业文化

中国的企业文化受中国传统文化的影响颇深。中国的一些百年老店在企业经营过程中最看重或者一贯坚持的理念有：

（一）诚信

中国古代商人中，廉贾不在少数。"诚"是儒家文化中具有积极意义的德目，也是中国交换伦理道德的重要典范。他们的经营方针是"诚信为本""薄利多销"，即通过树立"诚信无欺"的经营信誉赢得顾客。

（二）品质

传统的企业理念体现在企业道德行为上就是"价实""货真""量足""守义"，这既是企业的伦理道德观念，也是企业的行为准则。价实，是说商品价格真实；货真，是说商品质量有保障；量足，是说商品计量足够，不仅是说商品绝对数量的足量，还是指计量单位的统一；守义，是谈经营作风端正，这也是一种企业风尚。中国传统道德观是"见利思义""义然后取""信义不欺，一诺千金"。这些都说明中国的企业文化浸润了传统文化的思想。

（三）人和

中国古代商人经商致富后，大都能周济贫困农民，处理好自己与国家之间的关系。中国古代商业企业优良传统正是通过商人的这些行为表现出来的。乐施于民成为商人的美德，正是这种传统美德为中国后来的企业树立了榜样，也是传统企业文化的价值所在。

四、其他一些国家或地区的企业文化

（一）德国的企业文化

德国企业普遍注重以诚信服务客户、塑造品牌、树立企业形象。高德霍夫公司从铁匠铺起家到成为世界一流的拖车跨国公司就是德国企业发展的一个缩影。他们迅速发展壮大的重要原因是，按照客户的要求研发产品。对客户提出的合理要求，他们不说"不行"，产品的加工制造努力追求卓越品质。就这样，在和客户的合作过程中，逐渐树立了自己的品牌，增强了企业的核心竞争力，使企业不断发展壮大。

生产卫生洁具的凯乐玛公司的服务也非常有特色，他们常把客户请到公司，倾听客户的意见，并按照客户的要求设计产品。高水平的设计使产品充分体现了人性化的特点，给人以美的享受，成为家居的亮点和主人的骄傲。周到的服务和精良的产品，树立了良好的企业形象，尽管凯乐玛公司的产品价格比同类产品高出 30%，但还是牢牢保持着较高的市场份额。

所以优秀的服务品质是德国企业成功的长处之一。

（二）韩国的企业文化

韩国的企业文化重视忠于职守，主张对家庭、对社会、对部下、对自己负责。下面是韩国一些大企业的企业文化特点：

1）以忠于团队为荣的精神。企业重视员工忠诚感的培养，把公司与国家目标和个人利益挂钩。每个人的最大贡献不仅为企业带来繁荣，也为国家和个人带来财富。

2）创业者的坚定信念、追求成功的坚强意志、自我牺牲精神以及超前眼光，成为员工凝聚力的主要支柱。

3）家庭情感主义。企业如家庭，他们善于运用各种方式、场合表现对员工及其家庭的关心。例如，企业对员工子女入学或家中的丧事都给予特别津贴，尽力给员工以安定的职位，培养"家庭式"的情感。

4）兵营式组织管理。大部分企业都采取军队式组织形式，一方面向员工传播服从意识，培养员工的责任观念；另一方面提高企业的统御能力。

5）奖罚分明。优异者受奖，违纪者必受处罚。

6）团队意识。员工有尽力与团队结为一体的精神，连奖惩都和团队结为一体，使大家都有一种团队的归属感。企业采用创立口号、格言来增强员工的团队意识。

第二节　跨文化管理的相关理论

跨文化是指两种或更多的文化相遇时，会呈现出一种独特的文化现象和状态。20 世纪 50 年代，美国的跨国公司发现将在美国国内取得巨大成功的管理理论和管理方法套用到其他国家的公司时，屡屡受挫；而在 20 世纪 60 年代末和 70 年代初，日本企业在跨国经营活动中却取得了巨大的成功。美国学者开始重视对日本企业管理的研究和探讨，掀起了世界范围内跨文化研究的热潮，形成了一系列的理论成果。

一、六大价值取向理论

较早提出跨文化理论的是两位美国人类学家——克拉克洪（Kluckhohn）与斯乔贝克（Strodtbeck）。六大价值取向理论发表在《价值取向的变奏》一书中，他们认为，人类共同面对六大问题，而不同文化中的人群对这六大问题的观念、价值取向和解决方法就能体现这些群体的文化特征，描绘出各个文化群体的文化轮廓图，从而将不同的文化区分开来。他们提出的这六大问题是：对人性的看法；人们对自身与外部自然环境的看法；人们对自身与他人之间关系的看法；人的活动导向；人的空间观念；人的时间观念。

克拉克洪与斯乔贝克从自己的研究出发，指出不同民族和国家的人在这六大问题上有相当不同的观念，而在这六大问题上的不同观念则显著地影响了他们生活和工作的态度与行为。

（一）对人性的看法

美国文化对人性的看法比较复杂，并不单纯地认为人生来善良或生性险恶，而是认为人性可善可恶，是善恶混合体，他们认为人性的善恶有可能在出生以后发生变化。基督教的原罪说反映的是人性恶的理念，通过忏悔和行善洗脱罪孽、升上天堂，反映的则是人性可变的信念。有的社会对人性采取较单一的看法，例如中国文化中的"人之初性本善"，表现的是对人性的乐观态度，而"三岁看老"则有一点人性难变的假设。这一点表现在管理上，美国强调制度，尽可能考虑人性恶可能带来的不良行为，在设计制度时严密、仔细，事先设置种种限制以防止不良行为的发生；而中国则从人性善的角度，假设人不会做坏事，有时到坏事发生的时候再去修补制度。

（二）人们对自身与外部自然环境的看法

不同文化对人与自然环境关系的看法主要有三种：人类是受制于自然的，自然是不可战胜的；人类能够控制自然，人类是环境的主宰，人类可以通过改变自然环境去实现自己的意图，达到自己的目的；介于前两种看法之间的一种中立的看法，即人能够与自然建立和谐的关系。

（三）人们对自身与他人之间关系的看法

对自身和他人之间关系的看法，主要有个人主义与集体主义两种。个人主义认为人应该是独立的个体，每个人都应与众不同，都应有自己的独特之处，每个人都应对自己负责，而不是对他人负责，或者说是先对自己负责再对他人负责。集体主义则把个体看成群体的一员，个人不可以离开群体而存在，而且个人不应有与他人不太相同的特征，应该尽量合群；在个人利益与群体利益发生冲突时，个人则应该牺牲自己的利益保全集体的利益。

（四）人的活动导向

活动导向是指人们以什么样的活动作为中心。从活动导向出发，可以分为三种不同类型的文化：自为型，这种文化强调做或行动，注重是否达到目的；自在型，这种文化强调此时此刻的存在，崇尚纯朴的自发性，行动受感情支配；自控型，这种文化处在自为型和自在型两种文化之间，把活动的焦点放在控制上，强调行事受理性支配。

（五）人的空间观念

人在关于空间的观念上表现出来的文化差异也非常显著。有些文化非常开放，倾向于把空间看成公共的东西，没有太多隐私可言；有些文化则倾向于把空间看成个人的私密之处，他人不能轻易走近，非常注重保护个人的隐私。

（六）人的时间观念

不同文化对时间的看法主要涉及两个层面。一个层面是关于时间的导向，即一个民族和国家是注重过去、现在还是未来；另一个层面是针对时间的利用方面，即时间是线性的，应在一个时间里做一件事，还是时间是非线性的，在同一时间里可以做很多件事。

二、文化维度理论

文化维度是荷兰国际文化合作研究所所长吉尔特·霍夫斯塔德（Geert Hofstede）及其同事在对文化因素进行定量研究时采用的概念。1980年，吉尔特·霍夫斯塔德在调查66个国家的117000位IBM员工的工作价值的基础上，发展出基于西方文化的四个文化维度，即个人主义与集体主义、权力距离、不确定性规避和刚柔性。

个人主义与集体主义（Individualism and Collectivism）表示个人与群体间的关联程度。个人主义文化注重个体目标，相反集体主义文化则更强调集体目标。在个人主义文化中，人们应当自己照顾自己和直系家庭成员，而在集体主义文化中，人们期望他们的内群体或集体来照顾他们，作为这种照顾的交换条件，他们对内群体拥有绝对的忠诚。个人主义没有圈内（In-group）和圈外（Out-group）的明显差别，而集体主义却有明显的圈内和圈外的差别。

权力距离（Power Distance）表示人们对组织或机构内权力较少的成员对权力分配不平等这一事实的接受程度。权力距离大的文化成员视权力为社会的基本因素，强调强制力和指示性权力，而权力差距小的文化成员则认为权力的运用应当合法，重视专家或合法性的权力。

不确定性规避（Uncertainty Avoidance）表示人们对未来不确定性的态度。对不确定性规避程度较强的文化往往有明确的社会规范和原则，来指导几乎所有情况下发生的行为，而规避不确定性程度较弱的文化的社会规范和原则就不那么明确和严格。

刚柔性（Masculinity and Femininity）表示人们对男性和女性社会角色如何分配的认识。阳刚型社会性别角色有明确的划分，阴柔型社会性别角色则有所重叠；阳刚型社会的文化成员赞扬成就、雄心、物质、权力和决断性，而阴柔型社会的文化成员则强调生活的质量、服务、关心他人和养育后代。

1987年，中国文化联合机构以22个国家作为研究调查对象，以东方文化构面为基础，发展出基于东方文化的四个文化维度，即长期导向、合作性、仁爱心和道德纪律。

1）长期导向表示对待长期生活的态度。长期导向高的社会，人们倾向于节俭、积累、容忍和传统，追求长期稳定和高水平的生活。

2）合作性表示人们之间相处和睦、友好、认可的程度。

3）仁爱心表示人们对待他人的礼仪性、耐性和爱心程度。

4）道德纪律表示人们远离不符合道德和规范事务的距离和坚定的态度。

三、文化架构理论

弗恩斯·特朗皮纳斯和查尔斯·汉普登·特纳认为文化是"正态分布"的。每一种文化中都包括行为规范、价值观和假想三个层面。他们拓展了深层维度，使得在文化本身和文化之间出现了其他的模式。他们提出的文化维度包括个体主义与集体主义、人与时间的关系、人与自然的关系、普遍主义与特殊主义、中性与情绪化、关系特定与关系散漫、注重个人成就与注重社会等级，前三个文化维度和前面两个理论大体相同。

(一) 普遍主义与特殊主义

普遍主义与特殊主义最早是由社会学家塔尔科特·帕森斯提出的。普遍主义者强调依照法律和规章的指示来行动，而且这些原则不应因人而异。特殊主义者却强调"具体问题具体分析"，应当因人而异，因地而异；特殊主义者认为世间没有绝对真理，也不存在唯一正确的方法。

(二) 中性与情绪化

中性与情绪化这个维度主要是指人际交往中情绪外露的程度。情绪表露含蓄微弱的文化则被称为中性文化，而情绪表露鲜明夸张的文化则被称为情绪文化。在中性文化中，人们不愿表现出他们在想什么以及感受如何，人与人之间很少有身体接触以及有夸张的面部表情；而在情绪文化中，人们则会将想法和情绪不加掩饰地表现出来，人与人之间的身体接触比较自然，沟通时充满丰富的肢体语言以及夸张的面部表情。

(三) 关系特定与关系散漫

这个维度可以用来解释在不同文化中生活的人在人际交往方式上的巨大差别。它是由著名心理学家科特·勒温提出的，他在 1934 年发表的《拓扑心理学原理》一书中提出了两类交往方式：①特定关系类型，把人与人之间的界限划分得清清楚楚，特定领域和特定人群，不渗透、不混淆，对事情一是一，二是二，对事不对人；②散漫关系类型，散漫关系文化中的人倾向于把所有的生活领域都联系起来，他们认为所有的事情都有千丝万缕的联系，比较注重面子。

(四) 注重个人成就与注重社会等级

注重个人成就的文化是指在该文化中，一个人的社会地位和他人的评价是按照他最近取得的成就和业绩记录进行的。注重社会等级的文化则意味着一个人的社会地位和他人的评价是由此人的出生、血缘关系、性别或年龄决定的，或者是由此人的人际关系和教育背景决定的。在管理上，在个人成就导向的文化中，人们尊重那些有知识和技能的管理人员，按照业绩付酬是大家都能接受的原则。在社会等级导向的文化中，人们尊重那些资历深的管理人员，而不只是有知识和技能的人员，在这样的文化中很难推行百分之百的业绩与薪酬挂钩制度。

第三节 跨文化管理的实践

文化，简单来说就是人所创造的生存环境。文化是人类所处的环境中由自己造就的那一部分，是人类知识、信仰、艺术、道德、法律、风俗习惯以及人类作为社会成员后天获得的其他一切能力和习惯的总和。文化是人群独特的生活方式，是他们对生活的全面设计，是人类生活的总汇。

一、跨文化管理的含义

跨文化管理又称交叉文化管理，就是在跨国经营中，对不同种族、不同文化类型、不同文化发展阶段的子公司所在国的文化采取包容的管理方法。其研究的是在跨文化条件下克服异质文化的冲突，并据此创造出企业的独特文化，从而形成卓越有效的管理的过程。其目的在于如何在不同形态的文化氛围中设计出切实可行的组织结构和管理机制，在管理过程中寻找超越文化冲突的企业目标，以维系不同文化背景的员工共同的行为准则，从而最大限度地控制和利用企业的潜力与价值。

（一）跨文化冲突的特征

在进行全球经营时，跨国公司的管理由于加入了另一种文化的观念，势必会造成文化冲突（Culture Shock）。跨国公司的跨文化冲突特征有：①非线性不同质的文化像不同的水域，几片或多片水域的冲突与交融，常常表现出错综复杂的状态，因而具有非线性特征；②间接性文化冲突一般都在心理、情感、思想观念等精神领域中进行，其结果是人们在不知不觉中发生变化，但是这种变化需要通过较长的时间才会表现出来；③内在性文化是以思想观念为核心的，因此文化的冲突往往表现在思想观念的冲突上；④交融性，文化冲突与文化交融始终相伴而行。跨文化管理的任务在于从不同的文化中寻求共同的、能体现各种文化精髓的东西，这样才能在各种文化环境中生存。

（二）跨文化冲突的表现

跨文化冲突表现在国际企业管理的各个方面，其中某些特定的管理职能对文化更加敏感，主要表现在员工激励、协调组织、领导职权和人力资源管理等方面。

1）在激励方面，工资是调动员工积极性的关键因素，但各个国家由于文化不同而导致企业对工资的态度和政策不同。当美国企业的海外经理给东道国墨西哥企业的工人涨工资时，结果适得其反，墨西哥企业的工人减少了工作时间而去享受闲暇。这是因为美国人和墨西哥人对诸如工作这样的基本概念所持的态度因文化不同而不同。美国文化中人们对工作的态度是积极热情的，而墨西哥人对工作的态度则是，工作仅仅是为了维持所期望的生活水平而采取的方法，是一种谋生的手段。

2）在协调组织方面，跨文化冲突从日本企业进入某国的企业的苦衷中可见一斑。在某国时常发生工人"集体歇斯底里"的情况。因为小事，一个工人的情绪波动便会引发整个车间的骚动，造成车间停工。这是因为多数工人来自不同的地方，还不习惯城市工厂的现代化劳动管理，这种心理压力增多就会发生工人情绪波动的现象。

3）在领导职权方面，如某合资企业陷入困境也是由于跨文化冲突造成的。这家拥有丝绸处理高新技术的企业，其市场前景是相当广阔的，但企业的东道国董事长对企业的产供销直接干预，甚至将企业从银行的贷款用在不合适的方向，最终导致外方总经理的离开，使企业陷入困境。

4）在人力资源管理方面，微软公司的原则是，需要人力时便立即开始招聘，招聘来的人在最短时间内就能担当某个最具体的工作；培训5%的员工，另外的95%靠自学和在职"实习"；公司业务成长而员工没能"跟着成长"，员工就会被淘汰。曾任微软中国总经理的吴士宏主张帮助员工"跟着企业成长"，在中国市场实施可持续发展的人力资源策略。但由于不能克服这种跨文化的冲突，吴士宏离开了微软中国公司。

二、企业跨文化管理的发展

跨文化管理并不是一个新的事物，它起源于古老的国际商贸往来。

早在古代，古埃及人、腓尼基人、古希腊人就开始了海外贸易，并懂得了如何与不同文化背景下的人们做生意。到了文艺复兴时期，丹麦人、英国人以及其他一些欧洲国家的商人更是建立起了世界范围的商业企业集团。当他们与自己文化环境以外的人进行贸易时，他们就会对与他们处于不同文化背景下产生的语言、信仰以及习惯保持敏感，避免发生冲突以便顺利实现交易。这些事实上就是在从事跨文化的经营与管理活动。不过这时候的跨文化管理活动完全取决于从事贸易活动的商人们的个人经验，有关文化及文化差异与相似的研究也仅仅是人类学家的事。企业还很少关注对文化及其差异的研究，跨文化管理也还没有成为一门独立的学科。

跨文化管理真正成为一门学科，是在20世纪70年代后期的美国逐步形成和发展起来的。它研究的是在跨文化条件下如何克服异质文化的冲突，进行卓有成效的管理，其目的在于如何在不同形态的文化氛围中设计出切实可行的组织结构和管理机制，最合理地配置企业资源，特别是最大限度地挖掘和利用企业人力资源的潜力和价值，从而最大化地提高企业的综合效益。兴起这一研究的直接原因是第二次世界大战后美国跨国公司进行跨国经营时的屡屡受挫。

美国管理学界一直认为，是他们将管理理论进行了系统化的整理和总结，是他们最先提出了科学管理的思想，也是他们最先将这一思想应用于管理实践并实现了劳动生产率的大幅提高，因此他们的管理理论和管理实践毫无疑问应该是普遍适用的。然而，第二次世界大战后，美国跨国公司跨国经营的实践却对这种看法提出了质疑。实践证明，美国的跨国公司在跨国经营过程中按照美国本土的管理理论与方法，是很难在其他国家取得成功的，而许多案例也证明了对异国文化差异的迟钝以及缺乏文化背景知识是导致美国跨国公司在新文化环境中失败的主要原因，因此美国人不得不去研究其他国家的管理经验，从文化差异的角度来探讨失败的原因，从而产生了跨文化管理这个新的研究领域。

除此以外，日本在20世纪60年代末和20世纪70年代初企业管理的成功，也是导致跨文化管理研究兴起的重要原因。在这一时期，日本的跨国公司和合资企业的管理日益明显地显示出了它们相比于美国和欧洲公司的优越性，在这种情况下，美国企业也明显感觉到了来自日本企业的压力，产生了研究和学习日本企业管理的要求。

美国人对日本企业管理的研究大体上有两种方式：一种是专门介绍日本企业，从中总结出好的内容；另一种是联系美国企业实际情况来研究日本企业，进行对比。经过研究，美国人发现，美日两国企业管理的根本差异并不在于表面的一些具体做法，而在于对管理因素的认识有所不同。例如，美国企业过分强调如技术、设备、方法、规章、组织机构、财务分析这些硬因素，而日本企业则比较注重如目标、宗旨、信念、人和价值准则等这些软因素；美国人偏重于从经济学的角度去对待管理问题，而日本人则更偏重于从社会学的角度去对待管理问题；美国人在管理中注重的是科学因素，而日本人在管理中更注重哲学因素等。

研究结果清楚地表明，日本人并没有模仿美国的管理系统进行企业管理，而是建立了更适合其民族文化和环境的管理系统。这个管理系统远比美国已有的管理系统成功。这一研究结果，更加推动了人们对文化以及对不同文化下管理行为的研究。

三、跨文化管理的要求

在正确认识国际企业跨文化管理的必要性的同时，还要做到以下几点：

(一) 树立正确的跨文化管理的观念

首先承认并理解差异的客观存在，克服狭隘主义的思想，重视对他国语言、文化、经济、法律等的学习和了解。当跨国公司的管理人员到具有不同文化的东道国工作时，往往会遇到很多困难。反映特有文化的语言、价值观念、思维形式等因素在跨文化管理中会形成障碍，会在企业中产生矛盾，影响跨国经营战略的实施。理解文化差异是发展跨国文化管理的必要条件。理解文化差异有两层含义：①理解东道国文化如何影响当地员工的行为；②理解母国文化如何影响公司派去的管理人员的行为。不同类型的文化差异产生的冲突可以采用不同的办法来解决。因管理风格、方法或技能不同而产生的冲突可以通过互相传授和学习文化来解决，一般比较容易解决；因生活习惯和方式不同而产生的冲突可以通过文化交流来解决，但需要较长的时间；因人们基本价值观念的差异引发的冲突往往较难解决。只有把握不同类型的文化差异才能有针对性地提出解决文化冲突的办法。

其次把文化的差异看成一种优势而不是一种劣势，要恰当、充分地利用不同文化所表现的差异，为企业发展创造契机。西方有句谚语：任何事物都有两面性。文化也是一把"双刃剑"。文化给企业开展国际运营带来了机遇，但更多的却是巨大的挑战。时任广汽本田汽车有限公司总经理的门胁轰二曾说："我们企业内部的矛盾颇多，但这也正是本田好的一面。我们在中国选择合作伙伴时，总是喜欢挑选一些与我们想法不同的合作者，这使我们经常发生意见的碰撞，这样不同思想的碰撞就会产生新的想法，从而创造出本田新的企业文化。"在广汽本田汽车有限公司看来，矛盾和冲突不仅不会形成障碍，反而会是企业发展的动力、企业创新的源泉。

再次要充分认识跨文化管理的关键是对人的管理，即实行全员跨文化管理。这是因为：

①跨文化管理的客体是人，即企业的所有人员。跨文化管理的目的就是要使不同的文化进行融合，形成一种新型文化，而这种新型文化只有根植于企业所有成员的意识之中，才能通过企业成员的思想、价值观、行为体现出来，才能真正实现跨文化管理的目的，否则跨文化管理只会流于形式。②实施跨文化管理的主体也是人，即企业的经营管理人员。在跨国公司中，母公司的企业文化可通过企业的产品、经营模式等转移到国外分公司，但更多的是通过熟悉企业文化的经营管理人员转移到国外分公司，在跨国公司的资源转移中，除资本外就是经营管理人员的流动性最强。由于跨文化管理的主体和客体都涉及人，因此跨国公司的跨文化管理中要强调对人的管理，既要让经营管理人员深刻理解母公司的企业文化，又要选择具有文化整合能力的经营管理人员到国外分公司担任跨文化管理的重要职责，同时要加强对公司所有成员的文化管理，让新型文化真正在管理中发挥重要作用，促进跨国公司在与国外企业的竞争中处于优势地位。

（二）识别文化差异

在对文化差异有了正确的认识，并能够正确看待文化差异之后，企业对文化的管理就应该从务虚走向务实，正确地把握文化差异的具体体现，发现企业文化的差异是什么。把握文化差异最有效的方式是人员互动，例如将公司总部中有异文化接触需要的人员派往不同文化环境中工作一段时间，或将国外分公司中的东道国管理人员派往公司总部进行短期培训研修，让双方有亲身体验、了解对方文化的机会。

索尼公司有"员工是企业家庭中的一员"这种家庭成员式的企业文化，公司中上下级地位平等，人与人之间有良好的关系。在索尼公司的英国工厂开设之前，公司创始人、前总裁盛田昭夫把包括工程师在内的英国人员请到东京接受文化培训。在日本，英国人看到大家穿着统一的工作服，都在食堂吃饭，管理人员同下属在一起办公，五个人共用办公室，共同使用办公用品和设备，这样英国人就从工作环境氛围中理解了索尼公司的文化是不区别对待管理人员和一般员工的。

当然这种方式的成本是比较高的，不可能对所有人都采用这种方式，所以众多企业选择在企业进行日常培训时充分重视企业文化的熏陶，将母公司的企业文化介绍给海外分公司的员工，同时也接受他们的质疑、反馈；要在公司内建立和完善各种沟通制度或渠道，方便员工对公司的政策、措施或自己的待遇不满意时能提出意见，公司可以与员工及时沟通。双方多沟通交流，公司就能理解、把握海外分公司员工的不同需求，这些不同需求就体现了不同的文化。企业也可以聘用文化顾问对管理人员及员工进行指导，指导他们认识文化差异。这种文化顾问是跨越不同文化领域的桥梁，有时也被称为"文化翻译"，他们帮助来自不同文化背景的人们进行协调谈判，并解释期间出现的误解，解释各方行为的含义，通过这种方式双方可以彼此加深对对方文化的理解。

识别文化差异还体现在对已认识到的文化差异进行分析区分，以采取针对性的措施。根据美国文化人类学家爱德华·霍尔的观点，可以将文化差异分为正式规范、非正式规范和技术规范。正式规范即因基本价值观引起的文化差异，往往不易改变；非正式规范即因生活习惯和风俗引起的文化差异，可以通过较长时间的文化交流加以改变；技术规范，如管理风格、方法或技能，是可以通过技术知识的学习获得的，很容易改变。

四、跨文化管理的策略

（一）本土化策略

公司要本着"思维全球化和行动当地化"的原则来进行跨文化管理。通常跨国公司在海外进行投资时，就必须雇佣相当一部分当地员工。这主要是因为当地雇员熟悉当地的风俗习惯、市场动态以及政府方面的各项法规，而且了解当地的消费者的消费习惯，雇用当地雇员无疑方便了跨国公司在当地拓展市场、稳定发展。"本土化"有利于跨国公司降低海外派遣人员和跨国经营的高昂费用、自身文化与当地社会文化的融合、降低当地社会对外来资本的危机情绪；有利于东道国在任用管理人员方面，主要考虑的是该人员的工作能力及与岗位的匹配度，可以选出最适合该岗位的员工。但这个策略的缺点也十分突出，由于"本土化"公司的各个成员都只重视自我的发展，无法形成一个具有集体价值的企业文化，使得企业对个体来说缺少长久的凝集力。全球营销和产品的快速创新和多样化，以及人类各民族之间的空前交往和融合，"多向交叉文化"策略已经成为许多跨国公司采用的人事管理制度。

在具体运用中，可采用以下方法来避免由于个体之间存在的巨大文化差异而造成的"文化冲突"：①尽量选用拥有当地国籍的母国人；②选用具有母国国籍的外国人；③选用到母国留学、工作的当地外国人；④选用到当地留学、工作的母国人等。

（二）文化相容策略

根据不同文化相容的程度可以为以下两个不同层次：

1）文化的平行相容策略。这是文化相容的最高形式，习惯上称为"文化互补"。就是在跨国公司的子公司中并不以母国的文化或是开发国的文化作为子公司的主体文化。母国文化和东道国文化之间虽然存在着巨大差异，但却并不互相排斥，反而互为补充，同时运行于公司的操作中，可充分发挥跨文化的优势。一种文化的存在可以充分地弥补另外一种文化的许多不足及其单一性。例如肯德基公司在中国市场的巨大成功就是运用了跨文化优势，实现了跨文化管理。

2）隐去两者的主体文化，和平相容策略。虽然跨国公司中的母国文化和东道国文化之间存在着巨大差异，而两者文化的巨大差异很容易在国外分公司的日常运作中产生"文化摩擦"，但是管理者在经营活动过程中会刻意模糊这种文化差异，隐去两者文化中最容易导致冲突的主体文化，保存两者文化中比较平淡和微不足道的部分。由于失去了主体文化对不同文化背景的人所具有的强烈影响力，使得不同文化背景的人可以在同一公司中和睦共处，即使发生意见分歧，也很容易通过双方的努力得到协调。

（三）文化创新策略

文化创新策略即将母公司的企业文化与国外分公司所在地的文化进行有效整合，通过各种渠道促进不同的文化相互融合，促进不同文化背景的员工了解、适应对方的文化，从而在母公司和当地文化的基础上构建一种新型的国外分公司的企业文化，以这种新型文化作为国外分公司的管理基础。这种新型文化既保留了母公司的企业文化特点，又与当地的文化环境相适应，既不同于母公司的企业文化，又不同于当地的企业文化，是两种文化的有机整合。因为要从全世界的角度来衡量一国或一个地区文化的优劣是根本不可能的，这中间存在一个价值标准的问题，只有将两种文化有机地融合在一起，才能让国外分公司的企业文化既含有母公司的企业文化的内涵，又能适应国外文化的环境，从而体现跨国公司的竞争优势。

（四）文化规避策略

当母国文化与东道国文化之间存在着巨大不同，母国的文化虽然在整个公司的运作中占了主体，但又无法忽视东道国文化存在的时候，由母公司派到子公司的管理人员，就必须特别注意在双方文化的重大不同之处进行规避，不要在这些"敏感地带"造成彼此文化的冲突。特别是要尊重其他国家的宗教信仰。

（五）文化渗透策略

文化渗透是个需要长时间观察和培育的过程。跨国公司派往东道国工作的管理人员，基于其母国文化和东道国文化的巨大不同，不可以强迫当地员工在短时间内服从母国的人力资源管理模式。而应凭借母国强大的经济实力所形成的文化优势，对当地员工进行逐步的文化渗透，使母国文化在不知不觉中深入人心，东道国员工在逐渐适应了这种母国文化后并慢慢地成为该文化的执行者和维护者。

（六）借助第三方文化策略

跨国公司在其他国家或地区进行全球营销时，由于母国文化和东道国文化之间存在着巨大不同，而跨国公司又无法在短时间内完全适应由这种巨大的"文化差异"而形成的完全不同于母国的东道国的经营环境，这时跨国公司所采用的人事管理策略通常是借助比较中性的、与母国文化已达成一定程度共识的第三方文化，对设在东道国的子公司进行控制和管理。用这种策略可以避免母国文化与东道国文化发生直接冲突。例如，欧洲的跨国公司想要在北美洲地区设立子公司，就可以先把子公司的海外总部设在思想和管理比较国际化的美国，然后通过在美国的总部对在美洲的所有子公司实行统一的管理。而如果美国的跨国公司想在南美洲设立子公司，就可以先把子公司的海外总部设在与国际思想和经济模式较为接近的巴西，然后通过巴西的子公司总部对南美洲的其他子公司实行统一的管理。这种借助第三方文化对母国管理人员所不了解的东道国子公司进行管理的方式，可以避免资金和时间的无谓浪费，使子公司在东道国的经营可以迅速、有效地取得成果。

（七）占领式策略

占领式策略是一种比较偏激的跨文化管理策略，即国际企业在进行国外直接投资时，直接将母公司的企业文化强行注入国外分公司，国外分公司只保留母公司的企业文化。这种方式一般适用于当地消费者能对母公司的文化完全接受的情况。但从实际情况来看，这种模式采用得非常少。

总之，跨国公司在进行跨文化管理时，应在充分了解本企业文化和国外文化的基础上，选择适合自己的跨文化管理模式，使不同的文化达到最佳的结合，形成自己的核心竞争力。

思 考 题

1. 对比东西方文化特征，分析企业文化对跨国公司的跨文化管理有何意义。
2. 文化差异对企业管理有哪些影响？
3. 如何实现跨文化背景下的人才本土化？

典 案 链 接

麦当劳通过培训进行品牌管理

"如果不首先接受麦当劳关于'汉堡精神'的教育培训，谁也别想成为它的特许经销商。"这是经销商 Ole Madsen 深入麦当劳体系后的感受。

Ole Madsen 拥有麦当劳公司在丹麦哥本哈根主要火车站的特许经营权，在他最终得到许可并签订合同之前，他自己的餐馆开业的旅程可谓是教育、教育以及更多的教育，而此后，还是更多的教育或者按公司的惯常叫法：培训。Ole Madsen 的经历极具代表性地反映了麦当劳的品牌管理方式。

一、申请程序

1993 年，Ole Madsen 向位于丹麦的麦当劳公司提交了申请，对自己进行了介绍，并表明了他有意成为特许经营商的愿望。那时他 40 岁，恰好是合适作为特许经营商的年龄，大多数新的特许经营商都是 30~40 岁，这样才基本能够保证与麦当劳公司特许经营商的合同能够持续 20 年。

Ole Madsen 与麦当劳公司顾问的洽谈进行得十分愉快和顺利，因此他很快就进入了下一步程序的申办——在一个已有的餐厅里接受为期五天的培训。在这里，他与其他员工以同样的工作条件一起工作，如烤制汉堡、站收银台、擦地板等。这五天是十分关键的五天，它将决定筛选的最终结果。一方面，申请人可以由此发现这一行为对他或她来说是否适合；另一方面，麦当劳公司能够判断该申请人是否具有与年轻人沟通和交流的能力。如果五天后的印象仍然很好——就像 Ole Madsen 的情况，申请人则可以再继续进入下一个程序，接受更进一步的培训。应该指明的是，这大约要持续一年到十八个月的时间，而在此期间，申请人没有任何薪酬。这项培训的原则和宗旨是：即将成为特许经营商的人都必须了解麦当劳公司，了解它从上到下的运作和程序，因此申请人首先应该以普通员工的身份在现有的餐厅里工作和锻炼。这一年到十八个月的培训时间长短具体取决于申请人的情况，直到申请人具有了开办一家新餐厅的可能性时，这种培训便可以结束。除此之外，申请人还要参加三门各为期一周的课程学习，科目范围从基本服务到商业经济和管理，最后还必须通过考试，如果一切进展得顺利，申请人方可被授予开办餐厅的权利。Ole Madsen 通过了考试，且他只培训了六个月就成功地获得了特许经营权。

在餐厅开业之前，与其他即将成为特许经营者的人一样，Ole Madsen 被派往位于芝加哥的汉堡大学，参加为期两周的"继续教育课程"，在那里他所接受的培训，是在本土国家已经接受的培训的延续，包括团队建设、管理实践，以及其他更多、更丰富的内容。交通费和食宿费需由自己支付，只有培训费由母公司负担。通常，该培训结束时也必须通过考试。

二、在店内工作

在餐厅开业前，员工招募完毕并开始工作，全日制员工在餐厅开业前一个月就开始工作，而兼职员工则在开业前十四天开始工作，这段时间还是用于培训，这些培训在已经开业的餐厅里进行。

在他们开始工作之前，新员工都会收到一本手册，手册里对餐厅的干净、整洁和卫生要求均做出了具体的规定和要求，并要求手和指甲必须绝对干净，与制服相配的鞋子必须是合成橡胶底，且必须擦亮，跑鞋、凉鞋或便鞋是绝对禁止穿着的，男士必须留学生短发（要求在衣服领子以上），脸必须刮干净，而留长发的女孩子则必须将头发扎起来。

这些对餐厅日常工作和细节的严格控制构成了著名的麦当劳公司的"圣经"（即麦当劳的运作和培训），它阐明了生意是如何开展的。虽然这个以卖汉堡包为主的公司成功的真实原因是一个商业秘密，但众所周知，它建立在被麦当劳称之为 Q、S、C（质量、服务和干净）的基础之上。

公司手册的绝大部分是关于麦当劳产品制造过程的详细说明，例如如何避免触碰炸薯条等，而不管看到哪里，都会发现持续不断的对卫生严格要求的提醒。

同样，为消费者服务的过程也被系统化到最细微的地方，例如汉堡必须在烤制出来10分钟内送到顾客手中（炸薯条是 7 分钟），否则就要扔掉。麦当劳公司有套独创的系统，例如新烤制出来的汉堡都放在候送线上，并且每一个汉堡都标有一个与麦当劳公司的时钟时刻相一致的号码，这样，员工们就能够很轻易地辨别出汉堡的制作时间。厨房里设有秒表，每当某些特定原料（沙拉、调味品等）超过保鲜时限时，秒表就会响起。

麦当劳公司总部经常对特许经营者的经营状况进行检查，且特许经营者们每年都必须进行业绩汇报，这实际上是与来自组织总部的人员进行交谈，检查人员一般都由一名来自服务部的人员和一名来自账务部的人构成。为了保证特许经营者没有淡忘在开始所学到的知识，他们每五年都必须再接受一次"继续教育课程"的学习。

由于这一系列持续不断的员工培训，员工事业开拓的可能性相对就大得多，事业的发展轨迹几乎没有出过偏差，而是在不断地前进着。员工在麦当劳公司，可以从一名普通的员工，成为一位部门经理，负责厨房或收银，然后，还可以被提升为经理，负责安排白班和夜班的轮换倒班，与此同时，员工还将被赋予其他方面的权力；最后，员工还可能成为餐厅主管，传授自己在汉堡大学所学到的必要的知识。总之，员工的职位和地位越高，所需要的培训就越多，这是保证公司向世界传播其精神并得到成功的必然方式。

汉堡大学的培训只是麦当劳公司要求其员工参与的众多教育和培训活动中的一小部分，特许经营者们没有任何不同的待遇，相反，为了达到要求，他们必须一直接受培训和测试。

只有那些具有"正确"的价值观的人，才能够参加麦当劳公司的培训，而这样做的结果，是成功地培育起了麦当劳公司最有价值的资产——它的品牌。

（资料来源：昆得. 公司精神［M］. 王珏，译. 昆明：云南大学出版社，2002.）

提示点评：

1. 作为餐饮企业的麦当劳公司，不介意打出一张教育牌，系统化的培训大大加强了麦当劳公司的"一致性"和整体实力，这样才能给顾客信心，增强公司的可信度。

2. 培训既是经营管理的手段，也是企业文化管理的手段。经过严格训练，富有敬业精神的员工熟练地按操作规程进行操作，这就是麦当劳公司成功的秘诀。

思考训练：

1. 培训在麦当劳公司的经营、管理中处于一种什么位置？

2. 麦当劳公司通过什么实现企业的宗旨——"为顾客提供百分之百的满意"？

3. 说说你去麦当劳用餐的感受，为什么会有这样的情况？

第十二章

互联网时代的企业文化

学习提示

重点掌握：互联网时代的企业文化。

掌　　握：互联网时代的新业态、互联网时代企业文化的新业态、互联网时代的企业文化理念新维度。

一般了解：网络空间命运共同体的五点主张。

本章对互联网时代的企业文化进行了详细介绍，以便大家更好地了解互联网时代的企业文化特征和新业态。互联网已经进入到人们生活的方方面面，它改变了人们的生活方式，颠覆了人们的商业模式，在冲击人们固有的思维方式的同时，也改变了企业文化的形态和发展方向，推动着企业管理与组织的创新变革。

第一节　互联网时代的新业态

一、互联网时代的社会特征

互联网对人类社会的巨大影响不仅仅表现于信息的获取、处理与传递，更表现为构建在信息技术之上的新型产业形态、社会经济、社会思维、人际交往方式、生活方式、工作方式和新型的文化，它甚至催生了虚拟生活空间这一新型的生活形态。

（一）新型产业形态

信息技术与社会经济的融合不仅促进了传统行业的发展，还衍生了众多新型产业形态。互联网催生了网络媒体、电子商务、网络娱乐、网络教育、远程医疗、社交网络、互联网农业、物联网以及互联网金融等大量新兴行业，几乎每个传统行业都能在互联网中找到其对应的行业。与传统行业不同，这些新兴行业的"新"不仅表现为交易渠道的变化，更体现为交易方式、交易结构乃至权力契约的综合革新。

"互联网+"为新业态和新产业的发展提供了机遇。随着互联网的发展，不断涌现出新业态，如共享经济、在线教育、网购等。这些新业态不仅带来了新消费和新就业机会，也推动了相关行业的转型升级，促进了经济的转型升级。例如，共享经济的快速发展，推动了共享单车、共享汽车等领域的创新和发展，带动了相关企业的业务拓展，促进了产业升级。互联网新业态已成为引领经济增长的重要力量，对我国实现"稳增长、调结构、惠民生"经

济发展目标的作用逐步显现。

1. 互联网新业态已成为引领经济增长的重要力量

互联网新业态是指以互联网为代表的信息技术在经济社会各领域的深入应用而形成的新产业形态。从全球看，其已成为后金融危机时代推动经济复苏、引领经济增长的重要力量。

比较典型的如移动互联网、云计算、大数据、物联网等。根据思科全球云指数预测，全球数据中心 IP 流量从 2016 年的 6.8 ZB 增长至 2021 年的 20.6ZB，其中数据中心内部之间的流量占比在 70% 以上，占据主导地位。全球数据中心朝向云计算方向发展，2020 年全球公有云服务市场规模达到 3124 亿美元，2019 年云数据中心市场规模为 803 亿美元。

1）制造业和服务业深度融合催生的新业态。"服务型制造"已成为引领制造业产业升级和企业保持可持续发展的重要力量。"生产性服务业"成为全球产业竞争的战略制高点。近年来发达国家普遍存在"两个70%"现象，即服务业增加值占 GDP 比重的 70%，生产性服务业占整个服务业比重的 70%。

2）基于互联网的产业整合催生的新业态。企业可以利用互联网，对资金流、物流、信息流三种重要资源进行新的配置，带动供应商、制造商、分销商乃至最终用户的整合重组，从而形成新业态。

3）基于互联网商业模式创新催生的新业态。

2. 互联网新业态是新形势下我国经济行稳致远的重要力量

2023 年，国家统计局发布数据，初步核算，上半年国内生产总值 593034 亿元，按不变价格计算，同比增长 5.5%，比一季度加快 1.0 个百分点。分产业看，第一产业增加值 30416 亿元，同比增长 3.7%；第二产业增加值 230682 亿元，增长 4.3%；第三产业增加值 331937 亿元，增长 6.4%。分季度看，一季度国内生产总值同比增长 4.5%，二季度增长 6.3%。从环比看，二季度国内生产总值增长 0.8%。

（1）促进经济结构优化　加速现代服务业发展，使得第三产业对经济增长的贡献明显提高。2023 年，移动互联网接入流量达 3015 亿 GB，比上年增长 15.2%。截至 2023 年底，移动互联网用户达 15.17 亿户，全年净增 6316 万户。全年移动互联网月户均流量（DOU）达 16.85GB/（户·月），比上年增长 10.9%；2023 年 12 月当月 DOU 达 18.93GB/户，较上年底提高 2.75GB/户。

（2）提供经济增长新动力　新业态领域的投资与市场规模持续扩大。中国信息通信研究院发布的《云计算白皮书（2023 年）》显示，我国云计算市场年复合增长率超 40%，预计 2025 年我国云计算整体市场规模将超万亿元。其中，公有云市场规模增长 49.3% 至 3256 亿元，私有云市场增长 25.3% 至 1294 亿元。相比于全球 19% 的增速，我国云计算市场仍处于快速发展期，在大经济颓势下依旧保持较高的抗风险能力。

（3）进一步扩大就业　相关部门对于新职业人群的保障措施逐步完善，让灵活就业者更有干劲。2021 年 7 月，人社部等八部门共同印发《关于维护新就业形态劳动者劳动保障权益的指导意见》，对维护好新就业形态劳动者的劳动报酬、合理休息、社会保险、劳动安全等权益做出了明确要求。《"十四五"数字经济发展规划》提出，健全灵活就业人员参加社会保险制度和劳动者权益保障制度，推进灵活就业人员参加住房公积金制度试点。

"中国数字经济发展动力足、潜力大、空间广，未来有望吸纳更广泛的就业群体。"中国信息通信研究院政策与经济研究所相关负责人认为，把数字经济做大做强，将继续成为驱动中国经济发展的重要力量，同时助力调整就业结构、提升就业质量，开拓更多更广的就业空间。在全社会重视和支持青年创新创业的背景下，年轻人和弱势群体倚重电商平台实现就业的情况呈明显上升趋势。

（4）使经济发展更具普惠性和包容性　如在线教育的发展意味着可以通过互联网，将优质课程资源以极低的成本传递给那些原本无法取得这些资源的学习者，人们随时随地获取优质学习资源已经成为可能。以"小额、快捷、便利"为主要特征的互联网金融正在填补着传统金融覆盖面的空白，尤其是低成本的移动支付在农村地区的扶贫、便民服务方面呈现出巨大的发展空间。

（二）经济层面的特征表现

进入到21世纪的互联网时代，基于互联网产生的互联网经济极大地影响了我国的经济。互联网改变了产业的格局，改变了企业的竞争方式方法，推动了经济全球化，成为助推我国经济转型增长的强劲动力。

1. 对商业模式的影响

管理和市场竞争相呼应，伴着经济全球化发展加快，互联网改变了人类社会的发展，从工业革命到信息化革命，互联网推动了经济新时代的形成，用户在商品过剩和生产力提升的背景下，拥有了巨大的商品选择空间。在新经济时代的影响下，企业应满足市场个性化需求，这是企业能否在激烈的市场竞争中发展和生存的前提。

2. 推动经济全球化

近几年，由于各种因素的影响，全球经济发展缓慢，然而互联网行业依然发展迅猛，成为推动全球经济发展的中坚力量。随着互联网技术的不断完善和应用，世界经济的生产经营模式和资源流动更加便捷和高效，使得各国经济摆脱了封闭向经济全球化发展。互联网中，电子资金和货币的流动比传统商品的流动更广、更快，与信息流的结合更紧密，使得经济全球化势不可挡。

3. 影响市场竞争

互联网对经济的发展有着至关重要的作用，它改变了市场竞争模式，影响了经济全球化发展。企业不仅能够利用互联网降低市场开发成本，还能够利用互联网适应经济变化，提高经济效益，增加竞争力。消费者可以直接与企业进行交易，降低消费支出。而交易模式发生的极大改变，有利于企业提高服务质量和服务效率，从而打破经销商的垄断，促进市场经济发展。

（三）思维层面的特征表现

互联网时代正在不断改变人们的思维方式，而且思维方式的改变也在很大程度上促进了互联网的发展。互联网对于人们思维方式的改变体现在以下三个方面：

1. 资源整合方式

思维方式一个重要的体现在于如何整合资源，在互联网时代，资源整合方式发生了巨大的变化。随着移动互联网、物联网、大数据的不断发展，资源正在全面数字化、网络化，所以互联网进行资源整合的能力也越来越强。

2. 利用资源

在资源整合之后，接下来要考虑的核心问题就是如何盘活这些资源并形成一个正向的业务模式。利用资源的重点在于找到需求并补需求空缺（痛点），比如电子商务的思维模式就是解决层层"盘剥"的商业模式，让生产企业与用户之间实现对接。

3. 对新技术敏感

互联网思维的一个重要基础就是互联网技术，可以说技术是推动模式变革的核心元素，所以培养互联网思维的一个重要基础就是掌握互联网技术，而重点在于对技术边界的理解。一个新技术的推出往往能够打造一个新的商业生态，比如互联网时代的电子商务，移动互联网时代的线上线下服务（O2O），物联网时代的大数据等。随着大数据、云计算、人工智能等技术的不断发展，互联网将逐渐从消费端向生产端过渡，尤其是5G标准落地之后，产业互联网已经开始全面进入落地应用阶段，因此要想充分把握产业互联网的发展机遇，一定要培养自己的互联网思维模式。

互联网这种媒介对人的思维产生的影响也可以从另一个角度切入。互联网导致信息生产和流动的速度都比以前大大增加了，也让人获取信息的广度和速度比以前大大增加和提高了，这也将导致人与人之间的连接，以及人与物之间的连接变得比以前更加容易。这些变化对人的直接影响是：从信息缺乏到信息过载，从人际强关系到人际弱关系，变化快速导致不确定性等。

这些变化对人的思维造成的影响有三个方面：①由于信息过载，导致人们的深度思考不足，影响人们的认知能力；②各种信息干扰导致专注力下降，并将导致心理上的信息匮乏感，即信息越多，越觉得有效信息不够；③由于社会变得更加不确定，让人们普遍感到焦虑，并失去对行为的控制能力。

（四）人际交往层面的特征表现

互联网渗透进人类社会交往方式之前，人们的社会网络形成主要是基于亲缘、地缘、业缘与偶遇等这四种方式。这些传统的个人社会网络都是局限在一个很小的范围内，并且这部分人生活范围的相似程度和重叠范围都较大，因此在传统的社会网络中，每一个网络都相对独立，与其他网络的交流更为闭塞。然而，互联网技术极大地改变了这一现状。例如从最早微软推出的"我的空间"（MySpace），到现在几乎人人普及的"脸书"（Facebook），网络社区从未像今天这样繁荣过。每一个用户在网络社区里都有其独立的个人页面，页面上有用户上传的照片、视频和音乐，以及他/她所喜爱的电影、电视剧、电视频道、消遣时喜欢的活动等。在这样的网络社区里，大部分用户都是实名的，因此用户可以在正式认识好友之前就了解到他/她的部分信息。从某种意义上来说，这种简历性质的个人主页说明使得人们在真实接触时能够更容易地找到他们共同感兴趣的话题。

在如今的互联网时代，人们找到共同兴趣的群体变得容易了很多，而且也更容易与兴趣领域的人们建立联系。以前对名人生活信息的报道，群众往往只能通过大众传媒来获得相关的资讯。而现在通过网络社区，人和人之间的交流似乎变得越来越私人和直接，不需要第三方机构来传递。互联网对人们交往行为的意义，有以下几个显著的方面：

1. 社会关系的高效管理

人们在互联网上所建立的关系或者在现实世界中建立的关系，可以通过各类技术手段在互联网上维持和发展，在必要的时候也可以以技术手段结束。每个交往对象的信息以及浏览行为都会在网上找到踪迹，交往行为变得理性和直接。

2. 信息获取范围的扩大

互联网使距离因素对信息传输的阻碍变得越来越小，个人可以轻松地同地球另一端的人直接联系，也可以通过他人的文字、音频、视频等媒体文件来丰富自己的世界观，是一种信息层面的生活世界的扩大。

3. 维持弱关系的重要手段

过去人们用名片和电话号码来保持弱关系，而互联网可以对这种弱关系的维持进行加强。名片可能会丢失，电话号码也可能会更换，但是网络上的身份却不会轻易丢失，而且只要一个人持续以某个角色接入互联网并留下痕迹，那么他是一定可以被找到的。互联网为这些弱关系提供了存储的平台，并记录着他们各自发生的变化。

4. 物理世界的再体验

互联网将现实生活中的许多资料都搬到了网络上，人们可以方便地浏览和利用这些信息。例如一位从未来过中国的外国人，可以通过电子地图、视频和图片等领略中国的自然风光；而一位刚从泰山归来的游客，还可以从网络上找到其他游客所拍摄的不同季节的泰山风景，来加强他的旅游感触。尽管这些媒体信息都是不可触摸的，但是它的确扩展了人们对物理世界的体验。

不过从另一方面来说，互联网交往的以上特征也有其有害的一面。例如"网络暴力"一词已经逐渐被人们所熟识，网络上发生的各类隐私泄露和骚扰案件也对现实生活世界产生了威胁。但是这些问题大多都已经得到了妥善解决，相关的法律规则都对这些行为进行了约束，技术上也对这些行为进行了干预，因此其负面影响是处于人们可控制范围内的。

（五）生活方式层面的特征表现

随着现代社会发展速度的加快，人们对生活品质和便捷化有了更高的要求。现代互联网技术在提高生产力、改善人们的物质生活条件等方面起到了关键性作用。现代互联网技术把虚拟的技术形式与现实生活实践相结合，在人们日常的衣食住行等生活领域展开进一步的技术渗透，为人们创造了一个智能化的发展环境，引导着人们的购物、消费、交通出行方式呈现出多样化与智能化。

1）互联网技术与商品销售相结合，开拓全新的网络销售渠道，为人们开启了互联网购物新时代。互联网技术推动传统商品经济和商业模式的不断革新，销售网络化模式的兴起，一方面为广大消费者提供了更多网络购物途径，通过网络选购和网上下单实现消费者随时随地地挑选各类商品，满足人们的需求；另一方面为商品经营者提供了新的网络销售平台和渠道，实现了线上线下相结合的经营模式。例如网络直播带货是当下最流行的互联网经济模式，不仅促进网络化商品经济的快速发展，而且进一步影响着人们的购物方式和消费习惯。

2）互联网技术与餐饮行业结合，打造了多款应用软件，利用互联网信息技术为人们推荐所在城市的餐饮品牌和门店位置，打造各类网上订餐平台，并推出线上自助下单点餐、线下及时配送的外卖配送方式，或网上预订、到店用餐的服务方式，适应了当下人们紧张快速的生活、工作节奏和用餐习惯，给人们的就餐饮食提供了极大的便利性。

3）互联网技术与现代交通领域相结合，进一步规范了现代交通运输的秩序。强大的互联网后台监控技术手段和大数据记录功能，督促人们遵守交通法律法规，自觉维护交通秩序。在互联网技术的推动下，有商家推出了"共享单车""共享汽车"等服务，极大地满足人们短途出行时对交通工具的需求。互联网打车软件的设计和应用，使"网约车"行业兴起，既节约了人们的出行时间，又为人们的出行提供了更多快捷性、自主性的选择。另外，以互联网为技术载体，智能化的"交通导航"技术更是为人们的出行指出"明路"，帮助人们规划路线、安排行程，拓展了人们的出行活动范围。

4）互联网技术与人们的日常交易活动相结合，新的移动在线支付功能已经普及。促成现代互联网技术快速普及于人们日常的衣食住行等领域的"推手"，就是对现代互联网技术强大的移动支付功能的开发和应用。"移动在线支付"借助于大数据和云计算等现代互联网新的技术形式，改变了过去传统的现金支付或银行卡支付形式，例如人们可以在"支付宝""微信"等应用软件中注册基本的个人信息，进行账户与平台信息关联，在日常商品、服务等交易中，通过"扫码"或"刷脸"，便可以完成支付。方便快捷的在线支付手段为人们带来了极大的便利，不断加深网络化发展程度。

（六）工作方式层面的特征表现

1. 工作环境的变化

互联网已经进入人们生活的方方面面，它在改变人们的生活方式，颠覆人们的商业模式，冲击人们固有的思维方式。人们通过网络交流彼此的信息，提高了人们的主动性和能动性，让个性得到极大的舒展和发挥。同样，在日常工作中，互联网也改变了人们的工作环境。

（1）签到系统的转变及移动化办公　死板的打卡系统以及固定狭窄的办公场所在很大程度上限制了人们的工作效率，人们也会因为各种突发状况如堵车、意外受伤而无法正常出勤，受到各种损失。那么，一个能够随时随地可以进行考勤的办公系统解决了这些问题。通过办公自动化平台，实现工作的全面移动化，将员工从狭窄的办公室中解放出来，毫无疑问能够大大提高工作效率。

（2）实现全面网上办公，告别纸质办公时代　传统的办公方式里，文件的传递更多使用的是纸质形式，这不但流程烦琐、不够透明，还会造成纸张浪费以及存在信息丢失或滞后的风险。而在互联网时代，人们可以通过办公平台查看到所有的工作安排及工作进度，并且能够通过平台完成线上信息传递，在安全性有保障的情况下，文件易于储存还节能环保，同时降低成本。

（3）提高团队协作效率，拓展职场社交范围　在过去的工作环境里，员工之间过于分离，以至于很多员工在工作中与同事交流不足，也缺少与同事的互动与协作。而在互联网时代，员工通过网络社区能够加强彼此之间的联系，互帮互助，协同办公；而在生活中互联网也能拉进员工之间的距离，增强企业的凝聚力。

（4）企业管理更加高效　传统的企业内信息不够透明，管理层很难掌握到全面的员工状态和工作情况，因此管理效率低下。而在未来的办公室内，管理层可以运用大数据分析透视整个组织，准确地掌握企业运营以及员工状况，做到更高效的管理。当然，还有很多的可能性会在未来发生，如今也有很多企业在致力于改变人们的办公环境。人们的工作方式将会不断地改善，环境变得越来越舒适，工作变得越来越高效。

2. 工作方式的变化

（1）线上协作　互联网技术的发展使得人们可以在线上进行协作，实现跨地域、跨时区的工作方式，大大提高了工作效率。

（2）自由职业者的崛起　互联网的出现使得自由职业者可以在互联网上自由寻找用户，进行在线交易，使得自由职业者有了更大的发展空间。

（3）远程办公的普及　随着互联网技术的发展，越来越多的企业开始采用远程办公模式或云办公模式，使得员工可以在家或其他地方进行工作，提高了工作效率，减少了企业的办公成本。随着互联网技术的不断发展，人们的生活和工作方式将会越来越依赖于互联网，但同时人们也需要注意合理使用互联网，保证互联网对生活和工作产生积极影响。

3. 互联网对企业工作方式的影响

工作方式就是人们在社会生产中劳动力如何进行分工、协调和组合的问题。人们的工作方式既受社会生产力的制约，同时还受科学技术和劳动工具的制约，工作方式是一个动态发展的概念，工作方式的发展也是社会进步的结果。现在，互联网的普及和完善使"以人为本""更高层次的自主劳动方式"越来越重要。

1）从历史的视角看，人类社会的工作方式，已经走过了分散劳动和集体劳动两个阶段，互联网技术的发展和互联网用户规模的扩大，使许多人选择在家办公和移动办公成为可能，又出现了更高层次上分散劳动的趋势。在封建社会以前的农业文明时代，人类社会以农耕、牧业为主，劳动方式主要是分散劳动。资本主义大工业发展起来以后，分散劳动随着资本的积累、生产规模迅速扩大和第一次科技革命的影响，逐步被大规模的集体劳动所代替。20世纪末，互联网的普及使人类社会进入到了知识经济时代，与此相适应的工作方式又开始在更高层次上出现了分散的趋势。

2）从现代社会的角度看，更高水平的社会化分工和协作通过互联网进一步统一起来，以人为本、更加符合人性的自主工作方式已经成为趋势。社会分工和协作是社会生产力发展的必然要求和表现，但是把两者有机统一起来一直是一个难题。现代科学的管理为实现这样的要求提供了理论基础和实现方法，现代的管理是以信息为基础的管理，人们生活在知识和信息爆炸的时代，人的大脑难以记忆所有的信息。互联网超强的搜集、贮藏、分析、传播信息的功能为人们解决了一道难题，互联网为社会分工和协作、实现有机统一提供了有力帮助，成为人们适应知识经济时代的得力工具。

以互联网为工具的工作是一种很有前途的工作方式。互联网的全球性、双向性、即时性、容量无限性的特点显著，内容上图文、声音、动画等应有尽有，传输速度及时，受时间和空间限制最小，接受的公众多，及时反馈双向传播，信息量大，可以存储快速积累的属性等，使互联网成为人们生活和工作中必不可少的万能工具。传统意义上的工作正在被更加灵活的工作方式所代替，这种方式既是可能的，又是经济可行的。选择无纸化或移动办公，可以节约办公场地设备，减少上下班花费在路上的时间和成本，降低城市拥挤程度，提高工作效率，充分发挥自己家庭设备的利用率，工作环境更加舒适、温馨，符合个体需要，而且在劳累之时选择适合自己的娱乐方式使自己的身心得到舒展。人们可以在移动过程中进行办公，提高工作效率，也可以选择在自己喜欢的地点和环境工作，可以把旅行和工作结合起来，愉快地工作。

二、互联网时代的商业经济新业态

（一）通融互联，互联为魂

互联网不单是一种思维、一种技术，它是一个时代。置身于这个时代，不管人们了解不了解，喜欢不喜欢，都难以回避它的影响：互联网在改变人们的生活方式，颠覆人们的商业模式，冲击人们固有的思维方式，互联网使人们重新认识外部环境，重新认识用户，重新认识自己；互联网也为人们实现自我超越提供了帮助。

这是一个"通融互联"的时代。通，就是互联互通，它超越时空差距，使组织与用户、人与人之间的距离趋近零，无障碍沟通与交流价值倍增；融，就是整个世界的多种元素融为一体，各种要素交织，形成了"你中有我，我中有你"的新模式，人与人之间无距离融合后，界限就模糊了。"通融互联"给企业带来的最大影响是信息对称和平衡，改变了过去获取利益的盈利模式。互联网时代，企业要从不对称竞争走向对称竞争，利益都要摊到一个共同的"桌面"上，而且必须有新规则。由此，企业与用户的关系、企业内部的管理模式，都将发生一次改变。"通融互联"，这是互联网时代的一个突出特点，它带来的变化就是使得透明、规则、价值观这些东西变得更加重要。

互联网的基础是"三互"，即"互联、互享、互动"。①互联是互联网的基础。互联网将相关或不相关的实体信息连接起来，信息在空间上是零距离的，在时间上是零间隔的，大大加快了信息价值的传递。②互享是互联网的优势，所有信息在互联网上都可以共享，消除了信息不对称，大大减少了信息价值损失。③互动是互联网的根本，众多来源的信息在互联网上交互作用，就能产生叠加效应，从而实现新的信息价值创造。从数学模型来分析，即互联网将实体系统中的"N"通过互联在信息系统中聚集成"1"，由于信息交互创造了新的价值，"N"再回到实体系统中实现，即"N—1—N"。

互联呈"指数"效应，连接的节点越多，其价值就越大。在实体系统中，节点的价值是加和；在网络系统中，节点的价值是乘方。互联网的价值与节点的二次方成正比，即从"N+N"到"N^2"，从这个意义上讲，互联网既是节点的连接器，更是价值的倍增器。互联网中节点量一旦突破临界点，就具有极其强大的爆发力。

互联网的基本特征是开放，通过开放集聚众多资源和能力。以往短板理论认为，一个系统中的短板制约系统的总体价值，通过补短板来提高系统的价值。在互联网环境下，将改变为长板理论，长板理论认为：一个系统中的长板应拉长，要将核心能力的优势发挥到最大，短板应通过外包、众包来配置资源和能力，从而实现系统价值最大化。互联网是开放的，可以组织强大的生态系统。今后的竞争就是生态系统的竞争，产业生态系统包括产业链、要素链、服务链和用户群等。企业构建生态系统，要在互联网上将所有供应商、合作商、分销商、服务商到用户全部互联互通，进而融入跨界资源，通过线上线下（O2O）一体化运营实现生态系统的高效协同，帮助各方向平台化企业发展。生态系统的竞争力是强大无比的。

（二）共享经济模式重塑传统商业模式

共享经济的诞生可以追溯到1978年，美国得克萨斯州立大学社会学教授马科斯·费尔逊和伊利诺伊大学社会学教授琼·斯潘思在其共同发表的论文中首次提出了"共享经济"这一理念。共享经济的本质就是有效资源的最大化利用，其根本在于借助网络作为信息平台，将闲置物品、人力、资源等实现协同消费、重复交易、高效利用。共享经济的显著特点是以共享经济平台这一主体为依托，供给方和需求方的充分共享交流使得社会资源得到高效利用。

相对传统商业模式，共享经济有着独特的优势。

首先，对于消费者而言，共享经济相对传统商业模式有着更大的主动权与透明度，消费者在消费的过程中有着更大的自主选择权，可充分发挥自我掌控能力，在获得服务的同时，能更好地表达个人想法和意见。

其次，随着网络的普及，各种信息传递迅速，此时共享经济的互动优势就体现出来了，供给方和需求方的共鸣使得消费更具有吸引力。

最后，共享经济的共同受益优势。在共享经济的过程中，供给方在有效利用自己的闲置资源的同时，获取了更大的利益，而需求方则以相对更低的成本获取了自己的必需品，双方的互利共赢促使了消费的不断增长。

传统商业模式大多数为粗放型模式，企业通过投入大量的人力、物力及资金，不断扩大市场占有率，逐渐形成自己的品牌影响力，进而促进商业贸易的不断拓展。传统商业模式虽然有着诸多优点，但相对于共享经济，其利润率低、运营费用高、渠道依赖性高等诸多劣势逐步显现出来。随着共享经济的不断发展，商业信息成本大大缩减，消费者通过互联网以更低的价格获得更好的产品与服务，对传统商业模式的依赖性越来越低，传统商业模式正在逐步受到冲击，其生存空间受到严重压缩。就目前的市场趋势而言，共享经济对传统商业模式的影响主要包括以下几点：

1. 消费者消费理念的转变促使传统商业模式市场萎缩

传统商业模式组织生产的模式固定且生产环节具有极高的组织化，消费者主要是以个体为主，不具有组织性，但互联网时代的到来，使得商品交易过程中的信息更加透明，解决了商家和消费者之间信息不对称的问题，提高了消费者的组织化程度，共享经济的出现减少了社会供给总量，形成了一种新的供给和交易模式。传统商业模式是商品的使用权建立在资源所有权上，消费者只有在购买了某商品之后才能对商品进行支配。基于此，消费者更注重的是对商品的使用权，而非对某商品持有所有权，对于一些投入较高并且增强使用强度并不会大幅度地增加折旧速度的商品更是如此，因此消费者的消费理念逐渐从以买为主转变为以租为主。这一理念的转变导致了传统商业模式市场的逐步萎缩。

2. 交易成本的降低促使传统商业模式获益降低

在共享经济中，消费者对商品由买到租赁的转变，使得交易成本、信息成本以及决策成本明显降低，这也导致了许多商品和服务近乎免费，而且更加多样化，并能够在协同共享上分享。相比于购买的交易成本，租赁的交易成本往往低廉很多，共享平台引入了闲置资源并增加供给，由经济学理论可以得出总供给增加对价格带来下行压力。同时，共享经济极大的灵活性也为它带来了巨大的市场。传统商业模式的工作制度不仅束缚了人们的活动，也常常造成时间和资源的浪费。在共享经济环境下，人们的工作方式、内容变得更加多样化。共享经济让供求双方拥有更自由的选择权。这也自上而下推动着制度变革，提升了经济运行的效率。

3. 社会关系的改变促使对传统商业模式重新评估

共享经济模式下，社会关系中个体之间的连接由 B2C 到 C2C，再到 F2F（Face to Face，面对面沟通营销），共享平台改变了传统的资源配置模式，使得社会资源的利用率极大地提高。当新的社会关系建立后，个体与个体之间能够共享的资源逐渐增多。共享经济带来的最显著变化是快速提升的总供给能力，它对现有的资源在短暂时间内进行重新配置，释放了增长潜能。在互联网时代下，共享平台的出现进一步分割了供给方的时间，同时供需双方在适当的时间进行匹配，促进了租赁市场的交易行为。对于希望得到使用权的个体来说，社会的总供给增加，价格下降，消费者的实际购买能力上升，又会刺激其消费需求，使整体的社会经济变得更加充盈。

（三）供给侧与共享经济时代的新型商业模式

在供给侧与共享经济时代，商业模式发生了新的变化，逐渐衍变成一种新型的以"闲置+价值+回报"作为核心基础的商业模式。对于产品和服务供给方来说，在其拥有闲置资源的基础上，于特定时间内对资源使用权进行让渡或对服务加以提供，需求方在资源所有权上并不会直接拥有，对物品的使用主要通过租、借等共享方式来实现，并以此方式来给予供给方一定的金钱回报。对于共享经济平台来说，通过双向补贴与体验等方式吸引供给方和需求方，平台中的供给方可以为需求方提供多样化需求，其平台中的需求方则能够为供给方提供充分的客源。在产品的分类上，以产品和服务供给方个性化程度为标准，可将其分为标准化产品和非标准化产品两大类。对于标准化产品的分类定价，主要基于标准化程度，以从高到低的形式进行；对于非标准化产品则基于产品的差异性，从需求方要求入手实施适当的调整，对需求方在定制化服务方面的需求进行满足。

在产品和服务供给方组织形式上，这种新型商业模式主要包括两种：一种是 B2C 模式，主要为了适应规模化供给；另一种是 C2C 模式，主要为了适应在产品和服务需求方面的个性化与场景化。在以产品与服务需求方群体为基础的前提下，共享经济平台对具有相似特征的个体企业实施细分，同时在深入当地消费者核心需求的基础上，对商品的适应性功能进行开发，对品牌进行定位，并对需求方交易后的评价进行收集以供后续不断改进。对于共享经济平台来说，它并不直接拥有自身所提供的服务所有权，这一特点使共享经济平台在运营的固定资产方面投入相对较少且成本较低。按需分配为共享经济平台所坚持的重要原则，其可基于大数据算法，将合适的用户推送给大量供给方，连接了供给方和需求方。因供需双方本身表现出延展性与叠加性特点，使得共享经济平台拥有巨大的发展潜力。共享经济平台十分注重信任关系的建立，依托社交网络、征信机构使供需双方实现信任关系。

这种在供给侧与共享经济时代下的新型商业模式，有特殊的盈利模式：①通过对产品服务系统进行共享来盈利，如优步（Uber）、爱彼迎（Airbnb）等；②基于网络平台的商品再分配来盈利，如 eBay 等；③对技术、时间及劳务等无形资源进行共享，从而达到盈利目标，如猪八戒网等。从盈利模式来看，这种新型商业模式首先对线下闲置资源进行整合，使这些资源在共享经济平台上聚合，而这些闲置资源并非共享经济平台本身所拥有的，即共享经济平台的经营模式带有轻资产运营属性；其次在对这些闲置资源加以依托的基础上，借助共享经济平台面向需求方，针对不同的需求提供个性化、定制化服务；再次共享经济平台会对移动支付等手段加以利用，促进供需双方实现对接。

（四）新旧商业模式的优劣比较

在传统经济商业模式下，利润的获取主要以差价为依托，这种差价不仅包括企业间的差价，同时包括企业同用户间的差价，这就导致了市场势力的形成。而从市场势力来看，主要形成了两种状态：①以竞争为主的状态；②以垄断为主的状态。在以竞争为主的市场势力状态下，容易滋生低水平的恶性竞争，影响行业创新水平，也容易因重复建设而使产能过剩；在以垄断为主的市场势力状态下，会导致行业对政府管制形成高度依赖，滋生将政府管制作为对高额利润加以获取的手段和工具的问题，继而导致社会利润在行业中出现分布不均的问题。在传统经济商业模式下，理想的发展模式为"企业主导"与"政府保护"的有机结合，而实际上却容易变成"政府主导"模式。由于发展机制的错位，导致行业缺乏发展原动力，企业普遍趋向于垄断和模仿，以此来获取利润，而这种发展模式明显不具有可持续性。另外，在传统经济商业模式下，受交易成本累加性影响，产品性价比不高，难以满足需求的问题突出，这也是其明显的不足之处。在传统经济商业模式下，将产品作为唯一的配置对象，需要供给方承担较高税费，而供给方则会采用向下级需求转移的方式来确保自身利润。在整个产业中，都贯穿着"成本+利润"的传统定价方式，导致下级需求方不断地加价，向再下一级需求方传递。在这一过程中，累加的成本不仅体现在供给方层面的传导成本上，而且体现在供需双方交易过程中的交易成本上，在市场势力中间环节不断地累积下，交易成本不断增加，真正进入终端用户群体中的产品由于价格原因，往往难以满足需求方的需求。

通过与传统经济商业模式的比较可以发现，供给侧与共享经济时代新型商业模式表现出了不同的突出优势。首先，在新型商业模式下市场势力并不存在，对于供需双方来说共享经济为其构造了动态的生态圈，任何企业或个体，均有权利在存在闲置资源的前提下自愿对产品使用权做出暂时转移，成为商业交易过程中的供给方，通过提供产品与服务实现盈利。每个企业或个体还能够同时成为在产品与服务上的需求方，在新的商业模式下，供需双方是能够直接相互转化的，这一特性不仅大大地扩张了商品交易中的供给方外延潜力，也大大地扩张了商品交易中的需求方外延潜力，因市场容量巨大，自然就难以形成市场势力。其次，新型商业模式较传统商业模式的另一不同之处在于配置对象，传统经济下商业模式对新增土地及劳动力和资源等投入有较强的依赖性，而共享经济商业模式的配置对象为闲置资源，其核心在于对资源的再次利用。基于供给侧来看共享经济时代新型商业模式，其表现出了更明显的成本优势。新型商业模式下的共享经济平台，与供给资源的关系跳脱出了传统的直接拥有关系，这就使平台在运营方面实现了轻资产运营，与传统经济重资产运营形成了较大不同之处，更有助于在供需双方的匹配上的定位，继而促进市场效率的提升。另外，在传统经济模式下，以供应式标准化生产为主，供需双方的个性化诉求均较难以得到满足；而从共享经济需求来看，需求方拥有多种权利，如参与权、选择权以及评议权等，在这些权利的依托下，需求方可对供给方的决策产生直接影响，使供给方可提供更具有个性化的产品与服务。在这种自主匹配下，不仅能够实现对产业链的压缩，促使传统商业模式下成本转移累加的降低，同时有助于市场在有效损耗方面实现进一步降低，最终实现市场交易成本的减少。

（五）开放的有机商业生态圈

"互联网+"时代是一个"开放的有机商业生态圈"时代，从企业的深层环境来讲，在信息对称的条件下，企业必须是开放式的有机商业生态圈，同时是一个有机生命体，即企业必须具备自我变革、新陈代谢的功能。伴随互联网技术衍生的平台生态圈，它可以创造出无穷无尽的财富，只要人们具有无限想象力和创意，那么这一切都将会成为可能。

企业构建自己的"商业生态圈"，基础层面的做法是运用互联网技术，加速各商业环节之间的流通，形成一个循环流动的闭环，从而提升企业的效率，是生物学上"生态圈"多样性与循环性的衍生。运用互联网技术，企业将生产系统、物流系统、销售系统、信息系统、消费者反馈系统有机融合在一起，形成一个可循环的闭环，使得流通的环节更为顺畅。

企业构建自己的"商业生态圈"，中级层面的做法是其发展模式不仅仅考虑自身的利益，而是兼顾上下游企业的利益，改变传统企业间竞争的格局，实现企业之间的合作共赢，是生物学上"生态圈"协作性的衍生。借助这样一个生态圈，核心企业可以链接不同企业的资源，实现资源共享，优势互补，从而壮大自身的实力，此外形成的企业生态圈可以助力中小企业的发展。

企业构建自己的"商业生态圈"，高级层面的做法是不仅仅考虑企业的商业流通环节和上下游企业的利益，同时将消费者、思维方式、发展模式、价值愿景也纳入生态圈中，将企业文化与实际商业运作有机地融合在一起，把企业文化视为"商业生态圈"的重要组成部分，以文化为导航，促进实际的商业运作，促进"生态圈"的良性发展。

以上分析的是按照互联网做法，企业构建自己"商业生态圈"的三个层级。

互联网时代，平台型企业构建自己的平台生态圈要从以下四个方面来考虑：

(1) 找到价值点，实现立足　把握住诸多价值链中有共性的一个环节，做到相对高效，为一个或多个价值链提供更多价值，就可以以此为基础，建立一个平台。

(2) 建立核心优势，扩展平台　在平台的基础上，建立起如技术、品牌、管理系统、数据、用户习惯等自己容易复制别人很难超越、边际成本极低或几乎为零的无形资产优势，才能增加平台的可扩展性。在网络效应的推动之下，实现更大的平台价值。

(3) 衍生更多服务，构建生态圈　在建立起来的一个平台上，为价值链上的更多环节构建更多高效的辅助服务，能够增强平台的黏性和竞争壁垒，最终可形成平台生态圈。

(4) 平台战略升级，巩固生态圈　平台生态系统的价值随着产业的发展而变化。将平台生态系统的功能向未来更有价值的价值链环节进行战略性转移和倾斜，是保持和增长平台生态系统基业长青的关键。

(六) 用户是商业经济的核心

管理学大师彼得·德鲁克曾经说过："当今企业之间的竞争，不是产品之间的竞争，而是商业模式之间的竞争。"商业模式道路艰难，但正是这样，才使企业获得了长期的利益。在当今时代，诸多新兴企业都把商业模式作为重要的学习内容，不断地吸收其理论精髓，研究其创新模式，以此来获得企业的发展壮大。

用户是商业模式的核心，企业的重要资产可以说就是企业用户，用户是企业销售体系的重要组成部分。企业如何去开发用户、经营用户、维护用户，让用户为企业带来利润，让企业价值实现最大化的增值，是很多企业一直关注和关心的问题。

在互联网时代，企业需要把用户的思维、想法融入产品当中，企业创新的成功往往依靠对用户的深入理解，包括日常事务、用户关心的焦点及愿望等。近年来，一些企业通过互联网搭建平台、开发工具，都有助于用户将所思、所想、所需要的内容转化为自己的产品和服务。而用户创新将为企业、用户和社会创造巨大的财富价值。

企业必须站在客户的角度去想、去做、去体会用户提出的问题和意见，及时解决，及时挖掘出用户价值。企业应当重视用户视角，这是企业制定商业模式的指导原则，应该以用户视角来指引企业关于价值主张的选择。要从用户的角度来看待商业模式，这样可以让企业找到全新的机会。

通过对用户的全面剖析，将用户全面描述出来，为用户提供最根本的价值。也就是说，产品的价值主张要通过用户需求的外延和深化来挖掘与塑造。比如，卖净化器的企业，要让用户了解到企业是为自己提供健康帮助的；卖牛奶的企业，要让用户明白牛奶不是单纯的奶制品，而是可以让身体健康的产品。如果仅仅看产品本身，那么很难塑造产品的价值，产品的价值要通过用户的需求外延来塑造。

经营用户要着重把握五大环节：①用户定位。用户定位是企业经营的首要问题，企业应在细分市场中明确定位好用户。②建立用户群。按照用户定位建立企业的用户群，构建用户群的最好办法是大力发展用户社群，对用户进行分类，重点服务好"黄金用户"。③与用户互动。企业通过与用户互动，发现用户需求的"痛点"所在，特别要强化用户体验，培养用户的口碑和黏性，做到无互动不商务，无体验不商务。④用户创造价值。用户要参与产品的价值创造，企业通过迭代方式，使用户参与产品研发设计和生产经营，以适应产品定制化和服务个性化的用户需求。⑤员工自主经营。为用户创造价值的主体是员工，企业要变革经营组织，建立员工自主经营体，直接经营用户，为用户创造价值。上述五个环节是一个完整的体系，该系统体现出互联网时代企业经营用户的基本方略。

（七）数据竞争成为商业新趋势

大数据时代，数据在企业商业活动和市场竞争中的价值日益凸显，大量传统及数据驱动型企业开始挖掘海量、多样数据的商业价值。企业普遍认为，"大数据"驱动和指导的商业行为能够为企业带来丰厚的回报，帮助企业在激烈的市场竞争中增强竞争力。

数据对于企业经营的价值一直以来都被大家所认可，比如原料历史购买记录、产品历史销售记录等常常被企业用于内部商业统计及盈利水平估算，企业也会根据自身的生产经营数据结合行业上下游的发展趋势，分析和预估未来的市场前景。由于传统企业收集的数据一般仅限于企业内部的生产经营数据以及行业整体数据，数据体量和来源有限且数据种类较为单一，无法充分利用数据的内在价值，为企业生产经营提供更为准确的指导。

随着信息技术与经济社会的交汇融合，自然人和企业在日常生活与经济活动中产生的数据量正以前所未有的速度增长，数据来源和种类日益多样化，企业处理数据与分析数据的能力也随之不断提升，使得充分挖掘多类数据的潜在价值变成了可能。2006年，麦肯锡全球研究所提出了"大数据"的概念，认为"大数据是一种规模大到在获取、存储、管理、分析方面大大超出了传统数据库软件工具能力范围的数据集合，具有海量的数据规模、快速的数据流转、多样的数据类型和价值密度低四大特征"。换言之，大数据是以体量巨大（Volume）、类型众多（Variety）、存取速度快（Velocity）、价值密度低（Value）为基本特征的数据集。大数据真正的精髓，不仅仅是数据量的爆炸性增长和数据形态的多样性，而是数据与数据之间关联形式的变化。而充分挖掘数据与数据之间的关联关系能够发现因果性，最终指导商业决策。根据大数据的商业实践，麦肯锡全球研究所发现，以数据驱动决策的企业能够提高市场营销投资回报率的15%~20%。

毫无疑问，大数据驱动和指导的商业行为能够为企业带来丰厚的回报，帮助企业在激烈的市场竞争中增强竞争力。但大数据如何为企业带来竞争优势，是人们分析大数据对于竞争甚至垄断问题的起点。一般认为，大数据在经济活动中的作用至少包括改进产品和服务质量、定制化服务、开发新的业务三个方面。

1. 改进产品和服务质量，提升经营价值

数据可以辅助改进经营者的产品和服务质量，而这种作用得益于智能设备的学习效应（Learning Effect）。与传统经济学上的学习效应通过工人的经验积累不同，数字经济大环境下的学习效应得益于各式各样的智能设备及嵌套其中的算法程序。以搜索引擎为例，通过大量收集用户所使用的检索词（组合）以及对特定检索结果的点击行为数据，其自身的学习算法即可协助搜索引擎识别检索的频次，提升检索结果的相关性与准确性，优化检索质量，并通过试错与反馈数据不断地改进其算法。浏览器与操作系统也可以通过学习用户的使用习惯，根据使用频次与强度将不同的内容与功能以不同的优先级进行划分，继而通过调整系统

运行资源分配，将较多的资源运用到优先级较高的内容或进程上，以改进产品或服务的体验。

此外，数据还可以提升经营者所经营资产的价值。在互联网平台经济中，企业平台产品所承载的数据规模将可能影响平台本身的价值，继而影响平台用户的使用行为，直接影响着经营者在相关市场上的竞争力。以当前较为流行的分享经济模式为例，网约车平台（如Uber）或者短时房屋租赁平台（如Airbnb）这类分享经济企业的商业模式一般利用网络信息技术，通过互联网平台将分散资源进行优化配置，并强调供给方与需求方的弹性匹配，实现动态及时、精准高效的供需对接。考虑到分享经济平台主要提供供需双方对接的服务，供给方和需求方的规模一定程度上将决定平台对接服务的效率，因此平台两方的用户数量越大，平台承载的数据量也就越多，将有助于平台完成服务，因此会进一步扩大平台两方的用户，提高企业平台的价值。

2. 精准定位需求，提高用户黏性

大数据时代最显著的商业特征是个性化，即为每一个终端消费者提供专属性的产品和服务。换句话说，不同类型的数据可以协助经营者更好地分析用户的需求，并根据用户需求为用户定制个性化的产品或服务。专属性的产品和服务由于能较为准确地迎合了用户需求，在降低运营成本的同时，也将增加产品和服务的竞争力，提高用户黏性。

以大多数互联网平台的推荐功能为例，大多数推荐功能以行为定向（Behavioral Targeting）为技术基础，通过整合大量用户数据分析特定用户的需求，并根据用户需求推荐与之相对应的产品或服务。互联网平台利用浏览器、应用软件等相关平台，追踪并收集用户当前或历史浏览的页面信息，根据用户连续的浏览行为来分析用户本身的信息，然后通过后台的内容匹配设定将推荐产品或服务展示在用户浏览的页面上。这种行为定向的推荐，能在特定的情况下切合用户的兴趣，实现精准营销。

在为用户提供定制产品或服务的同时，通过数据分析，经营者还可以增加用户的迁移成本（Switching Cost），在一定程度上增强用户黏性。当用户为购买产品与服务所提供的数据越多时，作为产品与服务提供方的经营者将越有可能更深入地了解用户的需求，通过个性化定制降低用户对同类型产品或服务搜索和转移的倾向性。

3. 开发新的业务模式和业务机遇

大数据的一大特点在于它是多来源和多种类数据的结合，而不同个体之间的关联，以及针对同一个体不同数据源之间的关联，将彻底改变以前人们熟悉的商业模式。大数据能够让企业通过分析不同数据之间的关联性发现更多的商机，开发新的业务模式。而且同样的数据，使用在不同的场景中将可能具有不同的作用。

第二节　互联网时代企业文化的新常态

一、互联网思维成为企业文化管理的创新思维方式

互联网思维指充分利用互联网的精神、价值、技术、方法、规则、机会，指导、处理、创新生活和工作的一种思维方式。

随着经济与技术的不断发展，互联网思维已经深入不同行业。在大数据与云计算的技术

支持下，企业可以通过互联网系统、全面地管理工作。在企业运行过程中，以互联网作为基础，不断开发、结合、补充的过程就是互联网思维形成的过程。在互联网思维中，最重要的就是应用这一思维过程解决问题并进行系统管理。

（一）互联网思维的界定

回顾人类发展历史，互联网经济的发展、成熟和应用，曾让欧美甚至包括日本在内的许多国家获益良多。随着中国市场经济的完善发展，市场经济制度的进一步建立健全，以互联网思维为代表的新生经济力量对中国经济发展的贡献潜力不容小觑。在市场经济条件下，互联网改变了传统产业的产业结构、经营模式、营销战略，同时在微观层面的企业也深受其影响。微观层面是指（如家庭、企业）之间的交互，中观层面关注的是某一特定市场或产业的运作，在微观层面研究的是个体经济主体的决策行为和其对市场的影响。

互联网思维第一次出现在众人视野中是在 2011 年。相对于工业思维而言的互联网思维，最早由百度总裁李彦宏提及，意思是新时期、新常态下人们要以互联网思维来进行思考、决策。2013 年，央视新闻联播发布专题报道：互联网思维带来了什么？推动这个词语广为人知。

互联网的特征众所周知，它衍生出的互联网思维充分继承了互联网特征的深刻内涵品质。同时，人们也必须进一步认识到，互联网思维并不仅仅局限在一个行业领域内，它最重要的意义是把人们对互联网的认识从一个新技术形态或工具提升到一个可以应用到所有行业的思维方式。

（二）互联网思维在企业文化建设中的运用

1. 用户思维在企业文化中的运用

互联网思维中的用户思维是"以用户为中心"考虑问题。如果想要获得商业利益，就先要考虑如何建立和创造用户价值。互联网的便利性使消费者有了更广阔的选择空间，因此瞄准用户的价值需求点，创造用户价值便显得尤为重要。企业文化的建设也是如此，消费者是企业文化建设的用户，因此需要企业管理者运用用户思维做好文化定位，为用户提供参与感和满足感。

2. 迭代思维在企业文化中的运用

互联网的产品经过消费者的广泛参与而不断地优化，因此具有迅速迭代的特性。企业文化虽然不是产品，但是其建设也需要企业的管理者拥有迭代思维，根据企业外部经济、政治、文化等环境的变化而不断更新，以推动企业文化的升级变革，使文化产品和文化载体日渐完善，从而使企业拥有长久的生命力。

3. 多元思维在企业文化中的运用

互联网的多元思维是开放的、互动的、共赢的，消费者也因此获得了丰富多彩的购物环境和产品。企业管理者应该把这种多元思维融入企业文化中，打造出多元化的企业文化，从而有效地促进企业文化在企业内部的深化，以及企业品牌在企业外部的传播，提升企业文化的实际效用。

随着科技的发展和社会的进步，各种各样的文化在互联网的作用下相互交融，因此企业也需要与时俱进，不断地将多元化的文化融入企业中，丰富企业文化的内涵，不断吸引具有不同文化背景的员工，同时引导员工创造出多元化的、社会适应范围更广的产品。

二、企业管理与组织创新变革

互联网具有的"去中心、去中介、自组织化"特点开启了一种新时代的全新企业管理模式。互联网时代企业管理具有交互性、及时性、开放性等互联网的特征。

(一)"互联网+"时代企业经济管理的特点

自 1990 年以来，计算机网络技术迅速发展，网络化和全球化已成为不可抗拒的世界潮流。通过互联网电子商务的发展过程可以看出，这是一个具有巨大开发能量的市场，有着极大的发展潜力。这是一个相互关联的动态商业活动，它源于互联网与传统信息技术系统丰富资源之间广泛联系的背景。电子商务系统是由销售门店、消费者、金融机构甚至存储机构这些单元构成的，指商业活动的所有各方，包括商店、消费者、银行或金融机构、信息公司和政府机构。利用现代网络技术，将电子化交易贯彻到整个交易链中。

1. 营销对象变革

传统的大规模营销已经成为一种现代化、个性化和集中化的营销方式。无论细分数量如何，将传统的营销模式，基于一个特定的环境背景将市场营销类型进行细分化，能够发现，在传统条件下，进行大规模批量生产以及销售，是没办法去满足所有的个性化需求的，在网络化营销条件下，人们可以看出，是可以将消费者进行单元化，甚至是一对一营销的，因此，将互联网应用在营销方式中，可以提供更具有特色和个性化的多元营销手段，并且不受服务内容和方式的限制。

2. 营销基础变革

传统营销理论主要是美国营销科学家麦卡锡总结的 4P 策略，即企业传递产品，调整定价、渠道和促销交易变量，以适应市场需求和变化。美国著名营销学家科特勒指出，4P 营销代表卖方，4P 是卖方用来影响买方的营销工具。

3. 营销方式变革

现代称之为直销的模式实际上就是在传统意义上的间接营销。通过之前已经存在的营销模式可以了解到，企业中有的产品实际上在多个中间商之间来回传递，最后达到销售下线，无论是对于产品市场销售的反馈还是对于用户反映的调查，时间和周期上都是很长的。而网络营销是一种典型的直接营销，是指企业和消费者通过平台直接连接而没有中间分层渠道。通过在线销售，用户可以通过互联网直接向企业付款；同时直接营销是指企业与用户之间的互动。用户对此营销活动（购买与否）有明确的响应，企业可以根据此明确地响应计算数据。由此对以往的营销努力做出评价。对于销售效果来讲，直接营销的特点就是可以面对销售效果进行一定的衡量，及时给出评估，最后控制销售方式。实际上，利用网络营销，企业可以大大提高营销效果的各种可能，给出足够的营销策略。

(二)企业管理创新模式在互联网时代的影响

从企业外部生存环境的角度来看，应始终高度重视企业外部环境的监测，如社会环境、行业趋势和政府决策。每日都可以看到最新最快的网络监控报告，发到企业高层邮箱中，那么应该怎么去进行管理上的创新呢？正是通过这些新鲜的时事新闻及时政要闻，人们可以了解管理部门的各种措施如何施行，企业如何调整经营策略。虽然听起来这是非常平常的一件事情，但是如果能够做好，对于企业将是非常重要的一环。

在网络飞速发展的时代，企业将开发新产品的速度看成成功创新的重要一环，需要让产品不停地满足用户的需求。无论是对一个怎么样的小细节进行创新，积累在一起就是大的创新变革。

在网络时代，企业管理的模式也会受到巨大的影响而发生改变。对于企业的管理层，如果不能顺应互联网时代的特点去变革企业的管理制度，可能就不会使企业管理固定化、创新化。管理层也可以利用互联网的一些新端口管理企业，通过这些社交端口，可以给企业内部员工营造一个非常完备的工作环境，营造出简单、和谐、充满活力的系统，并尝试利用互联网的先进技术调动他们的工作热情。

在思想方面，员工实际上是有很多想法的，管理层可以通过了解员工的想法进行创新，也能充分征集员工的意见，梳理其主观能动性。在信息技术和网络经济不断发展和进步的今天，实际上企业的组织架构也在管理模式逐渐变革中发生了重要的变化，在 1980 年，日本和美国的一些研究管理学专家在调研了日本和美国比较有名的几家企业之后，指出了一些问题：对于美国企业而言，因为企业规模太大，导致组织结构很复杂，那么随之导致部门之间分工过于细化，不利于员工之间的横向联系以及信息传递的顺畅，反馈机制链条也比较长。对于日本企业而言，组织结构比较简单，部门之间横向联系特别紧密，可以高效地传递信息，这也是柔性组织管理的一种，日本企业为每个业务部门提供了很多自主权，部门的经理或主管有权处理业务部门的人员配置、雇用、解雇、工资和奖金的发放等所有事项。一旦部门项目盈利，部门经理或主管还可以对分红进行分配。这大大减轻了企业人事和财务部门的压力，高管们也从众多会议中解放出来，节省的时间可以在企业的战略层面进行探索和考虑。

1. 管理组织创新

从金字塔模型中的分层垂直管理到网络类型的扁平化管理、互联网的快速发展和广泛采用正在改变传统企业管理的许多实践。这种发展趋势导致企业压缩纵向距离，导致横向企业结构的结构性运动。在企业中层管理被削弱的同时，出现了新的业务形式，例如基于网络的企业。这样的企业结构就像网络式而不是金字塔式。与传统企业不同，网络中的每个节点都是创新的源泉。首先这样的网络结构是能够激励每个关键点，进行不断创新的，同时也能减少中间管理人员的配置，节约了管理的成本，是非常有利于传统管理系统改革的有效方式。

2. 管理方式创新

从企业去适应市场的变革节奏，到能够主动去寻找市场，在互联网时代，面对企业管理，经营者们必须从舒适区中走出来，打破现状，寻求更高的突破点，并且能够在适应市场的前提下，变革业务类型，谋得企业转型和发展的机会，并且从其中找到创新的核心机会，以及产品的突破口。经营者们要愿意去进行创新和改革，同时将企业变革作为一个重要任务，不停地进行创造、调整，在多方面的管理控制上，要主动面对未来的市场，为开拓新的市场做好准备。

三、"互联网 +" 时代企业管理模式转变的措施

1. 创新管理理念

企业应对"互联网 +"时代的到来，需要对企业的管理模式进行创新改革，首先要创新企业的管理理念。传统的企业管理理念是以企业为中心，在进行企业管理的过程中，忽视了用户的作用，但是随着"互联网+"时代的到来，企业间的竞争越来越激烈，企业的生存

和发展面临着更多的困难，而要想实现更好的发展，就必须吸引更多的用户。因此，新的企业管理理念应该将用户作为企业管理的中心，把用户的利益与企业的发展进行协调，用足够开放、共赢、融合的发展理念来进行企业管理模式的创新。

2. 创新管理组织

传统的企业管理组织结构是金字塔式的，这样的组织结构存在传递信息缓慢、工作效率低下的问题，要想更好地实现企业的发展，就要进行企业管理组织结构的创新。在"互联网+"时代，企业的管理组织结构应该向扁平化转变，实行扁平化组织结构能够大大提高企业内部信息的传递速度，提高企业的管理效率，减少企业内部管理的层次，这样在企业遇到问题时，能够应对问题快速决策。企业实行扁平化的管理组织结构，还能够促进企业员工和管理层之间的沟通交流，一定程度上提高了企业员工的工作积极性，从而更好地促进企业的发展。

3. 创新管理模式

在"互联网+"时代，必须根据时代的发展要求创新企业的管理模式。在"互联网+"时代，各种先进的互联网技术应用在企业运营的各个环节，传统的企业管理模式已经不能够适应企业发展的需要，在这种情况下，要对企业管理模式进行创新，建立起一个以用户为导向的、个性化的企业管理模式，对企业生产运营过程中各个环节进行新的规划与调整，从而利用新的企业管理模式更好地促进企业的发展，提高企业在市场中的竞争力。

四、开放包容成为"互联网+企业文化"的基本特征

互联网时代谈文化不是简单地谈文化，而是谈企业如何进行文化管理。这要求企业首先回到原点——回答文化的使命是什么。

一家企业在环境发生变化后，最深层次的变革、最先要变化的是人的观念、思维方式、态度和行为方式。企业的资产结构、组织结构及业务流程容易改变，最难改变的是人的观念、习惯性的思维方式和行为方式。如果观念不领先、思维方式不变革、态度不转变、行为能力滞后，那么企业组织的商业模式创新、流程变革都将流于形式，都将停留在概念层面上，不会有更深层面的变化。比如，企业要实现组织扁平化、建立以用户为导向的业务流程，必须改变官本位思维方式，否则组织变革与流程再造的结果就是组织结构更复杂、流程更冗长、办事效率更低。

互联网时代进行文化价值观的变革创新，恰恰更需要提倡开放性和包容性。比如在企业文化建设方面，有人提出要建设高绩效文化，有人提出要建设价值文化，有人提出要回到文化本质，这些只是路径不同而已，其实殊途同归，大家的核心目标是一致的，就是使企业回归价值原点来思考变革。

互联网时代是一个互联互通的商业民主时代，是一个你中有我、我中有你、相融互动、彼此相依的有机生态圈时代。开放、包容是互联网思维的基本特征。首先，企业内部要真正实现面向用户的一体化运行；其次，企业在外部要从封闭走向开放，要从单一竞争走向竞合；再次，在文化价值诉求多元的社会和组织中，要允许不同价值诉求的表达，要能包容挑战、质疑和失败，建立跨文化的沟通与交流机制，基于企业使命和愿景凝聚不同背景、不同价值诉求的员工共同为用户创造价值，为实现企业的战略目标做贡献。

五、企业管理逐渐无边界化

1.“互联网+”思维使得企业组织关系无边界

在互联网背景下，企业人力资源组织形态逐渐呈现虚拟化的态势，员工对于企业的依赖性及服从逐渐下降，自由的工作时间和环境、弹性和远程的工作方式是这一个时代员工追求的工作氛围。在互联网背景下，开放包容的思维方式成为主流，企业与员工建立新型的合作关系，管理人员对员工的定位由“经济人”转变为“社会人”，进一步转变为“自我实现人”，从关注员工的生理需要、安全需要转变为关注员工的心理需要、社会需要，更进一步关注员工自我价值感、自我认同感的实现和发挥。管理层逐渐从控制、命令员工转向与员工建立合作的关系，企业也不再单纯依靠管理人员的个人智慧和管理能力来控制全局。信息化时代的人力资源管理模式更加注重企业内部信息的融合、多向联系、监管。例如海尔公司在互联网时代下倡导的“企业无边界、管理无领导、供应链无尺度、员工自主经营”的组织管理思维模式。此外，业务量遍及全球的微软公司摒弃了分级制的员工配置制度，主张不论员工当前处于哪一层级，将来都有可能进入组织运行和资源调配的中心。

2.“互联网+”使得企业的价值创造无边界

在互联网背景下，员工和客户之间的界定不再同传统意义上那般明确，企业人力资源管理需要将员工视为客户，根据员工的个性发展需要制订具体的人力资源管理方案。客户和员工角色的自由互换，使得传统意义上的人力资源管理的价值创造无边界化，员工、客户、企业三者协同并进，相互之间创造价值。例如，维基百科（Wikipedia）内部的编辑，他们既是专业知识丰富的企业员工，也是维基百科的客户。在互联网背景下，便捷的交流方式使得员工与客户可以实现即时交流反馈，随时随地地解答客户的疑惑、满足客户对产品的需求，从而促进企业能够更好地管理和创新产品，实现技术的提升。

3.“互联网+”导致企业的管理无边界

在互联网时代，传统的金字塔式的、等级界限明确的人力资源管理模式逐渐被自主交互式、团队式的、协同式的管理模式所取代。在互联网背景下，企业在员工的合作以及劳动方式上不断创新，使得员工与其工作职位之间、员工相互之间以组合交互的方式进行交流。打破传统意义上的部门职能和工作职位的局限，一个团队可能是围绕一个客户、一个产品，甚至可以细化到围绕客户反馈的一个问题、客户价值的创造而形成的。与此同时，企业的人力资源管理也逐步向流程式的、团队式的管理转化。

六、企业形成以个人为中心的新价值链

今天的消费者可以从世界各地获取有关企业、产品、技术、绩效、价格和消费者行动与反应的信息。消费者变换角色的实际效果是企业不再独自采取行动、设计产品、开发生产流程、精心制作市场营销信息和控制没有消费者干预的渠道。消费者正努力争取在经营体系中的每一部分发挥影响力。的确需要承认这样一个事实：消费者已经开始更全面地影响企业的各个决策。消费者的不断参与使得传统经营的假设——企业可以独立创造价值受到了极大的冲击。

在常规的价值创造过程中，企业与消费者扮演不同的生产与消费角色，产品与服务中包含价值，在市场上进行交换。产品与服务从生产者手中转移到消费者手中，价值创造发生在

市场之外。但是随着消费者角色的转换，企业和消费者不再具有明显的差异，消费者越来越多地参与到价值的界定和创造过程中，所以价值创造不再发生在市场之外，而是发生在市场之中，可以说企业与消费者共同创造价值。

在共同创造的世界里，应该把每一个与企业互动的个体视为消费者。以往企业从自己的角度出发看待问题，没有以单个消费者作为出发点，这是工业时代的基础。但是，今天的竞争却依赖于完全不同的、新的价值创造方法，就是以个体为中心，消费者与企业互动共同创造价值，可称之为"顾客价值时代"。

很显然，把来源于企业内部价值链的供给与消费者的需求高效地匹配起来，才是最具有价值的事情。也就是说，顾客价值体系是企业价值体系的参照，企业需要一个全新的经营假设：价值创造的过程是以顾客及其创造体验为中心的。

七、企业利用新媒体进行品效合一的品牌传播

（一）品效能否合一

品效合一就是企业在做营销的时候，既要听到品牌的声量，又要看到效果的销量，产品要带动品牌声量提升，同时品牌推广本身也要有销量增长。但品效合一之所以会引起争议，一个重要原因就是各方看待它的标准不尽相同。在很多人看来，品牌和效果本身就是对立的两个面，企业一般只会选择其中之一进行传播。移动互联网时代，品牌营销正在经历一场巨大的变革，宣传方式的多样化，消费者的分散使传统的品牌营销思维日渐式微。但是在新经济环境中、新用户常态下，品牌与效果实际上并不割裂，而是齐驱并进。以"国家品牌计划"广告的品效合一来分析，重塑传播观念，创新传播模式以及提升内生能力都会使广告的品效合一效应发挥到最大，打造品牌形象，在输出品牌核心价值的同时完成广告的促销效果。除此之外，数字化技术也让品效合一更加容易实现，以品促效，以效扶品，更好地让实现品效合一达成品效整合。在新消费环境下，媒体与渠道越来越趋于融合，消费者从看到广告到做出消费决定的路径在时间和地理距离上变得越来越短，而这就为移动互联网时代真正践行品效合一提供了助力。

（二）品效合一的表现

广告大师约翰·沃纳梅克说过："我知道我的广告费至少有一半浪费了，但我并不知道是哪一半。"这句话在一定意义上是对这个品牌营销时代的注解。但是在移动互联网时代，打通品牌与效果，将数据反馈贯穿每一环节，完成营销闭环，就能达到预期效果。所以也许人们比任何时候都更接近这个问题的最终答案。

1. 消费链条

数字空间路径优化信息获取是整个消费者行为模式中最重要的部分，尤其是在消费者行为方式逐渐社会化和数字化的背景下，信息获取方式的改变将影响整个消费者行为模式。美国广告学家 E. S. 刘易斯在 1898 年提出了 AIDMA 模式，即 Attention（引起注意）→Interest（产生兴趣）→Desire（培养欲望）→Memory（形成记忆）→Action（促成行动）。基于当时信息匮乏的社会环境，消费者获取信息的渠道十分单一，广告主只有通过吸引关注的方式让消费者记住广告创意和产品信息，进而影响消费者的决策过程。所以，Web1.0（网络—人：单向信息，静态阅读，如个人网站、大英百科全书）和 Web2.0（人—人：以网络为沟通渠道进行人与人沟通，如维基百科、博客）阶段的路径可大致总结为"知晓—理解—接受—

购买"，但随着 Web3.0（人—网络—人：人工智能、关联数据和语义网络的构建，形成人与网络以及网络与人的沟通）的移动化数字媒体平台的发展和营销 3.0 时代（顾客不再仅仅是普通的消费者，而是具有独立思想的消费者）的生活形态、营销传播方式的不断升级，伴随而来的是消费者行为模式的革新，可大致将路径总结为"知晓—查找—购买"，并且在逐渐实现从"知晓"到"购买"的无限接近。移动互联网让大众注意力更分散，产品成交链条更短，企业需要在有限的时间内精准找到目标消费者，通过对"品"的有效宣传，即时激起消费者的购买欲望，从而实现向"效"的转化。

2. 效果反馈：数据化的交互体验

在移动互联网环境下，行业的集体焦虑不断升高，流量资源抢夺越发激烈，正如大多数营销人员认为品效合一的"品"就是品牌效应，"效"就是实际的销售转化率，"合一"就是品效同时发生、合二为一，即企业想要在品牌宣传的同时获得即时转化，就要分别从品牌和效果两方面对用户路径上某几个关键节点进行出击。但这使得大部分品牌没有足够的时间沉淀其核心价值，只一心想通过效果传播实现快速转化。因此，企业应放宽视野、转换思路，利用大数据进行消费者洞察。从开始触及用户到最后如何带来购买行为，每个节点都要有数据反馈，数据可以在第一时间分析出消费者的行为逻辑以及在每个节点的行为轨迹等，即数据清楚地表明了品牌、产品及消费者之间的关联性，从而企业可以设计一条或者多条完整连贯的交互体验路径，环环相扣，相互交融，最终实现品效合一。

3. 效果转化：降低消费者的成本

2017 年，百雀羚在母亲节推出了一个"与时间对抗"的民国谍战风长图文创意广告，带来了 3000 万的微信总阅读量，但令人诧异的是其阅读的销售转化率不到 0.00008。为此引发行业热议：是不是一定要拿钱来做效果广告，更能品效合一？百雀羚的例子让本来焦虑的行业更加无所适从，但分析后发现，百雀羚的销售转化率如此出乎意料，是因为它在执行细节上有很大问题，没有把握好营销的"最后一厘米"，即在长图文的结尾处缺少让消费者立即点击购买的按钮，而是提醒消费者要经历至少三个步骤才能在淘宝领券购买。这不仅为消费者设置了购买障碍，还增添了极大的购买成本，因而没有充分利用好消费者的消费冲动，丧失了最佳消费时机。

今天，基于移动互联网的营销，其关键就是即时转化，利用屏幕的创意内容吸引消费者参与并在当前场景迅速完成转化才能够使整个营销闭环完整运行。所以，实行品效合一不仅要重视前期的消费者洞察和中期的效果反馈，还要重视以"品"促"效"的最后一步，以此完成闭环行动，从而更好地推动品效整合的运转。

4. 新媒体数字化广告运营模式

新媒体数字化广告运营模式通过精准投放，将广而告之变成"窄"而告知；通过整合新媒体与新渠道，融合品牌广告与电商销售，提升广告艺术表现力，实现品效合一。

（1）基于新媒体调性的广告生产　新媒体数字化广告运营，打破了传统媒介硬广告创作的形式，应深入研究新媒体差异化特征及优势，分析媒介调性及内容属性，适应媒介内容创作规则，善于利用新媒体热门内容、事件、音乐、人物、话题及形式进行广告生产，广告应具有趣味性、互动性和讨论性，引起受众共鸣及参与，拉动受众需求和购买。

（2）基于受众大数据的精准投放　新媒体数字化广告运营一切以目标受众为中心，通过大数据技术，融合受众的静态数据及动态数据，开展受众画像。精确提炼受众标签，进行显性画像；精准分析受众心理需求及生活方式，进行隐性画像。根据受众媒介接触习惯，选择并组合媒介，覆盖目标受众，进行精准投放。广告在恰当的时间、恰当的场景，以恰当的形式，触达恰当的人，达成预期的效果。

（3）基于电商新渠道的购买转化　新媒体数字化广告运营强调广告即销售，选择具有电商销售功能的新媒体平台，新媒体与新渠道一体化，即刻提供购买功能链接，创造沉浸式购买场景，简化购买路径，将传统购买行为的联合评估状态，转变成单独评估状态，将消费者的挑剔心理转变为找亮点心理，唤起消费者情感共鸣，促进购买转化，实现营销目标。

第三节　互联网时代的企业文化理念新维度

一、用户思维

用户思维，简单来说就是"以用户为中心"，针对用户的各种个性化、细分化需求，提供各种针对性的产品和服务，真正做到"用户至上"，做到"顾客就是上帝"。

在市场经济条件下，各行各业要生存，用户思维是基本法则。企业不考虑用户所需，闭门造车，即便用尽心思，产品也难以抵达用户，更不用说锁定用户。坚持以人民为中心的发展思想，各级政府想问题、做决策、干工作，同样必须花更大气力读懂用户思维，精准把握群众和企业的真实需求，切实满足人民对美好生活的向往、企业对转型发展的追求。

用户思维的优点有以下几点：

第一，有助于商业模式的重大变革，也有助于传统企业转型升级。

第二，使得成本全面降低，因为产品可以直接地精准触达用户。

第三，用户黏性全面增强，和用户进行真正的双向互动，用户会对产品如何改进、升级提出建议，企业需要给予用户良好互动和反馈。

用户思维运用大致有以下方法：

1. 时刻保持警醒，心里想着用户

在内心深处，要建立这样一种认知：无论自己多么资深、无论自己处于哪个行业、处在什么岗位，都要在内心承认和谨记，自己的思维和用户的思维是有差别的，并对用户和用户思维保持谨慎、警惕、敬畏的心理。

2. 到生活当中去，不断提高用户思维

用户思维不是天生就具备的，也不是一时半刻就能完全掌握的。这不但需要企业在日常工作中慢慢提高，更要在日常生活中随时随地观察和思考，仔细体会和分析某个产品和业务设计得是否得当，是否体现了用户思维。

3. 到产品当中去，在各种场景下使用

如果企业只是设计产品，而不使用，那是非常容易出问题的。所以不光要经常使用产品，而且要到各种各样真实的场景中去使用产品。

4. 到用户当中去，多调研、多回

产品经理和企业管理者要多使用、多体验产品，但毕竟人数有限，无法亲身到达所有用户的所有使用场所。因而，企业需要时刻关注广大用户使用产品的情况，多做用户调研和电话回访。

二、大数据思维

大数据思维是指在处理大数据问题时所采用的思维方式和方法。大数据思维包括全样思维、容错思维和相关思维。

1. 大数据的全样思维

大数据与小数据的根本区别在于大数据采用全样思维方式，小数据强调抽样。抽样是数据采集、数据存储、数据分析、数据呈现技术达不到实际要求，或成本远超过预期情况下的权宜之计。

随着技术的发展，不可能获取全样数据，不可能存储和分析全样数据的情况已经改变。大数据时代是全样思维的时代，抽样将逐渐被取代。

2. 大数据的容错思维

在小数据年代，人们习惯了抽样，但抽样从理论上讲结论是不稳定的。一般来说，全样样本数量是抽样样本数量的很多倍，因此抽样数据的一丁点错误，就容易导致结论的"失之毫厘谬以千里"。为保证抽样得出的结论相对准确，人们对抽样的数据精益求精，不能有半点差错。

大数据时代，因为人们采集了全样数据，而不是一部分数据，数据中的异常、纰漏、疏忽、错误都是数据的实际情况，其结果是最接近客观事实的。

3. 大数据的相关思维

在大数据时代，人们不追求抽样，而追求全样。当全部数据都加入分析数据的时候，由于只要有一个反例，因果关系就不成立，因此在大数据时代，因果关系变得几乎不可能，而另一种关系就进入大数据专家的眼里：相关关系。

三、平台思维

平台思维是互联、互通、互动的网状思维，是开放的、创新的思维，是一种重要的思维方式和工作方式。平台思维倡导开放、共享、共赢，平台思维的精髓在于打造多主体的共赢共利生态圈。

会展、论坛、会议等就是一个平台。通过这个平台把信息、人才、技术、资本、人脉等优质资源都聚集起来、整合起来，然后深度挖掘它，既开阔视野思路，又使资源之间发生关系和互动，实现价值倍增的创新、创造，这就是平台思维方式。不搭建一个平台，各种要素之间就不会发生关系，不发生关系就不发生交互，不发生交互，资源就整合不起来，形不成互动关系。所以，平台思维实质上就是充分利用市场机制整合资源。

平台模式最有可能成就产业巨头，全球最大的100家企业里，有60家企业的主要收入来自平台商业模式，包括苹果、谷歌等。

四、跨界思维

跨界思维，就是大世界大眼光，是多角度、多视野地看待问题和提出解决方案的一种思维方式，释义为交叉、跨越。它不仅代表着一种时尚的生活态度，更代表着一种新锐的世界眼光、思维特质。

跨界是互联网时代从专业思维到跨界思维的转变趋势，与之相对应的是价值发现思维。

跨界思维的核心其实就是价值发现思维，当人们为新的利益相关方提供了价值，那么原有模式的颠覆就显得顺理成章了。

如今的互联网和新科技不断发展，许多产业的界限已开始变得模糊，互联网企业的触角无孔不入，例如零售、图书、金融、电信、娱乐、交通、媒体等。这些互联网企业，为什么能够入场甚至赢得跨界竞争？答案就是：用户。原因在于他们一方面掌握着用户数据，另一方面又具备用户思维。

例如大白兔奶糖的跨界营销：

2016 年，大白兔奶糖和国家博物馆合作打造文创礼盒，和太平洋咖啡合作推出大白兔牛奶味拿铁。

2017 年，大白兔奶糖和巨人网络合作网游《球球大作战》，"大白兔"成为关键词皮肤。

2018 年 9 月，大白兔奶糖和美加净跨界合作，推出的一款"美加净牌大白兔奶糖味润唇膏"。

2019 年 5 月，大白兔奶糖和气味图书馆跨界联名推出香水、沐浴露、身体乳等一系列产品。

2019 年 8 月，大白兔奶糖与乐町合作重磅推出 2019 冬季联名女装系列，以"无乐不作，快乐分享"为主题推出限量礼盒。

从这一系列的跨界动作来看，大白兔奶糖跨界合作的企业处于不同的领域，吃、喝、用、玩应有尽有。

五、社会化思维

社会化思维是指组织利用社会化工具、社会化媒体和社会化网络，重塑企业和用户的沟通关系，以及组织管理和商业运作模式的思维方式。

企业所面对的员工和用户都是以"网"的形式存在，沟通和交流更加便捷，学会利用社会化思维可以很好地做好营销。社会化商业的核心是"网"，企业面对的用户以"网"的形式存在，这将改变企业生产、销售、营销等整个形态。

如何运用社会化思维？可以遵循以下原则：

1. 基于平等的双向沟通

对于用户"人人都是自媒体"的变化，表现出了用户正在从被动变为主动，从单向接收信息变为双向交流信息。对于企业要善于聆听，引导用户说真话，建立平等沟通的氛围，树立社会化形象和品牌定位，要有一个吸引用户的线上品牌定位，与粉丝建立长期的互动机制，巧妙地将品牌诉求点和名人话题结合，将产品与热点事件联系起来，社会化媒体重视关系，通过互动在用户群体中形成品牌调性。

2. 基于关系的链式传播

要重视挖掘关系层的价值，将其演化成独特价值，把关系做小还是做大，是做强关系还是做弱关系，是做小网络还是做大网络，如何利用社交关系进行基于关系的链式传播，这都需要运营者认真思考。

3. 基于信任的口碑营销

熟人之间不缺信任，并且很容易形成良好口碑，每个人都是高可信度的节点，都有通过增加信任来降低交易成本的潜意识需求。

4. 基于社群的品牌共建

移动电商进入 2.0 时代，部落电商将更具价值，社会化电商的核心竞争力在于人的聚合，未来商业将围绕目标群体的社区展开，通过品牌社区，将目标用户联系起来，成为品牌的拥护者和信息传递者，品牌传播从"知道、购买、忠实"变为"忠实用户、扩散知名度、更多用户"。

六、生态圈思维

生态圈思维是以唯物辩证思维方法与生态哲学思维方法，来自觉审视和积极思考人与自身生存发展其中的自然界，特别是生态环境之间的复杂关系，并以人和自然生态环境的协同进化与和谐发展为价值取向的现代思维方式。

首先，生态思维确认人与自然依存关系的整体性与进化的协同性。生态思维正是把人类生存发展其中的生态环境看成一个有序运作的整体，把人类看作自然界的有机构成部分。

其次，生态思维确认人与万物存在关系的多元性和价值联系的多样性。在传统思维看来，人类以自我为中心并把人类凌驾于自然万物之上，使人和自然绝对对立起来，这是一种肤浅的傲慢和短视的偏见。这种简单的主客二元论割裂了人与自然万物之间现实的多元性存在关系和多维的多样性价值联系。

再次，生态思维确认自然界自组织的开放性与物质能量转换的循环性。自然界既是自我组织协调的有机开放系统，又是充满生机活力的有序循环系统。自然界具有开放性意味着一件事物与其他事物之间以及一件事物内部诸要素之间千丝万缕而又复杂多样的联系性。

最后，生态思维确认地球物质资源的有限性与人的认识过程的无限性。在传统思维中，自然界所蕴含的物质资源似乎是无限的，由此人们为眼前局部利益滥用和浪费有限的资源，采用掠夺式的雁过拔毛、竭泽而渔甚至杀鸡取卵的方式，在现在已经不可取。

七、极致思维

极致思维是关于产品和服务体验的一种思维方式。极致思维就是要求产品经理能够把产品和服务做到极致，把用户体验做到极致，甚至超越用户的预期。在互联网时代，只有把产品做到了极致，超出了用户的预期，才能赢得用户。

1. 极致思维的法则

极致思维应遵循以下法则：

（1）打造让用户惊讶的产品，即需求一定要抓准　①确认痛点，用户需求必须是刚需，是用户急需解决的问题；②确认痒点，工作和生活中非必须，但让用户欲罢不能的点；③确认兴奋点，企业需要去创造兴奋点，给用户带来惊讶的、惊喜的、惊叹的感觉，产生效应的刺激点，产生兴奋点。

（2）服务即营销　产品周边的体验及服务，企业也需要努力做到最好。就像"海底捞"以服务出名一样，这就体现出了把服务做到最好。

2. 极致思维的层次

极致思维有三个层次：

（1）聚焦和简单　如果想把一件东西做到极致，必须要将资源聚焦在一个点，不可以将资源分散在多个点上，否则就无法聚焦，也就无法做到简单。

（2）要有超高的性价比和超级独特点　这里借小米总裁雷军的一句话："两倍的性价比，一半的价格。"就能够达到极致。其实，这里所说的极致是指在同类产品中，某一款产品的质量过硬，而成本相对较低，更具性价比。

超级的独特点则是指企业在打造超高性价比的同时，能够找到用户的痛点，并解决这个痛点。这里所说的痛点，就是用户在使用某类产品的时候，有一些设计不到位的地方，企业推出的产品刚好改善了这部分功能，且具有超高的性价比，所以这两点是不可分开的。

（3）震撼的附加值　震撼的附加值包括企业给用户的赠品，例如实物、服务、质保等，企业给用户赠送更多的东西，提供更好的优质体验和服务，提供更长的保质期或保证期，这就是附加值。

八、网络空间命运共同体思维

2015年12月16日第二届世界互联网大会在浙江乌镇隆重开幕，五大洲120多个国家和地区的嘉宾云集江南水乡，10场论坛、22个议题聚焦了网络空间各个领域的前沿热点。中国已成为举世瞩目的网络大国。2024年3月22日，中国互联网信息中心（CNNIC）在京发布第53次《中国互联网络发展状况统计报告》。报告显示，截至2023年12月，中国网民规模达10.92亿人，较2022年12月增长2480万人，互联网普及率达77.5%。

（一）网络空间命运共同体的基本理念

1. 坚持尊重网络主权

尊重各国自主选择网络发展道路、网络管理模式、互联网公共政策和平等参与国际网络空间治理的权利。

2. 坚持维护和平安全

网络空间不应成为各国角力的战场，更不能成为违法犯罪的温床，维护网络安全不应有双重标准。

3. 坚持促进开放合作

创造更多利益契合点、合作增长点、共赢新亮点，推动彼此在网络空间优势互补、共同发展，让更多国家和人民搭乘信息时代的快车，共享互联网发展成果。

4. 坚持构建良好秩序

依法治网、依法办网、依法上网，同时要加强网络伦理、网络文明建设，发挥道德教化引导作用。

（二）网络空间命运共同体的五点主张

1. 加快全球网络基础设施建设，促进互联互通

网络的本质在于互联，信息的价值在于互通，只有加强信息基础设施建设，铺就信息畅通之路，不断缩小不同国家、地区、人群间的信息鸿沟，才能让信息资源充分涌流。截至2020年，具有国际先进水平的宽带信息技术设置覆盖城乡。据业内估测"十二五"期间宽带网络基础设施累计投资16000亿元，其中宽带接入网投资5700亿元。

2. 打造网上文化交流共享平台，促进交流互鉴

文化因交流而多彩，文明因互鉴而丰富。互联网是传播人类优秀文化、弘扬正能量的重要载体。中国愿通过互联网架设国际交流桥梁，推动世界优秀文化交流互鉴，推动各国人民情感交流、心灵沟通。中国愿同各国一道，发挥互联网传播平台优势，让各国人民了解中华优秀文化，也让中国人民了解各国优秀文化，共同推动网络文化繁荣发展，丰富人们的精神世界，促进人类文明进步。

3. 推动网络经济创新发展，促进共同繁荣

当前，世界经济复苏艰难曲折，中国经济也面临着一定的压力。解决这些问题，关键在于坚持创新驱动发展，开拓发展新境界。中国正在实施"互联网+"行动计划，推进"数字中国"建设，发展分享经济，支持基于互联网的各类创新，提高发展质量和效益。中国互联网蓬勃发展，为各国企业和创业者提供了广阔的市场空间。

4. 保障网络安全，促进有序发展

安全和发展是一体两翼、驱动双轮的关系。安全是发展的保障，发展是安全的目的。网络安全是全球性挑战，没有哪个国家能够置身事外、独善其身，维护网络安全是国际社会的共同责任。各国应该携手努力，共同遏制信息技术滥用，反对网络监听和网络攻击。中国愿同各国一道，加强对话交流，有效管控分歧，推动制定各方普遍接受的网络空间国际规则，制定网络空间国际反恐公约，健全打击网络犯罪司法协助机制，共同维护网络空间和平安全。

5. 构建互联网治理体系，促进公平正义

国际网络空间治理，应该坚持多边参与，由大家协商共办，发挥政府、国际组织、互联网企业、技术社群、民间机构、公民个人等各个主体的作用。各国应该加强沟通交流，完善网络空间对话协商机制，研究制定全球互联网治理规则，使全球互联网治理体系更加公正合理，更加平衡地反映大多数国家的意愿和利益。中国举办世界互联网大会，就是希望搭建全球互联网共享共治的平台，共同推动互联网健康发展。

思 考 题

1. 互联网时代为当今企业文化带来了哪些变化？
2. 思考互联网时代企业文化建设的方向是什么。

典 案 链 接

"5G+工业互联网"加速赋能实体经济

案例一：

宁波德曼压缩机有限公司"5G+AR工业智慧云互联网可视化平台"项目：关键技术建设智能平台。

"5G+AR工业智慧云互联网可视化平台"属于企业专用工业远程售后服务平台，聚焦设备的使用价值，提供从设备接入、运行监控、资产管理、数据可视、能耗优化、设备数据预知分析等工业解决方案，为设备生产商、设备服务商和设备使用方提供空压机（空气压缩机）运行检测、故障预警、预测性维护、能效优化等智能服务。

该平台也是一套基于各行业现场即时远程沟通的实际需求，结合"5G+AR"技术，以

5G 和 AR 智能眼镜为基础，通过 AR 智能眼镜端进行数据采集和预处理，为远程求助方提供可视化的信息服务，实现专家级远程协助的可视化解决方案。平台不再应用传统工作方式中的工作手册、流程图、对讲机等，彻底解放了员工的双手；提高了维修效率，实现了信息互传，增强了员工应对实际问题的处理经验；让工业问题交流更直接、更精准、更高效，可视化地共享信息，免去了现场服务人员与专家的出差烦扰，节约了企业成本，实现了真正的"互联网+工业"，树立了服务型制造业新样本。

智能工业设备设置了"云端电子档案"、远程维护、开关机和在线满意度评价，让用户的设备管理更加智能、便捷，也能帮助用户快速处理紧急问题，确保设备安全运行。同时，预留的智能装备端口，可帮助企业实现智能能源检测，实现实时查看节能数据。端口扩展后，可实现智能工业设备与用户 MES 生产的智慧联动，为用户工厂智能化、生产精益化、经营数字化提供了条件。

AR 和智能终端的实时互联，为企业提供了端到端的工业解决方案，已被高频地应用于工业制造现场，不仅为用户提供了基于 AR 技术的远程协作，还能通过远程视频的录入，定期进行一线人员的培训指导，从而提高工作效率，降低人力、时间等各方面成本。同时，实时互联能够融合智能识别与分析技术沉淀数据，优化工作流程，形成专家知识库。平台所用关键技术主要包括 5G 传感器、互联网、无线通信、云计算、"5G+AR"等，可实现以下实效：

1）提高服务响应时间。服务效率提升 40%，用户满意度提升 2%；快速了解现场情况、故障原因，迅速制订解决方案，实时远程支持。

2）节约服务成本。节省差旅费用及人力资源。

3）建立维修知识库。系统积累服务经验、知识，并进行共享，不再依赖个人。

4）已为多家用户提供空压机"云端电子档案"、远程维护、开关机和在线满意度评价。同时，利用预留的智能装备端口，帮助企业实现智能能源检测，实现实时查看节能数据。

案例二：

艾莱依时尚股份有限公司与中国电信合作，开展"艾莱依 5G+工业互联网云平台"项目建设，实现了工艺合规校验场景的应用。

通过数据采集模块对缝纫机实时数据（如缝纫机的起停、速度、故障、扎针、工站时间等）进行采集，经过 5G 网络传输至艾莱依"5G+工业互联网云平台"。云平台将采集的缝纫机实际扎针时间、非扎针时间与工厂生产执行系统（MES）、标准工时系统（GSD）的数据进行融合分析，生成设备实时针动波形图及各类生产报表。利用云平台建模，精确分析出每一位员工、每一个工作站、每一台缝纫机在任何时刻、任何地点、任意周期的工作状态，计算每台机器、每条生产线的工艺精准度，及时发现异常，减少跳针、串针、针距偏差导致的串色等工艺问题。根据分析调配最优参数，进一步提升了产品质量，为数字工厂的精益生产夯实基础。

案例三：

恒申控股集团有限公司化纤板块河南基地与中国移动合作，开展了"锦纶长丝 5G+工业互联网平台"项目建设，实现了生产过程溯源场景的应用。

采集丝锭的生产批次、生产线别、纺位等生产信息和工艺参数实时状态、卷绕报告、断丝报告、报警信息等生产过程数据，通过 5G 网络实时传输至"锦纶长丝 5G+工业互联网平台"。在平衡间，基于"5G+射频识别技术（RFID）"读取丝车信息，记录每一部丝车的周转位置以及时间管控情况，结合 MES 记录的质检结果、人员等信息，实现生产要素前后贯通；在包装环节，利用工业照相机对产品内标二维码信息进行采集，通过 5G 网络传输至云端数据库进行校验，判断是否符合包装规格要求。通过平台的海量数据存储功能，可一键追溯单个产品的全生产过程，实现包括质量计划、过程控制、异常处理、管理决策和问题关闭等环节在内的质量闭环控制，完成产品质量追溯和销售窜货追踪等功能。

案例四：

雅戈尔服装制造有限公司与中国联通合作，开展了"5G+数字孪生"项目建设，实现了生产单元模拟场景的应用。

基于数字孪生技术，在地理信息、物理信息、运行逻辑上 1∶1 虚拟还原了雅戈尔西服工厂，通过数据采集模块对缝纫机实时数据（如缝纫机的起停、速度、故障等）、AGV 状态信息（位置、速度、配送物料等）以及巡检机器人的位置和检测结果等进行采集，利用 5G 网络上传至数字孪生系统。通过系统对生产现场特别是移动设备实时生产运行状态的监测、分析和报警，能够直观、可视化地远程掌握工厂生产、物流、设备等全局信息，解决了传统系统因信息抽象、点状、断点而导致的决策滞后和工厂异常处理不及时等问题，提高了工厂管理层的决策效率及车间层的执行效率，生产效率提升 25%，订单交付周期缩短 10%。

（资料来源：工信厅信管函〔2021〕279 号——工业和信息化部办公厅关于印发第二批"5G+工业互联网"十个典型应用场景和五个重点行业的通知。）

提示点评：

1. 宁波德曼压缩机有限公司"5G+AR 工业智慧云互联网可视化平台"项目的关键是提高工作效率，降低人力、时间等各方面成本。

2. 艾莱依时尚股份有限公司与中国电信的合作，提升了每条生产线的工艺精准度，进一步提升了产品质量，为数字工厂的精益生产夯实基础。

3. 恒申控股集团有限公司化纤板块河南基地与中国移动合作，主要实现了企业内的管理闭环控制，实质是利用 5G 技术提高内部管理效能。

4. 雅戈尔服装制造有限公司与中国联通合作，利用"5G+数字孪生"的技术提高了工厂管理层的决策效率及车间层的执行效率。

思考训练：

1. 阅读课外其他关于"5G+"、人工智能等文献。

2. 思考"5G+"、人工智能等能为企业文化建设提供怎样的帮助。

参 考 文 献

[1] 杨波. 基于用户思维前提下新闻客户端的运营路径探索 [J]. 新闻传播, 2023 (10)：48-50.

[2] 韩秉志. 优化服务须多些用户思维 [N]. 经济日报, 2023-04-28 (2).

[3] 李夏. 移动互联网与大数据在多种专业教育管理中的应用 [J]. 集成电路应用, 2023, 40 (4)：360-361.

[4] 王芳. 基于大数据思维强化企业贷款风险管理的分析 [J]. 商场现代化, 2023 (6)：104-106.

[5] 张磊. 大数据思维在统计分析中的运用探讨 [J]. 中国集体经济, 2022 (34)：159-161.

[6] 纳德拉. 企业文化变革需要"成长型思维" [J]. 企业家信息, 2020 (12)：87.

[7] 黄璐. 基于互联网平台思维的企业知识管理问题研究 [J]. 企业改革与管理, 2021 (1)：31-32.

[8] 张森宁. 平台思维在烟草行业卷烟营销的应用 [J]. 今日财经, 2021 (17)：243-250.

[9] 孙宏斌, 潘昭光, 孙勇, 等. 跨界思维在能源互联网中应用的思考与认识 [J]. 电力系统自动化, 2021, 45 (16)：63-72.

[10] 谭丽丽. 新时代, 企业财务的跨界思维与创新实践 [J]. 冶金财会, 2018, 37 (9)：1.

[11] 郭遥. "互联网+"时代下企业管理的创新思维研究 [J]. 商场现代化, 2021 (5)：92-94.

[12] 李保良, 侯丽娟. 新形势下企业财务管理面临的困境和创新思维 [J]. 商场现代化, 2022 (17)：129-131.

[13] 唐宁. 浅析以社会化思维为导向的设计理念 [J]. 艺术科技, 2017, 30 (11)：263.

[14] 李昂. 社会化思维下的传统媒体改造 [J]. 西部广播电视, 2015 (17)：14.

[15] 周庭锐. 初创企业的生态圈思维 [J]. 商学院, 2016 (9)：40-41.

[16] 房文彬. 保险科技的生态圈思维 [N]. 中国银行保险报, 2019-11-18 (2).

[17] 朱晋博. "互联网+"时代中小企业的极致思维与组织创新 [J]. 价值工程, 2018, 37 (2)：75-76.

[18] 张莹. 新时代网络空间命运共同体构建研究 [D]. 长春：吉林大学, 2022.

[19] 袁莎. 网络空间命运共同体：核心要义与构建路径 [J]. 国际问题研究, 2023 (2)：26-41；123.

[20] 锗盟. "5G+工业互联网"创新应用的浙江案例 [J]. 中国工业和信息化, 2023 (3)：17-23.

[21] 郝杰. 工信部发布"5G+工业互联网"行业实践案例 [J]. 纺织服装周刊, 2021 (45)：7.

[22] 王成荣. 企业文化学教程 [M]. 北京：中国人民大学出版社, 2014.

[23] 张德, 吴剑平. 企业文化与CI策划 [M]. 5版. 北京：清华大学出版社, 2019.

[24] 刘光明. 企业文化 [M]. 5版. 北京：经济管理出版社, 2006.

[25] 朱成全. 企业文化概论 [M]. 大连：东北财经大学出版社, 2005.

[26] 张德. 企业文化建设 [M]. 北京：清华大学出版社, 2003.

[27] 冯云廷, 李怀, 于宁, 等. 企业形象：战略、设计与传播 [M]. 大连：东北财经大学出版社, 2001.

[28] 刘光明. 企业形象导入 [M]. 北京：经济管理出版社, 2003.

[29] 郁涛. 企业形象识别设计 [M]. 长沙：中南大学出版社, 2004.

[30] 陈晓剑. 企业形象设计 [M]. 合肥：中国科学技术大学出版社, 1993.

[31] 张仁德, 霍洪喜. 企业文化概论 [M]. 天津：南开大学出版社, 2014.

[32] 刘光明. 企业文化案例 [M]. 3版. 北京：经济管理出版社, 2007.

[33] 陈春花. 企业文化 [M]. 北京：机械工业出版社, 2010.

[34] 王超逸, 李庆善. 企业文化学原理 [M]. 北京：高等教育出版社, 2009.

[35] 张国梁. 企业文化管理 [M]. 2版. 北京：清华大学出版社, 2014.